董卓

包福鑫 著

图书在版编目（CIP）数据

董卓 / 包福鑫著 . -- 北京：北京联合出版公司，2021.5

ISBN 978-7-5596-4757-3

Ⅰ.①董… Ⅱ.①包… Ⅲ.①董卓（·-192）—传记 Ⅳ.①K827=342

中国版本图书馆CIP数据核字（2020）第244361号

Copyright © 2021 by Beijing United Publishing Co., Ltd.
All rights reserved.
本作品版权由北京联合出版有限责任公司所有

董　卓

作　　者：包福鑫
出 品 人：赵红仕
出版监制：刘　凯　马春华
选题策划：联合低音
特约编辑：赵洪雅
责任编辑：闻　静
封面设计：何　睦
内文排版：薛丹阳

关注联合低音

北京联合出版公司出版
（北京市西城区德外大街83号楼9层　100088）
北京联合天畅文化传播公司发行
北京华联印刷有限公司印刷　新华书店经销
字数426千字　889毫米×1194毫米　1/32　18.5印张
2021年5月第1版　2021年5月第1次印刷
ISBN 978-7-5596-4757-3
定价：88.00元

版权所有，侵权必究
未经许可，不得以任何方式复制或抄袭本书部分或全部内容
本书若有质量问题，请与本公司图书销售中心联系调换。电话：（010）64258472-800

前　言

汉王朝是我国历史星空中最耀眼的一片。东汉在汉桓帝、汉灵帝时期国势日衰，王朝的黄昏渐近。东汉的灭亡可以归咎于皇帝昏庸、宦官专权、外戚作乱、军阀投机，但这些问题其实并不是主要原因，历史的深处就躲着一个并不显眼，却恰恰是东汉灭亡最重要的原因——世族政治的形成。

东汉的皇城外，并不是我们在影视剧里看到的那幅画面，实际上其社会的整体面貌是：世族豪强兼并土地成风，他们修邬堡、建庄园占地数以千顷，手下徒附的农民和私兵数以千计甚至数以万计，这些人平日耕种，农闲时武装训练、保卫领地，世族豪强的壮大其实是一种"改头换面的分封制"。此外，强大的世族甚至把控地方政治、影响官员选拔，在没有科举制的汉末时代，他们通过联姻等手段互相结盟，并利用家族的政治影响力变相地把控朝政。

然而许久以来，古人并不觉得这是什么大事，掌握着舆论导向的士人阶层,也不希望民众参透与这一事实相关联的各种问题。比如汉质帝是被梁氏家族很随意给毒死的,除李固等少数人,满朝文武选择集体失声;而汉桓帝发动臭名昭著的"党锢之祸"时,其实他也清算了当年扶保自己夺回政权的宦官团体,但这又不方便大书特书;汉灵帝想依靠"三护法"的世族控制制度,回避世族之间有亲属或联姻关系的官员出任地区行政长官,而结果是朝廷竟然选不出来符合条件的人充当冀州、幽州刺史;黄巾起义之时,流民遍地的局面是东汉赋税过重造成的吗?地哪儿去了?为什么汉朝收取低额的"田租",却征收穷人和世族都一样的算赋和口赋(人头税)?至今河北某些地区还传诵民谣"抬黄杠,送黄粮,送给黄巾做粮饷,黄巾吃了打豪强",还是有些意味的;而在三国故事中我们熟悉的袁绍、袁术的家族是有汉一朝以来最强大的世族,就连灵帝时期的大将军何进也得听袁绍的暗中调度,何进的小妹妹嫁给了大宦官张让的干儿子,这才导致何进没有按照袁绍的指示坚定地诛杀宦官,结果他还是被袁绍耍得团团转,最终丢了性命。

在这样的社会背景下,东汉王朝的主要社会矛盾实际上可以理解为皇权与世族之间的矛盾,这一矛盾继而衍生出了宦党、外戚、清流党人甚至流民与世族之间错综复杂的关系。包括《三国演义》在内,我们往往忽略世族门阀政治与皇权之间的矛盾,将东汉末年的故事习惯性地简化了,情节变得更加简单粗暴,人物变得更加脸谱化。这样的东汉末年故事看似很流畅,但也疑点重重,解释不通的问题有很多。本书选择了"导致东汉灭亡"的罪魁祸首"三朝元老"董卓作为"主角",以独特的视角来解读东汉末年的故事。通过他的视角,以其宦海沉浮的一生作为明线,讲述董卓是如何从一位江湖侠客成为年轻有为的官吏，又一步步蜕变成一个人人得而诛之的窃国大盗的，进而在暗线中扫描东汉错综复杂的派系纷争——外戚、宦官、清流党、世族、军人之间在权力中枢的权力游戏，以及东汉灭亡的真正原因。

在三国大时代之前，东汉有很多看似平淡却波诡云谲的故事。

汉桓帝延熹十年（167年）时，当董卓率军大胜先零羌叛军于关中，名扬朝堂的他得到巨额奖赏后将奖励全部分给将士，并引用兵书《三略》中的话激励将士时，后世鼎鼎大名的草鞋皇帝刘备才只有6岁，此时他或许还在自家屋舍东南角那高五丈的桑树下玩捉迷藏呢。

汉灵帝熹平五年（176年）前后，当董卓在"千石"级别与"两千石"级别之间沉沉浮浮的时候，后来的魏武帝曹操才刚刚出仕担任雒阳北部尉，而那时董卓的"恩师"段颎担任过太尉、司隶校尉，是名副其实的万户侯，也是当时东汉朝堂炙手可热的大权臣。

汉灵帝中平元年（184年），董卓从河东郡守（两千石级别）的位置上被紧急派往冀州接替卢植，持节（代表天子）组织冀州地区平定黄巾军主力的会战时，未来被追封为吴国武烈帝的孙坚才刚刚被朱儁提拔为佐军司马。

中平六年（189年），大汉前将军董卓和大汉左将军皇甫嵩刚刚击退凉州马腾、韩遂等十余万叛军继而守住关中之时，在汉灵帝余日无多京都内夺储之争进入白热化之际，董卓却被命令交出兵权。而那时皇甫嵩的侄子皇甫郦却建议皇甫嵩趁机除掉董卓，理由是"本朝失政，天下倒悬，能安定大下的只有叔父和董卓而已，如今咱们和董卓间隙已生，不可能共存"，在这个当口希望董卓死的人远不止皇甫郦一人，远在雒阳暗地里对大将军何进指手画脚的袁绍等人也不希望一个率领大军的大汉前将军出现在雒阳城外。

就在董卓入京前夕，东汉末年最吊诡的一幕发生了。大将军何进的亲家公张让杀了何进，其最大受益者是董卓；何进的部将吴匡反水杀车骑将军何苗，最大受益者还是董卓；宦官挟持皇帝（刘辩）和陈留王（刘协）往北方渡口逃跑，来应验当时的童谣传闻，最大受益者还是董卓。当董卓的部队赶到邙山，一下子抓住了皇帝和陈留王二人，而其他各路人马集体卡壳的时候，最大的受益者还是董卓。当朝廷军、河南尹的郡兵集体观望时局的时候，最大受益者也还是董卓。而何家、袁家、宦官们则降的降、跑的跑、死的死。

围绕汉桓帝和汉灵帝时期的故事还有很多我们曾忽视的内容，我希望用董卓等军人的视角重新梳理一下东汉最后几十年的荣辱兴衰，也试图还原一批有血有肉而不是简单脸谱化的汉末历史人物，讲述一段不一样的汉末故事。就让我们先从汉桓帝时期的凉州之乱说起吧。

目 录

第一部分

汉桓帝时代：迷茫的王朝，闪耀的将星

-001-

第一章　东汉凉州的"网红"

-003-

第二章　凉州乱起，火线提拔

-015-

第三章　董卓在凉州的政坛贵人

-027-

第四章　东汉帝都与皇帝保镖

-035-

第五章　东汉的十字路口，敢问路在何方

-051-

第六章　党锢之祸，无奈的抉择

-063-

第七章　帝国三线开战，将星闪烁

-075-

第八章　乐极生悲的董卓与东汉

-087-

第九章　汉灵帝的即位流程

-097-

第十章　桓帝时代真正的终结

-107-

第二部分

汉灵帝时代：烽烟四起，宦海沉浮

-123-

第十一章　东汉特殊的地方官

-125-

第十二章　帝国最西端的变局，西域的艰难任务

-135-

第十三章　帝国北方的危机，董卓东山再起

-145-

第十四章　董刺史在并州的离奇事

-157-

第十五章　崩溃的文艺青年

-167-

第十六章　自暴自弃的皇帝，毫无生机的王朝

-181-

第十七章　黄巾起义

-197-

第十八章　黄巾平定战，董卓欲比肩皇甫嵩

-211-

第十九章　凉州风云再起

-223-

第二十章　绝地反击，超常发挥的人生

-235-

第二十一章　汉军功败垂成，董卓封侯拜将

-249-

第三部分

帝国黄昏，平乱夺权

-259-

第二十二章　凉州沦陷，董卓据守关中

-261-

第二十三章　日暮途穷的东汉王朝

-279-

第二十四章　1800年前的宫斗大戏

-291-

第二十五章　乱世伏笔，一场被抹去的夺储之争

-303-

第二十六章　陈仓之战

-315-

第二十七章　董卓急转直下的人生

-333-

第二十八章　东汉脱轨

-349-

第二十九章　董卓与何进的政治博弈

-363-

第三十章　神秘的七日（上）——董魔王入京
-377-

第三十一章　神秘的七日（下）——我进京城来，为了换皇帝
-389-

第四部分

献帝初年：群雄割据，枭雄末路
-409-

第三十二章　献帝时代的开端，董卓新政
-411-

第三十三章　董卓身边的"诸葛亮"
-423-

第三十四章　三国最强猛将的真容
-441-

第三十五章　董卓麾下的出彩配角
-453-

第三十六章　权力的游戏，少帝党的反击
-467-

第三十七章　酸枣会盟，帝都西迁
-479-

第三十八章　议和与开战，西风压东风

-495-

第三十九章　江东猛虎北伐，南风压北风

-509-

第四十章　帝国分西东

-527-

第四十一章　人设崩塌，魔王式枭雄

-541-

第四十二章　董魔王的末日

-549-

第四十三章　郿坞

-563-

大事年表

-571-

参考文献

-579-

【第一部分】

汉桓帝时代：迷茫的王朝，闪耀的将星

第一章 东汉凉州的"网红"

一、动荡的凉州

汉桓帝时代东汉天下分为 13 个州，凉州是最西北的州，是边州，下辖 12 个郡，98 个"县"。凉州往东是关中，往西通过河西走廊连接西域。这广漠的凉州大地可不太平，隔三岔五就打仗。为啥打仗呢？主要就是总有人造反，这里是边关嘛！比如汉桓帝永寿元年（155 年）时南匈奴人造反准备攻打凉州安定郡，安定郡周边的部分东羌部族就打算响应南匈奴人的叛乱，东汉著名将领张奂（"凉州三明"之一）时任安定属国都尉，他派人做通了东羌部落的思想工作，这些羌人又转过头来配合朝廷军队暴揍南匈奴人。

那个年代东汉帝国表面看似风光无限，但实际上已经显出颓势。汉桓帝初年的一首歌谣就很能说明问题："小麦青青大麦枯，谁当获者妇与姑。丈人何在西击胡，吏买马，君具车，请为诸君鼓咙胡。"[1]

男人都派到凉州与叛军打仗去了,家里都没男人干农活,庄稼肯定长不好,何况,这凉州的羌人叛乱史书上记载的太多了,三天一摩擦,五天一大仗。那个时代,谁狠,谁就能出头,而后世的"大魔王"董卓,恰恰就是那个时代的凉州狠人。

二、凉州"网红"董大侠

《古惑仔》中有一句经典台词:"铜锣湾只有一个浩南,那就是我洪兴陈浩南!"这句话放在年轻的董卓身上也非常合适:"凉州只有一个仲颖,那就是我陇西董仲颖!"董卓还很年轻的时候,就是凉州名号响当当的江湖大哥,也是凉州名气极盛的"网红"。

红到什么地步呢?当地的粉丝凉州羌人豪帅一次就给董卓打赏了1000多头牛羊杂畜,放在今天就是"火箭""游艇"刷屏的节奏。《后汉书·董卓传》就记载了当时的盛况:"豪帅感其意,归相敛得杂畜千余头以遗之,由是以健侠知名。"

史书里没有具体说董卓当时多大年纪,有一点可以肯定,当时的董卓还很年轻。这么年轻就成了当地的红人,凭的是什么呢?俗话说得好,想成事得占据"天时地利人和"。

咱先说说,董卓年轻时候的"天时"。所谓"乱世出英雄"——当然,也可能是枭雄,这个看我们怎么评价了。前面说了当时的凉州不太平,羌人叛乱的事情时有发生,实际上羌人在

---

[1]《后汉书·五行志一》。

很久以前就成了华夏民族的一分子，自然也是东汉帝国的子民。羌人分成很多种姓，因为有着游牧民族的特性，所以有时会与地方政府起冲突，不过也只是局部性事件。

西汉时就有羌人造反的记录，等到了东汉的时候，历朝的西征经费更是天文数字。这天天打仗，国库受不了呀，董卓的"天时"就在于此，凉州算是个"小乱世"的局面。

再说"地利"。当时地方社会矛盾凸显，羌族是个古老的民族，这个民族的问题在于缺乏统一领导，有家无国。虽然羌族加入了华夏大家族，成为东汉多民族组成部分之一，可这些游荡的羌人部落依旧保持着他们的特点——"乱"，部落各自为政，时而造反，时而互相吞并。为适应这种新形势下的矛盾与斗争，一种特殊的职业顺势而生——矛盾调解员。

矛盾调解员在当时有一个具体的名称，叫"游侠"，这在乱世肯定是热门职位，当然，风险也很大。在凉州当游侠可不比在关东地区，游牧民族之间的矛盾不好处理，调停得不满意，两边闹僵了，调解员可就性命不保。

我们接着永寿元年（155年）张奂说服东羌部族打败南匈奴叛军，说说当时的凉州社会矛盾。汉军打败南匈奴叛军后，张奂兑现了给羌人报功和分发战利品的承诺，羌人高兴啊，真的给战利品啊！老张说话算话，是个好官。好官怎么报答，羌人习惯性地送上好马20匹、金耳环8枚。

张奂也不惊讶，在庆功宴上把酒倒在地上，义正词严地发誓道："即使你们赠送我的马匹像羊群那么多，我也绝不会牵入马棚；即便黄金像粟米一样便宜了，我也绝不会装进自己的腰包。"

羌人蒙了，这是什么情况？居然有这样的官？"奶奶的，前八任郡都尉大多贪图钱财，坑害俺们，俺们恨透了他们，居然有张奂这样的好官？"这真不是夸张，前八任郡都尉，一任干3年，那也作威作福24年了，也不知道这些人是如何在汉朝官僚体系中被察举为"孝廉"的。

安定郡羌人就是凉州羌人的一个缩影，羌人被东汉地方官吏盘剥得很惨，哪能有好日子过？

再看凉州的汉人。汉人的户籍是被锁死的，也就是不许内迁，生下来就是戍边的命，凉州汉人在世族云集的关东人眼中就是下等人，就连战功赫赫的张奂想迁户口入关东，都得皇帝亲自批准！

董卓这个凉州游侠能在这种环境下，赢得羌、汉两族人民的尊重靠的是什么？这就要说到"人和"的问题。董卓，就是那个有本事的游侠。

史书有载："（董卓）少好侠，尝游羌中，尽与诸豪帅相结。""卓有才武，旅力少比，双带两鞬，左右驰射。"[1]

这里我们起码可以解读出三个结论：一是董卓起步早，年纪轻轻就当上了矛盾调解员；二是人脉广，当地的能人他都认识；三是业务强，力量很大，而且双带两鞬。"'弓藏谓之鞬'。此櫜、鞬二物，必一弓一矢。以鞬是受弓，故云櫜以受箭，因对文而分之耳。"[2]鞬是藏弓的弓匣，这说明董卓的宝马前面左右各挂了一把弓。闲着没事带两把弓干吗，备用吗？当然不是，左右驰射说的是董卓能左右开弓。

---

[1]《三国志·魏书·董二袁刘传》。
[2]《左传·僖二十二年，尽二十四年》引《方言》。

如果说前两点还不算什么，这第三点就是典型的核心竞争力，因为左右开弓是个高难度的活儿。在古代，马弓手骑射最难射击的角度是右侧，平时骑兵骑射训练时最好射击的角度是前方、后方和左方，因为普通骑兵以右手为主，射箭时自然是左手持弓右手引弦，很难把弓箭方向指向右侧，若是右方出现敌人只能拨转马头调整方向再射杀敌人。于是，左右驰射的马弓手就显得难能可贵，而董卓马前左右双鞬自然是左右开弓的高手。

那董卓近战本事又如何呢？

江湖大侠若是近战功夫高超，那还得有趁手的神兵利器。比如金庸大师的小说中，江湖中人人梦寐以求的倚天剑、屠龙刀。对的，屠龙刀就在董卓手中！

南朝陶弘景所著《古今刀剑录·魏将刀》记载："董卓，少时耕野，得一刀，无文字，四面隐起作山云文，㓸玉如泥。及卓贵，示五官郎将蔡邕，邕曰此项羽之刀也。"

项羽的宝刀（也不知蔡邕是不是忽悠董卓）断玉如泥那是真的啊！这不是屠龙刀是什么？一个等级为1级的玩家，上来挖宝就挖了一个顶级装备，这个玩家此后的成长道路可以想象啊。

这就勾勒出一位武力值很高、形象很酷，放在军中都很扎眼的马弓手形象：董卓胯下宝马，马前左右各悬挂一把大弓，作战时他的右前方忽然出现一名敌人骑兵。董卓迅速从右弓鞬中取出大弓，左手引弦，一箭结果了敌人，运气好的话，以这个角度来个五连杀也不是问题。等敌人回过味儿来，贴近董卓准备肉搏时，他又挥舞起"霸王项羽的宝刀"，斩断敌人的兵刃，继而一通劈砍。

所以，成名虽说要趁早，但能否成名还是要靠硬实力的。

这样的人，在这样的时代，这样的地方，不红没天理啊。江湖就是这样，一旦名号响了，世人总爱夸耀一下功绩，久而久之，争相依附大侠的新晋侠客和黑白两道人士趋之若鹜，更有源源不断慕名拜访、重金求助的世人，所以董卓年纪不大，却已经在侠客之列。

除了以上介绍的本领，董卓其实还有一个核心竞争力——豪爽。《三国志·魏书·董二袁刘传》记载："（董卓）后归耕于野，而豪帅有来从之者，卓与俱还，杀耕牛与相宴乐。"这是什么意思呢？

董卓回家后，有土豪粉丝来了，董卓把自己家的耕牛杀了给粉丝喝酒吃肉。注意，这里吃肉有玄机。为什么要杀自己的耕牛呢？要知道，耕牛在农耕时代极为重要，就这么请朋友吃了？再者说，在汉朝私自宰杀耕牛那可是犯法的！而且直接判为斩首！[1]其实董卓和小马哥烧钞票点烟一样，要的就是这个酷劲儿。所以，我们知道董卓在粉丝面前，肯定是要仗义、要面子的人，同时，还有潜台词："哥不怕犯法，哥在陇西郡横着呢！"

三、东汉的世族政治让董大侠特烦恼

豪爽、不把律法放在眼里的董同学难道有不得了的背景吗？

这个就比较尴尬了。虽说董卓他爹做官，但官太小。董君雅在颍川郡轮氏县当过县尉，这个出身，在世族横行的东汉后期真

---

[1]《三国志·魏书·桓二陈徐卫卢传》记载了陈矫判决的一个关于民间私自宰牛的案子："曲周民父病，以牛祷，县结正弃市。矫曰：'此孝子也。'表赦之。"

不算什么，可放在凉州还是能让人高看一眼的，毕竟凉州的世族没有关东地区那么强大。不过，董老爹待过的颍川郡可就不一样了，你看三国时代颍川出了多少名士，就大概知道那是个世族遍地的大郡，水深得很。

董卓的童年，应该就是在颍川度过的。《后汉书·董卓列传》李贤引《卓别传》记载："卓父君雅为颍川轮氏尉，生卓及弟旻，故卓字仲颖，旻字叔颖。"董卓字仲颖，弟弟董旻字叔颖，这两个"颖"字，说明哥俩都是在颍川出生的。想来董老爹给孩子们取这个字，是觉得能在颍川得两儿子那是需要时刻显摆的。

董老爹对董卓应该是很失望的。当爹的创造了这么好的条件，本指望儿子多结交名门望族，扩大人脉，谁知道这儿子不省心，长大后居然混成了江湖大哥，每天和不入流的羌人混在一起。董老爹给孩子起了这么有文化的名字，让孩子好好读书，谁知道，孩子居然崇尚武力，董卓怕是小时候就和颍川的世族子弟不对付。

董老爹有烦恼，小董的日子也只是"看上去很美"。而小董烦恼的源头，还是因为得不到。

前面说了，董卓的身份是矛盾调解员——游侠，尽管是"网红"级的调解员，可这行当没前途。东汉末年，最有前途的职业是什么？是"世族名门"。这个职业的要求很高，主要体现在投胎技术上，你要不是世族门阀出身，对不起，拜拜了您嘞。

在东汉，世族大家强横至极，连皇帝对其也要避让三分。做个世族名门有多爽呢？东汉的世族豪强兼并土地成风，庄园占地数以千顷；手下徒附的农民和私兵数以千计，多的都数以万计，跟后世欧洲的小领主差不多。他们修坞堡、建庄园，高大的院墙上再修几座瞭望塔，院墙后有成百上千的家兵守卫庄园。东汉的世族、豪族政治就是后世门阀政治的前身，而类似小领主的庄园经济模式是其基础。

世族的生活谁能不爱？小董也喜欢啊，美丽的庄园、高大的坞堡，可他做游侠，一辈子也未必能达到那个高度。游侠，说好听点儿叫矛盾调解员，说不好听的，就是游走于法律边缘的社会人，国家不承认，说"侠者以武犯禁"，那马上就得下岗，啥时候才能成为世族大家？啥时候能修成一个属于自己的"万岁坞"①？

董卓的烦恼，在那个时代是无解的。阻止土地兼并和世族壮大，在东汉开国皇帝刘秀"度田法"（丈量、核准私有土地，清查隐匿人口）失败的时候就等于宣告放弃了。小董同学做游侠的时代，大汉世族大家已经隐隐形成门阀，甚至可以对抗朝廷。早在东汉第三任皇帝汉章帝时，世族就公然巧取豪夺先帝之女沁心公主的良田，就连汉章帝都无可奈何道："今贵主尚见枉夺，何况小人哉？"②这么多年过去了，皇权慢慢地被世族大家侵蚀，皇帝都没办法，区区县尉的公子又能如何？

最要命的是，这个绝了东汉命脉的毛病，居然还是东汉"从娘胎里带出来的"——开国皇帝刘秀当年夺天下依靠的就是豪族！

若是穿越回1800多年前的董卓时代，我们或许能看到小董同学骑着宝马离开凉州世家大族的坞堡时，依依不舍地回头观望那高耸的瞭望塔里的人，默默地说着："王侯将相宁有种乎！"

不管董卓多么有本事，想走这条路，没戏。

---

① 董卓晚年修建的郿坞即万岁坞。
②《后汉书·窦融列传》。

四、东汉选拔官吏的逻辑：投胎是门技术活儿

当时的东汉，无论你是从文还是学武，想建功立业，就得当官，想当官呢，就得投个好胎。什么意思呢？因为早期中国传统上选拔人才，多用一种叫作"世卿世禄制"的方法，通俗地讲，就是"老子英雄儿好汉"。你是当官的，你的孩子一定也是当官的材料，这就是世卿世禄制。后来到了秦朝又沿用商鞅制定的军功爵制，等到汉朝采取的叫察举制。科举考试？别闹，那都是隋唐以后的事情了。

起初，察举制也是好事，这就得感谢数百年前西汉的汉文帝了。一代明君汉文帝已经发现了世卿世禄制和军功爵制方法的漏洞，作为一个资深皇权"程序员"，他想出了一个填补这个漏洞的方法——察举制。

具体来说，察举制就是允许当地官员向上级汇报本地杰出人才，由上级从里面择优录取成为国家官员。

评选杰出人才的标准有哪些呢？察举的科目可分为常科（岁科）与特科两大类，就是日常招生与特招生的区别。日常招生分孝廉、茂才（秀才）、察廉（廉吏）、光禄四个类目。这里面，"举孝廉"是最重要的科目，简单说，就是做事情要"孝顺""清廉"。

这个看似不错的制度本来是一个"相对公平"的当官渠道，可逐渐在世族的影响下变了味儿。汉朝规定，20万人口给一个察举名额，人口少的西部地区就得几年才能推荐一人（人口不满10万的郡两年推荐一人，人口不满5万的郡3年推荐一人），而"察廉"（提拔廉洁的小吏）就更得靠关系了。靠推荐当官，最后

便宜了谁？寒门子弟吗？怎么可能，这事得靠运作，最后各种关系户和世族子弟纷纷当官，他们"平流进取，坐至公卿"，当时甚至有"举秀才，不知书。察孝廉，父别居"①之语，而真正的寒门子弟那就别想了。

东汉中后期，地方举荐权被少数公卿大臣、世族名门控制，此时的察举制又蜕变成变相的世卿世禄制，成为那些公卿世族维护自己势力发展的工具。董卓一个微官家庭出身的江湖大哥怎么看也不可能拿到察举的名额啊。

董卓郁闷了，他认为迅速当上朝廷遴选的官员机会微乎其微，修邬堡、当大官的野心逼着他想了一个更接地气的办法——征辟，先从基层干起。

"征辟"和"察举"是配套产品，区别在于"征辟"的官吏往往是在地方当官或者是朝廷的属官，不享受国家级官员的待遇，但好处是，这个官在地方是有一定实权的。

"征"是指皇帝下诏聘召，有时也称为"特诏"或"特征"。"辟"是指公卿或州郡征调某人为掾属，汉时人们也称为"辟召""辟除"。征辟作为一种自上而下选任官吏的制度，地位仅次于察举。

简单点儿理解，董卓接受了自己不是世族子弟，拿不到朝廷后备官员名额的现实，把目光聚焦到了地方"小吏"的选拔事业上来。凉州本就不太平，像他这么有本事的大侠，难道还不能混一个干实事的地方官吏岗位吗！事总得有人干，将来干好了，州府还是可以把自己推到中央遴选，到那时候俺就是朝

---

① 《乐府诗集·杂歌谣辞五·后汉桓灵时谣》。

廷编制的官了!

董卓想通了,"曲线救国"未尝不可呀。他想通路径后,立马登上高山,迎着烈风呐喊:"那些害我拿不到'察举名额'的世族,你们瞧着吧,将来我才是你们的'董爸爸'!"

许多年后,曹植作有一首《白马篇》[1],若将诗中的"幽并"改成"凉州",这首诗放在董卓身上也很适合:

> 白马饰金羁,连翩西北驰。借问谁家子,幽并游侠儿。
> 少小去乡邑,扬声沙漠垂。宿昔秉良弓,楛矢何参差。
> 控弦破左的,右发摧月支。仰手接飞猱,俯身散马蹄。
> 狡捷过猴猿,勇剽若豹螭。边城多警急,胡虏数迁移。
> 羽檄从北来,厉马登高堤。长驱蹈匈奴,左顾凌鲜卑。
> 弃身锋刃端,性命安可怀?父母且不顾,何言子与妻!
> 名编壮士籍,不得中顾私。捐躯赴国难,视死忽如归!

年轻的董卓有这么忠义、这么牛吗?当董卓仗剑凉州江湖的时候,距离他引军入京夺权、祸乱朝纲大概还有1.5万天的时间,此时东汉边疆的烽火也即将悄然燃起。

董卓的人生与东汉的兴衰在此后有着哪些曲折离奇的故事,且听我慢慢道来。

---

[1] 收录于《乐府诗集·杂曲歌辞》。

第二章 凉州乱起,火线提拔

一、叛乱与入仕

前文说到董卓渴望着通过征辟制度把自己从游侠转职为郡吏。苍天不负有心人,他很快迎来了入仕的机会——战争,凉州爆发了大规模的羌人叛乱。

史书没有记载董卓当官的具体日期,若推算一下,可能是在延熹二年(159年)年底,那一年凉州发生了一场规模不小的羌人叛乱。烧当、烧何、当煎、勒姐等八部羌人叛乱,叛乱人数不确,只知道最后被护羌校尉段颎("凉州三明"之一)杀了2000多人,俘虏1万多人,逃散的估计不计其数。

这些羌人叛军侵扰的就是陇西郡和金城郡。董卓的老家陇西郡被羌人攻打,作为全郡知名度最高的矛盾调解员,董卓怎么可能不出手,关门在家躲着岂不丢了自己十几年混出来的英名?保家卫国的危难关头,董卓拿起心爱的大弓就要上战场。

猜想一下，当陇西郡守大眼瞪小眼地望着议事厅中的众多掾属（自己征辟的官吏），问谁能出战时，答案只有一个："这个时候应该让临洮县的董卓到郡里来当职，这是个能人！"不管是郡守听了自己麾下主簿和督邮的大力举荐也好，还是想找一个替死鬼把这个事情办了也罢，总之，董卓成了首选。

　　从游侠到郡吏——兵马掾——当官的机会来了。郡里的兵马掾大抵相当于地区武装部常务副部长，若地方发生叛乱，还得充当类似于地方武警部队军官的角色。

　　《后汉书》说董卓做的是州兵马掾，这个感觉不对，兵马掾在史书中出现的几次记载，都是边郡的属官，州一级的一般都是从事，例如"郡召卓为吏，使监领盗贼"[1]，由此可见，在陇西郡的时候，董卓应该就是郡兵马掾。

　　兵马掾这个官职级别有多高？考虑到陇西地理位置重要，而且汉朝的郡可比后世的一般地市要值钱得多，以州为省、郡为市的思路比对，陇西郡怎么也是个副省级城市，陇西郡兵马掾怎么也算是个县、团级干部！级别虽然看似很高，可董卓没编制啊，就是个郡守自己征来、享受虚职待遇的幕僚。可无论如何，从调解员到兵马掾，这已经是相当大的跨越了，出人头地就在乱世。

　　董卓担任的陇西郡兵马掾的职责之一就是打击全郡的罪犯，其中当然也包括作乱的羌人。这项工作董卓干起来应该算是如鱼得水，多年的江湖游侠和凉州"网红"生活为他在羌人中奠定了独一无二的人脉和地位，所以在处理羌人叛乱的问题上，他算得上专业。史书上并未具体记载董卓是怎么做的，但董卓如果是陇

---

[1]《三国志·魏书·董二袁刘传》裴松之注引《吴书》。

西郡兵马掾的话，参加平乱战役自然是本职工作。例如延熹五年（162年）鸟吾羌攻打汉阳郡，陇西郡和金城郡的联军将其击败。[1]

事实证明董卓干得确实不错，因为不久之后，升官的喜讯便传到了董卓的耳朵里。

二、叛乱不止，升迁不断

延熹二年（159年）的八部羌人叛乱，拉开了凉州十多年的战乱大幕，叛乱是一波接一波，战争也越来越残酷，当时的凉州"西州吏民守阙[2]为前护羌校尉段颎讼冤者甚众，会滇那等诸种羌益炽，凉州几亡……"[3]段颎的事情先按下不表，仅看凉州，当时的凉州几乎灭亡！

如此危急时刻，董卓又被火线提拔了，凉州刺史成就果断启用陇西郡兵马掾，引入凉州幕府，任从事。刺史府的从事是州刺史征辟来的属官，属于郡吏的上一级，但具体职责史书并未明确记载。董卓由郡里"监领盗贼"的岗位被提拔到州里，按此推论，应该继续管军事工作，属于参与打仗的从事，我们权且把董卓看作协调凉州幕府"兵曹工作"的从事！

小董之前是陇西郡的兵马掾，现在直接成了凉州省的兵曹从事，什么级别？保底厅级，还得是好几个厅级捆一块儿的官。不过依然没有编制，还是刺史大人的幕僚！

但是小董这个没编制的游侠幕僚要发达了！有了凉州刺史府

---

[1]《资治通鉴·汉纪四十六》。
[2] 这里的"阙"指皇官官门。
[3]《资治通鉴·汉纪四十六》。

这个平台，董卓在凉州战场上有了发挥空间。《三国志·魏书·董二袁刘传》裴注引《吴书》曰：

> 胡尝出钞，多虏民人，凉州刺史成就辟卓为从事，使领兵骑讨捕，大破之，斩获千计。

凉州刺史成就和凉州的战乱成就了董卓。凉州是当时东汉的焦点，这个焦点的州幕府中冉冉升起的新星，那岂不是焦点中的焦点？史载董卓前后与羌胡百余战，推测其中至少1/3的仗是在这时候打的。

我们可以猜想一下，董卓率军"骑讨捕"，那金戈铁马的场面：汉军全部骑兵出击，数千骑兵马蹄声隆隆，阵云之中董卓跨下战马突然飞奔腾踔，扬起满天灰尘，马蹄下似乎激发出阵阵风雷。战马把董卓托在半空中，只见他手中大弓一弹，一支利箭破风射出，一下子给叛军首领来了个透心凉！敌酋即死，余下敌军自然不战而溃。

那么董卓斩获千计很多吗？要知道古代打仗是论首级的，但砍一个敌人脑袋可没那么容易，受伤的、溃散的、受重伤回去死了的、尸体被敌人抢回去的，都拿不到首级。若是斩获千计，搞不好得击溃万人以上的部队。这一期间有这样一个记载，凉州新任的护羌校尉皇甫规（"凉州三明"之一）斩杀羌军800人，归降了10多万人。[①] 董卓斩获1000多人的首级，击溃了多少羌兵呢？

[①]《后汉书·皇甫张段列传》："至冬，羌遂大合，朝廷为忧。三公举规为中郎将，持节监关西兵，讨零吾等，破之，斩首八百级。先零诸种羌慕规威信，相劝降者十余万。"

第二章　凉州乱起，火线提拔

这里就有必要插播一下东汉后期与三国时代战争兵力虚实和斩获首级统计的问题。东汉未进入群雄混战阶段时，朝廷的军力并不像我们想象中的"曹军八十万发动赤壁之战"，实际上各郡也就几千兵马，就连朝廷在雒阳也只有一两万常备军，这和战国时期各国全民皆兵，普遍推行的户籍和郡县征兵制是有区别的。而在东汉朝廷正常运转的状态下，斩获数据也不会乱说，这是要对功报账的，虚报首级可能被革职甚至斩首，开不得玩笑。

可到了群雄割据混战的时候就乱了，各方常把流民组织夸大为正规军来统计，以彰显势力强大。史书里写得也很清楚，"军阀"大多是裹挟百姓而已，真正精锐军士并不多。比如靠劫掠为继的流民组织，都是拖家带口，动辄百万人。《三国志·武帝纪》记载："冬，受降卒三十余万，男女百余万口，收其精锐者，号为青州兵。"曹操收编的青州百万人口中符合当兵条件的男人有30万人，可是让他们都当兵，当兵也养不起啊，所以曹操和袁绍官渡决战的时候双方也就各出兵几万人。《三国演义》写的就更夸张了，夷陵之战刘备被陆逊来了一个火烧连营700里，70万大军灰飞烟灭。想想看，700里连营的距离，就算坐高铁也得跑一阵啊。东汉历史上因战争征发的正规军数量并不大，从没有过几十万众的记录，刘备手下自然也没有70万军人。那么作者罗贯中是怎么想出来70万大军的呢？

这就要说说"军阀"混战时期战争中斩获首级到底是怎么计算的。《三国志·魏书·袁张凉国田王邴管传》中记载，在曹操控制中原后出征关中时，河间地区有人叛乱，被留守的曹丕等人镇压了。等曹操回来后看报告时发现不对，"破贼文书，旧以一为十，及渊上首级，如其实数。太祖问其故，渊曰：'夫征讨外寇，多其斩获之数者，欲以大武功，且示民听也。河间在封域之内，银等叛逆，虽克捷有功，渊窃耻之。'太祖大悦，迁魏郡太守"。

解读一下，以往曹操斩杀敌人的对外宣传文书是杀1个写成10个，从而震慑敌人。所以当国渊把真实杀敌数量对外公布时，违反了惯例，曹操才追问原因。若对外公布的杀敌数是夸大了10倍的，按此推断，那军队人数很有可能也被夸大了10倍。所以70万大军基本可以理解为7万，其中可能还包括后勤人员。这也是东汉官方记录的斩首数量和"三国"故事中差别很大的原因，动辄几十万大军的混战场面其实少之又少。

对于驰骋在凉州战场上的董从事来说，和昔日的羌人朋友对战的确是一个艰难的抉择，可更难的却是凉州府内的问题，董从事身处凉州的政治漩涡之中，光会打仗是远远不够的，董卓得弄清官场政治才能存身于幕府之中。

有关董卓在凉州的记载少之又少，不过没关系，咱们从其他角度挖一挖，看当时的凉州官场是如何运作的。

三、东汉州、郡的政治规矩

董卓是从陇西郡被提拔到凉州刺史府任从事的，看起来凉州官场并不难混，董卓只管打好仗就能升官。然而，实际情况远没有这么简单。

东汉的州郡政治与后世并不相同，汉朝没有"州政府"这个概念，所以州刺史只是个小官，而被州刺史监察的郡守其实才是高官。

东汉的官员是按照开多少工资来计算级别的。朝廷三公号称万石，其俸月各三百五十斛谷。接下来是中二千石、真二千石、二千石、比二千石、千石、比千石、六百石、四百石、比四百石、三百石、比三百石、二百石、百石、斗食、佐史。

董卓现在的顶头上司，也就是凉州刺史，只是六百石级别（外十二州，每州刺史一人，六百石）；而董卓过去的顶头上司陇西郡守却是二千石级别（每郡置太守一人，二千石）。

可见刺史比郡守官小多了，也就是说，汉朝让低位的官员做刺史，去钳制高位的郡守，说白了朝廷既要管住郡县也要控制刺史，两头掐。

东汉为什么如此安排官员呢？这就得从州刺史这个官职的历史变革说起了。

刺史的制度秦朝就有，只是名字不同，到了汉朝进一步深化，汉武帝还制定了"刺史工作六条"，负责监察工作。可随着时间推移，刺史的职能也在变化，因为州刺史不是临时性岗位，但官又太小，实际工作中难以施展，所以在西汉汉成帝的时候想加强刺史的权限，干脆整出一个州牧来。州牧可不比刺史，握有实实在在的权力。过了几年，朝廷觉得这个路子不行，州牧权力太大了，他日这些州牧如果收买人心、蓄养士卒、封闭关卡，朝廷如何自处？于是又把州牧改回刺史。再过几年，又觉得刺史权力太小，压不住各郡，再改回州牧，如此反复折腾了好几回。

历经变迁后，至桓帝年间虽然州牧没有了，可刺史的权力自汉武帝制定"工作六条"后扩大了不少，包括临时组织军队会战、选人用人、成立刺史府管理地区各项工作等，最后也算半个州政府。

董卓从郡里调到了州里，然后在一个低级别、高职位的州刺史手下干活，不仅干好本职工作不容易，还得处处提防各郡官吏，究其原因，就要说到郡守和刺史的关系了。

在东汉政坛上，郡守和刺史的关系往往很僵。刺史级别低还想说话算数，郡守是老大还得防着刺史。

那么州刺史和郡守有分歧，是不是就该让刺史说了算呢？开玩笑，那得看双方的地位，如果实在分不出对错，朝廷就是"谁告谁的奏章先到"就信谁，懒得调查。当然，也可能是相互推诿扯皮之事太多，即使想查也无从查起。《三国志·吴书·刘繇太史慈士燮传》记载：

> 会郡与州有隙，曲直未分，以先闻者为善。时州章已去，郡守恐后之，求可使者。慈年二十一，以选行，晨夜取道，到洛阳，诣公车门。

就是说，青州刺史对付不了东莱郡的郡守，要上告朝廷；东莱郡郡守也对付不了刺史，也要上朝廷去告。朝廷的态度是，"以先闻者为善"，谁先告谁的状，谁就是对的。这个故事的结果是，太史慈毁了州里的举告信，帮助东莱郡守告倒了青州刺史。

从这个故事我们就能弄清楚东汉郡守和刺史之间的游戏规则，你好我好大家好，要是互相整，哥这两千石的郡守也不是白给的！总之，东汉的州郡政治体系很不和谐。

董卓出身陇西郡的郡府，眼下在凉州刺史府工作，凉州在打仗，州郡关系又不好处理。董卓本来就够劳心劳神的了，可这凉州政坛却比内地政局还要复杂，因为这里不单单是刺史和郡守关系不好处理，那些派驻凉州的军方大佬就更是牛啦，凉州的政治生态可谓异常混乱。

那董从事所在的凉州刺史府当时的工作环境究竟如何呢？

四、小董眼中的凉州纸牌屋

眼下凉州刺史府的工作环境极其凶险，因为凉州在打仗，派驻凉州的护羌校尉自然都是东汉后期的名将。比如段颎和皇甫规二人都担任过凉州的护羌校尉，做事风格又都很强势，实际工作中便难免与凉州州刺史产生矛盾。

所以在战乱不止的凉州，汉人内部的政治斗争也很激烈，刺史府那真叫一个水深火热。让我们从下面这一系列事情慢慢品味一下凉州的政治生态。

凉州之前有个刺史叫郭闳，他想与凉州护羌校尉段颎分享战功，说白了就是想和段颎商量，你打赢造反的羌人，报功时把我们刺史府也带上。

段颎属于战神级别的人物，当然不理会郭闳！郭闳便故意拖延，阻止段颎进军。毕竟粮草运转、军械补充这些事情还得地方干，刺史想拖住护羌校尉进军的脚步还是很有办法的。

跟随段颎征战的湟中义从羌（朝廷一方的羌人部队）因为离家太久，惦记家里的牛羊，于是撂挑子跑回家去了。郭闳把罪责推到段颎身上，而段颎因此被捕入狱，罚"输作左校"，说白了就是当苦力去给皇帝修修皇宫啥的。郭闳小胜一局！

段颎走了，朝廷让济南相（相当于济南郡守）胡闳顶上，可胡闳弄不明白凉州局势，又被免了。接下来朝廷派了一个叫皇甫规的名将来凉州，皇甫规以中郎将衔任护羌校尉一职，持节监关西军事。什么叫持节？就是代表天子。州刺史再想整护羌校尉，没门儿。朝廷认为这下肯定没问题了，凉州军政不会再出现不和，但没料到郭闳这时候也快到站了。为什么？你看看皇甫规到了凉州都干了些什么事。

皇甫规持节上任，上来就弹劾了一大票官员，什么安定郡守、汉阳郡守，这个郡的都尉，那个军队的督军御史，统统拿下，有的甚至被诛杀。这一番澄清吏治的操作带来两个后果：第一，凉州刺史工作不到位，监察范围内这么多高官都有问题，他监察什么了！郭闳因此倒了霉。第二，被弹劾的人都是欺压羌人、尸位素餐的昏官。羌人，你们看看，我惩治了欺压你们的官吏，你们是不是就不要造反了。于是一大票造反的羌人投降了皇甫规，足足十万之众。皇甫规大胜一局！

一番折腾后，凉州终于能平叛了吧？想得美，皇甫规干掉了这么多人，这些人背后的世族岂能善罢甘休，比如郭闳，这个名不见经传的人物，他有个弟弟叫郭勋，后来做过幽州刺史。你看，哥哥做过凉州刺史，弟弟做过幽州刺史，人家背景能差了吗？

朝堂上弹劾皇甫规的声音终于爆发了。政敌主要利用皇甫规用钱财贿赂羌人，才使得他们投降作为突破口，扬言"招降"只是形象工程，用不了多久羌人还得造反！

皇甫规认为自己行得正坐得直，便跟朝廷申辩！可羌人不给力啊，真的按照皇甫规政敌的说法，降了叛、叛了降的事情越来越多，凉州越来越乱。好在汉桓帝刘志想保住皇甫规，便只得让他暂时委屈地回了京。

前文提到段颎被免职后，凉州很多人跑到雒阳皇宫门前替他喊冤，这次换成皇甫规被朝廷处置，一代军神段颎便又接替皇甫规回到了凉州。

小董作为州府兵曹从事，是管理全州部分军事相关工作的官吏，理论上既要组织各郡会战，又要搞好军事后勤保障，在凉州混乱的政治生态下，他能干好差事吗？要知道，提拔董卓的陇西郡守及凉州刺史成就、郭闳，军方的皇甫规、段颎这些人物，不管怎么摆弄战争和政治，都绕不开具体干活的小董同志啊！

"小董，为什么军资还没到？难道是刺史府特意刁难吗？"这可能是军方大佬的问话。

"小董，你要搞清楚你端的是谁的饭碗！该管的管，不该管的少管！"这可能是刺史的训话。

"小董，帮帮咱们这帮陇西老人，那皇甫规现在到处弹劾臣僚，你在幕府有机会一定要替陇西老家的人说话！"这可能是陇西的同僚或者郡守与小董的对话。

站队吗，站错了呢？不站队装糊涂？哪一派得势都可能清算小董同学啊！

在这战场和政坛都血雨腥风的凉州，小董同志到底混得怎么样？东汉边疆烽火已起，朝廷又将如何应对？且往下看。

第三章 董卓在凉州的政坛贵人

前文说到凉州派系林立，官场内斗不止，朝廷几番调整。凉州如此险恶，小红人董卓能混明白吗？

小董在凉州最后的成绩，是在凉州幕府从事的位置上得到破格拔擢，进入了朝廷。所以，他肯定得到了凉州一众大佬的认可，不然如何从凉州突围而出？

鉴于董卓本人的资料太少，我们还是得从董卓周围人入手，抽丝剥茧慢慢聊。

第一个人是发现董卓的"星探"——陇西郡守。这位陇西郡守在史书上并没有留下名字，不过汉朝很讲究门生故吏，师父领进门，那就得一辈子有这个"师徒印记"。所以这位没有名字的郡守，如果后来还活着，那一定是董卓仕途的一大助力。

第二个人是凉州刺史成就，是他把董卓从郡里拔擢到州刺史府的，自然也是通过刺史府报功，使董卓最后得以进入雒阳朝廷。这算是董卓的一个贵人，可成就在史书中也没有过多记载，提拔了董卓之后便没了消息。

除此之外，东汉还有三位宿将是董卓人生中的贵人，他们都是董卓的老乡，也曾是董卓的领导、仕途中的助力者，与董卓"亦师亦友"，他们麾下嫡系将领、家族成员也与董卓有着很深的恩怨纠葛，这三个人就是桓帝朝的"凉州三明"：段颎、张奂、皇甫规。

这三位凉州出身的人物都是东汉后期的名将，是汉桓帝和汉灵帝初期的帝国边疆"守护神"，如果用三国时期的人物做比较的话：段颎统军能力直逼曹操，他对羌人叛军的态度就是坚决剿灭！张奂的能力算是司马懿类型，管理水平不错，统率也行，他对羌人叛军的态度是，听话就抚，不听话就揍。皇甫规就好比诸葛亮，能打仗也能邀买人心，诸葛亮七擒孟获，皇甫规数次招降羌人，他对羌人叛军的态度主要是抚。

而三个人之间的关系很复杂。段颎看不上张奂，二人仇大到张奂最后差点儿被段颎给折腾死，这个我们后面再说。张奂和皇甫规又是极好的朋友，在朝廷上那是你保我，我保你，皇帝想动哪一个，另一个就跳出来解围。但段颎并没有对付皇甫规，皇甫规也没招惹段颎。

这三人不管个人之间有多大仇怨，他们对董卓的印象都不错。小董最后到底还是继承了三人的衣钵，成了属于他的时代的"凉州双明"之一。

这凉州三巨头与董卓的故事，我们要分开讲。

首先说说段颎其人。段颎是一代名将，虽然当今来看此人并不显名，但古时候他的名号十分响亮。唐德宗建中三年（782年），唐人颜真卿奉旨追封古代名将64人，并为他们设庙享奠，

64人中就包括大汉太尉新丰侯段颎！宣和五年（1123年），宋朝依照唐朝也搞历史名将排行榜，这次增加到72人，其中依然包括段颎！到明朝时成书的《广名将传》中，还是包括段颎！

段颎综合能力超群，统率力、武力和智谋都很出色。他是汉朝的鹰派代表，坚定地主张剿灭叛乱分子。在两次担任凉州护羌校尉期间，段颎采取铁血手腕，前后用了10年时间彻底消灭了东、西两羌叛军。

当然，并不是所有人都认同段颎这种铁血政策，但当朝皇帝汉桓帝刘志很认同："先零东羌历载为患，颎前陈状，欲必埽灭。涉履霜雪，兼行晨夜，身当矢石，感厉吏士。曾未浃日，凶丑奔破，连尸积俘，掠获无算。洗雪百年之逋负，以慰忠将之亡魂。功用显著，朕甚嘉之。"①

汉桓帝对段颎的成绩非常认可，那是因为东汉国库已经打空了，凉州要是再打10年，桓帝就得卖裤衩背心了。

我们暂且不论段颎铁血手腕的对错，而是说说这位与董卓同为凉州人，又同在凉州平定叛乱的东汉战神与董卓之间的关系如何。段校尉应该非常看好董卓。为什么这么说？段颎在凉州指挥的时间段，基本上和董卓历任陇西郡兵马掾、凉州幕府从事的时间是重合的。以董卓在凉州任从事的经历来看，两人之间显然要打交道。如果段颎对董卓不满意，那董卓在凉州可就吃不开了。

董卓中年时被免过职，后来又被征辟复出，按《吴书》记载，是时任并州刺史的段颎推荐其入司徒袁隗府为掾属，才使得董卓复出。这是再造之恩，你说段颎喜不喜欢他。

---

① 《后汉书·皇甫张段列传》。

凉州小红人董卓，自然也会把段军神当作中青年时期的偶像来学习，学什么？

第一，对下属要关爱。段颎行军以仁爱为本，士卒有疾病，总是亲自慰问、裹伤。在边境10多年，没有睡过一晚好觉，与将士同甘共苦，所以军士都愿为他死战。董卓就干过把自己的赏钱分给将士的事情，对底下人好着呢，这点董卓学得妥妥的。

第二，段颎对敌人残暴，这点董卓也得学，毕竟他也成天在打仗。若从董卓一生的履历来看，他与段颎履历最为相似。

说完段颎与董卓，我们再说说"凉州三明"的第二位张奂。前面说过，张奂在安定都尉的任上击败过7000多南匈奴叛军骑兵，要知道，当时张奂壁垒里只有200人，其他的增援军队还说不准能来多少人，可这老哥就敢下令全军到长城边集合和敌人硬磕。

张奂不仅统兵打仗的能力强，还特有学问。

张奂离开安定郡后，又去武威郡做了一段时间郡守，而那个时候，小董应该正在凉州刺史府当差，自然要跟张大哥多亲近的。再后来张奂可就厉害了，到了延熹九年（166年），张奂走上了人生的巅峰。那一年，段颎在凉州跟羌人鏖战正酣，张奂任护匈奴中郎将在并州、幽州和鲜卑等地与叛军作战；那一年三边开战，大汉可以说岌岌可危；那一年，段颎在西北，张奂在东北；那一年，朝廷做了一个重大决定，让张奂以护匈奴中郎将的身份监督幽、并、凉三州及度辽、乌桓二营，同时负责考核三州刺史和所有郡守的政绩。

什么意思呢？这就是三边总督啊！

那么董卓和三边总督张奂的关系怎么样？一开始关系应该很

好。张奂在凉州当郡守时,董卓应该已经在凉州幕府了,两人理应认识,不然无法开展工作。

此外,最重要的是,张奂一开始也喜欢董卓,为啥?因为后来张奂在走上人生巅峰的那一年,给了当时已经在朝廷任职的董卓一个飞黄腾达的机会。他把董卓调到了自己军中,并委以重任,最后让董卓一战成名。这是给了董卓机会的恩师。

董卓能够得到张奂的赏识,想来二人关系不错。

董卓跟张奂学的东西可就杂了,人家张奂可不是一个劲儿地想剿匪,对羌人的叛乱剿抚并行,而且张奂的理政水平也很高。小红人董卓对理政水平这一点也得琢磨、也得学习,全面发展嘛,光会打仗哪能成为全能型干部,小董的欲望大着呢。

段颎和张奂都喜欢董卓,这可就麻烦了,这两个人可是死对头,董卓能混得左右逢源,想来必有过人之处。

夹在段颎和张奂之间的董卓,有可能是这样的:

"董从事,我跟你说,张奂那安抚羌人的策略,狗屁不通!"段校尉和小红人董从事在谈军事工作的时候,无意中提了一嘴。

小董脸憋得通红,笑了笑说道:"段校尉治军严谨,他日定能扫灭羌患,不招抚倒也无妨。"

段颎撇撇嘴,倒也没挑董卓不跟着自己骂张奂的毛病。又过了几天,董卓殷勤地安排手下人选购了些凉州特产,并修书一封送到了幽州,给在幽州打仗的张奂将军换换口味。

两头讨好不容易,但很多年后董卓和张奂还是闹掰了。汉灵帝光和四年(181年),董卓让自己的哥哥亲自带着一百匹缣送给已经失势的张奂,张奂此前已被免官,朝廷不少人落井下石,段颎就是其一,而董卓派亲哥哥代表自己去看望张奂,算是不错了，可张奂坚决不收。按《后汉书》的记载，光和四年的张奂仿佛不认识董卓，但这自然不对，延熹十年（167年）时董卓就是张奂的部下了。

可史书没有记载张奂拒绝董卓探望的原因，两人最后闹掰的原因，也说不清楚了。

最后说说"凉州三明"中的皇甫规。皇甫规也是高官家族出身，他本人也是东汉的著名战将。北宋年间成书的《十七史百将传》中，皇甫规名列历史百将之一。

董卓和皇甫规之间的事情很难查清，但一定有交集，只是出处有些让人咋舌。老董看上了他父亲辈的皇甫规的遗孀……

那一年，老董已经做了大汉相国，不过他却用极为丰厚的聘礼，迎娶了皇甫规的遗孀。《后汉书》说董卓贪恋皇甫规遗孀的美色，但这应该不是根本原因，董卓想娶皇甫规的遗孀，是因为他想拉拢皇甫家族，那时候皇甫规的侄子皇甫嵩手中还有数万精兵呢！

皇甫规的遗孀自然不肯嫁给董卓，她还骂道："你这个杂种，毒害天下，我老公那是大汉忠臣，你当时不也是他的马前卒吗？现在怎么能娶以前领导的媳妇。你打死我吧！"①结果董卓真把她给打死了，董卓残暴一面可见一斑。

但话说回来，"娶遗孀"在东汉太正常了，曹操娶了一堆，就连后来蜀汉皇帝刘备也干过类似的事。董卓只是想娶皇甫规的遗孀，人家刘备可是想娶自己同族兄长的遗孀。

让我们临时穿越一下。那是很多年后，刘备刚占据益州的时

---

① 原文见《后汉书·烈女传》。

候，急需与蜀中大族豪强结纳关系，因此群下劝刘备迎娶刘璋旧将吴懿之妹吴氏，以此拉拢蜀中世族。吴氏是刘璋已故兄长刘瑁之妻，说白了就是刘备同族嫂子，这么做有违礼法。可刘备的谋士法正会说啊："讲啥亲疏？晋文公逃难到秦国的时候，就娶了亲侄子晋怀公子圉的妻子怀嬴，人家最后受到抨击了吗？"①

法正这段话的潜台词是，你只要成功了就没人说娶遗孀这事不好。刘备最后成功了，可董卓却失败了。同样娶寡妇，刘备那是控制大族的一种政治手段，老董就成了看中寡妇的美色。

娶遗孀一事告一段落，不过此事也说明董卓和皇甫规是共事过的。董卓和皇甫家渊源也颇深，后面的故事也会体现。中青年时期的董卓既然在皇甫规那儿干过活，那他有没有向皇甫规学点儿什么？自然学了。第一，学了皇甫规在官场明哲保身的一些手段。第二，学了皇甫规喜欢年轻姑娘的特点。

董卓在凉州时的贵人算是说完了，他能在政治生态恶劣的凉州游刃有余，除了因为颇有武略，也因为他不是个简单的莽夫。多年江湖大哥的经历，"盘道"能不明白？董卓就算谈不上左右逢源，至少也很有头脑。

董卓跟着这些大佬学了这么多东西，内心世界怕也变得五味杂陈起来。段颎铁血屠戮，张奂恩威并施，皇甫规内治庸官、外和叛羌。这些都潜移默化地改变着一个初入官场的后生的思维，江湖侠客出身的董卓，在近10年间渐渐地变成了一个多面体的官吏。

10年时光仿佛一晃而过，粗胳膊的小年轻终究变成了眼神

---

① 原文见《三国志·蜀书·二主妃子传》。

诡异的怪大叔，或许董卓已经熟练地掌握了快速变脸的方法，他可以随时选择用哪种面孔来对待不同的人和事。

董卓虽然弄懂了官场的规矩，却也不得不面对一个现实问题。当年和自己把酒言欢的羌人豪帅们，如今大多变成了自己的敌人。刀剑无眼，当年的好友最终走上了殊途。这种情感很复杂，可以是"不徇私情，忠心为国"，也可以是"忘恩负义，六亲不认"。

游侠的热血与遥遥无期的野心，不断地折磨着这个已至而立之年的凉州红人。

当有一天，董卓一箭射死一名多年未见的羌人朋友，又挥刀斩下其首级时，再回过头来，他那狰狞扭曲的表情，怕是让他自己也感到深深的惊惧。

在凉州当得了郡吏、做得了从事、平得了叛乱，这样的将吏显然是乱世中的英豪。

第四章 东汉帝都与皇帝保镖

董卓从凉州侠客做到了陇西郡郡吏，又成为凉州刺史幕府的当红从事。可怎奈何董卓始终不是正经的朝廷命官。什么时候才能迈进世族豪强的圈子？皇天不负有心人，机会又一次如期而至。有凉州一众大佬的照拂，董从事又一次转职，终于入京了。

一、东汉京都，董卓的郎官生涯

"让我去给皇帝当保镖？警卫师正式官员编制？"董卓呆呆地望着凉州刺史，不敢相信他梦寐以求的朝廷正式编制终于来了！

汉桓帝末年，延熹九年（166年）左右，董卓经过钩心斗角的凉州官场、铁与血的凉州战场的双重历练，脱胎换骨，又一次迎来了自己的春天。

《三国志·魏书·董二袁刘传》载："汉桓帝末，以六郡良家子为羽林郎。"

羽林郎是董卓第一个有正式编制的官职。郎官！比三百石俸禄级别，虽然不是纯正的三百石级别，干的却是侍候皇帝的活儿！而且羽林郎简直就是给董卓量身打造的官职。

咱们先说羽林郎的选拔条件：

方式一，常选汉阳、陇西、安定、北地、上郡、西河凡六郡良家补充羽林。前四个地方是凉州的郡，后两个是并州的郡，所以羽林郎大部分是凉州人，少部分是并州人。董卓是陇西郡人，非常符合条件！董卓要是进入了羽林，那简直如鱼得水啊，这些人还不都得给这位凉州江湖大哥、前凉州从事面子吗？

方式二，这六郡的烈属后代可以担任羽林郎，所以羽林郎又称"羽林孤儿"。董卓的老爹不是凉州的战斗英雄，这点就不必考虑了。但能说明羽林郎中有不少年轻后生，这些人还不得跟着董卓混？就算董卓是后报到的，但那也是因功特进，人家在凉州那就是个仙儿一样存在的人物。

方式三，选征战有功的人，这点可以理解为对战士的"察廉"。如果从凉州战场的功臣中海选一个人进入羽林，董卓自然是舍我其谁。

总体来说，羽林郎的入选途径很实在，凉州、并州是苦战之地，那里的人把脑袋别裤腰上打一辈子仗，可能得到什么呢？授予有突出战功的阵亡将士的后代羽林郎官职，是一个很激励人心的措施，这使得很多将士能在没有后顾之忧的情况下，为国家献出生命。可以想象，一位决绝的殿后屯长，他满脸血污、红着眼眶，坚定地对上官说道："将军，我去殿后，记得你答应过我，把我的孩子送进羽林，他这辈子得比我有出息！"

第四章 东汉帝都与皇帝保镖

再说羽林郎的结构，按照《通典·职官十》记载："宣帝令中郎将、骑都尉监羽林，谓之羽林中郎将，领郎百人。"东汉朝廷的羽林郎应在百名左右。皇帝身边的百人宿卫军官，那得个顶个的牛才行。羽林骑还有1000多人，分左右两监，估计一个羽林郎带十几个羽林骑兵干活。

羽林郎归羽林中郎将管，羽林中郎将归中央九卿之一的光禄勋管。光禄勋可是实权在握的九卿之一，不只管羽林郎，大部分郎官都归他管，所以这个官以前也叫郎中令。

董卓是个"新郎官"——羽林郎，那东汉的郎官又是干吗的呢？郎官，其实是朝廷的后备干部。

东汉有郎官制度，郎官其实就是朝廷的后备干部，可以外放到基层当官的。郎官分议郎、中郎、侍郎、郎中，郎中最低，议郎这个位置很多都是重要臣僚过渡用的，比如皇甫规被从凉州召回，就先过渡一下议郎，所以议郎不用值班护卫皇城。

其他郎官轮值宿卫皇宫，理论上宿卫的是南皇宫，北皇宫在这个时代是皇帝和嫔妃的日常居所，都是宦官侍卫伺候着。

世族子弟举孝廉之后很多直接当郎官了。可寒门子弟想做郎官太难，渠道也很复杂。

作为后备力量的郎官，如果成功外放，那平步青云指日可待。当然，干了几十年后备郎官的也不在少数，五官中郎将就是管老郎官的。后来威武不凡的曹操就让自己的儿子曹丕做五官中郎将，为的是让他跟老将熟悉熟悉。

回来看，羽林郎也是郎，只不过皇帝一般不会询问羽林郎政事，这是一匹"武郎"，所以董卓很乐意，也很期盼能成为"武大郎"！

《后汉书·舆服志下》中记载了羽林郎帅气的形象：武冠，俗谓之大冠，环缨无蕤，以青系为绲，加双鹖尾，竖左右，为鹖冠云。五官、左右虎贲、羽林、五中郎将、羽林左右监皆冠鹖冠，纱縠单衣。

按此描述，董卓若骑在自己的宝马上奔驰起来，那羽林郎的猩红大披风就会迎风猎猎作响，鹖冠上插着的长长双鹖尾羽如翎子一般上下抖动，马鞍两侧悬双鞭，简直帅到爆炸。董卓以这个造型在雒阳大街上转一圈，那得多高的回头率。这才符合羽林郎"为国羽翼，如林之盛"的称号。

做这等美梦时，董卓怕也会多次偷偷在宫中寻一面大号的铜镜，好照照自己帅气的形象吧。

当短暂的喜悦过后，董卓还是需要面对京城这个新的生活环境。终于做到了皇帝贴身的武官，还有什么事情会让董大郎不开心吗？当然有，例如董卓站在雒阳城大街的十字路口，发现想在雒阳城里策马奔驰是基本不可能的，交通太拥堵了。而在这拥堵的城市中，飙马耍酷是大汉顶级官宦子弟的特权，比如后面会出场的袁家世族的二公子袁术。董卓一个小小羽林郎还远远不够看。

二、东汉帝都——雒阳的气派

董卓从广漠的凉州一下子进入繁华的京城，他蒙了。东汉帝都雒阳到底是什么样子呢？

雒阳（东汉时期的洛阳称雒阳，因汉朝火德需避水）是东汉王朝的国都，天下的焦点，政治、文化、经济的中心。雒阳城属河南尹治下，河南尹属司隶校尉治下。雒阳城气势恢宏、经济繁荣,有城门 12 座、大街 24 条;城中心与北区为皇宫所在,东有马市和小市,西有金市和大市,南郊是鱼市和专门接待境外来客的四夷馆。作为东汉的政治、经济中心,往来商贾、官吏自然不计其数;城中常住居民 10 万户,城外屋舍更是数不胜数,单城外南郊太学就有太学生 3 万多人。雒阳城内的长街之上,"车毂击,人肩摩;连衽成帷,举袂成幕,挥汗成雨"①,人声鼎沸、繁华异常。

董卓在凉州吃沙子、抡大弓的时候,雒阳人推杯换盏、吃喝玩乐。董卓领着刺史府的敢死队在凉州各郡四处平叛时,雒阳城内纸醉金迷、歌舞升平。

如今董卓忽然入京,一时还真适应不过来。他只能在大街上溜达溜达,看看美女,换换心情。

董大郎休班的时候大概会拽着几个兄弟,逛逛雒阳城,见见世面。30 多岁的凉州名人、战斗英雄董卓,大约会精心打扮一番,以为如此便能获得雒阳美女的好感。

他甚至想起了早前辛延年创作的《羽林郎》②。

> 昔有霍家奴,姓冯名子都。
> 依倚将军势,调笑酒家胡。
> 胡姬年十五,春日独当垆。
> 长裾连理带,广袖合欢襦。
> 头上蓝田玉,耳后大秦珠。

---

① 《战国策·齐一·苏秦为赵合从说齐宣王》。
② 《乐府诗集·杂曲歌辞》。

> 两鬟何窈窕，一世良所无。
> 一鬟五百万，两鬟千万余。
> 不意金吾子，娉婷过我庐。
> 银鞍何煜耀，翠盖空踟蹰。
> 就我求清酒，丝绳提玉壶。
> 就我求珍肴，金盘脍鲤鱼。
> 贻我青铜镜，结我红罗裾。
> 不惜红罗裂，何论轻贱躯。
> 男儿爱后妇，女子重前夫。
> 人生有新故，贵贱不相逾。
> 多谢金吾子，私爱徒区区。

董大郎也想学学诗中的那位羽林郎，与卖酒的胡姬调笑一番，来一段浪漫的爱情故事。但人家诗里的羽林郎是霍光的人，他董卓在雒阳城里只是无名小卒。

雒阳有的是豪门世族，达官显贵比比皆是。董大郎心凉了，别人有背景，而他只有一堆荣誉证书，难道把证书贴在后背，让人家看看背影？

郁闷的董卓漫步街上，走着走着，心情突然好了很多，这又是为何？

原来董卓看着街上那些婀娜多姿的美女很是诧异，雒阳城的美女走起路来故意折腰摇步、东摇西晃；她们有的脸蛋俊美，却面画愁眉以作啼状；她们头发秀丽，可却不做发髻，披肩长发垂于一边肩膀，露着长长的脖颈让人浮想联翩；她们面带微笑，可却紧闭双唇作齿痛状。怎么看都别扭。

看了半晌，最后董大郎撇撇嘴说道："或许京师流行以此为美吧！不过还是俺们西北的姑娘好，胡姬最好。"

关于当时京城人的审美，史书中有详细的记载："桓帝元嘉中，京都妇女作愁眉、啼妆、堕马髻、折腰步、龋齿笑。所谓愁眉者，细而曲折。啼妆者，薄拭目下，若啼处。堕马髻者，作一边。"①

这种让人看着怪异的妆容其实早就在雒阳流行了，只是边鄙之地出身的董卓"没见识"罢了。

董卓入京后长了见识，或许也产生一种莫名的自卑，然后又引来了一种莫名的厌恶。这个地方让他想起了自己尴尬的出身，这个地方让他明白了自己的野心太高、太远。他在凉州玩命打拼了10多年才混了一个郎官，可世家子弟还未成年就会被授予郎官。自己再有本事，也逃不脱"老子英雄儿好汉"的宿命！在东汉，凤凰男逆袭的成功概率基本约等于上天揽月。

这就是东汉，能力不是决定一切的根本，培养一个贵族至少三代人。如果说，雒阳整体面貌给了董卓巨大的冲击，让他的性格和心态变得扭曲的话，那朝堂上的破烂事将直接让董卓接受更高级的"淬炼"。之后一段时间，董卓基本陷入了无法思考的阶段。

三、京城居大不易，京都中的势力格局

董卓在羽林军中或许算是一个出色的人物，入京后，他是奔着自己"当大官、修坞堡"的野心前进的。但他在雒阳却是一个小虾米，比三百石级别的官实在微不足道。

---

①《后汉书·五行志》。

在凉州支持董卓的大佬们大多在边州征战，董卓入朝少了领路人估计会有些迷茫。"人家都说朝里有人好做官，对，我得在朝中寻个靠山。"

找靠山这个事情，羽林郎官还是有一定优势的。羽林郎天天护卫着皇帝，官方说法叫"出则扈从，入则宿卫"，也就是说，只要董卓当班，全天都得等着听陛下吩咐。这对刚入京城的董卓来说是好事。一是能与皇帝经常接触，若是陛下看他顺眼，被提拔一下也不是不可能的。二是与朝中的高官、宦官也有接触的机会，这对军人出身的董卓是一个不错的政治机遇。

董卓在宫中混了一段时间后，发现朝中主要有四股力量：外戚、清流党人、宦官、世族势力。几方势力轮番上演夺权戏码，关系盘根错节，恩怨纠葛更是错综复杂。

眼下的局面是，朝中外戚亲近清流党人，二者正与宦官斗得你死我活。而这三派人马还都和各大世族有扯不清的关系。那董卓到底是该多巴结外戚，还是该多亲近清流党人，抑或干脆投靠宦官阵营呢？

史书上自然没有记载董卓当时的境遇，不过我们不妨从一个羽林郎官的视角，去看待各大势力之间的争斗。

一个小小郎官在凶险的朝廷官场，行错一步将会万劫不复。于是他决定先弄清楚朝廷现在的局面，到底是怎么形成的。

四、朝廷旧事，过去的外戚敢杀皇帝

一头雾水的董卓或许会拎着礼物到宫中寻一个颇有经验的前辈，从前辈那里了解一下，如今这个朝局到底是怎么形成的。

酒过三巡,"前辈百事通"才打开话匣子:"什么?你觉得现在的外戚窦武只是一个城门校尉,便认为外戚不厉害?告诉你,也就是现在陛下镇得住罢了。小董,你入宫晚不知道当年那些外戚有多可怕。这事还得从十几年前说起呢。"

汉桓帝与外戚的恩怨,造就了如今的朝局

汉桓帝刘志即位已经 20 年了,可其实他是个苦命的皇帝。在他之前的皇帝是汉质帝刘缵,才 9 岁就驾崩了。那个小皇帝不顺从拥立他的外戚大将军梁冀,年少无知、口无遮拦地说了一句"梁冀是跋扈将军",就被梁氏家族派人给毒死了。

从史书中我们可以看到东汉后期外戚的跋扈和世族是如何坐收渔人之利的。《后汉书·孝顺孝冲孝质帝纪》载:

> 闰月甲申,大将军梁冀潜行鸩弑,帝崩于玉堂前殿,年九岁。丁亥,太尉李固免。戊子,司徒胡广为太尉,司空赵戒为司徒,与梁冀参录尚书事。太仆袁汤为司空。

梁冀毒杀皇帝后和各大世族一起分享了"胜利果实"。胡广是出了名的官场不倒翁,皇帝被毒杀后他美滋滋地当了太尉。赵戒则和胡广写信给梁冀:"天下不幸,频年之间,国祚三绝。今当立帝,天下重器,诚知太后垂心,将军劳虑,详择其人,务存圣明;然愚情眷眷,窃独有怀。"[1]看似用心良苦的劝谏信,可仔

---

[1]《资治通鉴·汉纪四十五》。

细看看其实是"太后真是一片苦心,而大将军毒死皇帝也很操劳啊"。胡广当太尉、赵戒转任司徒,与梁氏共同录尚书事;而袁汤是袁氏家族的人,也是袁绍、袁术的爷爷,也当了司空。妥了,三公凑齐了。

外戚和世族掌权后,为啥一定要控制尚书台进而"录尚书事"呢?这里需要说一下"录尚书事"这一重要概念。汉武帝时期为了控制丞相的权力,出现了"中外朝制度",继而演变成在内的尚书台实际发号政令,后来的朝堂大佬"三公"其实就是荣誉的象征,权力大幅缩小。尚书台本应是皇帝的"禁脔",皇帝要通过它控制朝政,但是世族总惦记着这个香饽饽,从霍光开始很多权臣陆续掌控尚书台,美其名曰"录尚书事"。简单点儿说,谁录尚书事,谁就是东汉政务的真正掌控者。

东汉末年皇权式微,外戚随时可以整死皇帝,再联合世族通过"录尚书事"把控朝政。

梁氏毒杀汉质帝后,各大世族对立皇帝的事情还是有些争议的,不过最有权的外戚梁冀力排众议,决定把一个叫刘志的年轻皇族扶上皇位,即汉桓帝。

梁氏为什么要选择刘志继承皇位呢?那年的刘志只有15岁,从一个小县侯的爵位上被拉到京城,干上了皇帝这份"亡命"的差事。刘志真心不想干啊!难道县以上的郡王都死光了吗?为何非让我干!

正是因为刘志年龄小、级别低。年龄小正适合娶大将军梁冀的女儿;级别低更好摆弄。是的,刘志得听梁家的……

汉桓帝刘志当时心里苦啊,每天让他殚精竭虑的并不是朝政,而是怎么伺候好自己的梁氏皇后。要是哪天他违了梁家的意,怕便会驾鹤西游,去追赶那年仅 9 岁就被毒死的先帝了。

这样的日子,皇帝刘志一过就是 13 年,这些年里刘志爱过的女人都未得善终,他每天都要小心翼翼地陪着自己的皇后,还得看着皇后不停残杀自己的爱人。刘志没有儿子,因为梁氏皇后没有子嗣,毕竟"我们梁家让你当皇帝,你就得跟我生儿子。跟别人生?那梁家还要你这个皇帝干吗"。

如果哪个嫔妃有了身孕,可就犯了天大的罪过,孩子肯定不保。《资治通鉴·汉纪四十六》记载了梁皇后的狠毒:"梁皇后恃姊、兄廕势,恣极奢靡,兼倍前世,专宠妒忌,六宫莫得进见。及太后崩,恩宠顿衰。后既无嗣,每宫人孕育,鲜得全者。帝虽迫畏梁冀,不敢谴怒,然进御转希,后益忧恚。"

"百事通"把外戚大将军梁冀的事情说完之后,总结道:"所以梁家倒台之后,皇帝就把现在的外戚看得死死的,换你,你不得防着点儿啊?"

董卓听完后茅塞顿开,原来外戚还可以这样折磨皇帝啊,他赶紧记下了这一条。

等回过味儿来,董卓追问道:"不对啊,既然皇帝被外戚看得死死的,那陛下后来是怎么夺回权柄的啊?"

汉桓帝上位,无关爱情

那"百事通"看着董卓渴望的求知眼神,接着娓娓道来:"那就得从 7 年前的事情说起了。那时候你在凉州跟羌人打仗,怕是不知道宫中的变故。"

延熹二年(159 年)的一天,刘志的老婆梁皇后居然"英年早逝"了！

刘志假模假样地哭了两声之后，便心中暗笑了起来："大汉江山，我来了！"再后来，一个不起眼的老套"爱情"故事直接改变了大汉王朝的走向。

在皇宫中素绢横挂、宦官披麻戴孝的日子里，汉桓帝刘志却乐疯了。汉桓帝提心吊胆了13年，终于看到了希望。但他没高兴多久便回过神来，想起欺负、威逼他的幕后大哥，是梁氏家族的话事人梁冀啊，梁冀的女儿死了有什么用嘛！

于是刘志拟定了一个扳倒梁氏的计划。

"皇后死了，朕怎么都得换个皇后。这次朕换个不是梁家的人做皇后，然后新的外戚崛起，那旧外戚不就被架空了嘛！然后再寻机整垮梁氏。"刘志绞尽脑汁地想着办法，要夺回政权，匡扶汉室！

要想实现架空梁氏的计划，难度不亚于两手空空却要告诉身边的人，将来要创建一个属于自己的商业帝国。汉桓帝不是商业帝国的创始人，但他也可以寻觅自己的合伙人，来实现这个"大逆不道"的计划。

首先，刘志决定将一个和自己同床共枕的女人——贵人邓猛——当作盟友，将其扶为皇后，纳入匡扶汉室的计划之中！

皇帝为什么选邓猛作为夺权的"药引"呢？第一，邓猛和梁家有亲戚关系，但那是在她母亲改嫁梁家族人之后才有的亲戚关系，所以谈不上和梁家一条心。第二，梁皇后在世时对自家亲戚戒备低，慢慢扶持邓猛坐到了贵人位置，所以邓猛在后宫的地位，也符合成为皇后的硬性条件。第三，邓猛的家族也有上位当外戚的想法，心存野心。

刘志经过一番思考和准备，终于一咬牙，提出想让邓猛当皇后。

梁冀大将军自然也在物色新皇后的人选，他现在估计很后悔，当初只让一个女儿成了皇后，如果再安排一个女儿入宫当贵人，眼下不就顺理成章顶上去了吗？（几十年后的曹操就一下子送了几个女儿进宫给汉献帝当皇后和妃子，这多牢靠！）眼下现找个合适的人选入宫为后难度确实有点儿大，而且实在来不及。梁冀转念一想，邓猛也行，毕竟还算是亲戚，但有个前提：邓猛得认梁冀当爹，梁冀还是皇帝的老丈人，自然就还是大将军。好了，梁冀这就进套了。

《资治通鉴·汉纪四十六》记载了梁冀的小算盘："和熹皇后从兄子郎中邓香妻宣，生女猛，香卒，宣更适梁纪；纪，孙寿之舅也。寿以猛色美，引入掖庭，为贵人，冀欲认猛为其女，易猛姓为梁。"

梁冀和邓家初步统一了让邓猛当皇后的意见，而不久之后邓猛的家人却开始无视梁冀，打算自立门户了。

梁冀感觉自己被耍了，哪里肯干。于是邓家谁敢造次他就杀谁。梁冀大将军杀了邓家的造次之人后，为了能当上邓贵人的老爸，竟然决定杀掉邓贵人的亲妈。

于是梁家派了一个刺客前去刺杀邓母。那一夜，月黑风高，刺客爬上了邓母家的房头，还未下手，一阵阵梆子声就响了起来："抓刺客啊！""抓杀手啊！""抓坏人啊！"

原来邓母家就在皇帝心腹宦官之一的中常侍袁赦家隔壁。也不知道是不是皇帝有意安排的，反正袁赦晚上不睡觉就等刺客呢！袁赦是天下第一大世族袁家的人，也算是袁术、袁绍的大爷。

《资治通鉴·汉纪四十六》记载:"冀恐猛姊壻议郎邴尊沮败宣意,遣客刺杀之。又欲杀宣,宣家与中常侍袁赦相比,冀客登赦屋,欲入宣家,赦觉之,鸣鼓会众以告宣。"

邓母大难不死,赶紧跑去面圣。刘志见架空梁氏的计划进展不顺,便把牙关一咬,准备连夜"造反"。

桓帝雄起

皇帝想"造反"不容易,如很久以后曹操曾孙曹髦当皇帝的时候就想"造反",他想跟掌控朝局的司马家硬杠,结果被司马家的人干掉了。而且司马家的人之前就质问过曹髦:"你当皇帝,怎么能造反呢?为什么要反司马家呢?"曹髦说出了经典的"司马昭之心,路人所知也"。

刘志现在的处境和曹髦差不多,他手里有什么?那些满嘴仁义道德的世族大臣?清流党人?开什么玩笑!他们要是想主持正义早就帮皇帝了,当年外戚梁冀毒死上一任皇帝的时候,世族和清流管了吗?

刘志没有帮手,可他还是想反抗,找谁合作呢?

皇帝被外朝的外戚和世族架空,他自然只能找身边的人合作,这些人就是宦官,东汉著名的"厕所政变"上演了,皇帝带着小黄门(皇帝身边的近侍宦官)唐衡急急忙忙跑进了厕所。

"哪些宦官敢跟朕造反?"

唐衡低声道:"还有4个有点儿能量的宦官,愿与陛下一起对抗梁氏!"

终于,一个皇帝带了5个宦官在一间密室里,你咬我胳膊,我咬你胳膊，6个人咬成一个圈，把胳膊都咬出了血："莫要忘记我等的血誓，咱们反了！"《资治通鉴·汉纪四十六》中记录了皇帝与宦官歃血为盟的场景："五人共定其议，帝啮超臂出血为盟。超等曰：'陛下今计已决，勿复更言，恐为人所疑。'"

当刘志为了"爱情"不再选择自怨自艾、殚精竭虑地活着时；当刘志铤而走险，走出厕所，与自己的心腹宦官起誓时；在全天下士人都不敢忤逆梁大将军的情况下，当那几个敢冒天下之大不韪，忠心皇帝的宦官开始行动时，东汉的疯狂便开始了。

出乎意料的是，那些胆大妄为的宦官居然还成功地救回了汉帝的江山，一个皇帝5个宦官真的把大汉翻了个天，他们成功了，梁氏完了……

随即而来的是东汉朝堂上的大清洗，雒阳城内人头滚滚。随即而来的是皇帝实现誓言，5个宦官居然都裂土封侯了。从此宦官势力再次崛起，与清流党人和世族集团正面交锋！随即而来的是邓猛当上了皇后，不过没多久便被废黜，再后来刘志又把窦氏立为皇后。

待到汉桓帝末年，东汉朝堂上派系纷争愈发激烈，各方势力盘根错节。一场场宦官与清流党人及世族之间的纷争，其实是皇权与世族政治纷争的外延，如董卓这样的小郎官又该何去何从？

第五章 东汉的十字路口，敢问路在何方

小郎官董卓弄清楚朝廷的旧事后或许很迷茫，如何才能在纷乱的朝局下崭露头角呢？到底应该加入外戚、宦官、清流党人中的哪一个阵营呢？得选择啊，难不成真的给陛下站一辈子岗？

此时东汉朝廷的状况，不但董卓不敢选，换成别人怕是也会犯选择困难症。

一、东汉政坛的重组

汉桓帝刚当皇帝那会儿，东汉的核心是摆设一样的皇帝，绝对一把手的外戚，有实权的各大世族。现在不一样了，汉桓帝刘志夺权成功，核心会大换血啊。

从汉冲帝到汉桓帝，三位皇帝都是摆设，外戚梁冀始终控制着朝政。而其他大世族都不替皇帝出头，光顾着巧取豪夺田产、扩大庄园及私兵、安排子弟当官。

汉桓帝刘志是依靠宦官成功干掉了梁冀，夺回了权力。之后宦官顺利进入了权力核心，大汉核心层洗牌了。

梁冀掌权时与大多世族大家基本上是穿一条裤子的，而且也把事情交给各世族大家办。世族大家势力进一步壮大，也习惯了多年没有皇帝指手画脚的日子。所以世族大家才是东汉众生相的主要组成部分。

可现在情况不一样了，皇帝重掌大权，"记住了，王朝姓刘，而且姓刘的还得掌实权"！

更让世族大家不爽的是，那些原来在皇帝身边的宦官居然也扬眉吐气地进入了权力核心，这怎么能忍得了！

而且这些宦官也在民间大肆搜刮，如此下去世族的势力不也等于损失了吗？

最后整个朝廷形成了新的三大阵营：世族、清流党人、宦官。严格来说，清流党人也属于世族，只是清流党人是世族中比较正直且有正义感的代表，但他们比较激进，与宦官势同水火。而官员基本分为两大阵营：世族和清流子弟——太学生阵营；宦官党羽阵营。

在这种情况下，负责安保的董卓肯定看不明白时局，所以一时间也拿不定主意。他只得逐个观察，了解各方实力。

二、环视四下，竟毫无出路

跟外戚混能有前途吗？

董卓负责护卫皇帝陛下，常伴其左右，自然有机会见到皇帝的老丈人窦武，可他就没看出来这外戚首领、城门校尉窦武到底哪里厉害了。

直到董卓弄清楚了汉桓帝的旧事，他果断地决定，不能跟着外戚混，没前途。

为何呢？刘志被外戚大将军控制了很多年，很忌惮"大将军"这个词，乃至在自己掌权的8年里，都没敢真的封几个将军。董卓做羽林郎的时候，大汉四面都在打仗，可就如张奂、段颎、皇甫规这等名将，刘志也只是让他们做常设的护匈奴中郎将之类，弄个将军名号那也是常态化干活的将军，比如度辽将军，好歹还给段颎弄了个破羌将军。

大汉所有重号将军，绝不能封给实际领军的将军，将军太可怕了。那大汉到底有哪些重号将军？这里就需要介绍一下东汉的将军位序了。

在东汉，大将军是外戚专属的，然后是骠骑将军、车骑将军、卫将军，这仨是显贵军职。再后是前、后、左、右四大将军，这是具体领兵的将军。后来刘备的蜀汉政权，最开始册封"五虎将"时，关羽就是前将军。大小关系就是前、后、左、右这个排序，这些将军是可以自己开府办公的，也就可以建立自己的利益集团。

接下来还有"四征"将军和杂号将军，杂号将军如破羌将军、荡寇将军、破虏将军，也可以随便起名字，比如刘备封赵云为翊军将军。然后才是中郎将、校尉。当然，也不能简单地以为将军就比校尉牛。护羌校尉是监管凉州羌人的官，与羌作战的时候就异常重要，说白了是凉州军区的总司令。护乌桓校尉和护羌校尉差不多。再比如司隶校尉，看上去也是校尉，可实际上并不是领兵的校尉，而是司州刺史等一大堆官员的总和。

所以桓帝执政期间一直拿中郎将当前、后、左、右四大将军使唤。

你可能会问，可我们理解的校尉和中郎将似乎并不重要啊？

实际上，到三国乱世的时候，各路将军就随便封了，校尉更不算什么，那是各路诸侯自己封的，甚至有的人自封，手下只有千儿八百拿锄头的农民的也可以封个校尉，这就好比近代中国军阀混战的时候，手下有几百人就称自己是司令。当然，随着历史的变迁，校尉逐渐就演变成低级军官了。桓、灵二帝期间，真正的校尉、中郎将是很值钱的。

董卓或许看明白了，汉桓帝是不会轻易让窦武做大将军的，跟着窦武混怕是没啥前途。其实董卓不知道，人家窦武除了是外戚首领，还是清流党人的领袖之一呢。

外戚不行，投靠宦官阵营如何？

董卓干的就是护卫陛下的活儿，他在工作中接触最多的其实是伺候陛下的宦官。宫中的中常侍、黄门令，以及20个小黄门，他们都是皇帝眼中的红人呢。董卓观察了一阵之后，发现这些宦官真能嘚瑟啊。

宦官集团的发起人"宦官五侯"本就属于暴发户，他们既没有世族的底蕴，又没有社会基础，完全靠皇帝直接提拔。结果，一人得道鸡犬升天，五人的亲戚朋友在地方那是玩了命地嘚瑟啊，欺男霸女者有之，贪污受贿者有之，巧取豪夺者有之。其实，世族子弟中也不乏这种人，但他们做得周全，至少有缓冲，可宦官子弟……就是嘚瑟。

结果，宦官集团一是和清流党人斗朝堂，二是和世族集团争民间。宦官也想成为世族，封妻荫子，做地方领主。

那宦官能转换成世族吗？当然能了，比较成功的代表叫曹腾！当年的宦官首领曹腾建立的曹氏家族，最后居然得了天下，那是因为他的孙子曹操很牛，其家族最后还追封曹腾为高皇帝。你看人曹腾虽然是宦官，但其家族风头妥妥地盖过其他世族大家，死后还当上皇帝了呢。

当然，也不是所有宦官都能如曹腾这般成功。和汉桓帝一起夺权，第一批进入权力核心、人称五侯的宦官单超、徐璜、具瑗、左悺、唐衡太能嘚瑟了，风评极差，后来都被汉桓帝给清算了。接替他们的几个宦官成了桓、灵两朝的宦官主力，最具代表性的是曹节、王甫、张让和赵忠。这几个家伙矫揉造作，手腕却很高明，先对付与他们争朝堂的清流，再对抗世族大家，战果显著，当然，这是后话了。

董卓把宦官集团看透了，整体来说，社会主流评价是攻击宦官的。第一，宦官势力做大后，变相地冲击了大世族固有的利益，不能为社会主流容忍。第二，暴发户一样的宦官中，素质高的人可不多，容易落人口实。

董卓想了想："俺不能投靠宦官啊，若是投靠宦官，那简直等于在玩命。"

为啥说投靠宦官等于玩命呢？因为宦官的子弟一夜暴富，横行霸道，史书对宦官势力胡作非为多有记载。但恶人自有恶人磨，清流党人就是整治宦官的人。既然跟着外戚阵营不行，跟着宦官阵营也不行，那只剩下清流党人阵营可以投靠了。

清流党人，你们这是要跟皇帝对着来吗？

本就痛恨宦官，认为自己站在道德制高点的清流党人，真的在和宦官玩命厮杀。

首先讲讲超级大都市南阳郡的太守、清流党人成瑨斗宦官的故事。南阳有个跟宦官混的富商叫张泛，成瑨把张泛拿了，要杀他，可恰巧赶上了朝廷大赦令。然而成瑨不但没有开赦张泛，还杀死了张家宗族和宾客200多人。

其次，再看并州首府太原郡守刘瓆是如何斗宦官的。皇帝身边的小黄门赵津是太原人，他"肆行贪虐，奸媚左右"。太原郡守刘瓆派遣得力干将王允（没错，就是后来的王司徒）把小黄门赵津给拿了，结果皇帝特赦令也到了，可刘瓆依旧杀了赵津。小黄门是皇帝身边的近臣，可没想到皇帝的赦令在刘瓆这里不好使啊。

接下来是山阳郡守翟超和他小弟张俭斗宦官。张俭是山阳郡守翟超的手下，哥儿俩决定一起对付宦官头领之一的中常侍侯览。侯览家里的房子和坟地都超标了，翟超让张俭把这些房子和坟地都给拆了，然后没收了侯览的家产。桓帝觉得自己中常侍的家怎么能说抄就抄呢？符合规定吗？而且郡领导翟超和张俭是有针对性拆的，所以皇帝很愤怒。

最后说说东海相黄浮怎么整治宦官党羽的。黄浮对付的是中常侍徐璜。徐璜的侄子徐宣是下邳县令，这人特别坏，"抢媳妇"不成还把那烈女绑在院子里给活活射死了。黄浮把徐宣和他的家人都抓起来，不论男女老幼全部严刑拷打，然后才把徐宣杀了。黄浮就地正法了徐宣，大快人心。徐宣杀得对，但不该黄浮杀他，为何？

恶人徐宣当县令的下邳县曾经确实隶属于东海国，但是汉明帝永平十五年（72年）便划给了下邳国，下邳国一直传到汉灵帝中平二年（185年）。黄浮是东海相，而徐宣是徐州下邳国的下邳县令；黄浮是跨地域，专门冲着徐宣去的，这显然不符合程序。

清流党人抗旨或者随意杀死宦官亲近党羽的事情层出不穷，汉桓帝能不生气吗？太随意了，随意到你根本不知道清流党人要杀谁。事情的结果是，成瑨和刘瓆被皇帝关到自己的皇家监狱——北寺狱，那里由宦官管理，二人下场可想而知。翟超和黄浮弄了个徒刑，去工地干活儿了。

而张俭名气很大，他到处逃亡，收留过他的人很多，但最后都被处死了。孔子后人孔融小时候也收留过张俭，最后他哥哥孔褒被判了死刑。张俭是硬骨头，人家继续跑，最终安全地逃出了国境！清朝戊戌六君子中的谭嗣同，在绝命诗里说的"望门投止思张俭"，就是说他。

其实，对皇帝来说，清流党人杀不杀宦官亲近党羽本身无所谓，皇帝在乎的是平衡、规矩和自己的话语权。黄浮等人斗宦官之后全部受到了惩处，而宦官也被汉桓帝借机扳倒了。

汉桓帝扳倒宦官五侯

当年帮汉桓帝一起夺回政权的宦官五侯——单超、左悺、徐璜、具瑗、唐衡得势后狂妄至极。汉桓帝和他们发过血誓，不好"辜负"了人家，当清流党人与宦官势力斗得不可开交之际，汉桓帝先处置了清流党人，接着便着手处置宦官，算是各打五十大板。

以"五侯"为代表的宦官势力陆续被汉桓帝设计干掉。当年铲除梁冀势力时,汉桓帝留了一个梁冀的人没杀,这个人叫韩演。汉桓帝想对付宦官时,便起用了韩演担任司隶校尉。韩演当上司隶校尉,马上弹劾左悺和其家族势力,左悺、左称畏罪自杀。接着韩演又禀奏具瑗的哥哥沛相具恭的罪恶,具瑗谢罪下狱,上还东武侯印绶,贬为都乡侯,后来死在家里。然后是受到牵连的单超及徐璜、唐衡三人,就算本人已经死了,其继承人的爵位也一概降为乡侯,子弟曾受过分封的,也一并夺其封地。如此一来,"五侯"哪里还有什么势力?

宦官五侯都倒台了,清流和宦党的争斗是不是该告一段落了?没有!

在四位封疆大吏违抗圣命、诛杀宦官党羽的风波平息不久,皇帝清算五侯也将结束之际,党人出格的举动又一次激怒了汉桓帝。皇帝这次更加歇斯底里,气到就差拿自己身边的羽林郎当出气筒暴打一顿了。

皇帝为什么大动肝火?那是因为一位重量级的清流党领袖在皇帝已经粉碎了宦官五侯势力后,再一次触及了他的底线。清流党领袖之一、时任司隶校尉李膺,再次抗旨,强行诛杀了宦党的外援、著名"算命大师"张成。而这件事也彻底将清流党人推向了风口浪尖。

三、东汉急症的由来

后世说的党锢之祸,其最终爆发的导火索是什么?

董卓天天保护着皇帝,皇帝若是忽然对男女之事来了兴致,就会把保镖打发出去，然后和采女做一下不可描述的事情。董卓也算是见怪不怪了，不过他发现一个问题——刘志不管睡多少女人，就是生不出儿子！不但"侍卫"急，皇帝也急啊。刘志着急要儿子，都35岁了，怎么就生了三个女儿？

生儿子这事始终困扰着汉桓帝，他经常为此祈福，那时候没有统一样式的送子观音，所以他祈求的对象很多，有时候拜拜老子，有时候拜拜佛祖。

延熹八年（165年），皇帝派中常侍管霸到苦县祭祀老子。第二年，桓帝觉得出去祭祀太麻烦，便在皇宫西北的皇家园林濯龙宫"亲祠老子于濯龙，文罽为坛，饰淳金釦器，设华盖之坐，用郊天乐也"。

除此之外，按照一个叫襄楷的人在上书中说的，汉桓帝还在宫中修了老子、佛祖的庙宇，方便祈福。不过襄楷还说："周文王当年就一个媳妇，人家生了10个儿子，皇帝您现在弄了好几千采女，怎么一个也生不出来呢？"[①]

面对如此大不敬之语，桓帝倒也没杀襄楷，他只是认为生不出儿子是因为祈祷不够！

延熹九年（166年）前后，在宦官的介绍下，桓帝认识了一个新的"大法师"。这个"大法师"是河南人张成，他会风角占卜和占候之术，算命很准。《三国志》中的方技传，把东汉的术士说得神乎其神，这种封建迷信自然不可信。总之，平日宦官都找他"算命"，后来桓帝干脆也经常找他"算命"。

《资治通鉴·汉纪四十七》记载："成素以方伎交通宦官，帝

[①]《后汉书·襄楷传》："昔文王一妻，诞致十子，今宫女数千，未闻庆育。"

亦颇讯其占。"连皇帝都聘用的算命先生,那在民间还不得套上各种大师的名头?达官贵人、当红歌姬还不赶紧都跟人家结交啊。世间追逐名利的人自然想顺着这棵藤慢慢摘个瓜,但有给神棍捧臭脚的人,自然就有反对的人。

一天"大师"张成闲得没事,算到朝廷要大赦天下,竟安排自己的儿子去杀人。杀人之后若赶上大赦天下,那不就白杀了吗?好厉害,大赦天下都能算出来,估计是他天天往皇宫里钻,得到了风声。

"大师"张成的儿子杀人后自然被抓,不过抓他的不是一般人,而是东汉"司隶省"的最高长官,朝中三独座之一,人称卧虎的司隶校尉。这是一个兼任州长官、州监察官,最主要还兼任朝廷所有直属部门监察官的校尉!《后汉书·百官四》中记载司隶校尉"持节,掌察举百官以下,及京师近郡犯法者"。而《后汉书·百官四》李贤注引的蔡质《汉仪》中对司隶校尉的记录就更详细了:"职在典京师,外部诸郡,无所不纠。封侯、外戚、三公以下,无尊卑。入宫,开中道称使者。每会,后到先去。"

这个司隶校尉叫李膺,是当时汉朝士人领袖之一,也是痛恨"大师"张成的人之一!张成教唆儿子杀人案,被这名高官盯得死死的,来不得半点儿马虎。

张成那倒霉儿子在监狱里等着判刑呢,可不久还真的赶上大赦天下。清流党领袖之一的李膺那是什么人,能迷信这一套东西?"混账,会算命了不起吗?他算到大赦天下,算没算到我李膺会逆天改命!什么大赦天下!来人,把张成的儿子推出去砍了,顺带把张成也抓回来给砍了。"

好嘛,非但大赦没管用,儿子死了,张成也搭进去了。

李膺大赦令不顾，法律程序也不顾了？对，如李膺这些党人就是有这个魄力，而且李膺也只是众多违抗圣旨的党人之一而已。

汉桓帝知道李膺无视大赦令，并强行诛杀了张成，怒了。这是践踏皇帝的脸面，挑战皇权，而且这种践踏皇权的行为，在当时已经发生了很多次，只是李膺位高权重，属于重量级选手。

就这样，党锢之祸发生了，皇帝彻底站到了宦官一方开始打击党人。董卓加入清流党的设想也不用考虑了。

眼下，东汉边疆烽火不断，朝中各派内斗不止，东汉接下来又将何去何从？

第六章 党锢之祸，无奈的抉择

汉桓帝消灭梁氏夺回政权后，在朝堂上，清流党人看似是在挑战宦官，实则是在挑战皇权，因为宦官的权力来自天子。史书上往往喜欢详细记载皇帝是如何包庇宦党、针对清流党人的，而对皇帝利用清流党人干掉宦党的记载比较隐晦。其实汉桓帝追求的是平衡两方势力，若宦官势大，汉桓帝则调动清流党人担任司隶校尉等职务，假清流党之手除掉宦官。

一、汉桓帝与清流党人、宦官团体之间的微妙关系

前文讲了很多世族和党人对付宦官的故事。其实刘志夺回政权之初，的确偏向自己带进权力核心的宦官，便扶持宦官打压世族和党人。但如果宦官过于猖狂，皇帝也会利用党人打击宦官的气焰。现在我们习惯性地认为汉桓帝宠信宦官，其实事情并非那么简单。前有韩演干掉"五侯"，不久后李膺接替司隶校尉，又

从宦官头领张让的家中，把张让的弟弟强行带走处死，后来官司打到汉桓帝那里，刘志说李膺杀得对。汉桓帝让韩演和李膺担任司隶校尉打压宦党，用意不言自明。

刘志作为东汉皇帝，一直在朝廷中寻求平衡，一种用宦官抗衡世族的平衡。就在这种你来我往的过程中，又出现了新的问题，即双方都形成了庞大的利益集团，都在民间大肆搜刮，大汉的根基越来越弱。

可刘志没办法解决这个问题，除非强行把权力从世族和宦官手中收回来，但这显然不现实。刘志也只得继续保持平衡。

汉桓帝庇护宦党而对士人动手，引起士大夫集团的不满。其实刘志也清楚，对读书人动手，自己的名声也就臭了。

但李膺杀张成事件，还是成了"最后一根稻草"，皇权被挑战的刘志怒不可遏，决定打击清流党人，桓帝朝有名的"党锢之祸"开始了。

二、党锢之祸，皇帝清场

清流党人公然挑战皇权，司隶校尉李膺等人接二连三地违抗皇命，刘志决定给清流党来一个定点清除计划，计划的代号就叫作"党锢"！

党锢这个名词的由来，就是"禁锢党人，使其终身不能当官"的意思。

按照《资治通鉴·汉纪四十七》的记载，刘志把清流的"罪过"形成了文件，让"三公"签字，然后发布全国："班下郡国，逮捕党人，布告天下，使同忿疾。"

三公看着文件很犯愁,这玩意儿能发吗?三公又不傻,签了字,就等于得罪清流党,而且还得罪那些激进的太学生啊。三公之一的老太尉陈蕃有担当,公开反抗皇帝的决定,把文件退回,表示我们不签字!《资治通鉴·汉纪四十七》中也记录了陈蕃当时的反馈:"今所案者,皆海内人誉,忧国忠公之臣,此等犹将十世宥也,岂有罪名不章而致收掠者乎!"

这下可把刘志给气疯了:"反了,反了,都反了!你们不肯签字,那我就自己抓人!"

刘志把陈蕃也踢出了朝廷,然后亲自下令羽林郎配合宦官,将李膺为首的清流党人抓到自己的皇家监狱北寺狱关押。

这下估计连董卓都有活儿干了,可能羽林郎都得出去帮着宦官拿人。

不仅朝廷,就是地方上也有大批官员遭殃。李膺的供词牵连很多人,《后汉书·党锢列传》记载:"其辞所连及陈寔之徒二百余人,或有逃遁不获,皆悬金购募。使者四出,相望于道。"当然,李膺也不傻,他故意把很多宦官的亲信也说成自己的"朋党",给胡乱拿人的宦官们出了一个大难题,"结党"本就不是具体犯罪行为,都是胡乱拿人,那宦党拿不拿?

羽林郎驱赶清流党人的时候,头领喊道:"把所有清流的东西全都丢出去,永远不允许他们再回来!"

董卓一面丢着清流党人的办公用品,一面傻傻地问道:"这些人都违抗皇命了?"

"你懂什么,他们这是自成一党!"

那被清算的两百多党人都是些什么人呢?

三、清流党人图鉴

清流做事干练但激进冲动,在社会上很有地位,而且太学生视他们为偶像。他们喜欢给自己搞一些组合,而且是分级别的,例如:

"三君":窦武、刘淑、陈蕃

"八俊":李膺、荀昱、杜密、王畅、刘祐、魏朗、赵典、朱宇

"八及":张俭、岑晊、刘表、陈翔、孔昱、苑康、檀敷、翟超

"八顾":郭林宗、宗慈、巴肃、夏馥、范滂、尹勋、蔡衍、羊陟

"八厨":度尚、张邈、王考、刘儒、胡母班、秦周、蕃向、王章

《后汉书》中专门有党锢列传,其中提到了很多人,单独成传的就有刘淑、李膺、杜密、刘祐、魏朗、夏馥、宗慈、巴肃、范滂、尹勋、蔡衍、羊陟、张俭、岑晊、陈翔、孔昱、苑康、檀敷、刘儒、贾彪、何颙。

还有的党人也很有名,如陈寔,但他的传并不在党锢列传中。而"凉州三明"的皇甫规,竟主动上书说自己是党人,抓党人应该把他这个大将也给抓起来。

看起来抓党人,好像就是以李膺为核心抓人,其实不然。朝廷抓党人的文件后来也到了各州郡,地方也在抓本地的党人。《资

第六章 党锢之祸，无奈的抉择

治通鉴·汉纪四十八》中载："初，诏书下举钩党，郡国所奏相连及者，多至百数，唯平原相史弼独无所上。"

有的郡抓了百余人，这算是把党人范围扩大了，可能某人的同学、地方挂名子弟都给算了进去。如此一来，党人的基数可就大了。

总之，汉桓帝把能跟党人牵连上的士人，都囚禁了起来。宦官们自然想害死这些人，可第一次党锢之祸的结果是，党人只是被关进了监狱，后来又都给放了出来，倒没见谁死于酷刑之下，想来汉桓帝对士人也是手下留了情的。

党人这个阵营都是名士，他们代表了社会的主流价值观，而且人家的确比那些道貌岸然的世族大佬、险恶弄权的宦官有正义感。所以社会主流意识还是同情党人的。党锢之祸，表面上看是邪恶的宦官扳倒了党人，可实际上是汉桓帝最终做的决定。

清流党人被禁锢了，他们在朝廷的势力也化为乌有，奸诈的宦官则喜笑颜开。可有一个团体就很不高兴，而且非常愤怒，这个团体就是太学生。太学生都是读书人，自然都是党人的忠实追随者，要说第一次党锢之祸能很快结束，党人们还得感谢"太学生领袖"之一的贾彪。贾彪找到了汉桓帝的老丈人窦武从中与汉桓帝说项，才使得汉桓帝下令释放党人。

党锢之祸波及很广，尽管后来释放了党人，但朝廷还是有很多善后工作要做。党人这个群体被禁锢了，那未来党人的希望在哪里？太学作为东汉最高学府、官员的摇篮，其中的太学生将来会不会变成新的党人？

《后汉书·党锢列传》中清楚地记载了当时太学生对清流党人的崇拜："（太学）诸生三万余人，郭林宗、贾伟节为其冠，并与李膺、陈蕃、王畅更相褒重。学中语曰：'天下模楷李元礼，不畏强御陈仲举，天下俊秀王叔茂。'又渤海公族进阶、扶风魏齐卿，并危言深论，不隐豪强。自公卿以下，莫不畏其贬议，屣履到门。"

太学盛产党人，太学生视党人为人生偶像、学习榜样。如今党锢这么一闹，将来这个团体组织的前途岂不堪忧？党人岂不要后继无人吗？其实，太学生除了是东汉的天之骄子，他们的实力之强更是令人咋舌。

太学是东汉最高国立学府。西汉汉武帝设立太学的时候，才12名博士，每名博士带50名子弟，满打满算只有600名子弟，西汉末年扩招到3000人。等到了桓帝接手的时候，那可好了，已经扩招到了3万，整整3万太学生（有一部分是游学的学子）。边州血战保家卫国的战士人头紧张得很，可这后备官员的摇篮京师太学那真是人山人海。进入太学，将来就非常有可能进入朝廷。而朝廷招聘的太学生确实多，坐的地方都没有，可关系户还不停地往里塞人。

《后汉书·儒林列传上》记载，本初元年（146年），"梁太后诏曰：'大将军下至六百石，悉遣子就学，每岁辄于乡射月一飨会之，以此为常。'自是游学增盛，至三万余生。然章句渐疏，而多以浮华相尚，儒者之风盖衰矣"。

随着世族子弟无条件进入太学的政策落实，太学的世族子弟便日渐增多，可学问水平却不见提高，而浮华之风渐渐形成，"好好学习、天天向上"的风气也逐日衰弱。太学世族化的倾向越来越严重，到灵帝时太学基本成为世族子弟大本营了。

那怎么才能顺利进入太学，成为天之骄子的太学生呢？当时的规定如下：

1. 六百石俸秩以上官员，皆可遣子受业；
2. 郡国所举高材明经者，亦有国家所试明经下第者；
3. 郡国学明经五十以上、七十以下的耆儒，经地方选送可入太学。

咱们把三个条件拆开看，你会发现，太不靠谱了。

首先，官员之子可以直接进入太学，这人就多了去了，基本各大世族子弟全部可以进入太学。寒门念叨不公平，世族自然会说你没个好爹还跟我讲公平？

其次，"举高材"看似没问题，但这也是人推荐的啊，多少有点儿猫腻。而且更夸张的是，察举（直接当官）的考试"明经"科目成绩下等也可以进入太学，原因是汉代察举中的"明经"科是重要的特科之一。明经就是通晓经学（儒家经典）。察举这个制度本来就是世族子弟占绝大多数，谈不上面向全社会，是地方推荐和世族子弟的"特殊群体考试"。可就这种考法考不上的也可以进入太学，说白了，就是考不上还可以进太学回炉镀金，将来再当官。

最后，"五十以上、七十以下的耆儒"是老学究的意思，岁数大去游学，这可以忽略不计了。

那当太学生有什么好处呢？

进入太学那是有特殊待遇的，博士正式选拔的监生可以免徭役、免学费，还给俸禄。现在我们认为应该给"寒门子弟"发放助学金才对，可当时的太学大多是官宦子弟，而朝廷还要给这些富人家的孩子免徭役、免学费、给俸禄，变相给予世族奖励，东汉的世族政治由此可见一斑。

那太学生入仕当官的流程是什么呢？要看老师给的分数。

1. 学习满两年，试通二经者，补文学掌故。

2. 已为文学掌故者，满两年，考试能通三经者，擢高第为太子舍人。

3. 已为太子舍人满两年者，考试能通四经者，推其高第为郎中。

4. 郎中满两年，试能通五经者，推其高第补吏，随才而用。

考不过重修再考。

解读一下，就是先升掌故；然后转太子舍人，这就已经算是官了；然后转郎中，这可就是郎官了，董卓也是郎，不过他是在战场上玩命，用大弓抢出来的一个武郎，那些太学生是拿笔考出的郎。当然，大家族还可以直接举孝廉，什么也不用干就能拿到一个郎。

太学生既然是天之骄子，那他们好摆弄不？非常不好摆弄，都是爷！

太学生大多出自世族和清流阵营，又把清流当成偶像，他们的天职就是对付宦官。而且这些太学生还真有些让人意想不到的绝活儿。

太学生的第一项绝活儿是作弊。太学生人数太多了，入学方式多，走后门的也多，等到桓帝末年已经龙蛇混杂啦。由于学生来自各地，师承不同，所学经书难免章句有误，学习的内容不统

第六章　党锢之祸，无奈的抉择

一。那考试的时候怎么办？各家所学不同，朝廷考试的答案可是一样的。

"兰台漆书"是东汉教育资料传世标准读本，答案也自然从这本书里来。这本漆书放在兰台（东汉兰台有藏书的石室），由"大监察官"御史中丞直接管理，以防坏了天下的学问正统，这是文化传承的大事。

可东汉的世族子弟能量大得没边儿，无耻得也没边儿，他们居然有实力贿赂管理兰台漆书的监察官吏，把这本标准学术读本的内容改成自己想要的答案！

《后汉书·儒林列传上》记载："党人既诛，其高名善士多坐流废，后遂至忿争，更相言告，亦有私行金货，定兰台漆书经字，以合其私文。"

当时的世族肆无忌惮地践踏知识，为了作弊而改动兰台漆书的人太多，经学的正统根本已经说不清楚了（当然，这个可以加一个前提，就是党人被党锢了，学习风气变坏了……）。后来还是灵帝和大臣们想出个办法……这个后面再说。

太学生的第二项绝活儿叫作清议。当时的太学成了反对宦官专权的强大阵地，3万多太学生品核公卿，裁量执政，形成强大舆论，被称为"清议"。"自公卿以下莫不畏其贬议，致使'三公九卿皆折节下之，三府辟召常出其口'"，这句话充分显示出了太学生清议的威力。

太学生的"清议"能量巨大，而且3万多良莠不齐的太学生大多出身世族，他们代表的是世族利益，他们的清议结果往往也代表了其背后家族的评价结果，朝中的三公九卿不仅怕他们的"嘴炮"，其实也怕他们身后真正的"大炮"。

太学生的第三项绝活儿是示威喊口号！汉桓帝永兴元年（153年），冀州刺史朱穆因为对付横行州郡的宦官势力被治罪，罚往左校服劳役，"太学书生刘陶等数千人诣阙上书"①，指责宦官集团的罪恶，赞扬朱穆出以忧国之心。汉桓帝于是不得不赦免朱穆。汉桓帝延熹五年（162年），一向"恶绝宦官，不与交通"的议郎皇甫规在论功当封时拒绝贿赂当权宦官，受到诬陷，也被严刑治罪，"太学生张凤等三百余人"发起集会，"诣阙讼之"，使皇甫规得到赦免②。诣阙就是在皇宫门口上书。

再之前的记载可以追溯到东汉开国的时候，当然，之后还有，这是载入史书的，没写进去的还有多少就不得而知了，后来宦官还指使段颎抓捕过大量太学生。

太学生虽然良莠不齐但主持正义那是对的，可这也从侧面说明，清流在朝廷中的势力已经极为可怕，皇帝不得不为自己考虑了。

从清流党人和太学生阵营的状况来看，朝廷不打压一下党人的气焰也确实不行了，毕竟这个组织很激进。但党锢的手段也过于强硬，如此一来，是非曲直如何分得清，而且党锢的策略也为后世的乱世埋下了伏笔。

四、党锢后遗症，灵帝朝乱用党锢政策

到汉灵帝时代，宦官利用前朝的党锢策略，发动了第二波党锢，甚至在清流被踢出朝廷后还要痛下杀手。而到熹平五年

---

① 《后汉书·朱乐何列传》。
② 《后汉书·皇甫张段列传》。

（176年）时，汉灵帝还扩大了党锢策略的范围，党人五服之内的亲戚都要禁锢。《资治通鉴·汉纪四十九》记载了汉灵帝扩大党锢范围的事情："于是诏州郡更考党人门生、故吏、父子、兄弟在位者，悉免官禁锢，爰及五属。"汉灵帝时的禁锢政策其实逐渐变成了皇帝控制世族发展的一种手段，具体故事我们后面再说。

总之，党锢之后，清流党人中好的、坏的士人都从东汉政坛上消失了，以清流自诩的士人与宦党之间的仇恨更加郁结。

在桓帝朝红紫乱朱之际，距离对朝局懵懵懂懂的董卓蜕变为"城府极深"大汉奸相的时间还剩下8300多天。

董卓现在只是个小角色，朝廷的政治斗争如此猛烈，可他什么也不敢做，什么门路也找不到，若是在和平年代，董卓的故事怕也就湮没无闻了。不过当时的东汉帝国除了内耗，还要一面平定叛乱，一面抵抗外辱。所以，政治道路处在瓶颈期的董卓很快得到了一个崭露头角的机遇。

关中乱了。

第七章
帝国三线开战，将星闪烁

一、别看了，皇帝找你！

董卓入京这一年来，凭栏看戏，宦党和清流党人的事，险些闪瞎了他的眼……或许，他也得出了自己的判断。

世族有固定的圈子，出身比较低的董卓挤不进去。世族中激进派的清流党人还算正派，但藐视皇权，倒台了。宦官虽然背靠皇帝，却利欲熏心、臭名昭著，董卓觉得还是离远点儿为妙。最后，外戚一直在拉拢世族，但皇帝却不肯让其做大，也没有前途。

凉州江湖虽然危机重重，但快意恩仇；凉州战场虽然刀光剑影，但壮志豪情。而朝廷官场波诡云谲，憋屈得很，别说在其中玩明白了，就是看，董卓都看不明白啊。

那日董卓正在城中一座望楼上，意兴阑珊地望着太学生为清流党人申冤清议时，忽然听到楼下有人找他。

那人拽着一个太学生问道："董仲颖在这儿吗？"

"董仲什么?"

"董仲颖。"

"什么仲颖?"

"董仲颖啊!"

"董什么颖啊?"

"行,我自己找,你接着喊你的口号吧!"

那太学生一摆头嘟囔道:"董仲颖是谁?是名士吗?神经病吧!"然后接着喊道,"天下模楷,李元礼(李膺);不畏强御,陈仲举(陈蕃);天下俊秀,王叔茂(王畅)。"

在"内斗内行,外斗外行"的清流和宦党掐得你死我活的时候,董卓忽然被人告知:"皇帝有急事找你,要打仗了!"

董卓揉了揉眼睛,不可置信地看着来报信的人,傻乎乎地点了点头。

二、东汉烽火,一次机遇

延熹十年(167年)四月,先零羌大举进攻关中长安地区,先零羌大军攻灭京兆虎牙营和扶风雍营,长安周边告急。

《资治通鉴·汉纪四十八》载:"夏,四月,先零羌寇三辅,攻没两营[①],杀千余人。"

扶风雍营,驻地雍,于汉安帝永初二年(108年)初置,部队的主要任务是守卫三辅地区和西汉诸帝的陵园,并作为都城雒阳西部的屏障,应付西部诸羌的军事威胁。

---

① 指京兆虎牙营和扶风雍营。

京兆虎牙营就是长安营，驻于长安（今西安市西北），也是永初二年建的，主要任务是守备长安，并和雍营共同作为京都雒阳的西部屏障，以防凉州各羌族部落生乱和东进。

两个老营灭了，长安城和皇家祖坟都成了敌人眼前的肥肉。

从长安的西方屏障的角度看京兆虎牙营和扶风雍营被攻破这件事情，或许没法理解当时东汉边塞到底面临什么样的情况，也说不清楚为什么皇帝急着找董卓。

下面我们把视角放大到全国版图，就会看清楚当时东汉面临的局面。

三、两位老师，且听我一言，把刀放下可好？

董卓入京担任羽林郎后，段颎在西北凉州已经是屡战屡胜，什么勒姐羌、当煎羌的叛军统统被击败，段颎共斩敌首2.3万级，俘获数万人，马牛羊共800万头，还有1万多个帐落投降，如今已经尽灭叛乱的西羌诸种。

而张奂则在并州、幽州和鲜卑、匈奴、乌桓交战，成绩突出。于是汉桓帝让张老哥回朝，直接提拔为九卿大司农，搞搞经济建设，老张倒也乐呵。可他前脚一走，幽州又开始爆发叛乱。

皇帝和朝臣们商议了好久，决定让张奂担任"三边总督"。《后汉书·皇甫张段列传》中记载了张奂走上权力巅峰的一幕："（东西开战）朝廷以为忧，复拜奂为护匈奴中郎将，以九卿秩督幽、并、凉三州及度辽、乌桓二营，兼察刺史、二千石能否，赏赐甚厚。"

如此大的权力，既反映了朝廷对张奂的信任，也从侧面体现了张奂在东汉朝廷的几大派系中属于中立。若不是左右逢源，谁能让张奂上呢？而恰恰也是因此，为董卓这位恩师最后的结局埋下了伏笔。

董卓的两个老师，一个在西、一个在东，实际上较着劲呢。张奂节制的是幽州、并州、凉州。凉州的"军区司令"是谁？段颎啊！朝廷虽然没有让张奂节制段颎的护羌校尉部队，可凉州其他的本地部队张奂是可以节制的。二人战略思想本就不同，自然会产生矛盾。

《后汉书·皇甫张段列传》中记载了汉桓帝和段颎的一次很长的奏对，我给"白话"一下。

汉桓帝曾询问段颎："现在你干掉了西羌叛乱的各部族，那东羌部族和先零羌叛军怎么办？"

段颎上书道："当初投降皇甫规的东羌和先零羌部族已经有两万多大小帐落。如今善恶已经分明，剩下抵抗朝廷的羌人就是想叛乱到底的！

"张奂他当三边总督，应总览全局，可他却徘徊踌躇，这么长时间不进兵攻打叛军。那是因为他只顾虑已经投降的羌人还在观望局势，担心咱们揍那些不肯投降的叛军时，他们吃不准局面，便又跟着叛乱。这么长时间了，叛军集结不散，张奂却想等他们疲惫了然后招降，招降什么啊，降了还得叛！"

段颎这话说得很直白：张奂的策略根本就有问题，狗屁不通，皇帝你看我这套怎么样！

然后段颎拿出了自己的计划，浓缩下就是："臣认为，叛羌是狼子野心，很难用恩德感化。当他们势穷力屈时，虽然可以归服，一旦朝廷军队撤退，又将重新起兵反叛。唯一的办法，只有用长矛直指他们的前胸，用大刀直抵他们的颈项。

"东羌还有3万多个帐落在造反，他们现在全部定居在边塞之内，道路并无险阻，而且也不存在战国时代诸国纵横交错的形势。可是，他们却长久地扰乱凉州，不断骚扰并州和三秦京兆地区，甚至迫使西河郡和上郡的太守府迁到内地，凉州的安定郡、北地郡又陷于孤单危急。

"自并州的云中郡、五原郡，西到凉州的汉阳郡，两千余里土地全被羌人、匈奴人甚至鲜卑人据有。这就等于恶疮暗疾，停留在两胁之下。如果不把他们消灭，他们的势力将迅速膨胀。倘若派精锐骑兵5000人、步兵1万人、战车3000辆，用几年的时间，足可以击破平定东羌，大概需要军费四五十亿钱。"

段颎既然算起了他要求的两万精兵的经费问题，索性就把账算到底。

"如果这样，就可以使羌族诸部尽破，匈奴永远归服，迁到内地的郡县官府也可以迁回故地。据我计算，自安帝永初年（60多年前）中期起，诸部羌人起兵反叛，历时14年，花费军资240亿钱。顺帝永和年末期（20多年前），羌人再度起兵反叛，又历时7年，用费80余亿。如此庞大的消耗，却未能把叛羌诛杀灭尽，以致残余羌众重新起兵反叛，贻害至今。而今如果不肯使人民忍受暂时劳累的痛苦，则永久的安宁便遥遥无期。我愿竭尽低劣的能力，按照陛下的旨意，率领关西将士，和东羌血战到底，只待陛下的定夺！"

汉桓帝喘着粗气，看着段颎的奏章，最终决定采用这个彻底剿灭的计划。又拨给段颎两万精兵和兵车，会合护羌校尉部杀尽叛乱的东羌各部！

段颎和张奂对战事的争议结果是段颎大胜。而二人之间的朝堂之争,还会精彩继续。但段颎突击东羌叛军,却引发了一个意想不到的结果,那就是桓帝问段颎的另一个问题:先零羌部族该怎么办?

先零羌是西羌中最强大的一支,从西汉时期就是羌人叛军的主力。汉武帝时代,先零羌就联合10万兵力造反,到汉宣帝时代,赵充国率领汉军和先零羌作战。从西汉打到东汉,先零羌时不时地造反快300年了。所以在朝廷眼中,先零羌是一个独立的羌人部族,而段颎平定的西羌部族中也不包括先零羌,简单点儿理解,就是西羌、东羌、先零羌叛军是东汉朝廷的三大劲敌。

西羌叛军被剿灭,而段颎在凉州率领汉军与东羌血战。此时,一位深知唇亡齿寒道理的先零羌豪帅,在无意中捡到了一本书。

书名叫作"围魏救赵"!

那先零羌豪帅看完书,激动地喊道:"先祖啊!谢谢你们给了我挽回战局的提示!"

于是,先零羌起兵突袭关中,兵锋直指大汉西京长安,长安两座老营先后沦陷!

此时,董卓就要出场了,为何是他呢?

当时,段颎在西面和东羌拼命,决战在即,无法率领西军救援关中。而张奂这三边总督,正在幽、并指挥度辽将军部和护乌桓校尉的兵马与鲜卑等族的大战,也顾不得西京长安。

汉桓帝既然同意了段颎继续扫灭东羌叛军的计划,自然不会轻易让段颎回防。于是他询问三边总督张奂:"西路段颎顶住,东路你顶住,中路谁过来帮朕收了先零羌这波兵?"

四、论中路的重要性

刘志估计跟张奂通了很多次文书，因为延熹十年（167年）四月先零羌就攻击了长安地区，最后的决战是在十月发生的，其间应该一直在打仗，《资治通鉴》《后汉书》《三国志》都记载了董卓指挥的这场战役的结果。

长安的两座老营覆灭，其周边的皇陵群就暴露在先零羌的铁蹄之下了，守坟和守长安那是同等重要的！朝廷自然紧急调兵，或者从雒阳西进长安，或者从并州南下三辅，为时半年的长安地区保卫战开始了。

汉帝刘志忍不住了，三边总督张奂你给个准确方案！

"张奂，你是三边总督，朕就问你，长安怎么办？朕先祖的陵寝怎么办？"

"陛下，我正在选将领兵打仗！"

"满朝文武这么多人，你还没选出来吗？"

"党人行吗？"

"滚！"

"宦官行吗？"

"他们懂个屁！"

"那世族子弟呢？"

"用那帮尿裤子的玩意儿，你疯了还是我疯了！"

"北五营的将官怎么样？"

"他们也挺久没上战场了，何况都是些勋贵和皇亲。"

"……那我推荐个你认识的人吧。"

"谁啊？"

"董卓，董仲颖，你身边的保镖之一啊。"

"哦，董大胖子，我有印象。他行吗？是不是资历差点儿，这重担能挑起来吗？"

"跟羌人打仗他在行。你不说我是三边总督吗？我说了算不？"

"哎，算，算，好吧就他了，出了事你担着。"

当刘志与张奂商量好战局部署的时候，恐怕已经心力交瘁。大汉这是怎么了？皇城内部钩心斗角，派系林立；天下间世族强大，流民遍地；帝国边疆烽火不断，天天都在打仗，现在干脆都打到西京了。刘志咳嗽了几声，居然都咳出了血，看来他还得吃点儿大补丸，身体虚啊。

朝里有人好做官，已经被雒阳恶心吐了的董卓，突然被张奂提拔为代理师长，而且还是负责拯救大汉朝局的"特战一师"代理师长。

板荡显忠良啊！这下华丽转身，让董卓心里乐开了花，张奂麾下的军司马还负责长安周边的战事，还是特战一师，流动作战。段老师打东羌，学生小董打先零羌，小董很满足，因为他与老师的差距越来越小了。

其实，董卓的这个军司马职务已经能够充分说明皇帝的无奈了。首先说说军司马是什么级别的军职。军司马是校尉的副官，相当于副校尉，那既然让董卓指挥部队作战，为何不直接让他当校尉呢？

因为官场有官场的规矩。董卓资历不足啊，他只是比三百石的羽林郎，一下子拔到校尉，那用得就太陡了！军司马是一千石级别，这对董卓已经算是破格提拔了，若不是战事吃紧，朝廷正在用人之时，董卓想一步入千石级别也并非易事。关中的仗还得有人打，所以董卓只能以军司马的身份领兵去打仗。以董卓的履历，能弄个指挥部队作战的军司马，其实已经很好了，当然，这也是靠着张奂的赏识。

或许汉桓帝刘志最后一次见到董卓，是董卓去任职前的一天，他让董卓陪着自己在南宫溜达了几圈。

刘志拖着病体，殷切地叮嘱着这个年纪和自己差不多的贴身保镖："靠你了，好好干。打赢了回来，朕不会亏待你！"

"陛下放心，我在凉州打了快10年羌人，您就等着我凯旋吧。"

出人头地，建功立业，名垂青史就在此时！

五、拯救大汉，拯救关中，拯救皇家的祖坟！

董卓买了几件新装备，擦拭了身上的鱼鳞铠，摆弄着新披风，梳理着"赤兔马它爹"身上的马鬃，最后还不忘记跟皇帝和张奂老师要一些自己熟悉的将领，然后便出发了。当然，张奂派去的部队也不止董卓这一支，比如尹端也是关中之战的将领之一。

先说战争的结果，董卓小宇宙爆发，率部大败先零羌大军。《资治通鉴·汉纪四十八》记载："冬，十月，先零羌寇三辅，张奂遣司马尹端、董卓拒击，大破之，斩其酋豪，首虏万余人，三州清定。"

多部史料记载了董卓指挥的这次战役，我们可以肯定的是，董卓是延熹十年四月以后出兵关中的，最后决战打完的时候已经是十月了，但中间几个月董卓的部队到底怎么打的，历史上没有过多记载，不过结果是统一的。

我们可以从史料分析一下作战的地点:《资治通鉴》说是

在长安地区，也就是三辅地区，属于司隶州；而《三国志·魏书·董二袁刘传》写的是并州；到《后汉书·董卓列传》中则说是在汉阳郡，也就是天水郡，属于凉州。

这是什么情况，怎么四处出击啊？其实并不奇怪，因为关中地区向西就是凉州地界，北去就是并州地界。董卓的军队到达战场后，应该是去北面并州突击先零羌部落，又回西面凉州偷袭先零羌部落，然后在关中和敌军再一顿死磕，说白了，他在打流动战。

至于战功，《资治通鉴》说司隶长安地区十月终结战，董卓和尹端的成绩是斩首和俘虏1万多敌人。这个战绩，少说也得和5万以上的羌人掐仗。一年以后段颎在逢义山决战东羌联军时，斩首也只有8000级。至于董卓在其他两州的战绩，就没有记载了。

仗，董卓打赢了，他到底是立了一点儿小功劳，还是立了天大的功劳呢？

董卓确实立了不世之功。

在整个汉军中，董卓在关中打出了史书在册的功绩，但史书却没有评价董卓当时的具体成绩。其实战果非常辉煌。

原因一，在三辅地区斩杀的酋长、豪帅加上俘虏1万多人，投降的没说。段颎消灭西羌斩首2.3万级，俘虏数万人，这是几年来的战果，董卓最多打了5个月，而且只是三辅地区的战果就这么多。

原因二，此次董卓与先零羌的关中大战之后，段颎也对先零羌进行了军事打击。先零羌势力大减，从此消停了一代人，直到17年后，他们才借着黄巾之乱的契机再次叛汉。

原因三，董卓得到了让满朝文武咋舌的赏赐——赏赐缣（理解成布匹也行）9000匹！按照汉朝简易货币结算办法，1匹缣大概换1贯钱，1贯钱就是1000钱，缣在汉朝是货币等价物（价格浮动较大），价格浮动在1000钱左右。基本上30匹缣就能换一条人命，《后汉书·显宗孝明帝纪》记载："其令天下亡命，自殊死已下赎：死罪缣三十匹，右趾至髡钳城旦舂十匹，完城旦至司寇五匹；吏人犯罪未发觉，诏书到自告者，半入赎。"30匹缣免死一次，10匹免刑事责任。董卓得了9000匹，可以赎死罪300次。

换成钱就更好理解了。按标准算法，9000×1000=9 000 000，9000匹缣等于900万钱。

900万钱看似不是很多啊，史书记载，后宫中常侍王甫想勒索渤海王时一下就要5000万钱呢。但如果从官方奖金发放的角度去看待这900万钱，你就会发现，董卓可能把先零羌的豪帅给一网打尽了。

段颎和张奂在三边战役中得到了多少赏赐呢？段颎灭西羌时赏钱20万，对，你没看错是20万，此外，获得一个家人入宫当郎中的名额。张奂平定幽州且顺利完成三边督军任务，赏钱20万，顺带奖励可以迁入户口，对，你还是没看错，也是20万赏钱。

董卓击败先零羌、平定三秦地区赏钱900万，顺带给自己拿到一个当郎中的名额。他立的是什么功劳？多大的功劳？他到底干了什么，让朝廷如此感动？就算因为派系原因，朝廷故意降低张奂的奖励，可董卓得到这么高的奖励和荣誉，那朝堂上念出来的时候也得说得过去啊。

董卓的赏赐史书上写得明明白白，后日的平步青云也是从此开始的！此时距离董卓入京夺权还剩下8000天。

董卓当时到底是如何为大汉立了这么大的功劳，现在我们已经没法说清楚了，不过我们可以想象一下，董卓策马狂奔在关中平原时，身后的将士们各个虎目圆睁、战意盎然、忠心耿耿，他们团结，他们奋进，他们确实为东汉王朝创下了不世之功！

　　如果没有将士们的奋勇，董卓显然是不可能完成艰巨任务的，那么这些将士为什么如此厚爱董卓，这份士为知己者死的信念，从何而来？

　　接下来，我们就说说董卓是怎么对待手下的，也说说大胜之后的东汉朝廷是否安稳了。

第八章 乐极生悲的董卓与东汉

一、金钱如粪土！

得胜还朝的董卓心情爽到爆炸，他骑在马上自负地想着："让那些士人看不上俺们这些武夫，国家危难的时候，士人在干吗？党争！俺们在干吗？保家卫国！呵呵，俺是英雄。"

董卓回京后，把几个月来转战关中的疲惫都抛到了脑后，美滋滋地琢磨着朝廷该怎么赏赐他，自己未来的仕途将会多么一帆风顺。

董卓在凉州辉煌过，他是刺史府的功臣。如今在朝廷中，他再一次闪光，现在就差出门自带背景音乐了。

终于，朝廷的奖赏到了。军队的校场上，颁奖单位把900万现金砸在董卓眼前时，他或许眯缝着眼睛看了半晌，最终微微一笑，情真意切地转过头去，望向身后跟着他冲杀战场的弟兄们，高声喊道："为者则己，有者则士。"①

一众将士听罢，忽然单膝跪地："愿誓死追随董司马！"

那么"为者则己，有者则士"是什么意思呢？董卓游侠出身，不通经史，但不代表他没文化，也不代表他不看兵书、不学兵法，你说打了一辈子仗的将军不懂兵法，反正我是不信。"为者则己，有者则士，焉知利之所在"出自《黄石公三略·上略》，《三略》是非常经典的传世兵书。

董卓张嘴就是"决策出于我，功劳归于将士们，哪里知道这才是真正的大利啊"！

董卓在将士们的欢呼声中，将900万钱通通分了，自己一个大钱也没留。谁不喜欢钱呢？但若要收买人心的话，钱就不算什么。金钱就是那粪土！

董卓的老师段颎和皇甫规都关爱下属，善待士卒。段颎给士兵包扎伤口，皇甫规亲自给感染瘟疫的士兵送药，董卓也跟着他们学会了关心下属，而且比两位老师做得更到位，他连自己的奖金都分给了将士们。这是董卓从两位老师传授的经验中升华出来的技能——让当兵的吃粮，让当兵的赚钱。

史书并没有评价董卓的学问，但那春秋笔法的史书和后世的影视作品、游戏电玩，让我们习惯性地以为董卓就是一个莽夫，甚至是一个暴发户。他肥胖、鲁莽、好色、残暴，他是个军阀，他基本等同于有一膀子力气的傻大个儿，可一个如此形象的人，最后居然掌控了大汉帝国。

关中之战奠定了董卓在朝堂上的地位，他从一个优秀的大众

---

① 《后汉书·董卓列传》："卓曰：'为者则己，有者则士。'乃悉分与吏兵，无所留。"

官员成长为朝堂上的政治新星，从一个江湖游侠成了国家英模、朝中战功显赫的军官，如今也算是大汉朝廷的新锐。这个时候的董卓也就30多岁，他该多么意气风发，或许开始飘飘然了。

得意归得意，但董卓终究要面对一个现实，那条他现在无法逾越的鸿沟——出身和背景。董卓不是在世族子弟圈子里长大的，他是江湖侠客；董卓也没有四世三公的家庭背景，他爹就是个小官；他也没在太学镀过金，只学了打仗和射箭。

他只得比别人更卖命，才能在朝堂上崭露头角，但在世族政治笼罩下的东汉，这些成绩又显得那么脆弱。

董卓这个出色的新人上来就博人眼球，把自己的奖金全都分给了下属，这种出格的举动是官场和职场上的禁忌！你让其他人怎么办？你让同事怎么看？你让领导怎么干？

董卓出格的举动，显然会引起各方势力的关注，每个派系代表的脸上都神情复杂。这些复杂神情的背后或许有着极为深层次的思虑。

在世族大佬看来，出身寒微的董卓居然如此受到爱戴，仅仅是一个军司马而已，若将来外放或者做了将军那还了得？

在宦官大佬看来，这些无所谓，也不管董卓有没有本事，哪怕将来做到全天下的百将之首，宦官也是陛下的臂膀，他们只是考虑是否要拉拢董卓而已。

在清流党人看来，董卓虽然没什么学问，不过至少能打仗，凑合事吧。

在太学生看来，董卓不就是个当兵的吗？咱们偶像是名士，他董卓明白经史吗？分钱，沽名钓誉而已。

董卓打了几个喷嚏，然后道："各方势力愿意咋想就咋想！

俺是军人，是大汉新锐，是皇帝身边的大保镖！皇帝说过俺立功以后会提拔俺的！"

董卓被调入了郎中。郎中和羽林郎一样都是郎，但从羽林郎转到郎中岗位，是要把董卓转入主流官场的一个重要信号，下一步就等着外放了。

郡县制很讲究官员的全面发展和基层经验，董卓外放主政一方的话，就是文武全才的履历了，平步青云指日可待。或许很多人都在议论，5年，甚至不出5年，董卓一定能干上校尉，甚至可能接替他的老师直接做护羌校尉！

董卓兴奋地等着外放，不断地盘算着朝廷会让自己到哪里历练，然后再如何提升，那张大圆脸都笑出花了。

然而，董卓得胜回京一个月之后，郎中的板凳还没等坐热乎呢，一个重磅消息直接把他打蒙了。

延熹十年（167年）十二月，汉桓帝刘志驾崩了！

二、一朝天子一朝臣

东汉末年的历史，总喜欢调皮的急转弯，在即将看到乌云散去、风景一片秀丽的时候，保准会进入一段暗无天日的长长隧道。

汉桓帝死前，大汉三边战役都取得了辉煌胜利，西羌在段颎的攻势下覆灭，东羌苦苦挣扎；先零羌被董卓暴打；鲜卑叛军联盟被打散，张奂正在东北善后。用《资治通鉴》的话说就是"三州清定"，帝国难得安定片刻。

汉桓帝死前，清流党人在党锢后暂时偃旗息鼓，桓帝打击了他们嚣张的气焰，又把他们都给释放了。

第八章 乐极生悲的董卓与东汉

汉桓帝死前,宦官已经被清流党人打击了一通,虽然依旧嚣张,但桓帝有信心控制他们。李膺当初杀过张让的弟弟张朔,而且还是从张让家给拎出来杀了的,桓帝就说"杀得对"。后来李膺这把制衡宦官的剑自己乱舞了起来,才是桓帝发动党锢的原因,但这并不代表皇帝不再需要其他人来制衡宦官。而且最初与汉桓帝一起夺回政权的宦官五侯,也被汉桓帝趁着清流斗宦官的契机陆续拿下。

汉桓帝死前,外戚势力稍有抬头,但无法跟当年的梁冀比,皇后的爸爸窦武现在只是城门校尉。

汉桓帝死前,尚书台他把持得牢牢的,世族大家并没太多非分之想。在他生命最后的5天里,又把自己的亲弟弟刘悝重新封为渤海王。

如果再让汉桓帝刘志摆弄几年,东汉或许会有些起色,但历史哪里有或许,桓帝驾崩,而且是在没有儿子且没有指定继承人的情况下驾崩了。

继承人不确定,在东汉末年极为可怕,当年梁冀毒死了上一任皇帝,导致外戚掌权桓帝受制。而桓帝也没有明确继承人,导致外戚和宦官势起。再后来,汉灵帝也没下决心明确继承人,差点儿让东汉直接脱轨。

汉桓帝突然驾崩,对董郎中来说,就是下派锻炼的事暂时卡壳了。皇帝驾崩,董卓不可能被马上安排外放了。

原因一,桓帝一死百官不上朝了,没人上班,所有工作停摆。陈蕃复出官场的时候就因为这个事情骂过百官:"皇帝虽然去了,但我们干工作,有领导和没领导应该一个样。现在新皇帝没确定,政事更加紧迫,你们怎么能在这个时候推卸责任,在家休息呢？你们良心过得去吗？"①

原因二，立新皇帝是一件大事，各方势力暗中角逐，这个时候谁也不会让对方轻易调整官吏，要等到选皇帝的事情尘埃落定以后，才好研究后备官员上岗的事情。再说又不是什么急事，董郎中是给前任皇帝立的功，虽说新官不一定不理旧账，但那也得等时机不是。

于是董郎中又开启了发呆模式，他懒得去想朝廷上的事情。可没过几天，他还是被一件事情震惊了。他在宫中廊下听说了一个让人匪夷所思的小道消息：朝廷要从全国范围海选一个人当皇帝！

三、东汉最牛综艺——选皇帝

海选皇帝，准确地说是外戚窦家在平衡好各大势力之间的关系后，选择一个对大家都有利的皇帝人选。

《资治通鉴·汉纪四十八》记载："城门校尉窦武议立嗣，召侍御史河间刘儵，问以国中宗室之贤者，儵称解渎亭侯宏。宏者，河间孝王之曾孙也，祖淑，父苌，世封解渎亭侯。武乃入白太后，定策禁中。"这段记载很平和，选皇帝的事情也很简单，实际上却并非如此。

前朝选刘志当皇帝的时候，是梁氏一家独大，梁冀自己就能定。可这届选皇帝，表面上看还是窦家的窦皇后和外戚窦武决定，但实际上还有一众评委，为何？因为政治格局已经发生了变

---

① 《资治通鉴·汉纪四十八》："古人立节，事亡如存。今帝祚未立，政事日蹙，诸君奈何委茶蓼之苦，息偃在床，于义安乎！"

第八章 乐极生悲的董卓与东汉

化,朝中各方势力变复杂了。从最终结果来看,是在各方势力都得到了好处的前提下,新皇帝人选才确定,这也印证了窦家需要平衡各方势力的说法。

我们先看看桓帝西去之后,朝廷的现实局面。

雒阳城中心坐着窦太后,外一圈是宦官,扩到南宫范围是光禄勋带着自己的五大中郎将,出了宫门是执金吾等官吏看着雒阳市面,再到各大城门那是城门校尉窦武把持着,雒阳还有北军五大营作为禁军。这里三层外三层的兵力布置,谁都担心擦枪走火,当时的气氛那叫一个波诡云谲。

那么东汉这次海选皇帝到底哪几派势力有发言权?皇帝选完后,他们又都得到了什么好处呢?

咱们先说第一个问题,先介绍一下有发言权的评委们吧。

1号评委组:清流党人。桓帝死前把党人放了,于是清流党人与外戚爸爸,也就是陈蕃、李膺、窦武重新组合。他们希望既和自己有关系又讨厌宦官的"宗室选手"作为皇帝候选人。

2号评委组:宦官部分群体。为什么是部分群体?当年跟着刘志干掉外戚梁氏的"宦官五侯"已经退出历史舞台。此时,宦官分成三派,最强大的一派就是"和清流党人干到底"派,代表人物是曹节、王甫、张让等人。而另外两派,一派是挺清流派,如山冰;一派是中立派,如忠义宦官吕强。不过后两派势力不行,当不上评委。于是第二组评委就是"和清流党人干到底"派的曹节、王甫、张让。而宦官评委,自然想让讨厌党人的皇室宗亲来担任皇帝。

3号评委组:皇室宗亲,汉桓帝亲弟弟渤海王刘悝。刘志临死前把刘悝改回了郡王级别,刘悝认为这是有意让他争夺皇位。

他的信念是"兄终弟及",哥哥死了我应该当皇帝,在《后汉书·章帝八王列传》中记载了渤海王刘悝的态度:"初,迎立灵帝,道路流言悝恨不得立,欲钞征书。"他属于场外评委,主张是自己当皇帝。

4号评委组:世族评委。世族豪强和清流党人有联系、有交集,但不是一回事,双方的政治目标不一样。如四世三公且绝不是其他世家可以比拟的袁家;再如以时任太尉的周景(他是后来大名鼎鼎的周瑜的祖辈)为代表的周家;再比如累世簪缨的杨家,杨震、杨秉、杨赐这是三代人,三世三公,而杨赐、杨彪、杨修(就是曹操杀的那个绝顶聪明的人)也是三代人。世族要赚取自己的利益,不管皇帝怎么选,前三方评委都得给我们利益,不然世族是不会轻易答应的。这个派系没有明确的主张,谁当皇帝都行。

5号评委组:孤单的窦皇后。桓帝死前,外戚逐步抬头,于是窦家外戚强势回归,不过未来的大将军窦武老师却跑去跟清流组队了。如此一来,从窦皇后变成窦太后的窦妙,就显得很尴尬。

她实际上左右为难,因为1号评委组和2号评委组势同水火。1号清流组想要一个和自己一伙的皇帝,然后直接杀宦官评委;而2号宦官组,自然也想要一个和自己一伙的皇帝,然后再发动党锢,整死1号评委组。而作为太后,窦妙两头都得保。为什么?因为屁股决定脑袋啊!

窦妙是太后了,可膝下无儿无女,将来选出皇帝,她如何自处?就算父亲在外朝控制住局面,但毕竟自己才是太后,这后宫还得靠宦官替自己办事,未来的事情谁说得好呢?

宦官集团也知道得伺候好太后。皇帝驾崩之后,窦妙上位,在皇帝尸骨未寒的情况下,他们做的第一件事就是纳投名状。宦官帮助窦妙清除了后宫那些当年和她争宠的"狐狸精",《资治通鉴·汉纪四十八》载:"初,窦后既立,御见甚稀,唯采女田圣等有宠。后素忌忍,帝梓宫尚在前殿,遂杀田圣。"

经过曹节等人的煽风点火,窦太后更加坚信自己已经被家族孤立了,她一人独居后宫,不能不为自己的将来好好考虑。

于是她以"和稀泥风"成了举足轻重的评委。

好了,五大评委组介绍完了,每个派系的想法都不单纯,每个派系都要考虑自己的利益,至于选的皇帝英不英明,根本不在考虑范围内。

评委组摆好了阵势,咱们接着说怎么选皇帝。

第九章 汉灵帝的即位流程

要想说清楚故事的原委,就得偶尔跳出董卓的视角,说说东汉当时社会的变化。这章我们说说东汉那些缺乏前车之鉴,自己摸索出来的荒诞故事。

一、皇帝的候选范围与晋级方法

前面说了,五大评委组谁都不服谁,选皇帝这事太难了,可事情总得办啊。

除了渤海王刘悝,其实大伙心中都明白,天下刘氏宗亲多了,如果海选皇帝,那优秀、贤能的宗室不在少数,到时候事情就复杂了,于是他们都同意在河间王的后人中选一个。

河间王是谁?为什么是他这支的后人?因为河间王刘开是汉桓帝刘志的爷爷。

渤海王刘悝顿时就不干了:"滚一边儿去,当我死了吗?为什么不是兄终弟及？"见无人支持，又开始咆哮，"好，既然你们不同意我，那你们从我爷爷那辈开始选，怎么不从我曾祖父汉章帝刘炟的后人里选，那岂不是更多选项！你们这是什么规定？"

其他四组评委："滚！"

刘悝哼哼道："你们选谁我都不会同意的！"

其他四组评委："你爱咋地咋地！"

刘悝竟然第一个出局了。

其他四派都同意从河间王后人中选，可河间王刘开当年有三个儿子，先帝是三个儿子中刘翼的儿子，而这三支又经过三代后人繁衍至今，符合条件的也不少啊！

"和稀泥"的窦妙终于有了一个好办法，她喊来了侍御史刘儵。刘儵简直就是为了选皇帝这件事情准备的人才。你看，刘儵是皇室宗亲，而且就是河间王后人，最主要的是他还是侍御史，工作就是监察官员。按照工作经验来看，刘儵对河间王后人的品行非常有发言权。人家既是皇亲又是侍御史，哪里说的不比那些评委在理？

刘儵参与制定选择标准没问题，可他自身实力有限，他是当不了评委的，那他参赛行吗？或许，当初窦妙询问刘儵皇帝人选问题时，二人是这样说的。

窦妙诡异地笑着对刘儵道："刘儵，你不会也有参选皇帝的想法吧，虽然你也符合条件。"

刘儵再傻也知道自己没戏啊，答道："我哪儿行，我就一个侍御史，太后您需要的是天资聪慧，打小就能看出来才智过人的皇族！"

刘儵说出了第一个重要晋级标准：年龄。成年的选手一律不行！开什么玩笑，弄个成年皇帝回来收拾四大评委组吗？小孩子才好摆弄。

窦妙觉得刘儵很上道，便说道："现在，党人、宦官还有世族掐得太欢了，不好办啊。选手跟谁沾边儿都不行啊。"

刘儵盘算着自己家亲戚："太后我给您拉个名单，慢慢看吧，年龄小、根基弱，最好还跟几个派系都不来往，要是孤儿就更好了，我细琢磨琢磨。"

窦妙十分激动，觉得刘儵太上道了，提出的所有条件都合自己心意。

窦妙当上太后，整个皇宫她说了算，但实际上她就干了两件事：第一件事是立马整死当初和自己争宠的贵人田圣。第二件事就是选皇帝，而这个事情窦妙也找到了突破口，这是她人生最辉煌的时刻。

这是一场没有硝烟的战争，这是一场看似平静却勾连万世的海选，参与者没有一个人心思是单纯的。但最终所有派系都对自己的收获很满意。

让我们想象一下窦妙表演时的场景。刘儵提出一个对宦官不利的人物，窦武和陈蕃赶紧跟进，希望让此人继承大统，大家一番唇枪舌剑后，窦妙机智地插话道："陈蕃大人，当年你力保哀家做了皇后，才使得先帝回心转意没有立田圣那个狐狸精，哀家对这恩情铭记于心。本想陈大人年事已高，选一个年纪小一些的、资质好的做天子，陈大人是士人领袖，升做太傅位在三公之上，成为大汉的唯一高官，好生教导天子一番呢！"（《后汉书·百官志一》："太傅，上公一人。"）然后又对窦武说道："父亲，按理说谁当皇帝，您都是大将军对吧？"

陈蕃上公位，窦武大将军。1号评委组不好说话了。

刘儵又提出一个对清流党人不利的人选，曹节马上发表慷慨激昂的演讲："先帝在世的时候，就经常和奴才念叨他的好，说这孩子天资聪慧，将来必是河间皇族中的千里驹呢！"窦妙见僵持不下，又说道："当年宦官之首大长秋曹腾伺候了四任皇帝，深受信赖。曹节，哀家算来，待新帝登基，从汉顺帝开始算，你也算伺候了五任皇帝啊，待到新帝入京时，你任奉车都尉亲自保护陛下入宫，他日封侯也不是难事。"《后汉书·宦者列传》便记载了曹节在选皇帝过程中得到的好处："北迎灵帝，陪乘入宫。及即位，以定策封长安乡侯，六百户。"

曹节迎保皇帝入宫，参与定策（选皇帝）有功封侯。2号评委组也不好说话了。

估计，跟谁家有关系的皇室，都会以各种理由被拿下。到最后，在许诺了未来窦武可出任大将军、陈蕃做太傅、曹节封侯、杨家的杨赐也可以为新天子讲学授课并引为恩师、周家的周景可能被封侯（周景因为参与拥立汉灵帝，死后被追封为安阳乡侯）后，大家终于达成了一致。我们看看《资治通鉴·汉纪四十八》中记载的清流党人和宦官在选皇帝过程中得到的"实惠"吧："癸巳，录定策功，封窦武为闻喜侯，武子机为渭阳侯，兄子绍为鄠侯，靖为西乡侯，中常侍曹节为长安乡侯，侯者凡十一人。"也就是说，还有6个人被封了侯。估计像袁家等大家族也没少捞好处，上一次选皇帝的时候，袁家不就弄了一个三公吗？

东汉的新皇帝终于要揭晓了！

二、新皇帝，我给你做个小木马啊

新皇帝，原解渎亭侯刘宏，史称汉灵帝，他条件勉强符合能够"治理国家"的标准。

第一，他年仅12岁，年龄小，好掌控，在朝中跟哪家都扯不上关系。他家里条件也不好，虽然不至于卖草鞋，但也不过是个乡下亭侯。

第二，他爹早死了，娘家没啥本事，不过她娘家姓董，和董卓同姓。

第三，他级别好，一个穷村子级别的侯爵，解渎亭侯。

如果硬要说这个亭侯哪里好，那就是这个级别！亭侯常常能见到亭长，大汉开国皇帝刘邦就干过泗水亭长，那时候刘邦家里一穷二白，但刘宏能够协调好与"亭长"这等高级别官员的关系，说明刘宏拥有独特潜质和才能。

史书没明确记载汉灵帝登基时董卓在不在京城。我们按照他还在京城来继续讲的话，那董卓就非常可能去接新皇帝了，为什么？

延熹十年（167年）的最后几天，按《资治通鉴·汉纪四十八》记载："以儵守光禄大夫，与中常侍曹节并持节将中黄门、虎贲、羽林千人，奉迎宏。"刘儵和曹节带了很多保镖去迎接新皇帝，刘儵这个光禄大夫是在光禄勋手下领导郎官的官职，而曹节兼任的奉车都尉是保卫皇帝车驾的官职。

这么多人警跸迎接新陛下不为别的，是因为民间传言，渤海王刘悝图谋不轨，要抢夺诏书，自己入京当皇帝。

虽然最后证明，刘悝似乎没这么强势，但刘儵和曹节肯定不放心啊，所以若董郎中此时还没外放的话，那他是最适合跟刘儵去接皇帝的人，当过羽林郎，又是郎中，还那么能打。

书归正传，刘宏离开了那个生他养他的乡下，入京当皇帝去了。

迎接皇帝的车队刚出发，窦太后就迫不及待册封自己父亲窦武做了大将军，这个大将军传统上就是外戚干着，管他是皇后的爸爸还是皇后的哥哥，总之就得皇帝老婆家里人干！多少年来，哪个大臣如果担心外戚专权的事情重演，站出来反对，对不起，这是祖制。

汉桓帝刘志活着的时候日防夜防，怕的就是外戚崛起，可他前脚腿一蹬，后脚老丈人立刻上任全国兵马大元帅！

安排完父亲和窦家的事情，窦妙又迅速行动，任命了陈蕃做太傅，又让摆设一样的不倒翁胡广协同陈蕃、窦武录尚书事，控制住尚书台。控制了尚书台就等于控制了政事，这很关键。汉桓帝刘志在世时总是害怕党人结党，三公按老传统干，该开府还开府，可这尚书台的事情皇帝自己管着，远远地把三公踢开，夺了行政的实权。如今刘志驾崩，老丈人和被他禁锢的党人领袖就接管了尚书台喽。

因此小皇帝进京只管学习，军权他"外公"先帮他管着，政权他那些"爷爷"先替他管着。

这倒也正常，刘宏也知道自己的分量，可问题是生他养他的家人也不能入宫，老董家的人一个也不许来［建宁二年（169年）宫中政变后，董家人才被接入雒阳］。小皇帝离开亲人害怕啊，一入侯门深似海，那一入帝门还不得淹死，估计这个倒霉孩子那时候都要吓尿裤子了。

话说回来，刘宏的亲妈如果入宫了，怎么喊她？董太后？

第九章 汉灵帝的即位流程

不可能,宫中就一个太后,那是窦太后。再说,现在的外戚是窦家,怎么能让一个新外戚集团入京呢?最后刘宏很可能是带着从小照顾自己的两位奶妈赵夫人和程夫人入宫的。

这里有必要说说奶妈。赵夫人赵娆是皇帝的奶妈,可史书并没有记载她是汉桓帝的奶妈还是汉灵帝的奶妈。《后汉书·陈王列传》中有这么一段话:"今京师嚣嚣,道路喧哗,言侯览、曹节、公乘昕、王甫、郑飒等与赵夫人诸女尚书并乱天下。"陈蕃与窦武这番对话是在汉灵帝登基后。而《资治通鉴·汉纪四十八》说赵娆乱政也是在灵帝登基后,"帝乳母赵娆及诸女尚书,旦夕在太后侧……",这个帝乳母自然就是汉灵帝的乳母,不是先帝乳母。而且灵帝很相信赵娆,所以赵娆很有可能是汉灵帝的奶妈。

说完赵娆,还得要说一下程璜,刘宏的一位奶妈姓程,而宫中后来有一个中常侍叫程璜,人称程夫人(也有记录为程大人)。很多人习惯认为中常侍那就是男的,可史书上没说性别,她很有可能就是刘宏的奶妈程夫人——女中常侍。程夫人有两个女儿,分别嫁给后来的两个重要朝臣,宦官如何能有两个女儿,就算收养也要男的传宗接代啊……而且汉灵帝在宫中就询问过程奶妈、程夫人问题,《资治通鉴·汉纪五十》中记载了程夫人替汉灵帝定价卖官的事情:"(崔)烈因傅母入钱五百万,故得为司徒。及拜日,天子临轩,百僚毕会,帝顾谓亲幸者曰:'悔不少靳,可至千万!'程夫人于傍应曰:'崔公,冀州名士,岂肯买官!赖我得是,反不知姝邪!'烈由是声誉顿衰。"所以说程奶妈就是中常侍。此外,蔡邕后来上书汉灵帝,专门谈到妇人乱政一说,其中说了三个妇人乱政,分别是赵娆、霍玉、程大人,显然,程大人是个女人。

而且，中常侍也并非一定是宦官。《文献通考·职官考四》记载："自秦置散骑，又置中常侍。散骑并乘舆车后，中常侍得入禁中，皆无员。汉因之，并加官。散骑有常侍侍郎与侍中黄门侍郎。后汉中，初省散骑，而中常侍改用宦者。"也就是说，秦时就有中常侍，西汉时中常侍属于虚衔的加官，东汉才改由主要以宦官担任。

说完赵娆和程璜，回来继续。对于赵娆和程璜来说，她们和陛下一起住进皇宫，能帮皇帝多大忙？还别说，后来在关键时候还是有用处的。

三、玩过火的四大评委组

新皇帝刘宏登基后整天在华光殿读书，老师杨赐除了教他经史和治国理政，还教他画画、写诗词歌赋来陶冶情操。品学兼优的新皇帝把更多的精力放在了画画和学习诗词歌赋上。

汉灵帝上学的时候，党人在庆贺，可世上没有让所有人都满意的政策。朝中党人与宦官的矛盾迟早还会爆发。

窦武这些清流党人也进入了狂欢期，他们期盼已久的"虚君政治"终于到来了。皇帝靠边站了，也可以理解为天下士人扬眉吐气了。用后来"宦官头领"王甫骂窦武的话："先帝刚刚去世，窦武他有什么功劳，兄弟父子三人同时封侯，窦家每天大摆筵席、饮酒作乐，还挑选宫中的美女到家中侍候，不到十天家财增加以亿计。"这话是宦官说的，不作数，人家窦武是士人领袖"三君"之一，怎么可能收那么多钱，怎么可能把先帝的宫女弄

第九章 汉灵帝的即位流程

到自己府里……

除了窦武在外朝折腾，清流们也开始对内宫动手脚了。窦武这些人没事就撺掇窦太后干掉宦官。可窦妙坚持己见，不听她爹的话。她爹天天叫她杀宦官，可窦妙始终犹豫不决，毕竟都是宦官在给她办事。

双方开始拉锯，建宁元年（168年）五月，窦武找了个理由，要求太后处死中常侍管霸和苏康，这两个人被干掉后，窦武想扩大战果，杀尽宦官。这下窦妙可不干了，亲爹咋了，亲爹也不能无法无天啊！太后曰："汉元以来故事，世有宦官，但当诛其有罪者，岂可尽废邪！"

"好，姑娘你这是翅膀硬了，你不同意杀宦官，那你爹带着你叔叔伯伯们自己干！"

等到八月，窦武觉得外朝控制得牢牢的，清除宦官的时机已经成熟，准备憋大招干掉宦官了，可读条时间有点儿长，结果把自己憋死了。

窦武到底在憋什么大招？这个大招又带来了什么后果？东汉在桓帝与灵帝的政权交替下，最后的结局是什么？

第十章 桓帝时代真正的终结

一、东汉新朝的政治斗争

窦武除了全家升官发财,再就是忙活着在朝中内斗。大将军窦武这么有底气搞内斗,难道边疆的战事都结束了吗?战争虽然还没有结束,但进展颇为顺利。凉州方面,段颎把东羌打得抱头鼠窜,西线大捷;而东面的张奂干脆回朝复命了——东线无战事。

新皇帝登基没几天,段颎就送上了一份大礼,不过是窦太后代收的。

一代军神段颎率领1万多兵士,带了15天干粮出征,在逢义山碰上东羌联军主力,一决雌雄。东羌兵力远超汉军,估计得5万人以上,汉军将士见敌人太多开始害怕了。

人家段颎是一代名将,马上摆了一个后世游戏玩家常摆的阵型。前面战线维持兵列起长枪阵三重,后面放上弓箭手,左右两翼摆轻骑兵，伺机突袭敌人后阵。说白了就是中线枪兵当"坦克"维持战线，后面弓箭手作为攻击输出，两翼骑兵寻机摧毁敌人攻势。

然后段颎开始加油鼓劲："现在我们离家几千里，前进，事业就成功；逃走，死路一条，大家努力共取功名吧！"

《后汉书·皇甫张段列传》详细记载了逢义山之战："虏兵盛，颎众恐。颎乃令军中张镞利刃，长矛三重，挟以强弩，列轻骑为左右翼。激怒兵将曰：'今去家数千里，进则事成，走必尽死，努力共功名！'因大呼，众皆应声腾赴，颎驰骑于傍，突而击之，虏众大溃，斩首八千余级，获牛马羊二十八万头。"

逢义山之战严重打击了东羌联军的信心，而段颎此后开始昼夜兼程追击东羌，根本不给敌人喘息的机会。

窦武等人搞内斗的时候，段颎还带着将士们在大山里跟羌敌鏖战呢，不过此时张奂回京了，这个前朝的三边大将回来了！可窦武显然缺乏和张大将军的有效沟通，这也给他的失败埋下了伏笔。

窦武的大招就是抓住坏人，然后慢慢收集证据，再依法依规地发动政变。他抓了黄门令魏彪，然后让自己的亲信小黄门山冰代替，接着让"新黄门令"山冰把长乐尚书宦官郑飒抓起来，慢慢审讯、收集证据。

首先，可以确定的是大将军没有权力绕开皇帝，自己抓捕和任命黄门令……也就是说，窦武用非正常手段干的这事，说严重点儿这就是政变了。

你既然干了，就干到底啊，可窦武干一半停了。陈蕃催促窦武赶紧杀了郑飒，再对付其他宦官。窦武竟又开始照章办事，要拿了郑飒口供再对付曹节、王甫这些大宦官。

第十章 桓帝时代真正的终结

就在这个节骨眼上，窦武还像平常一样晚上回家休息，等第二天出了口供再说。那一夜，窦武睡了他人生中的最后一觉。

窦武以为抓了几个宦官，关进监狱，再让狱吏拿下几份口供就可以轻松地将宦官们置于死地。20多年后曹操也说过"对付宦官，一个狱吏就能搞定"，这话显然并不现实，因为窦武就这么干的，且结局很糟……

当窦武过度自信的时候，宦官们可不敢有丝毫大意，他们迅速准备反击。皇宫里的宦官曹节等人也明白了，党人要置他们于死地。曹节告诉其他宦官，他们必须团结起来，一起盟誓，拼命一搏。

《资治通鉴·汉纪四十八》记载了17名宦官领导结盟的过程。宦官"骂曰：'中官放纵者，自可诛耳，我曹何罪，而当尽见族灭！'因大呼曰：'陈蕃、窦武奏白太后废帝，为大逆！'乃夜召素所亲壮健者长乐从官史共普、张亮等十七人，歃血共盟，谋诛武等。"

机智的曹节一面关闭宫门，一面干掉窦武任命的黄门令山冰等人，然后救出自己人，再重新任命一个黄门令——让王甫先兼着。既然已经和窦家撕破脸了，曹节也没有放过皇太后窦妙！宦官把窦太后也给软禁了。

好了，窦武的机会基本泡汤了，可宫外还有众多的窦家人啊。

狡猾的曹节想到了利用小皇帝最信任的奶妈，如果能够做通奶妈的工作，帮助宦官劝说皇帝，那皇帝不就站在宦官这边了吗？从赵娆和程璜后来的情形看，二人确实出力了。而且赵娆和程璜也不得不出力啊，陈蕃要求太后杀宦官的奏章里，竟把新皇帝的奶妈也算进去了。

《后汉书·陈王列传》中记载了陈蕃的上疏："今京师嚣嚣，道路喧哗，言侯览、曹节、公乘昕、王甫、郑飒等与赵夫人诸女尚书并乱天下。附从者升进，忤逆者中伤。"赵夫人八成就是赵奶妈，这下赵娆不干了。

也许赵娆跟皇帝刘宏说："窦家人谋反了，要杀你和你奶妈，然后再杀你亲妈。咱们听曹节的弄死窦家人，你妈就能进宫了，你也就能天天看见你亲妈了。"

刘宏别的不管，能看见亲妈那是真格的，汉帝刘宏最终登上了德阳前殿。德阳殿是雒阳北宫最大的宫殿，高大雄伟，据称离雒阳43里的偃师城，能望见德阳殿及朱雀阙郁郁与天相连。刘宏在德阳殿前拔出佩剑，按照奶妈赵娆教的动作和说辞，兴奋地誓师，要求宫中值班郎官一起干掉大将军，宫中的宿卫们自然一下子就蒙了……

也不知道当时董卓有没有外放，若是还在宫中值班，那可真是难忘今宵啊，值个班还搞成政变了。

窦武一觉醒来的时候，宫里的人马已经来抓他了，他赶紧跑去雒阳北军五营兵的驻地，那里有他不少亲信，比如他侄子窦绍。可五营兵心里也蒙着呢，没都跟窦武去造反，窦武只动员走了一半兵力。

此时曹节拿着皇帝签发的文件，去找前三边总督张奂，张奂一时闹不明白事情原委，也只得按照皇帝的意见，发动北五营中没跟着窦武走的兵士与窦武对垒。

张奂一个还不打十个窦武啊……双方军队在宫外隔空喊话。

窦武这边是："中常侍造反，大家努力作战，封侯、重赏！"

宦官和张奂这边是："大将军造反，大家是皇帝的亲卫，怎么能不保卫皇帝呢！先投降的有赏。"

从双方的口号来看，张奂这边更贴近正义，主要是投降就有赏啊。窦武就此失败，继承了前任大将军梁冀的结局模式。

窦武败了，老太傅陈蕃还有一定影响力，可谁承想在北军五营兵对垒前，老太傅陈蕃带了值班官员和学生一共80多人，竟然拿着刀剑跑进皇宫要见陛下，希望和陛下紧急沟通。陈蕃这种自投罗网的行为，让宦官们喜形于色，直接在宫中伏杀了陈蕃。

窦武大招没憋好，被宦官们一顿拳脚给打死了，东汉朝局又要急转弯了。

宦官政变成功，党人彻底落败，窦家人首先完蛋，流放的流放，杀头的杀头，窦太后被换了个地方"养"了起来，能养多久？对宦官来说，甚至对小皇帝来说，恐怕窦妙都是一个危险的人物，没养几年她也"寿终正寝"了。

清流领袖纷纷被干掉，清流党人失去了对朝廷的控制能力，没过多久宦官们想起了旧账，又发动了第二次党锢之祸。这次党锢从抓人、禁锢变成了杀人，清流全部暂时"死机"了，清流党人对皇室纵有千般不是、万般不是，他们也比宦官正义啊，东汉这下更麻烦了。

现在自然轮到宦官们高兴了，《资治通鉴·汉纪四十八》载："曹节迁长乐卫尉，封育阳侯。王甫迁中常侍，黄门令如故。朱瑀、共普、张亮等六人皆为列侯，十一人为关内侯。于是群小得志，士大夫皆丧气。"曹节当年已经因为拥立汉灵帝封了长安乡侯了，现在又加官晋爵，还领导了宫中的部分卫士。宦官实力大大增强。

党人倒台，小皇帝却很高兴。挡在他面前的外戚大山竟然稀里糊涂地没有了，皇帝他娘、他舅、他表哥都可以入京了，老董家人算是上道了。

而渤海王刘悝竟然也有了抬头的趋势，他和小皇帝是亲戚，无法联姻，不过他老婆家可以啊。于是等小皇帝成年，渤海王的宋王后把自己的侄女送进宫跟小皇帝结婚，弄出来个宋皇后。

各世家大族虽然也有被此次政变牵连的，但谈不上伤筋动骨，而且从后来世家大族的发展来看，人家在这个没有强大外戚和清流党人的真空期，还壮大了不少。

当汉桓帝的老丈人和清流党人落败时，桓帝的时代才真正地结束，大汉王朝也进入了一个新的阶段，一个无力回天的阶段。

二、埋头苦干的董县令：你们斗你们的，我干我的活儿

西门保安变成北门保安

董郎中还是被外放了，他被放到并州雁门郡广武县当县令，那地方挨着鲜卑，是个边区，自然也是战区，汉朝很重视郡县官员，县令也不是后来的七品芝麻官。那么东汉的县令到底是多大官呢？

汉代是按照工资算官员级别的，县一级的标准如下：每县、邑、道，大者置令一人，千石；其次置长，四百石；小者置长，三百石。

董卓是广武令，一千石级别。广武令上面的郡守是两千石，郡都尉比两千石。

董卓在凉州时是游侠，那时候级别零石。后来被征辟成为郡

第十章 桓帝时代真正的终结

吏，到了凉州幕府任从事，算是幕僚，有工资没档案，零石。再后来做了羽林郎，比三百石，就是相当于三百石。实际上三百石奉，月四十斛；比三百石奉，月三十七斛。简单点儿说，是享受三百石待遇，但不算正职岗位。然后当了张奂麾下军司马，军司马一千石。而今外放走入政治核心官员序列——当县令，还是一千石，工资没涨，级别没变，但岗位变重要了。

董县令的外放时间不确，但任命肯定出自尚书台，至于是窦武掌管尚书台的时候，还是窦武死后其他势力掌管尚书台的时候，就不得而知了。

董卓被派往并州雁门郡广武县任县令，当时的广武县工作环境怎么样呢？从广武县往北20千米就是雁门关，典型的边境县。北面是鲜卑等少数民族，经常与鲜卑发生冲突，得防备其袭扰，男女下田种地都带着刀棒，凑合活着就是了。

老董在凉州时守帝国西门，现在混上县令了，好嘛，改守卫帝国北门了。

县令，父母官也。这是考验董卓全面发展的工作平台。

《后汉书·百官五》详细记录了县令的主要工作、县内的官员构成、县一级的机构设置，以及各基层单位官吏的设置和工作任务。

先看县令的主要工作："（县令）皆掌治民，显善劝义，禁奸罚恶，理讼平贼，恤民时务，秋冬集课，上计于所属郡国。"接下来是县令的下属们："县丞一人。县尉大县二人，小县一人。""丞署文书，典知仓狱。尉主盗贼，凡有贼发，主名不立，则推索行寻，案察奸宄，以起端绪。""诸曹略如郡员，五官为廷掾，监乡五部，春夏为劝农掾，秋冬为制度掾。"

县令下面管乡:"乡置有秩、三老、游徼。"其中"有秩,郡所署,秩百石,掌一乡人;其乡小者,县置啬夫一人。皆主知民善恶,为役先后,知民贫富,为赋多少,平其差品"。"三老掌教化。凡有孝子顺孙、贞女义妇、让财救患,及学士为民法式者,皆扁表其门,以兴善行。""游徼掌徼循,禁司奸盗。又有乡佐,属乡,主民收赋税。"

乡下面是亭:"亭有亭长,以禁盗贼。"本注曰:"亭长,主求捕盗贼,承望都尉。"

比亭再小的就是里:"里有里魁,民有什伍,善恶以告。本注曰:里魁掌一里百家。什主十家,伍主五家,以相检察。民有善事恶事,以告监官。"

要是按照小说、游戏、影视作品中的董卓形象,很难想象董卓穿着文官服饰,带着一众幕僚走访县内各地的情形。

都是县令,可来路绝对不同

老董在广武县干得再好,估计心里也并不舒坦。因为他走了太久、经历了太多才换来这一个县令。董县令此时也看明白了,出身才是最大的助力,虽然自己靠奋斗当了官,但并不代表他心中平衡啊。

本来当守边疆的县令就够辛苦了,再看看周围的世族同僚,董县令心里就更不是滋味了。他游走江湖,又打遍凉州,最后入职羽林,再任军司马威震关中,最后转了郎中混上了县令,这10年多的时间里不容易啊。可就这样,多少出身卑微的人一辈子都混不上。董县令回头看看周边的同僚,看看其他各州的县令，其中不少人走的简直就是火箭路线，而且人家什么也没干。若把世族子弟进入太学镀金也算作成绩的话，那他们算是为国家读了几年书。

汉朝世族子弟的标准提拔路线是这样的：太学念书镀金，弄个名号方便出道，出道之后当郎中，再外放县里。又或者混个郡府官吏先干干，等到有察举名额再拿名额直接上道。再厉害一些的小孩子时候就当郎官，长大直接当县令，比如袁绍大公子，年少为郎，不到20岁就已出任濮阳县长。

董县令心里有怨气，可保不齐世族子弟还看不上董卓这个寒门县令呢。其实在那个老子英雄儿好汉的时代，董卓最多也就是自己不高兴罢了，这是大环境造成的，东汉阶层固化，连晋升通道也是固化的。

不过丰富的履历还是有用的。朝廷忙着内斗，各大势力忙着抢官职、抓权力，可那些边州仍然不太平啊，风险大、工作不好开展、战乱地区的郡县总得有人去干啊。

或许最初是这样子的。

"把你家子弟弄到边州的几个县当县令怎么样？"尚书询问一个世族大佬。

"那可不行啊，那什么单位？边州老打仗，我孩子没那能耐，连鸡都没杀过。还是关东腹地好，你帮帮忙。"

"那总得有人干这活儿啊，要不然我们怎么交代？"尚书为难了。

"董卓那样的人，给个官就不错了，还能挑地方？让他们能打的去，历练历练嘛！"

心里不舒服归不舒服，老董还是坚持把工作做好了，正是因为艰苦卓绝的地区总得有人去，而此时的董卓又名号响亮，在朝廷还算是一名得力干将，机会自然比别人多。

董县令是个好官

为什么说董卓是个好县令呢？董卓当县令最后考核的成绩是"最"。汉朝考核官员成绩出来后，"最"这个等级的会升迁，老董后来很快便从广武令"千石"级别被提拔为"比两千石"级别的岗位了。所以人家这个县令放眼全国各县考核成绩，那是名列前茅的。

估计提拔董卓的时候，朝廷文件上会写"董卓任广武令以来，宣教有道、治县有方、守土有责、百姓爱戴、成绩斐然。迁比两千石蜀郡北部都尉"。

董卓在广武令上得到提拔后，很快再次被提拔，成为蜀郡北部都尉，实实在在的比两千石官阶。

三、细说董都尉的进步之路

一个人进步是否容易，关键看是在什么环境下取得的进步。

从凉州江湖中脱颖而出的董大侠，转职成能在战乱不断、政治生态恶劣的凉州获得各方势力青睐，并被顺利举荐入京的董从事；到了宫中给皇帝当保镖，成为亲历皇帝和党人斗争的羽林郎；之后重返战场，以张奂手下军司马的身份，在关中立下大功，变成出口成章、邀买人心的董郎中；最后在皇帝换代的政治斗争中不受影响地成为并州广武令，接着直升比两千石级别的蜀

第十章 桓帝时代真正的终结

郡北部董都尉。

由此可见，董卓不可能只是个会打仗的莽夫，目前来看，董卓至少有以下几个特质。

首先，能打仗、会打仗，还能打胜仗。董卓是一路打上来的，在江湖上斗殴，然后转上正规战场，从陇西郡开打，升级后打到凉州，最后干脆打进了皇城，给皇帝当保镖去了；三秦大战后名震关中，去广武当县令，驻守边疆的县城，估摸着还得和骚扰并州的鲜卑打仗。

其次，能在夹缝中寻觅机会，但却左右为难。董卓能在夹缝中生存下来，说明他有情商，不然怎么当的凉州红人？但董卓的生存环境却并不乐观，咱们细说一下。

董卓从皇帝身边被外派出征，打赢了三秦大战，声名显赫，看似就要官运亨通了，但东汉却是一个讲究派系和门生故吏的时代。就拿广武令这个官职来说，即是对董卓转入核心官僚体系的一个认可，也是安排得比较妥当的一个位置，边州边郡，不算高配，而且也没让董卓跑到关东去享福，人尽其才罢了。

这些事情总需要有人去研究，去安排。张奂是董卓的前任领导，董卓自然就是张奂的门生故吏，按理说董卓得去找张奂帮忙协调尚书台，尽快外放自己，之后的仕途自然也需要依靠张奂。若张奂一直帮扶董卓，董卓在广武县想升迁应该问题不大。

可问题来了，没过多久张奂居然倒台了，而且段颎恨死了张奂，决定落井下石，这就让董卓很尴尬了。那么张奂是怎么倒台的呢？董卓在两位互相有矛盾的老师中间又是如何选择的？

当年窦武政变时，张奂率军击败了窦武，事后他认为自己错信了宦官，很不开心，其实当时的张奂也谈不上失误，宦官有诏命，是皇帝让他干的，没毛病。但他要与宦官划清界限，以证清白。终于，在建宁二年（169年），张奂彻底站到了宦官的对立面，结果被罚俸3个月，并且自囚数日。这是个危险的政治信号，很多宦党都接收到了，最终，时任司隶校尉的王寓发动攻势，曾经为大汉立下汗马功劳的"凉州三明"之一的张奂谢幕，因结党罪免官回家。

董卓入职比两千石的蜀郡北部都尉之前，张奂肯定已经倒台，可这并没有阻碍张奂的故吏董卓继续被提拔——董卓在朝廷中毕竟不止张奂一个靠山。

所以，董卓见张奂倒台了，八成抛弃张奂，赶紧站到了段颎一边。而段颎在张奂倒台后可没少落井下石，有两个故事可以说明当时的情况。

第一个故事是"地道杀手"苏不韦的故事。当时有一个叫苏不韦的人，他爹叫苏谦，苏家和张奂关系很好。而当过司隶校尉的李暠和段颎是好朋友。这四家人就出现了问题。

李暠在任司隶校尉时，处死了和自己有仇的苏谦，苏谦的儿子苏不韦决定报仇。苏不韦下手狠毒，他挖地道进入李家，杀了李暠的小妾和幼儿，又刨了李家的祖坟，还斩首了李暠他爹的遗体，将头颅挂在闹市。当时改任大司农的李暠气疯了，他求官府拿人，可最后居然没拿到！李暠自己还干过司隶校尉呢，缉拿苏不韦的事情居然不了了之，李暠最后被活活气死了。后来遇到大赦，苏不韦和没事人一样回家过正常日子去了。

后来，段颎也当了司隶校尉。段颎是李家的朋友，自然要给李家报仇，他聘请苏不韦给自己当从事，这不是秃子头上的虱子——明摆着呢吗，这是要整死苏不韦。苏不韦当然不敢去了。

于是，段颎找来手下一名叫张贤的从事，让他去杀苏不韦全家。张贤估计知道苏家人和张奂是朋友,一时没有执行。段颎见手下居然抗命,便弄了杯毒酒给张贤他爹,跟张贤说:"如果灭不了苏不韦满门,你爹喝这个。"

段颎如此决绝,张贤哪还敢耽搁,也不管青红皂白,竟把苏不韦一家60口全部杀了。

为什么一定要强调苏家人和张奂是朋友,李暠和段颎是朋友呢?因为段颎不但是为了给李暠报仇,也是给张奂点儿颜色看看。

这个故事里段颎、李暠、苏不韦之间的恩怨了结,结果是张奂吃瘪,段颎可以放过张奂了吧?答案是不可以!

第二个故事是张奂迁户口事件。当年张奂平叛三州有功,弄了一个弘农郡户口,全家迁入内地,算是进入大城市了。张奂寻思着过自己的安稳日子吧,于是他在家关门教书,学生有1000多人,可段校尉能让张奂安生了?

段颎任司隶校尉时,想把张奂逐回敦煌郡。张奂实在没辙了,毕竟现在人为刀俎他为鱼肉啊,便写信给段颎谢罪,言辞恳切:

> 小人不明,得过州将,千里委命,以情相归。足下仁笃,照其辛苦,使人未反,复获邮书。恩诏分明,前以写白,而州期切促,郡县惶惧,屏营延企,侧待归命。父母朽骨,孤魂相托,若蒙矜怜,壹惠咳唾,则泽流黄泉,施及冥寞,非奂生死所能报塞。……诚知言必见讥,然犹未能无望。何者?……俱生圣世,独为匪人。孤微之人,无所告诉。如不哀怜,便为鱼肉。企心东望,无所复言。[①]

---

① 《后汉书·皇甫张段列传》。

这信写得很长，但却很有意思，简单点儿说，开篇就是：我是小人而且愚昧，得罪了段哥。之前通过信，段哥体谅我，我的人还没回家，您关照我的信就到了。我知道，不是你想整我，只是地方官吏催我搬家，催得急啊。你可怜可怜我，帮帮忙吧。最后还很明白目前是段颎说了算，便干脆说："你要是看我可怜就放过我，要不你就把我弄死得了。"

张奂当年何等威风，独掌三州威震三边，而现在呢？他给段颎写的信无异于下跪了，满篇都是祈求的话。董卓的大师父段颎最终放过了二师父张奂。

是段颎心软了吗？未必。咱们设身处地想一想，段颎当然不是心软。或许有了这封信在手，留着张奂反倒显得自己仁义。

设想一下，当段颎在宾客面前拿出张奂的信让众人传阅时，他会不会假模假样地说："张奂这么求我，本校尉如何能再对他下手。哎，当年还跟我争什么长短，现如今我乃三公太尉、司隶校尉，张奂呢？"

董卓或许也看过这封信，他也得与张奂划清界限。宦官要整张奂，段颎要整张奂，从张奂后来厌恶董卓的人品来看，董卓此时很可能没有帮助张奂，而是改投了段颎。许多年后，董卓与三师父皇甫规的侄子皇甫嵩争雄时，手法与此时的段颎如出一辙。

树倒猢狲散、墙倒众人推。董卓后来跟段颎走得近，张奂怕也看出董卓其实是一个大大的实用主义者。

董卓最后一个特质，是履历丰富、能文能武，但出身低微、派系无力。就董卓当时的年纪来说，履历已经很丰富了，地方州郡官吏做过了，朝廷宿卫做过了，郎官经历有了，朝廷武官也做过了,地方县令一把手也做过了,如今直接晋升属国都尉合情合理。这个时候的董卓估摸也就 40 岁,算是朝廷的一颗政治新星。

但是,董卓无论如何绕不开一个问题——出身!他不是出身世族,也不是举孝廉入仕的。他是野路子,是小门小户,是江湖大哥。这一点很尴尬,改变不了出身,只得改变自己。派系是个好东西,董卓现在加入的是凉州老军头派系,不过这个派系在朝廷上基本没用,"老军头公会会长"段颎也只是给"宦官公会副会长"王甫打工的,那老军头公会的其他人岂不更是低人一等?

当董都尉赶往益州任职的时候,或许他会东望雒阳,曾几何时那个关心披风是否拉风的董大郎,如今又一次蜕变,成了一名心性更为复杂的成熟官僚。

如果当年在凉州和羌人作战时董卓面目狰狞和悲凉,那如今的他,恐怕已经成了一个没心没肺的中年大叔,一个杀伐果断的军旅将帅,一个利益当先的成熟官吏。那个当年驰骋凉州的董大侠,恐怕早已被现实碾成了齑粉。

董卓经过"千石"级别的县令磨炼,在即将成为"比两千石"级别的蜀国都尉之际,距成为"万石"级别的董相国还有7000多天的时间。

董卓进入两千石序列的官吏之后,又做得怎么样呢?灵帝时代的东汉朝堂又发生了哪些故事呢?

【第二部分】

汉灵帝时代：烽烟四起，宦海沉浮

第十一章 东汉特殊的地方官

董卓干了多久县令，史书没有明确记载。按汉朝官员任职考核期计算，是3年一个周期（汉朝对郡县采取上计考课制度，大课3年一回）。期满如果想升迁，考课得为"最"或者"高第"，考个倒数第一还想升迁那就难了。但考课毕竟是人说了算，官方考核世家大族的子弟时，敢给个倒数的成绩吗？

董卓在县令的岗位上大概做了3年，因为到光和四年（181年）董卓已经是河东郡太守了。从延熹十年（167年）到光和四年这14年间，他历任了四个职务，中间还被免职一次。基本上3年一满，就调整一次。

所以董县令在广武县干得肯定不错，要不也不能又被提拔为蜀郡北部都尉，成为比两千石的官员，而且他并没有在千石岗位上来回历练，直接被提拔了，那得是"最"的考核成绩才行。成绩有了，可当时的考题和评分内容，史书没给董卓留一个字。

也罢，董县令成绩名列前茅，接下来走马上任益州蜀郡北部都尉。

一、进入天府之国

董卓到了益州，进了天府之国，是不是应该享福了？会不会腐败了？

自然没有，朝廷如果不把董卓放在治理民族地区，那简直白瞎了他这块料。

还是老样子，董卓任蜀郡北部都尉，史书上就写了一句话。具体怎么干的，不知道；干了什么，也不知道。咱还得一点儿一点儿解构。

首先需要解读一下蜀郡北部都尉到底是干什么的？实际上，蜀郡北部都尉应该叫"冉駹羌属国都尉"更贴切。

东汉边郡的都尉和属国都尉不是一回事，《后汉书·百官五》记载了属国都尉的具体情况："边郡置农都尉，主屯田殖谷。又置属国都尉，主蛮夷降者。中兴建武六年[①]，省诸郡都尉，并职太守……唯边郡往往置都尉及属国都尉，稍有分县，治民比郡。"

也就是说，属国都尉是自己管辖一方的封疆大吏，其实相当于郡守。蜀郡北部都尉这个官职，看似是蜀郡的都尉，但却是自己管理百姓的一个特殊区划官员。董卓算被破格任用，县令直接跳到"准郡守"，算是连跳两级。

那么，汉朝的属国是什么建制呢？属国，是两汉为安置归附的匈奴、羌、夷等民族而设立的行政区划。这里不设郡守，设置都尉管理（治民比郡）。

汉灵帝时期曾经把蜀郡北部都尉改设成汶山郡，这应该是在

---

① 公元 30 年，东汉刚建立不久。

第十一章 东汉特殊的地方官

董卓任职之后，董卓干一把手的时候还不是郡，是属国。

董卓主政的这个地区是什么架构呢？属国设有都尉、丞、侯、千人等官，下有九译令（翻译官），又有属国长史、属国且渠和当户（二者是少数民族的官职）等官。其官吏由汉人或内属胡、羌的首领充任。属国都尉秩比二千石，与西域都护同一级，直属雒阳朝廷，其治民领兵权如郡太守。

简单点儿说，董卓这个都尉是朝廷直属单位，没必要和蜀郡或者益州有过多交涉！而且其手下还有两套班子，有汉人的官吏班子，也有当地民族的自管班子。这个工作履历为董卓将来驾轻就熟地统率秦兵（关西汉兵）、胡兵（羌胡兵）打下了基础。

介绍完蜀郡北部都尉到底是做什么的，接着说说北部都尉治下的这个特殊郡的基本情况。

汶山郡就是蜀郡北部（冉、駹）都尉部，孝武元鼎六年（前111年）设置。《华阳国志·蜀志》中记载："汶山郡，本蜀郡北部冉駹都尉，孝武元鼎六年置。旧属县八，户二十五万，去洛三千四百六十三里。东接蜀郡，南接汉嘉，西接凉州酒泉，北接阴平。"

此地的民族主要是氐、羌两族。据《太平寰宇记》记载，汶山郡"本冉駹羌国。邻县十"。冉駹羌国是中国古代方国之一，主体民族为古代羌族，建立于西周末年，疆域相当于今四川省阿坝藏族羌族自治州等地。也就是说，董卓这个蜀郡北部都尉管的主要居民是羌人，他还是和羌人打交道。

至于董卓在这属国一把手的位置上干得好不好，已经没有直接史料能说明了，咱只能从侧面解读。

董卓走后，汉灵帝把蜀郡北部都尉管辖区改成了汶山郡。设立汶山郡可不是汉灵帝首创的，是西汉汉武帝平定西南夷后设立的，等到汉宣帝的时候，才撤郡改成北部都尉，等到东汉汉安帝时又改回汶山郡，后来又改成北部都尉，最后才是灵帝改回汶山郡。朝廷为何要把这点儿地方改来改去呢？

因为税收和徭役！

当地百姓是不出劳役的，估计也不交税，至少当时应该有优惠。西汉第一次撤郡改都尉部就是因为当地人说："一岁再役，更赋至重。边人贫苦，无以供给。求省郡。"白话说就是："我们穷啊，收税、出徭役我们供给不了啊，活不了了。把郡撤了改都尉部吧，让我们自给自足吧！"

朝廷答应了，过些日子看人家生活条件好了，或者朝廷穷了，又改成郡，接着交税。

交了几年税，边民又叫唤了，朝廷又说："行吧，再改回都尉部。"

这种如波峰波谷似的变化，看似和董卓没关系，其实不然。

董卓任职时是都尉部，后来又改成了郡。如果说董卓在那里胡作非为，吏治不清，管不明白羌人，后来朝廷也不可能把都尉部改成郡治，那样的话岂不是逼着羌人叛乱？

灵帝之所以撤都尉部设立汶山郡，前提就是原都尉部管辖的羌民不会因为改制造反，所以都尉部的"底子"得好。也就是说，董卓在那里基础打得好。

要说北部都尉管辖地区的管理难度，其实很大。

第一，桓帝期间蜀国都尉部就发生过叛乱，《后汉书·南蛮西南夷列传》记载："桓帝永寿二年，蜀郡夷叛，杀略吏民。延熹二年，蜀郡三襄夷寇蚕陵，杀长吏。四年，犍为属国夷寇郡

第十一章　东汉特殊的地方官

界,益州刺史山昱击破之,斩首千四百级,余皆解散。"可见朝廷将董卓从边州县令提拔为蜀国都尉也有让其维护地区稳定的意思。

第二,地区行政管理较为困难。《后汉书·南蛮西南夷列传》记载:"其山有六夷七羌九氐,各有部落。其王侯颇知文书,而法严重。贵妇人,党母族,死则烧其尸。土气多寒,在盛夏冰犹不释,故夷人冬则避寒,入蜀为佣,夏则违暑,反其聚邑。皆依山居止,累石为室,高者至十余丈,为邛笼。又土地刚卤,不生谷粟麻菽,唯以麦为资,而宜畜牧。有旄牛,无角,一名童牛,肉重千斤,毛可为毦。出名马。有灵羊,可疗毒。又有食药鹿,鹿麑有胎者,其肠中粪亦疗毒疾。又有五角羊、麝香、轻毛毦鸡、牂牂。其人能作旄毡、班罽、青顿、毞氍、羊羖之属。特多杂药。地有咸土,煮以为盐。麖羊牛马食之皆肥。"

汶山郡虽然物资丰富,但人口众多,而且冬天冷,到了夏天冰雪还不融化。所以这里的人入冬时要到蜀地躲避严寒,同时打打零工,等到夏天还得回山里避暑。

这就是个问题了,这种反复迁徙的人口很难管理。羌民入蜀地避寒时和当地汉人起了冲突归谁管辖?一年两次人口迁移难不难办?对此虽然现在无法考证,但是肯定跑不了蜀地北部都尉的管理责任。

说明白了,董卓担任的蜀郡北部都尉,其工作成绩也能猜出个大概了。没干过郡守的董卓管理一个相当于郡的地方,这其实是要提拔的节奏,这对董卓来说是好事。

董都尉这小官当得有滋有味,朝廷直属官员在地方,干的还是自己信手拈来的羌人管理工作,简直如鱼得水。按董都尉的处世之道，这汶山郡的特产他还能少给兄弟们寄？

管理过"治民比郡"的都尉部，接下来就该真的担任两千石的真郡守了吧？

董卓这快乐的小日子应该没过多久，本来说好的提拔的确如期而至了。朝廷来信，只是这个任命的文书和董卓预想的不太一样，这个所谓的提拔竟然是一个紧急任务。

"董卓，你管这些地方很有一套啊！来，给你个更艰巨的任务，去管理更多民族之间打仗的事情。务必搞定！"

二、西域一路我来守护

董卓这次没直接当上郡守，他当上了校尉，只是这个校尉不是段颎干过的护羌校尉，而是东汉帝国最西端，也是最危险的校尉——西域戊己校尉。

这次咱先说董卓调任的结果，董卓临危受命赶赴比凉州河西走廊还要往西的地区，担任西域戊己校尉，最后还被免职了。这到底怎么回事？

史料对此几乎没有记载，我还是从其他角度分析。我们先看看西域戊己校尉是一个多么特殊的官职。

首先，它名字特殊！为什么叫戊己校尉至今说法不一，在《后汉书·西域传》李贤注引《汉官仪》曰："戊己中央，镇覆四方，又开渠播种，以为厌胜，故称戊己焉。"

而《汉书·百官公卿表第七上》颜师古注曰："甲乙丙丁庚辛壬癸皆有正位，唯戊己寄治耳。今所置校尉亦无常居，故取戊己为名也。"同篇中颜师古又注："一说戊己居中，镇覆四方，今所置校尉亦处西域之中抚诸国也。"

也就是说，有三种说法，一是借厌胜之力的思路取名字；二是因为甲乙丙丁庚辛壬癸都有相应的方位，戊与己则无，而戊己校尉驻地又总在移动，故而得名；三是说戊己是居中的意思，在西域中央而取的名字。

不过董校尉也不关心名字，他跑到西域去当这个官，总得有活儿干吧？这就要说到第二个特殊了。

戊己校尉工作特殊！西域戊己校尉具体做什么，现在也说不清楚。有时候"主屯田"，有时候"发兵打仗"，有时候"巡防西域各国"。朝廷主要让戊己校尉坐镇西域，调解西域各国之间的矛盾，彰显出汉帝国的宗主国身份。而且这个官，两汉时也不是一直有的，西汉过渡到东汉时中原战乱，汉朝和西域的联系有空窗期，65年没设过校尉。后来东汉又和北匈奴争夺西域话语权，不断发生战乱，才复置戊己校尉。

董卓之前是比两千石级别，现在当校尉是什么级别呢？这就是第三个特殊了。

戊己校尉职级特殊！戊己校尉的官职出现过多种情况，有人以比六百石的官职干过，有人以比两千石的官职干过。反正紧急的时候谁能摆平西域，谁赶紧上！可这个级别的将领在西域时，其手下也只有几百部队，多了养不起啊，距离大汉太远了。

最后，西域戊己校尉工作的地域特殊！西域在西汉时有三十六国，后来又多出来一些，各国互相吞并。小国一般就几千人，能打仗的一两千人；大国几万人，能打仗的一两万人；也有规模特大的，如大月氏，有40多万人，能打仗的可以凑出10万人。

现在比较有名的"精绝国"，多气派的名字，全国3000多人，能打仗的500人……

虽然西域戊己校尉的手下只有五六百汉军，但因为装备精良，对西域小国来说就像外星高科技战士一样，所以戊己校尉震慑那些小国还是没有问题的。

总之，西域戊己校尉是个非常特殊的岗位，但不管它怎么特殊，承担任务的中心思想没变："守住西域一路！"

接下来，我们说说董卓为什么适合当西域戊己校尉？

当年西域战乱不断，想去西域享福那就大错特错了。想在西域白混业绩也想错了，如果混不明白就得把自己搭进去，所以朝廷派去西域的人得是能人。若在朝中选择履历丰满、对部族有充分管理经验的官吏，董卓自然首当其冲。说实话，当时的东汉朝廷，想选一个比董卓更合适，还得愿意去西域做戊己校尉的人，也不是太容易的事。

西域在西汉的时候有西域都护，此外还有西域长史，再就是西域戊己校尉。等到东汉汉安帝的时候就不设西域都护了，长史兼着都护。这样就和中原各州的管理模式很像了，也更好理解了，也是两套人马。以凉州为例，凉州刺史相当于西域长史，护羌校尉部则对应西域戊己校尉部。但这个西域校尉手底下就几百兵士，不过因为常年屯田西域，加上大汉的精良铠甲和强弩，这些战士的实力很强。

可校尉就这几百兵，还得搞定西域诸国的事情，该怎么做呢？让我们说一位英雄的故事，或许能更好地理解西域的状况，更好地理解西域戊己校尉的工作任务。

那是董卓干西域戊己校尉100年前的校尉，耿恭的故事！

那时候，东汉奋起，开始对西域用兵，先把车师国干趴下

第十一章 东汉特殊的地方官

了,然后留下了耿恭和关宠都为西域戊己校尉(也有说是分开的,戊校尉和己校尉)防守西域。不久之后,北匈奴大军杀到西域,准备夺回其在西域宗主国的地位,汉朝的两位留守军官只得坚守城池。

耿恭手里就几百兵马,他凭着孤城跟敌人周旋,金蒲城不好守就换疏勒地区防守,到最后弹尽粮绝。守城期间粮食不够吃,耿恭还将一个匈奴人给烧烤了,将士们谈笑风生地吃着烤肉——这也是南宋名将岳飞《满江红》词里"壮志饥餐胡虏肉,笑谈渴饮匈奴血"的出处。(实际上战乱时期,军士没粮食而吃人肉的事情很多。后来的曹操、刘备等"诸侯"混战时,各方军队都吃过人肉。)

耿恭以数百人守城,防御了数万匈奴联军的进攻,竟然守城了近一年,最后援军才来救援,耿恭撤退的时候汉军已经只剩下26个人。最后,耿恭等人回到玉门关的时候,队伍只剩下了13个人,一般称之为"十三将士归玉门"。

毫无疑问,耿恭是民族英雄,是铁血校尉。董卓怕是没那两下子——他最后被免职了嘛。既然西域戊己校尉的工作这么凶险,那朝廷让董卓接替西域戊己校尉的原因是什么?那时候西域到底是什么样子?

带着这个问题,我们下章接着说东汉西域的故事。

第十二章 帝国最西端的变局，西域的艰难任务

说到董卓担任西域戊己校尉，因为史料太少，我们还是老规矩，先说说西域当地的问题，再回头说董卓担任校尉时的情况。

实际上在董卓担任西域戊己校尉之前，东汉在西域地区的控制力已经跌入冰点，关于西域局面动荡的原因，我们得从一瓶"拉菲"葡萄酒说起。

一、中国历史上最贵的一壶葡萄酒

汉朝时，西域出产的"拉菲"葡萄酒中年份最好的精品，那在中原可是非常难得的。"斗酒博凉州"的故事很多诗人都提过，北宋苏轼就写过"夜光明月非所投，逢年遇合百无忧。将军百战竟不侯，伯郎一斗得凉州"。

伯郎指的就是这个故事的男主角孟佗。他与大宦官张让的情谊就是从一瓶葡萄酒开始的。

故事应该发生在汉灵帝即位以后,那个时候大宦官张让已经当上了中常侍。张让作为宦官头领,家门口可谓门庭若市。那是因为大家看中了张让手中的权力和他显赫的地位,于是都来求张大宦官办事。

可张让虽然是中常侍,但毕竟官场上派系林立、纵横捭阖,他倒也不至于只手遮天,所以他也不是什么人都见,不是什么礼都收。

张让此人也很有故事。当年张让的母亲去世时,清流党人本不可能去参加宦官家人的追悼会,但党人中的领军人物之一陈寔,却偏偏参加了张家的追悼会。等到第二次党锢之祸爆发时,朝中开始捕杀党人,张让也因这份情谊帮助了陈寔——张让居然还保护过清流党人。而更重要的是,很多年后作为宦官头子的他还与要杀宦官的带头人何进成了"儿女亲家"。

巴结张让的人很多,但有一个却很意外地巴结上了他。这个人叫孟佗。

孟佗是一个很会投机的人,该献媚什么人心中绝对有数。于是他把目标锁定到了张让身上,如果孟佗拿着高档的"拉菲"葡萄酒直接去找张让办事,那就太普通了,人家剑走偏锋。

孟佗用了很长时间交往张让府里的豪奴,也就是张家的保镖、司机、管家什么的。"倾谒馈问,无所遗爱",说白了,舍得给"这帮哥们儿"往死里花钱。

哥们儿大为感动啊,有天他们在娱乐场所的包房里,很不好意思地问道:"孟总,你这天天请我们哥儿几个逍遥,我们也不好意思。你说吧!能帮你什么忙,赴汤蹈火在所不辞。我们不是不讲究的人。"

第十二章　帝国最西端的变局，西域的艰难任务

孟佗放下酒杯，郑重地说道："赴汤蹈火不必了，我就求你们一件事。请你们在张让府门前对我大礼参拜！"

当时或许是这么个场景：雒阳城，张让府邸门前是宽大的门院，门口的街路也颇为宽广，但也不够求见张让的各路官员、商人停靠车马的。这些从各州郡赶来的人都是为了自家官员升迁或者与皇宫内宫的一些生意，而来求见宫中红人张常侍的。

张府大门口堵着车马，门房也堵着求见张让的访客。在张府门前，想向府中投拜帖的访客被几个豪奴挡得严严实实。求见张让的来客是好话说尽，这些豪奴一个个耀武扬威，理都不理。

访客们仍锲而不舍地交涉。忽然间，一个高瘦的张府家奴推开了眼前唾沫横飞的访客，透过车马的间隙远远望去。然后他指了指远处，跟身边几个家奴说道："哎哟，那不是孟大人的车马吗？"

说完他赶紧不耐烦地指着台下那些手捧名刺的来客，大大咧咧地呵斥道："说了大人没空见你们，耗着干吗？都给我让开，别妨碍我们接贵客。"

几个家奴七手八脚地把堵在府门前的人轰到两边，又高声呵斥那些堵在门前的车马："都闪开！让孟大人的车先过来，孟大人是贵客不用排队！"

这下张府门前可热闹了，那些驾车的车夫哪里敢得罪这些"门前县令"，都急忙避让。求见张让的人互相打听着："孟大人？哪个孟大人？""不知道啊，没听说哪个孟大人有这么大面子啊？"众人也是丈二和尚摸不到头脑，一时间只得避让，等着看看到底哪个孟大人如此"高贵"。

终于，一辆单乘的马车缓缓驶来，马车的车辖上也没有涂朱

红色，显然不是什么高级官员的车驾。围观众人疑惑不解之时，张让府邸的豪奴们却一个个毕恭毕敬，小跑到了"孟大人"的马车旁，其中一个胖乎乎的豪奴赶紧放下腋下夹着的踏脚墩。那车驾中的孟大人身着宽袍大袖的深衣，缓缓从车驾上伸出一只脚，踩着豪奴们摆好的踏脚墩颇有威仪地下了车。

孟大人自然就是孟佗，他手中拿着一只晶莹剔透的玉壶，玉壶中是西域难得的高档葡萄酒——这是拜访张让的伴手礼。

张让府的豪奴见"孟大人"从车驾上走了下来，赶紧接过玉壶，然后如排练过一般，齐刷刷地给孟佗深鞠一礼。这一系列举动让围观排队求见张让的官员们大感意外。反观孟佗，他面带微笑，大摇大摆地对着几个豪奴微微点头，便在他们的陪同下缓步走向张府大门。孟佗头戴一梁进贤冠，气派却好似位列三公一般。更气派的是，几个张府豪奴在前面引路，后面还有几人帮孟佗的车夫牵着车马。

孟佗一边目视前方，一边低声跟身边那高瘦豪奴说道："兄弟，谢谢了，这么大的排场。"

那高瘦的豪奴也面露奸笑，低声道："孟大哥说的哪里话，我们相交多年，你待我们甚厚。在府前迎接你这点儿事，我们哪有不帮你办好之理，只是不知道这门前的排场有那么重要吗？"

孟佗神秘地点着头，得意地笑道："有的，有的。"

孟佗在张府豪奴的引导下，气派地走进了张府大门，只留下门外那些踮着脚看热闹的官员和车夫。张府大门又徐徐关闭了，这些官员的门路又被堵上了。排在后面求见张让的官员中，有两人机灵地攀谈着："你可看清楚了？那人真是孟佗吗？"

"没错，这人交际很广，很多人认识他，只是不知道他和张让有这么深的交情。"

"早说啊,那还在这儿费劲干吗,去孟佗家门口等着吧。等他回来,求孟佗跟张大人转达一下咱俩的事,不就结了?这谢礼也不差孟佗那一份啊!"

"对啊!走,走。"两人说走就走,上了马车离开了那人山人海的张府,径直奔向孟佗的府邸去了。

大家想来也猜到了故事的结局,孟佗最后成了张让的"白手套",按《资治通鉴·汉纪四十八》记载,求张让办事的人"谓佗善于让,皆争以珍玩赂之。佗分以遗让"。这记载有点儿含蓄,孟佗收了人家求张让办事的东西,然后再分一些给张让?那事情最后谁去办?显然不是分一些给张让,而是大部分给张让才对。

总之,孟佗靠着钻营、投机,成功地得到了大宦官张让的支持,然后人家就当上了凉州刺史。这份投机基因还遗传了下去,后来在三国时期摇摆于蜀魏之间,不断叛变的孟达就是孟佗之子。

孟佗于建宁三年(170年)前就已经担任凉州刺史,那一年西域发生了一场较大规模的战争。当时的西域戊己司马是曹宽,西域长史是张宴。注意,曹宽是司马,不是校尉,他也很可能叫曹全。

二、多国联军折戟沉沙疏勒国

讲完了投机的孟佗,回过头来看看此人在凉州和西域到底搞出了什么事情。

《资治通鉴·汉纪四十八》记载,建宁三年,"凉州刺史扶风孟佗遣从事任涉将敦煌兵五百人,与戊己校尉曹宽、西域长史张宴将焉耆、龟兹、车师前后部，合三万余人讨疏勒，攻桢中城，四十余日不能下，引去。其后疏勒王连相杀害，朝廷亦不能复治"。

孟佗担任凉州刺史后，联合西域长史部，统领多国部队发动了对疏勒国的战争。可联军的3万大军打了40天，竟没能拿下疏勒国的桢中城，最终败退。此后，朝廷再也治不了疏勒国，如此一来西域其他各国会有什么看法？汉朝外强中干喽，怕是已经被叛乱的羌人耗尽气力。

这次东汉朝廷对西域疏勒国大举用兵，提议者可能是凉州刺史，也可能是西域的官员，但肯定是凉州和西域达成了共识，才发兵教训疏勒国的！

3万大军大多是西域焉耆、龟兹及车师前、后国的军队，如此规模的军队攻打疏勒国的桢中城，打了40天没打下来。疏勒国实力很强吗？

《汉书·西域传上》载："疏勒国，王治疏勒城，去长安九千三百五十里。户千五百一十，口万八千六百四十七，胜兵二千人。"

疏勒国才两千兵力，兵不多啊。别急，人家疏勒国也在扩张，等到东汉的时候，"疏勒国去长史所居五千里，去洛阳万三百里"①，管辖2.1万户，能够当兵打仗的有3万多人。

这就不好打了，3万各国联军要远征一个有3万兵力的国家，而对方还可以依靠城防防守，显然发动这场战争不是明智的选择。

那为什么凉州和西域一定要莽撞地打这一仗？

原来在灵帝刚即位的第一年，也就是168年时，疏勒国的

---

① 《后汉书·西域传》。

第十二章 帝国最西端的变局，西域的艰难任务 141

"四王叔"和德趁着侄子疏勒王打猎的时候将其杀掉篡位了。

西域各国本就是汉帝国的附属国，得听大汉朝廷的。大汉的部队在西域就是监管各国、调解各附属国矛盾的。所以，西域戊己校尉部进入疏勒国平叛。从后来发掘出的"汉郃阳令曹全碑"[①]碑文上可以看到，"建宁二年，（曹全）拜西域戊部司马，时疏勒国王和德，弑父（应该是侄子）篡位，不供职贡，君兴师征讨，有充脓之仁，分醪之惠，攻城野战，谋若涌泉，威牟诸贲，和德面缚归死"。而碑中所说的曹全可能就是曹宽。

也就是说，建宁二年（169年）西域校尉部已经处死了疏勒国篡位者和德。但和德死后疏勒国的问题并没有得到有效解决，这也是建宁三年凉州和西域部远征疏勒国的原因。

有了曹全碑就能把疏勒国的故事串起来了：建宁元年，疏勒王叔和德篡位。建宁二年，曹全（曹宽）擒获和德，将其处死。建宁三年，汉帝国3万联军出征，镇压疏勒国的叛乱，以失败告终。

讨伐疏勒国战役的失败，带来了两个后果：第一，汉朝在西域威名扫地，"其后疏勒王连相杀害，朝廷亦不能复治"。第二，原西域戊己校尉应该是干不了了，朝廷得换人去摆平西域的破烂事！

于是董都尉很可能在这期间被遣到了西域，朝廷认为董都尉很好使，擅长摆平各种难事。

三、为西域战乱善后

董卓最早也是在建宁四年以后才出任西域戊己校尉的，因为

[①] 现保存于西安碑林博物馆。

孟佗是在建宁三年发动西域战争的，而董卓大概在建宁元年被外放广武令，之后又担任蜀郡北部都尉，然后再跑到西域，其间不可能只用3年时间。

董卓去西域算是给孟佗等人擦屁股，可当他出了玉门关，一进入西域便傻眼了。各国联军散伙了，想再组织3万联军难度之大可想而知，而作为后勤的凉州敦煌兵也不一定敢来。疏勒国眼下正处在欢欣鼓舞的喜悦气氛当中，气势雄浑地等着董卓。

若说有人能单凭一己之力，在天时、地利、人和都不具备的情况下改变历史走向，我是不信的。就算当年班超稳定西域，那也是在东汉初期国力尚可的时候才能做到，灵帝时期的东汉可不比从前了。

董卓带着各种不利条件，就等着朝廷让他下线……最终董卓被免官了，为什么被免，谁也不知道。

《资治通卷·汉纪四十九》记载了一位无名西域戊己校尉的一则工作。熹平四年（175年），"于寘王安国攻拘弥，大破之，杀其王。戊己校尉、西域长史各发兵辅立拘弥侍子定兴为王，人众裁千口"。这是西域动乱后，戊己校尉带领部队一次成功的维和行动，为拘弥国重新建立了王权。不过这个校尉还不及前校尉手下的司马曹宽，人家军司马都有名字，这校尉连名字都没留下，此人是不是董卓就不好说了。

反正，就当董卓"水平"不行，没治理好西域。但董卓是东汉史载最后一位记录了名字的西域戊己校尉，再后来别说西域的控制权，就连凉州，东汉都想放弃了……

《三国志·魏书·董二袁刘传》载："（董卓）迁广武令，蜀郡北部都尉，西域戊己校尉，免。"

董校尉辛辛苦苦十几年，一下变成董布衣啦。他该怎么办？就这么结束自己的政治生涯，回凉州去做游侠、当地主？

当然不会，董卓之前立过大功，朋友中应该不乏能人，背后又有不少朝廷大佬帮衬，人品这东西，董卓在中青年时期还是攒了不少的。

世上永远不缺评头论足之人，缺少的是能在关键时刻顶上的人，显然董卓现在不具备评头论足的资本，他只能干活儿，干不好还得被撸下来。

至此，董卓人生中第一次重大挫折出现了，第一个波峰也结束了，他被一免到底，但董卓不服！

从两千石序列的官员一下子滑落到布衣，董卓心里纠结、愤慨、不认命，数年来在基层边镇一线摸爬滚打的经历是董卓心中暗藏的一把"利刃"，他想依靠这些经验，回到朝廷执掌更大的权力。

最终，董卓找到了段颎："段老师，俺委屈啊！这什么世道，俺替国家出力却没落着好，那些看热闹的人还笑话俺。俺不甘心啊！"

"小董啊，你还年轻，老师当年也被贬过两次，比你还惨。你回京城来吧，我给你安排！"

那段颎接下来怎么帮助董卓的？老董第一次被免职后又是怎么东山再起的？

第十三章 帝国北方的危机，董卓东山再起

一、董大哥如何渡过中年危机

董校尉因为在西域没干好，变成了董布衣。但他能闲得住吗？他会就此回陇西做买卖，或者回陇西老家修葺自己的庄园吗？当然不会，董卓好不容易混到了比两千石的官阶，人过中年正是要拼搏的时候，怎会轻易放弃？

现在朝中，凉州派系的老大是战神段颎。段颎当然会出面帮助凉州中青派骨干董卓运作复出的事情，他是怎么做的呢？

前文说过段颎在并州刺史任上推荐董卓到司徒袁隗府任掾吏，这个记载出自《吴书》。但奇怪的是，段颎做并州刺史时，袁隗离司徒（三公）还好远呢。

董卓被推荐复出的时间不确，当时记载段颎在并州刺史任上（段颎不止一次当过并州刺史），而袁隗又是司徒，董卓还得是百姓身份才会被征辟为掾属。袁隗一共当了两次司徒，第一次是

建宁五年（172年），"十二月，司徒许栩罢，以大鸿胪袁隗为司徒"①，到熹平五年（176年）"冬，十月，司徒袁隗罢"；第二次是光和五年夏，也就是182年，"以太常袁隗为司徒"②。

袁隗不可能在第二次当司徒时征辟董卓，因为那时候段颎已经死了。所以肯定是第一次任司徒时征辟的董卓，那到底是建宁五年至熹平五年之间的哪一年呢？都有可能。董卓去西域任校尉大概也在这个范围，所以不好确定董卓是在哪年被袁隗征辟的。

从段颎履历来看，建宁三年（170年）回朝后，历任侍中，迁执金吾、河南尹。后来，因为有盗贼挖掘了冯贵人的墓冢，段颎获罪被降为谏议大夫，再升任司隶校尉。而在此之间有没有下过段颎任并州刺史的令就不得而知了。最合理的解释就是在建宁五年到熹平五年之间，董卓被段颎推荐到袁隗门下。至于《吴书》所记前后矛盾之处，我们暂且不作深究。

董卓到了袁隗门下，他这个曾经比两千石的官吏，是不是要从零开始？当然不是，董卓很快被任命为并州刺史（刺史六百石级别就能担任，董卓复出，做并州刺史是一个非常不错的选择）。说白了，董卓去司徒府是复出前的一个过渡，在官场上这也算正常。你总不能从大街上抓个老百姓过来，就把汉帝国的北门户交给这个人吧？

段颎把董卓塞到袁隗门下，要知道，一旦投了袁隗，董卓身上就多了一个袁家人的印记。后来董卓和袁家决裂，但袁家人并没有拿董卓是自家门生故吏的事情说事儿。这就很奇怪了，后来

---

① 《资治通鉴·汉纪四十九》。
② 《资治通鉴·汉纪五十》。

两家都刀剑相向了,还不得骂上几句"董卓,当年你就是我们袁家的一条狗而已"?

可能的原因有二。一是董卓一路走来,实际应该算最初征辟自己的陇西郡守的门生故吏,后来董卓又投了很多阵营,袁家实属过渡。若论门生故吏,那也是陇西郡守第一,凉州刺史成就第二,张奂第三,段颎第四,袁隗最后,拿这事说事儿的话,袁家或许觉得没什么意思。二是董卓在袁隗的司徒府中待的时间太短了,更何况是段颎给硬塞过去的,说是故吏那也是段颎的故吏。总之,老董凭借段颎的门路复起了。

那董卓为什么被安排到并州担任刺史,而不是去凉州呢?

汉朝的"三互法"(详见后文)有规定,董卓不能回自己的家乡担任监察官。其实董卓自打入京担任羽林郎之后,一生都没有再回到凉州当官,人们之所以认为董卓是凉州军阀,与史书的写法和《三国演义》的描写有很大关系。

凉州去不了,那为什么要把董卓派去并州呢?那是因为并州是大汉帝国的新战场。

二、并州刺史,人生新挑战

先介绍一下当时并州的基本情况。并州下辖上党、太原、上郡、西河、五原、云中、定襄、雁门、朔方,共9个郡、98个县,是汉帝国的北部屏障,也是汉帝国和鲜卑冲突的北方前线。除此之外,并州还杂糅了游牧民族与汉帝国的文化,自身文化独树一帜。

并州是边州,是汉帝国北方战场(不久前董卓就在并州担任县令）。西方凉州设有护羌校尉；幽州设有护匈奴中郎将、护乌桓校尉；并州五原虽然有度辽将军部，但其不属于常设的"地方军区司令"，后来打鲜卑的时候临时设置过鲜卑中郎将。所以某种程度来讲，并州刺史的军队指挥权应该比凉州刺史和幽州刺史更大，也更如臂使指，临时组织会战都得以刺史命令为准。

董卓经过一顿折腾，从布衣复出为并州刺史，用了多长时间不好说，可能几个月，也可能两三年。《三国志·魏书·董二袁刘传》只记载了一句话，"徵拜（董卓）并州刺史"，没写具体时间和任期。

老董任并州刺史的时间是可以推测一下的。

首先，袁隗这个司徒位置只坐到了熹平五年（176年）十月，董卓必定要在此之前被选拔到并州任刺史。而且，刺史也是3年一个考核期，到光和四年（181年）董卓已经在河东郡守任上了，而当时的并州战乱不止，董卓干一任多一点儿时间的可能性还是很大的。所以，熹平五年到光和四年之间，董卓应该主政并州四五年。

其次，董卓至少得干满一届"考核期"，因为光和二年（179年）段颎倒台了。那时已经失去了靠山的董卓，若想转任到两千石级别的郡守岗位，从而解决职级待遇问题的话，怎么也得干满一个考核期吧？段颎倒台之后，董卓若想再次被破格提拔（不满3年便提拔至两千石级别），恐怕不是太好运作。

最后，并州是对抗鲜卑的一线阵地，是关系东汉生死存亡的北方门户，朝廷会在董卓没毛病的情况下临阵换将吗？

综合来看，董卓最少也要在并州刺史这个位置干4年以上，从熹平五年年底干到光和四年年初是比较合理的，到鲜卑崩溃，再调整董卓职务，才是朝廷最明智的选择。

当董卓风尘仆仆来到并州的时候，估计他也清楚，这活儿最少得干上几年。

董卓到并州时，并州到底什么情况？朝廷为什么一定要把董卓派去那里，去并州是让他享福的吗？

当然不是，朝廷能让老董享福了？出身低就得多干活儿，才好博个出身嘛。董卓北去并州的时候自然知道自己是去战斗的，打仗这事他做了半辈子，"来吧，不就是鲜卑吗，俺不怕他们"。

说完董卓在并州任职的前因后果，咱们接着聊聊并州当时的处境，也方便了解当时的东汉局面。

三、帝国的北方危机，并州噩梦

鲜卑是在隋唐时期逐渐融入其他民族的，在汉朝时，鲜卑还游离于华夏民族之外。

而董卓被任命为并州刺史时，鲜卑势力很是强大。在汉朝忙着对付叛乱羌人时，鲜卑却在一位英雄的带领下闷声发大财，日渐强盛，这位英雄叫檀石槐！

檀石槐和其他游牧民族的英雄出身差不多，幼时坎坷。关于檀石槐的身世，《后汉书·乌桓鲜卑列传》记载得很详细：

> 桓帝时，鲜卑檀石槐者，其父投鹿侯，初从匈奴军三年，其妻在家生子。投鹿侯归，怪欲杀之。妻言尝昼行闻雷震，仰天视而雹入其口，因吞之，遂妊身，十月而产，此子必有奇异，且宜长视。

檀石槐的母亲说自己在大白天走路时,听见了滚滚天雷声,然后抬头望天,看看发生了什么事情。这时,忽然就天降冰雹,而且冰雹还砸进了她的嘴里,她吞下冰雹就怀了孕,10个月后生下儿子檀石槐。所以,檀石槐的母亲坚持认为,这个孩子必定有过人之处。

檀石槐他爹是个明白人:"胡说八道,把孩子给我扔了!"

最后,檀石槐是在外公家长大的。这个人有枭雄的特质,能打;能评判是非,还能制定法令。这在鲜卑族算是大才了,最终他成了鲜卑人的领袖,并带领鲜卑人不断发展。

檀石槐的王庭就在并州以北不远处,直对并州北门户!

在段颎剪灭羌患前后,鲜卑在檀石槐的带领下已经获得了长足的发展。此时的鲜卑已经完全占领了匈奴原先的地盘,简直成了第二匈奴帝国。

檀石槐在弹汗山(今内蒙古商都县附近,现在叫大青山)建立王庭,位于高柳(今山西阳高)以北300多里,鲜卑王庭距离并州非常近,是悬在并州头上的一把利剑。檀石槐兵强马壮,非常强盛;东部和西部的部落首领都来归附。檀石槐趁机北抗丁零,东退夫余,西进乌孙,幅员东西长1.4万多里,南北宽7000多里,山川水泽和盐池都在其管辖范围。

说了北、东、西三个方向,还有个南方没说——南面,檀石槐直面大汉!

檀石槐将自己的"鲜卑帝国"分为三部:从右北平以东,直至辽东,连接夫余、濊貊等20多个城邑,为东部;从右北平以西,直至上谷郡的10多个城邑,为中部;从上谷郡以西,直至敦煌郡、乌孙等20多个城邑,为西部。每部设置一名首领管辖。

这三部大抵对抗汉朝的三大边州——幽州、并州、凉州。而檀石槐则坐镇中部王庭,剑锋直指并州。

并州当时战乱频发,董卓有着丰富的与外族斗争的经验,安排去并州对抗鲜卑显然非常合适。那老董在并州干得怎么样?

四、并州铁壁——董使君

刺史也称使君,董刺史也可以称作董使君。

朝廷十万火急地把董卓安排到并州刺史的位置上,董卓深感责任重大。往小了说他肩负着天下十三州之一的并州之安危和发展,往大了说董使君那可是守着大汉北方国门呢,一旦有失,鲜卑突入司隶河东郡,就可以左攻西京长安,右打帝都雒阳了。

或许,董刺史刚上任就紧急颁布刺史令,全州各郡加紧训练兵士,同时扩充刺史部军队,搞不好还借机跟各大世族索要粮草呢。

可惜,史书上没有记载董卓在并州干得如何,大事小事一律没有记载。就连刺史府的一众幕僚、从事、将校,甚至鲜卑的事情也一并给抹了……所以也不知道董卓在并州刺史任上手下都有哪些人,自然也不知道并州和鲜卑的战事如何。

没办法,咱还是老规矩,从周边情况开始慢慢捋一捋吧。

灵帝一朝,汉朝的最大外敌已经逐渐变成了鲜卑,有记载的边州战争中,汉朝和鲜卑的战争数量达到了汉朝所有战争的50%以上,其中还包括东汉北伐鲜卑的一次。

咱把《资治通鉴》中记载汉灵帝时期鲜卑攻扰并州的记录列出一观:

建宁元年（168年）十二月，鲜卑及濊貊寇幽、并二州。

建宁二年（169年）十月，鲜卑寇并州。

建宁四年（171年）十月，鲜卑寇并州。

熹平元年（172年）十二月，鲜卑寇并州。

熹平二年（173年）十二月，鲜卑寇幽、并二州。

熹平三年（174年）十二月，鲜卑又寇并州。

熹平六年（177年）四月，鲜卑寇三边。

熹平六年八月，遣夏育出高柳，田晏出云中，匈奴中郎将臧旻[1]率南单于出雁门，各将万骑，三道出塞二千余里。汉军反击一次。

光和二年（179年）十二月，鲜卑寇幽、并二州。

光和三年（180年）冬，鲜卑寇幽、并二州。

光和四年（181年）十月，鲜卑寇幽、并二州。

鲜卑几乎在每年的十月至十二月都会攻击并州，一共进犯并州10次，东汉从并州反击1次，共11次。直到光和四年董卓升官离开并州之后，鲜卑才消停。

当时的并州，以一州之力承担了举国一半的战乱。虽然这些战乱不都是董卓任州刺史时发生的，但董卓确实是在鲜卑最强大时，临危受命接了一个烫手山芋。

光和四年，檀石槐最后一次发兵攻打并州，然后他死了，鲜卑帝国也逐渐崩溃。东汉和鲜卑战争的最终结局是东汉胜出、鲜卑垮台。

---

[1] 臧旻的儿子臧洪是后来讨董卓"义军"的发起者之一。

第十三章　帝国北方的危机，董卓东山再起

董卓非常有可能在光和四年才离开并州，任河东郡守（史书记载光和四年时董卓已经在河东郡守任上了）。董卓在并州防御鲜卑的成绩是否突出？显然很突出，铁壁使君不是说着玩的。董卓硬是磨死了檀石槐，守住了并州防线。

这时的董卓是朝廷信赖、人民支持的帝国北方守望者，身上还真有那么一股"但使龙城飞将在，不教胡马度阴山"的味道。

时间回到熹平六年（177年），段颎的老部将田晏、夏育撺掇汉灵帝北伐鲜卑，汉灵帝也不知道被谁灌了迷魂汤，坚决同意北伐（个人认为一定是段颎之意，毕竟夏育、田晏都是段颎的亲将）。

当时最牛议郎蔡邕急了，在朝堂上依旧主张防守，坚决反对北伐。他发表慷慨陈词："征讨殊类，所由尚矣。然而时有同异，势有可否，故谋有得失，事有成败，不可齐也。"中心思想就是：皇帝，今非昔比，现在北伐根本不是时机。

接下来蔡邕说："夫以世宗神武，将帅良猛，财赋充实，所括广远，数十年间，官民俱匮，犹有悔焉。况今人财并乏，事劣昔时乎！"翻译一下，就是：汉武帝连年作战，劳民伤财，都后悔下了罪己诏，现在我们的国力，皇帝你心里没点儿数吗，咱们能跟武帝时候比？要从长计议啊！

蔡邕继续说："鲜卑强盛，据其故地，称兵十万，才力劲健，意智益生；加以关塞不严，禁网多漏，精金良铁，皆为贼有，汉人逋逃为之谋主，兵利马疾，过于匈奴。"简单来说就是鲜卑整体装备和兵员比当年的匈奴还厉害，无法轻易搞定。

蔡邕怕皇帝听不明白，又说："昔段颎良将，习兵善战，有事西羌，犹十余年。今育、晏才策未必过颎，鲜卑种众不弱曩

时,而虚计二载,自许有成,若祸结兵连,岂得中休,当复征发众人,转运无已,是为耗竭诸夏,并力蛮夷。夫边垂之患,手足之疥搔,中国之困,胸背之瘭疽,方今郡县盗贼尚不能禁,况此丑虏而可伏乎!"① 简单说就是:段颎什么水平,灭两羌打了10多年,我觉得夏育、田晏不如他,他俩居然说两年灭鲜卑?打起来,朝廷就得往外掏钱!可钱呢?边患是小事,国内都乱了套了,如今怎么不管国内的大事,反倒倾其所有对付外族的敌人?

蔡邕本人是有战略见解的,"守边之术,李牧善其略""保塞之论,严尤申其要",蔡邕主张防御战略。

蔡邕如此不留情面地奏对,也不知道汉灵帝当时怎么想的,反正是让蔡邕闭嘴了……

灵帝终究还是决定北伐,出动了三路大军,《资治通鉴·汉纪四十九》记载熹平六年"八月,遣夏育出高柳,田晏出云中,匈奴中郎将臧旻率南单于出雁门,各将万骑,三道出塞二千余里。檀石槐命三部大人各帅众逆战,育等大败,丧其节传辎重,各将数十骑奔还,死者什七八。三将槛车征下狱,赎为庶人"。

3万骑兵,那个年代3万骑兵代表着什么?如此庞大的纯骑兵队伍后勤保障需要多少人力和物力?就说马匹吧,远征的话要一人双胯。当年霍去病带5万骑兵扑灭匈奴,如今3万骑兵全军覆没,损失可想而知。

3万骑兵从哪儿出击的呢?高柳,属于代郡,但位于并州北;云中,并州云中郡;雁门郡,还是并州。

两股大军出并州。一方面汉朝京军是没有那么多禁军骑兵

---

① 以上几段蔡邕之语均出自《资治通鉴·汉纪四十九》。

的，所以都是临时征发各州郡的部队出征，并州军得出人吧。另一方面地方自然要协调物资，将来再跟朝廷折算，总不能舍近求远运送物资。此外，董刺史不也得放点儿血，支持一下北伐？

估计那时候董刺史已经蒙了，家底没少掏，结果北伐败得奇惨也奇快。尽管夏育、田晏和董卓都是段颎嫡系，可也不能这么玩啊，北伐的失败，损失最大的自然是并州。在那之后，董卓还能坚持守住并州就已经算表现出色了。

董卓在并州刺史任上立了多大功劳不好说，但在军队艰苦奋战的时候，他应该没有在并州刺史任上尸位素餐，毕竟战争次数和战争结果在那儿摆着呢。

当然，这也为董卓日后的嚣张跋扈积累了资本，要知道，多年后董卓入京时，最支持他的，除了凉州老乡，就属并州那些叛来叛去的"二五仔"了。

东汉和鲜卑的战争后来怎么样了，董刺史后来又是如何发展的？咱们下章接着说。

第十四章 董刺史在并州的离奇事

一、笑到最后的董刺史

鲜卑在檀石槐的带领下,一波猛劲的兵线推向汉朝,可最后鲜卑却骤然崩溃了。光和四年(181年),檀石槐去世,年仅45岁,他的儿子和连继位,可和连威信不足,根本没法驾驭父亲留下来的势力版图。鲜卑自然也很难长期发力。

而且和连又莫名其妙地被一个不知名的凉州北地郡人给射死了,射杀和连的这个人未能留名史册,只说有这么一位"廉人"。自此以后鲜卑才彻底消停。

这等天大的好事,终于能让汉廷休养几年了。当年羌人先闹,羌人消停之后,鲜卑人又开始闹,现在鲜卑人消停了,东汉总能舒服几天了吧。是舒服了,可3年后东汉舒服过了头,自己人开始闹了,当然那是后话了。

光和四年年底,董卓大约应该离开并州了,总得给个位置让他享享福吧。当年段颎征战边州十几年，朝廷觉得对不起这老哥，调回中央朝廷享福了。那董卓呢？他除了打仗就是打仗，约莫50岁的人了，怎么也得给个说法吧，《后汉书·皇甫张段列传》中载，光和四年时董卓已经成为河东郡守了。

河东郡是扼守长安、雒阳及并州的要冲之地，而且是有20个县的大郡。郡守两千石，刺史和郡守的关系之前就说过了，河东郡守在级别上是提拔了董卓。

郡守这个过渡，对董卓来说有多重要？咱看一看他的履历就明白了。

老董做过郡府、州府的基层官职，担任过羽林郎、军司马、郎官、县令、属国都尉、校尉、刺史。将来若想"出将入相"还缺什么呢？汉承秦制，老话说得好："宰相必起于州部，猛将必发于卒伍！"

郡守这个两千石董卓还是第一次达到，之前是比两千石级别。

两千石分几个档次：中两千石（九卿），月一百八十斛；两千石（郡守），月一百二十斛；比两千石（属国都尉），月一百斛。董卓家自然不差每月那二十斛粮食，这不是粮食的事，是级别的问题！

级别提上去之后，距九卿也好，军方大佬也罢，董卓就差一步了。所以董卓的河东郡守任，是他政治生涯中极为重要的履历，河东郡也成了他日后入京的重要根据地。董卓离任并州刺史后，级别算是上去了，总不能是干得不好还提拔吧，这事放哪儿也说不过去啊。

综合来看，董卓在并州是有功的，而且守住了并州，挡住了鲜卑的攻势，没出啥问题。

第十四章　董刺史在并州的离奇事

董卓到了河东郡之后的几年，怕是他人生最舒服的时光了。羌人消停了、鲜卑消停了，河东郡也不用打仗，这算是董卓做并州刺史的奖励吧。

在继续说董卓任河东郡守之后的故事前，咱先整理下董卓在并州的离奇事。

二、老董在并州都遇到了什么

说完董卓在并州刺史任上的工作成果，咱再看看他在并州的几年中，有没有遇到什么怪事。

首先，我们说一说董卓和蔡邕的交情。和天下第一大儒蔡邕有交情？史书写的可是后来董卓入京强征蔡邕入京当官，蔡邕才不愿意和董卓为伍。

个中详情，且听我分析。

董卓入京的第三天，蔡邕已经上朝开展工作，那天蔡邕就在朝会上替卢植求情了。要知道，董卓入京前，蔡邕应该客居江南羊氏。如果是现代，董卓一个电话，然后蔡邕买张机票飞来，隔天还能出现在朝堂上，可那是汉代啊！信一来一去得多长时间。所以说，董卓入京时，蔡邕已经在京城等着董卓了，强行征辟一说有些掩耳盗铃。

可为何史书要把蔡邕说得跟张奂一样，好像在董卓入京前，他们之间根本就不认识一样呢？因为蔡邕乃天下第一才子，怎么会助纣为虐？

蔡邕几乎参与了汉灵帝的所有改革举措；蔡邕琴弹得天下第一，焦尾琴就出自蔡邕之手；蔡邕丹书天下无双，熹平石经就是蔡邕写的；蔡邕正定了儒家学问，明确了学术正统；蔡邕屡屡向汉灵帝进忠言，不怕得罪人，直言国家弊端。

既然蔡邕这么厉害，老董是怎么攀上人家的？蔡邕是个忠臣，但他生不逢时。光和元年（178年），他被汉灵帝叛减死罪一等，脖子上加了一个大铁箍，剃了个大光头，流放并州……至于原因，我们先卖个关子，后面会细说。

我们之前说过董卓任职时间的问题，光和元年董卓应该在并州刺史任上，蔡邕被流放到了并州。然后发生了什么呢？

《资治通鉴·汉纪四十九》有一个比较隐晦的记录："中常侍河南吕强愍邕无罪，力为伸请。帝亦更思其章，有诏：'减死一等，与家属髡钳徙朔方①，不得以赦令除。'阳球使客追路刺邕，客感其义，皆莫为用。球又赂其部主，使加毒害，所赂者反以其情戒邕，由是得免。"翻译一下：中常侍吕强为蔡邕求情，蔡邕流放并州。蔡邕的政敌阳球要弄死他，刺客不顶用，就让一个叫"部主"的人干掉蔡邕，可这个"部主"不但不动手，还保护了蔡邕。

部主是谁？首先，"部主"不是一个很正规的叫法，"主"有主要负责人的含义，而部主理解起来就很宽泛了，但在并州职务最高，也最该被称为部主的人我们是可以确定的。汉武帝时，为了加强中央对地方的控制，除京师附近七郡外，把全国分为12个监察区域。每区由朝廷派遣刺史一人，专门负责巡察该区内的吏政，检举不法的郡国官吏和强宗豪右，其管区称为刺史部。

天下十三州，就有13个刺史部（司隶是校尉）。部主，就是

---

① 朔方郡属于并州。

第十四章　董刺史在并州的离奇事

刺。并州部主，其实就是并州刺史董卓！

难为史官，满本《资治通鉴》都写着"刺史谁谁如何如何"，偏偏这里要用"部主"，还不写名字。当然，你也可以说董卓是国贼，怎么能和大儒蔡邕是一个阵线的呢！此外，部主不是正规用语，郡、县甚至乡的一把手也可称为部主，就算是并州最大的部主刺史帮了蔡邕，可那时候的刺史不一定是董卓，因为没写名字嘛。对此我只能说，仁者见仁智者见智吧，我继续讲我的故事。

董卓救了蔡邕，可后来也算是害了蔡邕。

其次，我们再说段颎。光和二年（179年），董卓在并州拼命的时候，段颎突然非正常死亡了。段颎被处死的原因，我们后面说这些年东汉朝堂故事的时候再细说。

要知道段颎是现在凉州势力的带头人。当年的"凉州三明"，皇甫规死了，张奂下台了，现在段颎又死了，凉州老一代大佬全部下线。

段颎的死没有牵连任何人，他是服毒自尽的。可没了段颎，那将来凉州一众人马中还有谁能撑起台面？凉州老人，同为段颎嫡系的夏育、田晏因为北伐失败，废了。眼下只有董卓了。

当董卓得知挽救自己仕途的段颎大哥自尽，或许他会在并州首府太原郡的治所晋阳城城墙上极目远眺南方，身后一众将士不敢替段颎披麻戴孝，但董刺史还是将一杯水酒倒下了城墙。他深吸一口气，黯然无语。他很清楚，凉州新一代中，自己是最位高权重的，是呼声最高的，凉州的兄弟们或许还得跟着自己混！

"老师，一路走好！"

古代很讲究门生故吏，也很讲究山头主义。没有了后台的董卓必须要学会依靠自己，保住自己和兄弟们的仕途。这是一个大哥的责任，当时的董卓还没有资格说："我不做大哥好多年。"

在段颎死后，董卓借着战乱的机会，用10年创造了一个更辉煌的凉州集团，但最终，随着董卓被挫骨扬灰，整个凉州集团也被钉在了历史的耻辱柱上。

最后，我们再说说董卓和王允。"王允字子师，太原祁人也。世仕州郡为冠盖。"王允是并州世族出身，是并州的"冠盖"世族，这点没什么问题。王允在并州非常有名，19岁就在郡里做郡吏，后来在清流党人太原郡守刘瓆手下当差。前文说过，刘瓆派王允抓了小黄门赵津全家，然后给处死了。结果刘瓆死了，可王允没事，他给刘瓆守了3年孝，然后回了老家。

王允不但是并州名人，而且就是刺史部治所所在的太原郡人，担任并州刺史的董卓和他关系如何，史书上没说。但我们可以看一下其他史料。

董卓最后入京的时候，王允是河南尹。董卓当时驻军就在河南境内，他能顺利入京，史料并没有记载河南尹王允和董卓起冲突，或者阻止董卓的进军步伐。

董卓入京后，又是怎么对王允的呢？董卓迁都后让王允担任司徒，并让其掌控尚书台录尚书事。要知道录尚书事是最重要的工作，董卓把它交给了王允。

董卓在并州刺史任上，如果不结识"冠盖"并州的太原王家，不认识王家最优秀的才俊王允，好像说不过去吧？

其实，是否认识王允也不重要，老董最后错信了王允，或者说王允潜伏得好，最后"拯救了大汉，干掉了董贼"。

不过董卓死后，其手下大将李傕、郭汜攻破长安，围住城楼，隔空喊话，问王大忠臣："董太师有什么罪，你说！"还是很意味深长的。

王允支支吾吾没说出来，后遭逮捕被处死。

董卓在并州的经历，我们权且说到这里。咱们暂且把光和四年（181年）当作董卓在并州的一个界限。这个界限是董卓从州刺史转变成郡守的分水岭，也是董卓重新回到"两千石"级别的时间节点。此时距离董卓成为"董魔王"还剩下3000多天的时间。

光和四年前，董卓在并州和鲜卑玩命的时候，东汉朝廷是不是正在奋进发展？朝廷内部的权力格局又是什么状况？

讲董卓的故事，自然不能脱离东汉末年的社会大环境，接下来几章，咱们还是需要把视角从战火纷飞的并州和安稳的河东郡移开，看看新皇治下的雒阳皇城。

三、强悍的大世族，尴尬的小皇帝

单看有关董卓的史料，那就几个字的事情，把东汉历史摊平了再看董卓的故事，就有意思了。所有三国前传的角色，不都得活在东汉末年的大背景下嘛。让我们先把时间调回到董卓担任并州刺史之前，说说当朝天子汉灵帝的故事。

还没成年的汉灵帝，虽然当上了皇帝，但处境很尴尬。后来恰巧赶上宦党、外戚及清流党人争权，外戚落败，进而小皇帝把自己母家人接入了京城。《资治通鉴》记载："帝迎董贵人于河间。三月，乙巳，尊为孝仁皇后，居永乐宫，拜其兄宠为执金吾，兄子重为五官中郎将。"

结果董家人入京不久,皇帝的大舅便稀里糊涂地死了,亲娘也稀里糊涂地弄了个不正式的太后。

而皇帝的大舅董宠担任了执金吾,这个官职是外戚常选科目。执金吾是干吗的?是保卫皇城雒阳的,手里还管着武库(兵器库)。东汉开国皇帝刘秀就说过:"仕宦当作执金吾,娶妻当得阴丽华。"主要原因是执金吾带着200名缇骑,520名大戟兵士巡城,那排场太帅了。

外戚任此职,不是因为想讲排场,而是看中了其管辖京城治安、手中还管着武器库的权力。

执金吾,桓帝的老丈人梁冀干过,灵帝的大舅董宠干过,灵帝的老丈人宋酆干过,这三人后来都没有好下场。

董宠担任了执金吾,那董家人进京后算外戚吗?他们自己当然想当外戚,因为他们的外甥是皇帝。可是他们家的男人(灵帝他爹)可不是皇帝,所以不能算外戚。这就很尴尬了……

灵帝入京后,恰逢窦家外戚斗宦官,窦家倒台。灵帝赶紧把自己母家人接进皇城,可老董家这帮乡下人进城后是有深层次问题的。

董家人在京中并没有根基,当他们立足未稳之时,皇帝的舅舅执金吾董宠先被干掉了,小皇帝连一道保护自己舅舅的赦令都没有。而皇帝舅舅被处死的罪名,居然还是"传瞎话",《资治通鉴·汉纪四十八》记载:"董宠坐矫永乐太后属请,下狱死。"

要说皇帝想干掉自己舅舅,不太合理。后来刘宏的表哥董重算是半个外戚,董重是董宠的儿子。哪里有干掉自己的舅舅,还扶持自己表哥的道理。

关于是谁要干掉董宠,缺乏史料依据,无从推断。但不管是谁干掉了皇帝的舅舅，其阻止董家依托外戚的幌子做大的目的是达到了，遏制了董家成为新外戚。

说完皇帝大舅，再说说皇太后。汉灵帝的亲妈董氏应不应该当太后？好像应该，可汉灵帝的父亲并不是真正的皇帝啊，但话说回来，皇帝的亲妈不是太后是啥？

皇帝的亲妈董氏，一共变换了3次身份。其一是慎园贵人，这是窦家掌权时没办法安排董氏，特别编排出来的一个身份，算是陵园贵人（通过汉灵帝的亲生父亲寝陵编排的）。其二是孝仁皇后，这也是根据汉灵帝刘宏那死去的亲爹刘苌编排的身份，因为汉灵帝追封亲爹为孝仁皇。

董氏从贵人当到皇后，可实际上她并没有当皇帝的丈夫，她是跟着一个牌位混上皇后的……当过皇后接下来是不是可以当太后了？最后董氏转变成永乐太后，也称董太后。

可问题来了，称永乐太后实际上是个习惯性称谓，因为董氏住在永乐宫，所以叫永乐太后，但朝廷并没有从根本上把她确定为正统的皇太后。

汉灵帝认为一个称谓没什么大不了的，可这最后却害死了董家。

将时间拨快，1300多年后的明朝嘉靖皇帝朱厚熜以藩王身份即位时，坚持大礼仪之争，估计他是想起了当年汉灵帝母亲最后的下场。朱厚熜争了很多年，最后效果不错。那这礼仪之争是怎么回事呢？

《资治通鉴·汉纪四十八》中记录了一个汉灵帝登基前关键性的礼仪问题，"解渎亭侯至夏门亭，使窦武持节，以王青盖车迎入殿中"。青盖车！这种车是给皇太子坐的，也就是说，汉灵帝是以汉桓帝儿子的身份走了一遍礼仪，第二天才当的皇帝。这就给后来董家做大带来了障碍，董家的儿子实际上等于过继给了先帝和窦家。

而明朝皇帝朱厚熜吸取了汉灵帝的教训。那时的明朝朝廷也想学窦武，礼部要用太子的礼仪迎接朱厚熜，即由东华门入，居文华殿。朱厚熜呵呵一笑，当我没看过汉灵帝的故事？《明史·本纪第十七·世宗一》记载了朱厚熜的态度："遗诏以我嗣皇帝位，非皇子也。"最后，朱厚熜是从大明门入，也没人再提让朱厚熜给先帝和太后当干儿子，然后再当皇帝这事了。如此一来，朱厚熜与上一任皇帝毫无关系，算是新开宗立派的皇帝，他母亲自然就是正统皇太后了。

以史为鉴确实有用，可惜汉灵帝一生很多事都没有可参考的先例，他都是自己摸着石头过河的。董太后这个尴尬的身份，限制了董家做大，从董家入京后的安排上不难看出，汉灵帝当时的处境确实很尴尬。

小皇帝少年时很尴尬，可总归会长大啊，刘宏长大以后还尴尬吗？他都干了些什么，到底有没有努力治理天下？到底是不是因为他的无能和昏庸，把东汉推向了深渊？下一章我们得好好说说灵帝那几年的"奋斗史"。

第十五章 崩溃的文艺青年

一、成年汉灵帝，不鸣则已，一鸣惊人

我们把时间调到熹平元年（172年），接着前文说灵帝成年后的汉朝局面，看看东汉朝廷到底怎么样了。

为什么从这一年开始聊？还记得当年选皇帝时的五大评委组吗？清流、宦官、藩王、世族、外戚。

熹平元年，渤海王刘悝因谋反罪被处死，他在朝中的势力也被清洗掉。而当时汉灵帝的皇后是渤海王妃宋氏的侄女。渤海王倒了，宋皇后和宋家的外戚梦自然也做到头了，宋家倒台是迟早的事。

是谁干掉了渤海王和宋家？咱先卖个关子。

藩王和宋家外戚出局后，五大评委组还剩谁？清流被党锢，藩王身死，外戚没成形，只剩下宦官和世族了。

宦官和世族此时完全把控了东汉权力，当年选立一个小孩子

当皇帝的好处如今显现出来,东汉"两大世族"可以随便玩了。

为什么是两大世族?宦官的出发点也是想成为世族,而其他的核心成员本就是老牌世族。汉灵帝从登基到成年虽然只有短短几年时间,但足以让东汉世族大家进一步扩大自己的势力。

当汉灵帝下定决心整饬吏治的时候,他面对的是已经权倾朝野的宦官和世族大佬们,小皇帝仿佛没穿衣服一样让人看得透透的。

东汉中枢官员(三公、九卿)中,世族出身的比例逐年递增,到东汉后期居然接近100%,而且后期仅出身豫州(袁家根据地)的三公比例就非常高,其中举孝廉出身的比例超过了60%(世族往往都能拿到举孝廉的名额)。这就和后世官员称自己是哪年进士差不多,例如曹操后来就与韩遂在阵前攀过交情,因为曹操和韩遂他爹是同一年的孝廉……

从大方面来看,当时东汉的朝政基本被世族把持了。宦官子弟插不进朝廷,就往州、郡、县放。当然,世族也在抢占地方的领导职数。好在激进的清流党人被禁锢后,剩下的两派很默契,你一个我一个,大家轮流安插自己人。

等汉灵帝成年以后,他定睛一看,我的老天爷,还要我这个皇帝干吗,你们干脆把我也轰下台吧。

汉灵帝在历史上是昏君的代表,虽然在政治上这也不行那也不行,但他其实也努力过,他手里的那一手烂牌,好歹没让世族直接打个"春天"出来。

二、"斗皇帝"和"斗地主"其实是一个玩法

汉灵帝是出了名的昏君,但他年轻气盛的时候,还没有那

第十五章 崩溃的文艺青年

么昏庸,也曾经试图像先帝一样设法夺回朝政,当一回英明的君王。

年轻气盛的汉灵帝是如何与世族较量的呢?咱们用玩"斗地主"的角度,去看看这个"皇帝"是怎么斗世族的。

汉灵帝拿到牌后,抬手一看,牌太臭了,除了一个大王,剩下的全是小三小四。再瞅瞅对面那两货,世族手里有小王,还有一堆A、K啥的,最要命的是,他们手里还有炸(徒附豪族的家兵就是炸);而宦官手里有几个2,还有一些长龙。

汉灵帝知道,自己绝不能让对手打成"春天"。所以,他先用大王占了道,然后把手里的小牌串起来,搞了一个6张的长龙打了出去。

这6张牌分别是:"成立侍中寺对抗尚书台""安排宣陵孝子入仕,给自己揽些人手""派遣巡察史巡察天下,拿下对方一些有问题的人手""制作熹平石经,挽救中华文化""成立鸿都门学对抗太学,往朝廷里塞自己的实习生""赢不了,加固三互法,大家同归于尽"。

这6张牌,咱们得慢慢说,品味一下东汉世族门阀的强大。先说前面3张牌。

机构改革,侍中寺——把控尚书台的渠道

前文说了东汉时尚书台极为重要,基本就是后世三省六部制的前身。但汉灵帝没有很好地控制尚书台,毕竟他从入宫到成年这段时间,尚书台是世族大家在录尚书事,后来宦官也介入过。皇帝知道自己手中的权力太小,自然琢磨着怎么夺权,侍中寺便是汉灵帝新设的部门。

　　侍中这个官其实早就有了，《通典·职官三》中记载："侍中者，周公戒成王立政之篇所云'常伯''常任'以为左右，即其任也。秦为侍中，本丞相史也，使五人往来殿内东厢奏事，故谓之侍中。汉侍中为加官。凡侍中、左右曹、诸吏、散骑、中常侍，皆为加官。"到两汉沿置，为正规官职外的加官之一。因侍从在皇帝左右，经常出入宫廷，与闻朝政，逐渐演变成亲信贵重之职。

　　说白了，侍中是行政顾问或者行政秘书。汉灵帝把他们拢在一起，成立一个新部门要干吗？侍中寺到底是啥？《通典·职官三》记载："门下省，后汉谓之侍中寺。"东汉三公的办公官署称"府"，九卿的办公官署称"寺"，侍中本应归九卿之一的少府管理，也就是少府寺的成员。

　　可汉灵帝硬是把侍中调出来，成立了一个侍中寺，也就是违背祖制的第十寺！侍中寺中的侍中，权力也在逐步变化，到汉献帝时已经有些起色了。按《通典·职官三》记载："献帝初即位，置侍中、给事黄门侍郎，员各六人，出入禁中，近侍帷幄，省尚书事。"关键的东西总在最后且不显眼的位置——省尚书事。灵帝设立侍中寺的目的就在于这最后几个字，这个新部门就是准备从尚书台夺权的。

　　当然，这事并不会一蹴而就，比如光和元年（178年），侍中寺中有一只母鸡竟然变成了公鸡。这在当时是很有寓意的一件事情："难道侍中也想争雄不成？"

　　汉灵帝找来蔡邕，问这是怎么回事，蔡邕东拉西扯了一通……或许这就是有人变相攻击侍中寺罢了。

　　侍中寺真正强势是几十年后的事情了，汉灵帝只是开了一个头，并没有取得实质性的成功。等到晋朝的时候，侍中已经相当于宰相了。这也是为什么后来司马懿已经封侯、当三公了，在魏国连续两任皇帝期间，他还都担任侍中。那时候侍中寺终于实实在在地干过了尚书台，只是汉灵帝看不到了。

官员选拔改革，宣陵孝子——守坟的精英

《资治通鉴·汉纪四十九》中记载了汉灵帝时期昙花一现的宣陵孝子："市贾小民相聚为宣陵孝子者数十人，诏皆除太子舍人。"

宣陵是汉桓帝刘志的陵寝，宣陵孝子则是一群跑去宣陵给先帝"尽孝守坟"的人。汉灵帝把这批人直接晋升为太子舍人。

前面说了太学出身的人要考试，考上掌故之后再考太子舍人，然后再考郎官。举孝廉比太子舍人还牛一些，直接是郎官。而灵帝琢磨出来的宣陵孝子，其实是市井百姓，不是出身世族也没进入太学的寒门子弟，让他们直接当了太子舍人。

弄些人去宣陵守孝，然后就给官当，是否太过儿戏？其实不然，汉朝当官的制度何尝不是为父母尽孝"守坟"赚取名声，然后"举孝廉"当官。宣陵孝子是给皇帝"守坟尽孝"，自然更应该当官啦。

汉灵帝觉得这个逻辑完全没有问题。如此一来，朝廷的实习生可就不一定非得从世族的关系户里选拔了，皇帝也可以自己安排寒门出身的嫡系——宣陵孝子进入朝廷，继而对抗世族。

计划再周密也难免有漏洞，宣陵孝子一事当然不会那么顺利，皇帝也不是想怎样就怎样啊！反对派肯定有，不过这次竟是直肠子的蔡邕蹦出来指责皇帝胡来！

《资治通鉴·汉纪四十九》记载了蔡邕的奏章:"前一切以宣陵孝子为太子舍人,臣闻孝文皇帝制丧服三十六日,虽继体之君,父子至亲,公卿列臣受恩之重,皆屈情从制,不敢逾越。今虚伪小人,本非骨肉,既无幸私之恩,又无禄仕之实,恻隐之心,义无所依。至有奸轨之人通容其中;桓思皇后祖载之时,东郡有盗人妻者,亡在孝中,本县追捕,乃伏其辜。"

就是"陛下,您这理论不对。因为宣陵孝子和汉桓帝并没有血缘关系,没有血缘关系尽什么孝?以前窦太后去世的时候,给窦太后抬棺材的'孝子'里面还有通奸犯呢!陛下随便弄帮人给没有血缘关系的先帝尽孝,显然不靠谱,也不合理啊"。

汉灵帝忽略了血缘这个问题,被蔡邕一通怼。最后,皇帝没办法,只得乖乖地去太学的"辟雍",参加太学生入职朝廷的典礼。而宣陵孝子都由太子舍人改任为具体的副职官员,宣陵孝子进入朝廷的招聘工作也永久停办了。

监管工作改革,灵帝的巡察工作

往朝廷安插自己人的计划行不通,那就得将朝廷中的世族和宦党清理出去。刘宏又想出一个办法,派遣巡察使巡察天下,拿下世族或宦党中一些有问题的人。

派出巡察使这个举措,并不是汉灵帝首创,当年东汉汉安帝时期,朝廷就遣郭遵、冯羡、栾巴、张纲、周栩、刘班等八人守光禄大夫,分行州、郡,班宣风化,举实臧否,时人称善。汉灵帝只是重启了安帝之策,议遣八使监察天下。不过他能不能做到"时人称善"呢?

第十五章　崩溃的文艺青年

各州本来就有刺史部，刺史部本职工作就是监督管理地方，那为啥还要再派人出巡察使？道理很简单，地方州郡难免存在地方保护主义，或者说欺上瞒下的情况，由最高层直接下到基层了解情况，可以打破州郡固有的利益结盟。可是，汉灵帝的政治能力不行，巡察制度最终成了一个形象工程。

还是直肠子蔡邕在密奏中提出了这个问题："熹平五年（176年）诏令议遣八使，又令三公采长史臧否考察人民疾苦，上奏陛下。这时奉公守法的人欣然得志，为非作歹的人忧恐失色。但是，不知道这件事为何忽然停止了，陛下得接着执行啊？"①

汉灵帝为什么没有坚持巡察制度呢？想出了好办法，可执行不好，只是魄力和能力不行吗？其实，还有一点原因，他私心太重——护犊子。

汉灵帝开展的第一轮巡察中，处理了多少人不清楚，但其中有一人被记载在史料中，此人就是平原国相阳球，罪名是太残酷。阳球被带回雒阳，送到廷尉治罪，结果汉灵帝居然特赦了他！理由是阳球曾经平叛九江郡有功劳，此外，阳球还是汉灵帝奶妈程夫人程璜的女婿。也不知道三公是不是特意让皇帝难堪，明知道阳球和汉灵帝有关系，还把他给拿下了。

汉灵帝处理了一批官员，但却特赦其中的某些人，谁还会服他，今天赦免了张三，明天就得赦免李四。八使监察天下废止了……汉灵帝又失败了。

前3张牌废了，那后3张牌汉灵帝是怎么玩的呢？

---

①《后汉书·蔡邕列传》："五年制书，议遣八使，又令三公谣言奏事。是时奉公者欣然得志，邪枉者忧悸失色。未详斯议，所因寝息。"

三、刘宏，崩溃的文艺青年

汉灵帝的前3张牌我们说完了，现在说说后3张牌："制作熹平石经""成立鸿都门学对抗太学，往朝廷里塞自己的实习生""赢不了，加固三互法，大家同归于尽"。

教育改革，熹平石经——蔡大师的杰作

制作熹平石经是汉灵帝一系列改革中最实惠的。前面说了，早前太学中的那些世族子弟大肆买文凭，甚至贿赂监察官吏，更改全国唯一一部权威的通用教材兰台漆书。

灵帝即位后，他深刻地认识到，中国唯一的正宗教材已经被改废了，现在大家都可以胡乱解释经史。中国没有统一的文化规范，只会让为数不多的读书人思维更混乱，进而导致整个国家意识形态更混乱。

汉灵帝决定统一文学经典，编订工作由蔡邕总负责。最后，朝廷在太学门外立了标准教学经典"熹平石经"，让天下学子有了统一的教科书。

其实灵帝时"古文经学"和"今文经学"之争已经非常严重了，蔡邕正定天下经典是很难的……

蔡邕隶书天下无二，文字飘逸，但也很难解决"古文和今文之争"。古文与今文之争是个超级大课题，大概意思是当时的人对古代的教材和当世的教材理解不统一而导致的争议。

这个统一解读经学的举措，虽然对汉灵帝政治统治没什么立竿见影的效果，但对国家的未来有非常重要的意义，这个举措成功了。

教育改革，朕要建一所新大学！

汉灵帝实在想不出阻止世族继续做大的办法。不知谁提醒了他，可以"釜底抽薪"——成立鸿都门学这所新大学，从其中选拔官员进入朝廷，进而制衡世族盘踞的太学！

说实话这是个好办法，效果也不错，汉灵帝从鸿都门学中选拔了不少官员，但水平都不咋样，或者有好的学员史书中没写。但是，很多士人都很痛恨这个学校。为什么？过去的大汉只有一所国立大学——太学，现在却弄出两个来，太学毕业生的就业岗位不也得分一半给新大学的毕业生啊。

虽然汉灵帝成立鸿都门学有一定的效果，但深层次来说，鸿都门学其实就是培养皇帝自己的知识分子，进而与世族势力占据的太学相抗衡的产物。

而且，不怕没好事，就怕没好人，汉灵帝再次因为个人问题，把事情搞砸了。

汉灵帝是一个文艺青年，画画、诗歌、书法这都是最爱。既然皇帝有此爱好，他组建的鸿都门学自然也被搞成了中国历史上最早的一所文学艺术类学校，而且这所艺术大学出产的还是政治系的毕业生……

蔡邕又站出来批评皇帝了。

"陛下，选官员这事是有祖制的，你弄些书画、诗词、歌赋的高手当官这不合适啊！以前你老师杨赐教你书画、诗词，那是怕你喜欢上乱七八糟的东西而耽误了学习，现在你怎么却拿这个爱好，当作选拔官员的标准呢！"[①]

汉灵帝瞥了蔡邕一眼，没跟他一般见识。其实，后世诗词歌赋高手当官是很正常的，只是汉灵帝玩得太早了。

汉灵帝鸿都门学这张牌算成了一半，但人才也没有吸纳多少。后来有一位凉州刺史梁鹄就出自鸿都门学，书法绝对棒，曹操都把他的书法挂在家里看。

监管体制改革——三互法，互相伤害吧！

汉灵帝后来知道自己斗不过世族了，干脆掀桌子："朕玩不转了，世族也别想捡便宜！"

加固"三互法"实际就是扩大汉朝官员的回避制度。加固三互法这事，我们不妨用董卓做比喻：董卓是凉州人，所以不能被派往凉州当刺史。如果老董的媳妇是益州人，老董也不能去益州当刺史。老董要是纳了好几个妾，我估计董卓也不能去这些妾的家乡当一把手。反过来，和老董联姻的家族自然也不能去老董主政的地方当官。如果再扩大点儿，老董家族亲属在某州当郡守，老董也不能去亲戚所在的州当刺史。

东汉世族大家盘根错节，互相联姻，到处都是自己人，这下好了。汉灵帝是宁可国家派不出官吏，也不能再让世族继续做大。

汉灵帝这种同归于尽的玩法，让蔡邕很蒙。《后汉书·蔡邕

[①]《后汉书·蔡邕列传》："孝武之世，郡举孝廉，又有贤良、文学之选，于是名臣辈出，文武并兴。汉之得人，数路而已。夫书画辞赋，才之小者，匡国理政，未有其能。陛下即位之初，先涉经术，听政余日，观省篇章，聊以游意，当代博弈，非以教化取士之本。"

列传》中记载了他急切的心情：

> 初，朝议以州郡相党，人情比周，乃制婚姻之家及两州人士不得对相监临。至是复有三互法，禁忌转密，选用艰难。幽冀二州，久缺不补。邕上疏曰："伏见幽、冀旧壤，铠马所出，比年兵饥，渐至空耗。今者百姓虚县，万里萧条，阙职经时，吏民延属，而三府选举，逾月不定。臣经怪其事，而论者云'避三互'……"书奏不省。

翻译一下就是："陛下，三互法不能再这么加固了，以前三互法是为了对付朋党，现在已经严格到冀州、幽州的刺史岗位选不出人担任，常年悬空的地步了，这不是胡闹吗？三公府选举的官吏，几个月都确定不了，我觉得奇怪，后来听说也是因为要规避三互法条例。"

朝廷不从，汉灵帝不同意，或许他是这么想的："你让朕怎么办？放开三互法，亡刘氏皇权。不放开三互法，亡汉！蔡邕，你话真多，你跟朕这样还好说，若是出去和别人还这样说，人家肯定会揍你的。"刘宏最终还是把这话咽了回去，并没有跟蔡邕说出自己的烦恼。

结果，蔡邕还是因为一份掏心掏肺的奏章，把自己给搭进去了……

四、汉灵帝的忠臣蔡邕下线

汉灵帝的一套长龙打完，知道自己没得玩了，最终丢了个

"三互法"出来，便合计过自己的日子去了，东汉朕不管了，你们各大世族慢慢弄吧。

汉灵帝不想管了，"坏人"自然就高兴了，他们又能可劲儿折腾了，忠臣就要倒霉了。

当时的董卓还算是忠臣，因为全天下的世族都在斗皇帝，壮大自家实力，他却在并州抵挡鲜卑，护卫帝国门户。那时还真没人去理会一个只知道埋头干活的武将，所以董卓在此期间并没有倒霉。但他未来的战友蔡邕却第一个倒霉了。

一天，蔡邕在金商门给灵帝来了个密奏，说宫中有妇人干政，你之前的奶妈赵娆不行，后续的永乐门史霍玉也不行，现在听说你奶妈程夫人风评也不好，将来怕是要成为国患。而且和她们有关系的，什么太尉、光禄勋也不行，而且你当初在河间时的恩人、当年的河间相盖升也不行……

"君不密则失臣，臣不密则失身"是蔡邕嘱咐汉灵帝的话。皇帝不保密臣子就完了，臣子不保密命就没了。

虽然蔡邕指责的人都是灵帝的亲近之人，但灵帝也明白这些人得势后确实嚣张跋扈，而且他也没想出卖蔡邕。可是，灵帝看完蔡邕的奏章后，不住地叹息感慨："蔡邕说得对啊，可朕又有什么办法呢？"当汉灵帝起身换衣服的时候，大宦官曹节快速阅读了一遍蔡邕的奏章，然后全天下人都知道蔡邕打小报告的事情了。

《后汉书·蔡邕列传》记载了此事：

议郎蔡邕对曰："臣伏思诸异，皆亡国之怪也。天于大汉，殷勤不已，故屡出袄变，以当谴责，欲令人君感悟，改危即安……蜺坠鸡化,皆妇人干政之所致也。前者乳母赵娆,贵重天下……;续以永乐门史霍玉,依阻城社,又为奸邪。今者道路纷纷,复云有程大人者,察其风声,将为国患。……夫君臣不密,上有漏言之戒,下有失身之祸。愿寝臣表,无使尽忠之吏,受怨奸仇。"章奏,帝览而叹息,因起更衣,曹节于后窃视之,悉宣语左右,事遂漏露。

墙倒众人推,蔡邕这种性格,政敌自然少不了,按《后汉书》,"其为邕所裁黜者,皆侧目思报"。已经心灰意冷的汉灵帝也护不住蔡邕,只得将其流放并州。虽然按说遇到赦令也不能开赦,但没过多久,汉灵帝觉得时机成熟,还是开赦了蔡邕。

但蔡邕刚被流放时,很多坏蛋都在准备清算他。比如他的政敌之一,汉灵帝程奶妈的女婿,酷吏阳球。

文人相轻自古有之,本来蔡邕和阳球两家人就有过节,何况蔡邕还说人家丈母娘程夫人是妇人干政,现在蔡邕下台了,阳球便要趁机整死他。

前文说了,阳球没能得手,因为董卓救了蔡邕一命。但蔡邕这一下线,便一直未能复出,直到董卓入京。

刘宏奋起的短暂时间里,他的改革策略在一定程度上暂缓了世族和宦官势力继续做大,但效果并不明显。然而,当汉灵帝感觉自己力不从心,无力再与世族斗争时,他的奋发岁月也就宣告结束了。随之而来的是一个更昏暗、更衰败的时代。

第十六章 自暴自弃的皇帝，毫无生机的王朝

蔡邕被流放后，汉灵帝或许更加孤单，没人再像蔡邕一样不停地在他耳边叨叨，不停地跟他说教，不停地跟他明辨得失。

曾几何时，汉灵帝还命人铸造了四把中兴剑，《古今刀剑录·序》记载："以建宁三年（170年），铸四剑，文曰中兴。"现在看来，剑铸早了……刘宏最终放弃了与世族的斗争，索性"我玩我的，你们玩你们的好了"。心态崩溃的他，开始胡作非为了。

一、疯狂的汉灵帝

汉灵帝玩疯了。他在宫里先玩起了角色扮演游戏，弄些宫女、宦官扮成百姓在宫里开市场，自己则扮成老板，成天逛街。

皇帝热衷艺术，索性搞起了行为艺术。《资治通鉴·汉纪五十》载："（汉灵帝）又于西园弄狗，著进贤冠，带绶。又驾

四驴，帝躬自操辔，驱驰周旋；京师转相仿效，驴价遂与马齐。"给狗穿官服（个人觉得他这是在变相骂世族官吏呢），还弄四头驴拉车，且亲自当司机。

这是皇帝干的事？荒唐！

汉灵帝还修宫殿、修裸泳馆享受人生，奢侈得无法想象。按晋朝王嘉所著《拾遗记·后汉》："灵帝初平三年，游于西园。起裸游馆千间，采绿苔而被阶，引渠水以绕砌，周流澄澈。乘船以游漾，使宫人乘之，选玉色轻体者，以执篙楫，摇漾于渠中……"后文还有很长就不写了，简单点儿说，就是汉灵帝弄了一个超级大的游泳池，大到里面能跑船，还种了许多长一丈的大莲花；他还让14~18岁的宫女只穿内衣甚至裸体在池中陪自己玩耍……

汉灵帝每天醉生梦死，通宵达旦地玩，鸡叫了他才休息。他用醇酒淋骨髓，疯狂地享受着女色带来的食髓滋味，耳听淫声、目乐邪色。

此外，汉灵帝还从贡品中抽成。《资治通鉴·汉纪五十》记载："帝好为私稸，收天下之珍货，每郡国贡献，先输中署，名为'导行费'。"也就是说，各州郡上贡朝廷的时候，皇帝要先抽一部分留给自己，名为导行费。郡国的上贡难道不是皇帝的东西吗，为何还要先抽成呢？

这里说的贡献还真不是皇帝的，是进入国库的。而皇帝决定从地方上贡国库的东西中，先抽成。

皇帝想要留点儿东西看似无大碍，但问题是各郡国交给国库的物品数量是固定的，皇帝抽成的东西就得额外备出来，就算皇帝抽一成，那地方也得多征收一成的贡品，再赶上官吏私下以上贡皇帝的名义额外又多征收几成，那老百姓岂不更苦。总之，地方负担加重了。

最后要说的，也是汉灵帝最臭名昭著的行为，实际上还是"卖官鬻爵"。凡是新上任的官员，都得给皇帝上交入职费用才能去报到，官员被任命后要先和皇帝指定的宦官议价，谈拢了价码再上任。皇帝给大臣封官，封完官怎么还要跟当事人要钱花？

汉灵帝收取官员入职费用，有两点原因。

第一，皇帝想抓人事权还抓不好。让谁当官这事，汉灵帝实在斗不过世族，自己能安排的太少了，大部分都是世族把控着。

看看《资治通鉴·汉纪五十》中中常侍吕强针对朝廷任用官吏的问题是怎么说的：

> 中常侍吕强上疏谏曰："……旧典：选举委任三府，尚书受奏御而已；受试任用，责以成功，功无可察，然后付之尚书举劾，请下廷尉覆案虚实，行其罪罚；于是三公每有所选，参议掾属，咨其行状，度其器能；然犹有旷职废官，荒秽不治。今但任尚书，或有诏用，如是，三公得免选举之负，尚书亦复不坐，责赏无归，岂肯空自劳苦乎！"书奏，不省。

忠义宦官中常侍吕强在给灵帝上书时说得很明白："以往制度，选拔官员应该是三公的三府负责，尚书只是负责跑文件和核查个人情况……而现在尚书负责选拔官员，可就是如此，陛下您甚至还会直接任用官员，这样的话要三公干吗？尚书也不用干了。"

从这个记载来看，吕强甚至觉得皇帝最好一个官员也不要任用，全部交给三公和尚书们，可见东汉官员的任免汉灵帝说了不算，至少不全算。而且地方州郡官吏的人选提名权不在皇帝这里，决定权也不在皇帝这里，这就更麻烦了。皇帝想把控人事权，可又把不住，干脆改抓钱了。

当官收钱！谁当了官，就得先给皇帝交钱。所以严格意义上来说，汉灵帝并不是"卖官"，他是在抽成。但是如此一来，汉灵帝不就等于放弃了澄清吏治吗？汉朝秉承的"察廉"制度尽管早已物是人非，但至少还能充充门面，汉灵帝这么一弄，还哪有察廉一说。不收钱还会有些清官，皇帝这一收钱，清官连官都当不上了。而且寒门子弟交不起钱怎么办？逼不得已也得搜刮钱财还汉灵帝的贷款啊（汉灵帝还设立了贷款当官的办法，先当官后交钱，但补交的费用更高）。

昏庸！混账！

第二，汉灵帝爱财。在汉灵帝之前，汉朝也卖官，但卖的都是些无所谓的官职。汉灵帝以抽成的办法卖官，实际上还是他爱财导致，修那么多宫殿，搞那么多娱乐的花样，自己还爱攒钱，他能不可劲抽成吗？

封建王朝多有卖官之举，且后世王朝卖官的情况确实比汉灵帝更恶劣。就拿清朝来说，捐纳（就是卖官）已经非常普遍，地主、商贾、流氓、地痞都能买，这样朝廷是充实国库了，可官员素质就差了，估计还不如汉灵帝抽成时候的官员素质高。当然也有例外的，比如清朝雍正皇帝极为喜欢的李卫，他也是捐的官，但李卫这种情况毕竟是个案。

总之，汉灵帝这些愚蠢的举措基本等于破罐子破摔了，可他积攒的这些卖官钱，后来还真的用在了拯救刘家江山上，这一点又很让人唏嘘……但这是后话了。

皇帝想破罐子破摔，有良知的忠臣看不过眼，而没良知的坏人却要从中取利。那些没良知的大臣，用自己的行动告诉了皇帝："陛下你不玩，我们也得折腾你！"

此时赫赫有名的东汉战神段颎，已经从边疆英雄转职成朝中权臣了。他和中常侍王甫就把皇帝折腾坏了，汉灵帝也难得地爆发了一次。

二、皇后之死，让董卓见识了宦党的强大

光和二年（179年），正是董卓在并州刺史任上抵御鲜卑的时候，董刺史的老师，一代战神段颎在司隶校尉阳球的逼迫下饮鸩自尽了。这到底是怎么回事？

王甫和段颎故事背后的复杂权谋

王甫和段颎权势滔天的时候，主要对付的是渤海王和宋皇后一系人马。史书上说最开始渤海王刘悝答应给王甫5000万"帮忙复位钱"，后来事成，但刘悝认为王甫没出力，钱就没给，二人由此结怨。

渤海王复位后，他老婆的侄女当上了汉灵帝的皇后，形成了宋家和渤海王"外戚+藩王"的政治组合，这是东汉朝堂上的一个新组合。

不过这个组合的势力还没等壮大，就被宦官扼杀了。曹节、王甫找到段颎，他们先联手干掉渤海王的宦官眼线郑飒、董腾等

人。这些人是和渤海王一条心的宦官,被时任司隶校尉的段颎给干掉了。

《后汉书·章帝八王传》记载:"中常侍郑飒、中黄门董腾并任侠通剽轻,数与悝交通。王甫司察,以为有奸,密告司隶校尉段颎。熹平元年,遂收飒送北寺狱。"

曹节、王甫在清理门户之后,采取了下一步行动。

《后汉书·章帝八王传》中也记载了随后渤海王被灭族的整个过程。

使尚书令廉忠诬奏飒等谋迎立悝,大逆不道。遂诏冀州刺史收悝考实,又遣大鸿胪持节与宗正、廷尉之勃海,迫责悝。悝自杀。妃妾十一人,子女七十人,伎女二十四人,皆死狱中。傅、相以下,以辅导王不忠,悉伏诛。悝立二十五年国除。众庶莫不怜之。

第一步,尚书令拿了中常侍郑飒的口供,"渤海王找郑飒当内线,准备造反";第二步,曹节、王甫等人安排冀州刺史控制住渤海王刘悝,做下一步调查;第三步,他们派出联合工作组,当朝九卿中的大鸿胪、宗正、廷尉持节进驻渤海国调查刘悝造反的问题。

刘悝全家被杀,全部属官被杀,渤海老百姓没有不同情刘悝的——看来渤海王刘悝在渤海国的口碑还是不错的。

那时曹节、王甫、段颎肯定扬扬得意,他们成功干掉了藩王。

我们来看看参与干掉渤海王的都是什么官职,宦官头领、司隶校尉、最有实权的尚书令、大鸿胪、宗正、廷尉、冀州刺史,最小的官都是州刺史。这些东汉的高层官员联合起来整死刘悝,皇帝刘宏知道吗?如果不知道,那将来刘宏自己稀里糊涂地死了都有可能……

或许刘宏不忍心整死自己的叔父,但他选择公事公办的可能性很大,刘悝死了,刘宏谈不上失去了什么,毕竟有传言刘悝要造反。

刘宏默许了渤海王被灭族,可接下来的宋皇后灭族又是怎么回事?干掉了渤海王全族,自然也包括宋皇后的姑姑渤海王妃宋氏。斩草要除根,王甫很明白这点。

王甫和段颎又开始准备干掉宋皇后,这次行动曹节没有参与,干掉皇叔和干掉皇帝的老婆那是两回事。按照《后汉书·皇后纪第十下》的记载:"初,中常侍王甫枉诛勃海王悝及妃宋氏,妃即后之姑也。甫恐后怨之,乃与太中大夫程阿共构言皇后挟左道祝诅,帝信之。光和元年,遂策收玺绶。后自致暴室,以忧死。在位八年。父及兄弟并被诛。"可以看出此时的王甫已经刹不住闸了,宋皇后被说成是搞巫蛊之术的恶女人,被废后死去。而且还牵连了宋氏一大家子人,宋皇后的父亲和兄弟都受到牵连,被下狱诛杀。受到牵连的人还有很多,史书未记载详情,但却连坐到一个未来的牛人——曹操。

曹操时任顿丘令,他从妹夫是濦强侯宋奇,也是皇后族人。宋奇死,曹操也被免职。从曹操这个"从妹夫"的关系就可以看出来,被牵连的人肯定不少。

王甫和段颎此时已经不可一世,他们想干掉谁就能干掉谁,连皇后也不例外。可皇帝不是傻子,一旦他发现连皇后都是被人设计干掉的,那下一个会不会是自己呢?

汉灵帝的噩梦，皇帝的反击

《太平广记·报应十八》中记录了一个怪诞的故事，说汉灵帝做了一个梦，梦见桓帝对他说：

"宋皇后何罪过？而听用邪孽，使绝其命。昔渤海王悝，既已自贬，又受诛毙。今宋后及悝，皆诉于天，上帝震怒，罪在难救。"梦殊明察，帝既觉而惧，以事问羽林左监许永："此为何祥？其可禳乎？"永对以宋后及渤海无辜之状，并请改葬，以安冤魂，还宋家之徙，复渤海之封，以消灾咎。帝弗能用，寻亦崩焉。

让我们想象一下：那一夜刘宏在熟睡中渐渐进入梦境，这是一个暗无光线的梦境，只有刘宏自己身边有那么一丁点儿亮光。平日的九五之尊在褪下了帝王的保护色后，脆弱更加暴露无遗，刘宏很怕。

忽然，前方一道光晕泛起，刘宏赶紧抬手遮住眼睛，待光线散去，他眯着眼睛惊恐地盯着前方，这才发现那里站着一个身穿天子朝服、头戴冕旒的大汉帝王，只是刘宏根本看不清那人的面容。刘宏仔细端详半晌，颤颤巍巍地问道："你是何人，如何穿着……"

"刘宏，我是先帝刘志！"帝王高声道。

刘宏吓得一哆嗦，不等他再说话，只听刘志阴阳怪气地说道："刘宏，我且问你！宋皇后有什么罪过，而你却听信、重用邪孽之徒，让他们断送了她的性命？而且那渤海王刘悝既然已经

第十六章 自暴自弃的皇帝，毫无生机的王朝

自行贬降，却又受诛杀。今日宋氏和刘悝到天上自诉冤屈，上天动怒，你可知道你罪责难逃！"

刘志话音刚落，刘宏只觉得周围忽然出现了好多人，有披头散发的宋皇后，有满身是血的渤海王，还有渤海王的一众王妃、妾室，地上还爬着几个渤海王的幼子……

"啊！啊！"刘宏拼命地怪叫，他伸手乱抓，不停地喊着，"朕知道错了，朕知道错了，你们走吧，你们走吧！"

灵帝噩梦的故事，也许可以说明他害怕这个梦，想给皇后、渤海王平反；而且说明皇帝其实知道，皇后和渤海王是被人害死的，自己也被王甫和段颎耍了。

皇帝要解除自己身上的"诅咒"，摆脱人生的噩梦，就得反击。可王甫和段颎并不好对付，他们权倾朝野、势力遍布全国。怎么做才能稳妥地干掉这两个人呢？皇帝想干掉权臣，就得找帮手。

杨彪，天下第二大世族"弘农杨氏"的新一代"话事人"，也是汉灵帝老师杨赐的儿子，此外，还是汉灵帝贴身秘书团"侍中寺"中的"侍中"，也是汉灵帝设法架空尚书台的一个重要角色，这个人和汉灵帝很亲近。

阳球，汉灵帝奶妈程璜程夫人的女婿，是个出了名的酷吏。汉灵帝保护过他，且两人都与程璜有比较近的关系。阳球有一次喝醉了酒，公开说过："我要是当了司隶校尉，一定整死那些权臣（权臣和宦官等）！"对刘宏来说这个人是可以利用的。

选好人手之后，阳球去当司隶校尉，杨彪去长安当京兆尹。按《资治通鉴·汉纪四十九》记载："甫使门生于京兆界辜榷官财物七千余万，京兆尹杨彪发其奸，言之司隶。""球诣阙谢恩，

因奏甫、颍及中常侍淳于登、袁赦、封㵎等罪恶。"

杨彪检举王甫家族的违法犯罪行为就到了司隶校尉阳球那里，阳球立刻找机会对付王甫和段颎。阳球借着进宫谢恩的机会，询问汉灵帝："杨彪揭发王甫家很多罪行，涉及很多人（其中包括大世族袁家的中常侍袁赦），我准备把他们都弄死。陛下您看怎么样？"

刘宏自然同意，当时他八成回答："可以公事公办，但得小心。"这里还有句潜台词：阳球如果失败了，就会成为牺牲品。这事总不能牵扯到皇帝。

计划有了，机会从何而来？

光和二年（179年）四月初一发生日食。妥了！天有异象，理论上高官（三公）要有人辞职，替皇帝承受天罚。段太尉刚复职不久，还是二进太尉的人，高风亮节一下吧。于是段颎先下去，就留在京里等安排，也不用回自己那一万四千户食邑的封地——谁知道段颎的封地里有多少自家的私兵。而王甫休假的时候也回家了，不在宫中。

机会来了，阳球突然发难，把王甫和段颎给控制了起来。

很快，王甫和养子王萌被阳球活活打死，临死前王萌还揭阳球的老底："你以前伺候我们爷儿俩，就跟个奴婢一样，现在牛了，对付起自己以前的主子了！"

但阳球有丈母娘撑腰，他用泥巴堵住王萌的嘴，一顿暴揍，最后把王甫分尸堆在城门边，还不忘立个牌子——"这是贼臣王甫"。

而段颎则服毒自尽了。

第十六章　自暴自弃的皇帝，毫无生机的王朝

段颎之死让董卓的心态进一步扭曲

段颎当年任司隶校尉时，曾用毒酒逼迫手下斩杀了苏不韦满门。上天跟段颎开了一个玩笑，最终他也是被司隶校尉逼着喝了一杯毒酒，结束了自己传奇的一生。

段颎死了，董刺史的靠山倒了。但段颎是自杀的，阳球虽然嘴上说是自己诛杀了"王甫和段颎"，实则段颎用自杀庇护了很多人，至少他的案子没有被扩大化，只是家人被流放，而且没多久又被汉灵帝召了回来。如夏育、田晏、董卓等一派凉州老军头没有谁受到段颎的牵连。

或许董卓始终把段颎当作自己的精神导师。我们可以看看，二人的履历何其相似。

段颎：举孝廉、宪陵园丞、阳陵县令、辽东属国都尉、免职、中郎将、护羌校尉、免职、并州刺史，又任护羌校尉，之后回京一路高歌猛进两次出任太尉、两次出任司隶校尉，最终服毒自杀。

董卓：江湖游侠征辟出仕，羽林郎、广武县令、蜀郡北部（属国）都尉、西域戊己校尉、免职、并州刺史、河东郡守、中郎将、免职、破虏将军、前将军，然后回京一路高歌猛进，成就超过段颎，下场也惨过段颎。

二人都被免过两次职，都做过县令、属国都尉、中郎将、校尉、并州刺史，都在边州和外族浴血奋战多年，最终都走上了人生巅峰，下场也是一个比一个惨……

当段颎服毒自尽的消息传到并州时，董卓应该彻底蒙了，朝廷怎么了？前脚刚把蔡邕流放到自己的地盘，后脚段颎就在雒阳

服毒自尽了？

老董一边跟鲜卑作战，一边合计着自己的下场。已经主政一州的老董，想法自然要比年轻时复杂得多。任并州刺史期间，并州幕府里什么人辅佐他，史书上没说，但那一堆从事、主簿啥的估计也不是一般人。老董笨，身边人也会提醒老董，阳球杀了董卓的老师段颎，而董卓还曾阻止阳球杀蔡邕，阳球会怎么看待董卓？估计老董这时也觉悟了，不能走张奂、蔡邕、段颎的老路。

段颎死后，刘宏认为可以结束了，毕竟也算给叔父和老婆报仇了，总不会再做噩梦了吧。可阳球却不这么想，他哪里知道皇帝只是想有针对性地干掉王甫和段颎，他还要搞事情！

三、阳球之死，让董卓见识了世族的强大

阳球成功干掉王甫和段颎之后，走上了人生巅峰。但他并没有理解皇帝的真正意图——只需要干掉王甫和段颎即可。

阳球觉得既然自己做对了，那就可以继续干下去，他要跟各大势力同时开战。下一批对付的目标是曹节等宦官，以及权倾朝野的天下第一大世族袁家！

实际上阳球已经干掉了袁家在宫中的内应——中常侍袁赦（阳球对付王甫势力的名单中就包括袁赦），但他不打算就此罢手。《后汉纪·孝灵皇帝纪中卷第二十四》记载了阳球和自己的都官从事说过的话："先举权贵大猾，乃议其余耳。公卿豪右若袁氏儿辈，从事自办之，何须校尉邪！"

阳球的意思是，我都把袁赦干掉了，接下来我要对付曹节这些大家伙，或者袁家的当家人之类的，而袁家那些小孩子，从事

第十六章 自暴自弃的皇帝，毫无生机的王朝

你自己搞定。

那当时的袁氏家族到底有多牛？《后汉纪·孝灵皇帝纪中卷第二十四》记载："中常侍袁朗（袁赦），隗（袁隗）之宗人，用事于中，以逢、隗家世宰相，推而崇之以为援。故袁氏宠贵当世，富侈过度，自汉公族未之有也。"

注意，重点并不是袁赦是袁家人，而是整个袁家是自有了大汉王朝以来出现过的最牛世族！

那阳球让手下人去对付的袁家青年一代到底有多牛？袁绍和袁术作为袁家青年一代的头领又是什么水平？《后汉纪·孝灵皇帝纪中卷第二十四》中记载得很清楚，就连宠臣和宦官都害怕二人。

> 逢兄子绍（袁绍），好士著名，宾客辐辏，绍折节下之，不择贤愚。逢子术（袁术），亦任侠好士，故天下好事之人争赴其门，辎軿柴车常有千两。宠臣中官皆患之。

袁术是袁家的嫡子；而袁绍是庶出的儿子，后来被过继给大爷袁成，虽然不是主家的嫡子，但在法理上又变成了和袁术基本平起平坐的地位。老袁逢的这个安排，也给袁家未来的悲剧埋下了隐患。

袁绍年轻时暗中集结名士和侠客，可以说是袁家青年一代中最有名号的人。后来连宫中宦官头领大长秋赵忠都提醒袁隗："袁绍他抬高身价，不应朝廷辟召，专养亡命死士，到底想干什么！"袁隗回去告诫袁绍，可袁绍毫不在意。

袁术是袁家嫡子，天子喊第一他就敢喊第二，来给他捧臭脚

的人能把他家门挤破，无数车辆停在他家门口。不过袁术是个纨绔子弟，挺能嘚瑟，年纪不大的时候就当上了长水校尉。他喜欢在城市里飙车，百姓给他起了一个"路中悍鬼袁长水"的外号。可袁术就是再折腾，也是袁氏家族的第一合法继承人，未来袁家的话事人，未来的二皇帝（仲家皇帝）！

曹操最初跟这两个家伙是朋友。曹操参加哥儿俩母亲的葬礼时，看着来奔丧的人那叫一个多，那叫一个权贵集结。《三国志·魏书一·武帝纪一》裴注引皇甫谧《逸士传》记载了当时曹操跟朋友王俊说的一句真心话："天下将乱，为乱魁者必此二人也。欲济天下，为百姓请命，不先诛此二子，乱今作矣。"

没想到曹操一语成谶，后来天下大乱的乱魁者确实就是袁术和袁绍。二人发动大战，讨伐董卓，打烂了东汉。只是那时曹操不得不先跟着人家混，步步为营后反杀二人。

话说回来，阳球一面要干掉宦官，一面要把世族袁家也干掉，也不知道他哪里来的信心，敢如此大手笔地洗牌。

阳球的激进，也基本确定了他的下场，董卓后来都没斗过袁家，何况阳球。

阳球最终成了弃子，汉灵帝考虑到宦官集团的利益，决定不再让阳球担任司隶校尉，改任卫尉。阳球急忙跑到宫里，把头都磕出了血，说道："我没什么高尚品格，但皇帝您让我担任飞鹰、走狗之职，我领命干掉了王甫和段颎，但他们是小角色。陛下您再让我担任一个月的司隶校尉，我一定将真正的豺狼除掉！"殿中一众宦官自然知道，阳球口中的豺狼也包括他们，于是他们当着皇帝的面集体咆哮："阳球，你想抗旨吗？"

汉灵帝弃阳球护住了宦官，自然也护住了袁家。

几个月后，阳球的丈母娘程璜遭曹节恐吓，竟然没法拯救自己的女婿。而汉灵帝也无法再保阳球，像踢球一样把他一脚踢开了。阳球这样的飞鹰、走狗是皇帝制衡宦官和世族的最后一张牌，可汉灵帝却弃牌了，其暗弱可见一斑。

阳球最终的罪名是谋反，他或许确实有匡扶汉室的打算，不过那不重要了。最后，阳球、刘郃（也是程璜的女婿，和阳球是连襟）、陈球等人都在狱中被处死。

这场从皇室到宦官，从军方大佬到鹰派酷吏又到世族的政治斗争落幕了。结果，汉灵帝只是除掉了王甫和段颎，而他自己也折了阳球和刘郃，换个角度来说，如袁家这样的世族反倒胜出了。

四、并州刺史董卓眼中的朝廷斗争

因为当初董卓没有按照阳球的要求杀死蔡邕，和阳球结怨，所以阳球定然把董卓当作眼中钉。如今阳球死了，董卓在并州算是松了一口气。

可董卓转念一想，也不是那么回事啊！这宦党和世族当真无敌于天下了啊，大世族势力强大，死几个人不算什么，可皇帝本就没多少贴己的大臣，死一两个已经相当肉疼。如此朝局，董卓将来何去何从？又如何在宦党和世族两方势力中间逐渐成长？将来又该以什么样的态度面对两派势力？他的机遇在哪儿？

学段颎和宦官站在一起？不行，段老师不就这么死的吗。

和世族站到一起？好像也不行，那样一辈子也出不了头，他们看不上凉州微官之家出身的董卓，而且董卓常年外放，跟朝中大世族也没有太深的交情，再加上皇帝其实很敌视世族。

董卓纠结啊，如今他除了心态扭曲，连大脑也不够用了，朝局太复杂。

一场又一场的斗争大戏在雒阳轮番上演，然而天下的穷苦百姓可没兴趣看，因为他们要吃饭，他们要活命。

随着灵帝朝的政局越发混乱，东汉乱世将至……

第十七章 黄巾起义

光和四年（181年）以后，董卓在河东郡过得很自在，难得不用征战，日子肯定挺舒坦。他能舒坦到什么时候呢？答案是光和七年（184年）的二月。然后黄巾起义爆发了。从那以后不但董卓没法舒坦，世族也没法舒坦，全国人民都没法舒坦了。黄巾起义在中国历史上有着深远的影响，这场席卷东汉全国的起义到底是怎么回事？

一、税收体制导致的东汉之殇

当世族权贵沉浸在虚无缥缈的安定氛围中时，苦难的寒门百姓却备受煎熬。东汉末年各地的世族大家大搞土地兼并，雒阳朝廷在忙着夺权，崩溃的汉灵帝基本处于自娱自乐状态。

光和七年二月，黄巾起义爆发，东汉进入了内乱时代。

导致黄巾之乱爆发的核心矛盾实际上是"流民与赋税"问

题。流民成了黄巾军的主力,《后汉书·杨震列传》中记录了汉灵帝的老师杨赐和其手下刘陶的商议:"且欲切敕刺史、二千石,简别流人,各护归本郡,以孤弱其党,然后诛其渠帅,可不劳而定。"这段话的意思是,使官员设法让流民回到自己的户籍地,从而削弱黄巾军,若是流民不造反了,黄巾起义将不劳而定。当然,朝廷得给流民一些优惠政策。

难道此前朝廷就没想想办法解决流民问题吗?想了,但没用啊。

在汉灵帝执政的100年前,汉和帝就实行过流民救助政策,《后汉书·孝和孝殇帝纪》载:"诏流民所过郡国皆实禀之,其有贩卖者勿出租税,又欲就贱还归者,复一岁田租、更赋。"意思是做生意的流民不用交税,若是想回户籍地则免一年的税负,但显然这些政策并没有从根本上解决流民的问题。

要知道东汉的田租(种地税)是历朝历代最低的,少的时候才三十分之一。既然有活路,流民为何不肯回去呢?

首先,流民没有土地。世家大族一直在兼并土地,即使流民想开荒也没用,好地有钱人能让它闲着吗?还不早早就占了,何况桓帝和灵帝年间也增加过土地税。

而最要流民命的是:汉朝重点在收取"人头税",也就是算赋和口赋,小孩子也要收。设身处地为那些失地农民想想,本来就没有收入,还要交人头税,一家老小还能活吗?这是典型的"活不起了"。

用现代人的眼光看,朝廷完全可以改变收税方式啊。提高田租,减少人头税,把两种收税方式颠倒一下,这样大家有多少田交多少税,穷人就算家里人口多,也不至于因为人头税而"活不起了"。

第十七章 黄巾起义

但富人不答应啊。

在世族强横的汉朝,颠倒税负的办法根本行不通。让田地多的豪族多交田地税,从而降低人头税?这不等于富人多交税,穷人少交税吗?开什么玩笑,豪族和世族不可能同意,东汉第一任皇帝刘秀实行度田令(清查世族的土地和人口)的时候,豪族就起兵造反。后面皇帝更不敢弄了,等到汉灵帝的时候,连他自己都斗不过世族,哪里还敢多收富人税?他也只得依旧少收田租,继续让穷人和富人平摊人头税,继而保证国家财政收入。

朝廷不敢开罪世族,只得继续让穷人和富人交一样多的税。这就陷入了死循环:朝廷不敢开罪世族,世族兼并土地,流民想反抗,可世族才能当官,流民还没地方说理。

《后汉书·王充王符仲长统列传》中,记录了东汉末年学者仲长统在《理乱篇》中写下的世族、豪族的美好生活:"豪人之室,连栋数百,膏田满野,奴婢千群,徒附万计。船车贾贩,周于四方;废居积贮,满于都城。琦赂宝货,巨室不能容;马牛羊豕,山谷不能受。妖童美妾,填乎绮室;倡讴伎乐,列乎深堂。宾客待见而不敢去,车骑交错而不敢进。三牲之肉,臭而不可食;清醇之酎,败而不可饮。"

这段文字生动地记录了东汉世族的奢侈、腐朽和强大。我单独解释一下"妖童美妾,填乎绮室",美妾不难理解,妖童是指漂亮的男孩。

放纵享乐的宦党和世族大家不断兼并土地、修建邬堡、组织私兵。帝国内却流民遍地、民不聊生。失去土地的农民要么徒附于世族,成为家族的部曲、家兵,要么游荡在山野之间成为流民。而豪强大家才出读书人,才是士大夫,是天下话语权和舆论的控制者。

当流民们求生无门之时,他们到哪里寻找活路,又到哪里寻找心灵的慰藉?

百姓把怨恨推给了无能的天子和可恶的世族富人,把希望和梦想寄托于正在关东各州蓬勃发展的太平道教。

太平道的教主张角成了无数流民心中的神。

最终的结果只有一个:穷人在新的精神领袖张角的带领下,联合起来打世族、反朝廷。

最终战争爆发,张角的太平道门徒与汉灵帝麾下的官军、地方的豪强势力之间的大战拉开了序幕。

太平道门徒装备差,但他们信仰坚定(相信太平道教),坚决拥护张角;他们敢于挑战皇帝和比他们更牛的世族、政府军。

我们先看一下太平道的组织结构。太平道是黄巾起义的发起教派,教主张角,副教主张梁、张宝(哥儿仨自称天公将军、地公将军、人公将军)。起事初期,太平教分三十六护法,各护法分守一"方"(分教会),三十六护法称为三十六渠帅,其中每一方万人左右,共有教众几十万(后来起义规模扩大,携家带口的流民不断加入,黄巾组织的人数就没法具体统计了)。

张角之所以把麾下的门徒叫作黄巾军,是因为他们头戴黄巾起事。黄巾军多是底层百姓,所以装备不行,但十分拼命。

再看看太平道的教义。太平道有自己的"经典",名曰《太平经》[1]。

太平道用符水给人治病,还让教徒跪拜悔过,且不能撒谎,

---

[1] 又名《太平清领书》。

不能言之不尽，如果悔过的事情有所隐瞒，那道法就不灵了。然后，再用《太平经》的理论给信众洗脑，让他们爆发出推翻朝廷、勇斗地方豪强的胆量。

如此这般，一大帮子信仰"黄天"太平道的穷苦百姓揭竿而起了。

民不畏死，奈何以死惧之。

东汉内部矛盾终究取代了外部矛盾，大规模起义爆发。汉灵帝惊呆了。

二、官军和地方豪强紧急出场

当张角带领的太平道壮大到三十六方的时候，怎么看也是要起义啊，之前没人管吗？

要知道，太平道教徒不一定都是穷苦大众，也有官吏，而且太平道也很会处理与朝廷之间的关系，不但皇宫中有信徒，就连中常侍中都有他们的内应。

有的大臣认为太平道肯定要反，如灵帝的老师杨赐，可有的大臣却认为太平道是个不错的宗教，你看它安抚这么多穷苦人，不是省了当官的事吗。这种简单化的思维最终酿成了大祸。

可汉灵帝没有大型宗教起义的先例可以参考，他总是遇到需要自己尝鲜的事情。没有前车之鉴，他更是连老师杨赐的话也不信，没把太平道当回事儿。

汉灵帝最终自食其果。直到太平道中一个知道内幕的教徒唐周上书告密，太平道已经在秘密组织起事时，汉灵帝才恍然大悟，必须要遏制太平道了。

在地方豪强带领自己的家兵依靠深沟高垒的邬堡，为了保护自家钱粮对抗黄巾军时，朝廷也逼不得已开始组建军队。

也许你会问，朝廷还要急忙组织军队，难道没有朝廷禁军吗？有，就是北军五营，又叫五营兵，可北军人不多，平时就万儿八千人。

灵帝只得让自己的大舅哥、杀猪匠出身的何进（宋皇后去世后，灵帝立了新的何皇后）担任官军头领，连自己的亲卫羽林骑都交给了大将军何进，让其组织部队先护住皇城雒阳，设置了雒阳八关拱卫京师。

汉灵帝修好了京城的防御塔，又开始部署出击平叛的兵线，这时候他发现朝廷禁军人手不够。北军五校是皇帝身边的部队，但人数不定，按《汉官》所记，北军五校总共才3536人，算上官吏才5000人，显然太少，就算黄巾起义前已经有所增加，估计也不会过万人。汉朝可不像后世的宋朝，一弄就是"八十万禁军"，所以眼下汉灵帝的朝廷禁军根本不够用，需要紧急选将征兵。

要打大仗了，自然先要选将，然后再征兵。灵帝找到了皇甫规的侄子想办法，董卓人生中的宿敌皇甫嵩终于闪亮登场。

未来可期的皇甫嵩向汉灵帝谏言："陛下，您当初卖官不是攒了不少钱吗？让宫中的中藏府出钱征兵呗？"

汉灵帝舍不得啊，他叫人骂得狗血淋头攒的钱，就这么给花了？估计他也想过让世族大姓放点儿血，可谁都知道他靠官员上任费收了不少钱。

"刘氏江山是你家的不？"

"是。"

第十七章 黄巾起义

"是,您就得掏钱啊!"国家危难的时候皇帝最终只能选择自掏腰包。

汉灵帝一咬牙,把自己的私房钱都拿出来征兵了。经此一事,汉灵帝估计反应过来了,再也不把钱藏在中藏府了。他把钱藏到了新修的万金堂,然后又存在自己信任的宦官家里,觉得这样就不好让他这个最大的世族代表掏钱打仗了,最后他还在自己以前的河间封地买田买地盖房子,这是连退路都想好了。灵帝爱财果然不假。

有钱了,还得弄些战马。皇甫嵩又说了:"陛下在西园騄骥厩里的战马,也都得拿出来吧……"

《后汉书·孝灵帝纪》中记载,光和四年(181年),"初置騄骥厩丞,领受郡国调马。豪右辜榷,马一匹至二百万"。就是说当年豪族见皇帝开始积攒马匹,于是开始炒马价。汉灵帝一看,合着当初朕收集马匹,是你们这些世族在社会上"炒马",把马价都炒上天了。钱你们世族赚了,现在打仗要用马,可马价都炒上天了,朝廷肯定是买不起了,也买不出来了啊,最后还得朕自己放血平坑?但没办法,祖宗基业重要,灵帝又咬牙答应了。

皇甫嵩趁热打铁:"陛下,现在战马有了,可军官人数不够啊!"

"你还想怎样?"

"解除党锢吧,当年您把党锢都扩大到五服了,上哪儿找人去啊。"

至此,两位皇帝坚持了20年的党锢废除了,诛杀宦官的声音自然再一次响起,历史又要重演了。

汉灵帝要是知道,自己倾家荡产弄出来的官军最后都会便宜了他大舅哥何进,估计真会哭出来。

朝廷选卢植为北中郎将，组织各路部队，组成第一战队，发兵主攻张角的老巢冀州。选皇甫嵩和大富人家出身的朱儁，率领北五营部分兵马和"三河"骑兵（其中还有董卓的河东郡骑兵）等部组成第二战队奔赴豫州，消灭南下的黄巾军主力。

双方即将对垒。但当官军到达战场时，局面可并不乐观。

这里有必要通过朱儁的故事，分析一下世族大家私兵的战斗力。朱儁是和皇甫嵩一起出兵打击黄巾军的将领，也是我们后期故事的重要人物。朱儁的母亲是做布匹生意的，家里很有钱，替朋友还钱一出手就是100万钱，后来一点点儿被提拔起来做了交州（交州地域包括现在越南的一部分）刺史。朱儁做交州刺史是去平叛的，交州地区的汉军不太够用，那怎么平叛？人家有钱嘛，自己带了家兵出征交州，击败了叛军。

《后汉书·皇甫嵩朱儁列传》记载："光和元年（178年），即拜交阯刺史，令过本郡简募家兵及所调，合五千人，分从两道而入。既到州界，按甲不前，先遣使诣郡，观贼虚实，宣扬威德，以震动其心；既而与七郡兵俱进逼之，遂斩梁龙，降者数万人，旬月尽定。"

朱儁只是富商出身，就能"简募"家兵数千人（就算5000人中有一半是朱儁的家兵，那也不少啊），并且靠自家的实力就平定了天下十三州之一交州的叛乱，东汉大世族的势力可想而知，世代公卿权倾朝野的大世族能发动多少家兵可想而知。袁术和袁绍后来敢反董卓，也是因为家里底子厚。而且世家豪族的私兵战斗力并不弱，《四民月令》记载，世族的私兵，在每年八九月间是要组织练战的，也就是军事训练。

从徒附朱儁的家兵人数来看，黄巾起义爆发时，关东各大世族人家手里应该也有不少家兵。不过这些私人部曲肯定只保护大世族的财产和庄园，指望他们打败黄巾军希望不大。

三、黄巾军的第一击

黄巾起义很突然，占了先机，一通操作下来，黄巾军竟然一下子打乱了中原数个州。

《后汉纪·孝灵皇帝纪中卷第二十四》记载："（黄巾突起）州郡仓卒失据，二千石、长吏皆弃城遁走，京师振动。"

个人觉得这个记载有些夸张，二千石官吏皆弃城遁走，这个明显夸大了。

不过黄巾军的第一波进攻确实威力不凡，我们看看各个地区的情况。

荆州地区：荆州北部的南阳郡是东汉最有实力的郡，一个郡相当于一个小州的实力，也是豪族众多的城市之一。黄巾渠帅张曼成杀南阳太守褚贡，南阳郡大部分陷落，但围绕南阳郡治所宛城的拉锯战却一直持续到第一波黄巾起义结束。

豫州地区：天下第一大世族袁氏的根据地汝南郡，汝南黄巾军在邵陵打败太守赵谦。陈国也被攻陷，颍川郡也被黄巾军打得很惨。

请允许我插播一下汝南太守赵谦手下七勇士的故事，据《后汉书·袁张韩周列传》记载："忠子祕，为郡门下议生。黄巾起，祕从太守赵谦求击之，军败，祕与功曹封观等七人以身扞刃，皆死于陈，谦以得免。诏祕等门闾号曰'七贤'。"《后汉书·袁张韩周列传》李贤注引《谢承书》记载了七人姓名："封观与主簿陈端、门下督范仲礼、贼曹刘伟德、主记史丁子嗣、记室史张仲然、议生袁祕等七人擢刃突陈,与战并死。"这七人俱为文士,却拔刀向敌,舍生取义,当时震动天下。赵谦在一众亲信的保护下活了下来……

这说明三个问题:第一,有很多人愿意为平定黄巾之乱赴死。第二,赵谦曾经攻打过豫州陈国,但显然失败了(七勇士皆死于陈国),最终连汝南郡也沦陷了。第三,这些舍生取义的勇士才是大汉真正的文人,才是真正的国之栋梁!袁祕也算是袁氏族人,虽然不如袁术、袁绍这些长房的新一代领头人高贵,也没有高官显贵的实力,但他有勇气为国赴死。

兖州地区:东郡黄巾渠帅卜已后来被皇甫嵩杀死,皇甫嵩还在此州消灭了近万名黄巾军。所以兖州黄巾军当时也已经上房揭瓦了……

幽州地区:广阳郡蓟县为幽州刺史府治所,广阳郡黄巾军杀幽州刺史郭勋及太守刘卫,显然幽州黄巾军反应迅速,直接拿下了州治所,州刺史、郡太守全部战死。幽州也不是一点儿能量都没有,刺史府沦陷,各地依旧抵抗,涿郡治所涿县就出了一队很牛的军队,带头人是刘备、关羽、张飞。

冀州地区是张角大本营,自不必细说,青州、徐州、扬州也可能有不同规模的黄巾军。从史书记载来看,黄巾军分布三十六方,主要覆盖的是青、徐、幽、荆、扬、兖、豫。黄巾起义最初按计划是调扬州的部分黄巾军到冀州会合,后来组织者马元义死了,也不知道这个南军北上的计划是否在继续执行。

再则,起义之后,凉州傅燮上书朝廷时提到"黄巾乱于六州"。当时黄巾军第一轮出击波及很广。但距离中原较远的扬州,此时应该受到的波及较小，到了中平二年（185年），扬州出现黄巾军，他们攻打舒县、焚烧城郭。著名的悬鱼太守羊续征募舒县中20岁以上的男子入伍，全都发放兵器上阵打仗，羸弱的人就负责背水灭火。等到汇集了数万人，羊续率军大破黄巾军，庐江郡的黄巾军被平定。羊续是蔡邕投靠的羊家代表人物，汉灵帝让他当三公，但得交钱，这兄弟抖抖袖子说爱谁谁吧，我没钱。灵帝觉得反正三公换得频，也没实权，就是个荣誉象征，还是留着换钱实在。于是让羊续改任为九卿，免费的。

总而言之，黄巾军第一轮出击，没少让世族和朝廷掉血，最严重的就是冀州和豫州，所以当官军到达战场后，选择了这两个州作为主战场。

前面说了，史书中没有说光和七年（184年）司隶地区黄巾军的状况，董卓除了把河东郡的骑兵调拨给了皇甫嵩，似乎没干什么事情。

实则不然，在动荡之初，就连雒阳城内都抓捕了1000多名黄巾信徒，汉灵帝急忙全部给处死了。难道其他各郡县就一个信太平道的都没有吗？董太守就干看着其他州打仗，自己不赶紧排查、捉拿潜伏在河东郡的黄巾军吗？首先，河东郡一定有黄巾信徒，只是势力不大或者并没有在这一年掀起什么风浪。

我们根据史料，看看董卓治下的河东郡的情况。史料记载，中平五年（188年）河东郡出现了黄巾军，《后汉书·董卓列传》记载"黄巾余党郭太等复起西河白波谷"，《资治通鉴·汉纪五十一》记载"黄巾余贼郭大等起于河西白波谷"。两个记载都提到了白波谷，这股黄巾军很快发展到10万大军。

问题来了，一个说西河白波谷，一个说河西白波谷，那白波谷到底在哪儿?

《后汉书》中的西河跟并州的西河郡重名，但也可以理解为黄河以西。而《资治通鉴》中记载的河西肯定不是并州西河郡的意思。

现在，白波谷已经有人考证并找到了遗址（白波垒），明确了位置，是在今山西襄汾永固乡，《后汉书》中说的西河白波谷，就是黄河以西的意思，而不是西河郡。

襄汾县即古襄陵县，西汉始置襄陵县，属河东郡，当时治所在今汾河东岸赵曲。王莽时改名为干昌县，东汉复名襄陵。而且相邻的汾县、杨县、蒲子县都是河东郡的，襄陵县上面碰不到并州，还隔着蒲子县和杨县呢！

但不知道出于什么原因，两本史书都没有写河东郡白波谷，或者襄陵县白波谷，而都用了一个地理标识作为说明——西河/河西白波谷。

河东郡的黄巾余党组成的白波军中也出了不少名人，最有名的就是白波帅之一杨奉麾下的战将徐晃。徐晃是河东郡杨县人，也算黄巾余党，只是人家后来成了大魏国的右将军，是大魏的五子良将，所以大家都避讳不提。

把白波军的事情翻译过来就是，中平五年（188年）二月，郭大带领黄巾军在河东郡襄陵县白波谷重新起事。

问题是史书说郭大等人是在河东郡白波谷复起，那第一次起义是不是在河东郡呢？这个无法考证。如果是，那最初董卓一定把他们打跑了，所以黄巾复起的时候，白波军掺和了一脚。

如果白波黄巾军第一次起义不是在河东郡，是后来跑到河东郡重新起义的，那河东郡也是有太平道生存土壤的，因为这支队

第十七章 黄巾起义

伍后来在河东郡很快就发展到了 10 万人,最终成为东汉军阀割据初期的一支重要武装力量。

照此分析,黄巾起义爆发之后,老董在河东恐怕也没闲着。高度戒备、部署不说,估计每天都得过问各县是否有黄巾军出没,不然谁知道哪天一不小心就把县城给丢了。如果白波军第一次起义是在河东境内,那肯定被董卓迅速扑灭了。

灵帝朝朝政崩坏,黄巾起义爆发,此时距离"董卓入京"还剩下 2000 天。

朝廷组建第一波官军时并没有给老董留位置,不过很快老董就被赶鸭子上架,再次充当救火队。

因为官军的征途并不是那么顺利。

第十八章 黄巾平定战,董卓欲比肩皇甫嵩

一、官军全体出击

在皇甫嵩等人眼中,张角的黄巾军都是"蛾贼"(因黄巾军人数众多而取的蔑称。李贤注《后汉书》曰:"蛾"即"蚁"字也,谕贼众多,故以为名)。这事还真叫皇甫嵩给说着了,当他和朱儁进入豫州战场时竟被大量黄巾军困在了长社县,他确实想到了"飞蛾扑火"。

豫州,豫州,长社大火

长社县属于豫州颍川郡,而皇甫嵩和朱儁的军队被黄巾军围困在长社县城里。黄巾军兵多,难以突围。要知道,皇甫嵩手里可有4万精锐,那敌人得多少人?

可皇甫嵩最终是连突围带反击,竟击垮了豫州黄巾军的主

力。这是怎么回事呢？

或许故事是这样的。入夜，长社城头上，皇甫嵩借着身边亲兵手中火把的光亮，巡视城墙上的守军，走到敌楼处他停下脚步，瞭望着连拒马都没设置的黄巾军营盘。

"这些蛾贼都是凭着一股子血气在打仗，连续攻城多日，仗打到这份儿上，曹操的十几名骑兵还能冲过敌人营盘闯进城来报信，想来，蛾贼也是撑不住了。"

朱儁接过话头儿："义真（皇甫嵩的字）说得没错，这些蛾贼攻城攻累了，随便就地安营扎寨，营盘之处荒草遍野，如果用火攻……"

皇甫嵩笑道："公伟（朱儁的字）果然和我想到一处，我已命令各部选拔精锐、收集苇草，只待风起。到时候以火为号，曹操的援军与我军来一个里应外合，那时这几万蛾贼定然灰飞烟灭。"皇甫嵩话音刚落，一只飞蛾误打误撞地飞向了皇甫嵩身边亲兵手中的火把，滋的一声化作了一缕黑烟。

风来得真快，皇甫嵩刚走下城头，城上大旗就猎猎作响。皇甫嵩指着大旗高声道："天助大汉！"

风起，一队队汉军连夜出城。开始时他们鸦雀无声，伴着夜色快速向敌营移动，不久后喊杀声暴起，接着阵阵鼓声从城楼处传向战场。皇甫嵩站在城头，亲自赤膊擂鼓助阵，城下一众将校引着上万精锐汉军，手持一束束苇草，呼号着冲向明显缺乏警觉的黄巾军。

当火光燃起照亮天际时，战争变得毫无悬念，黄巾军根本应付不了夹杂着火攻的夜袭。很多缺少肉食的穷苦农民晚上都看不清东西，等火光亮起，他们就算看清楚局势，那也晚了。呼啸的狂风卷着火星火烧连营,这些黑灰,在黄巾军眼中是那么熟悉,不过这次的黑灰可不是救命符水上的符咒灰烬,而是来索命的。

前来增援的骑都尉曹操见前方探马来报,只听了一声"火起来了",也不多问,便当机立断:"发兵!"他催动全军火速突击,数千骑兵蛮横地截断了黄巾军的退路。

长社大战的过程大抵如此,皇甫嵩屠戮了数万黄巾军,降低了豫州后面几场仗的难度。

官军大胜豫州黄巾军。

冀州,冀州,纠结的广宗

官军在冀州战区的第一战队是卢植率领的,他是汉灵帝的心腹,曾经是侍中寺的侍中。许多年前,当窦武刚刚拥立汉灵帝、把持朝政时,只有卢植敢写信给窦武。《资治通鉴·汉纪四十八》记载了这封信:

> 涿郡卢植上书说武曰:"足下之于汉朝,犹旦、奭之在周室,建立圣主,四海有系,论者以为吾子之功,于斯为重。今同宗相后,披图案牒,以次建之,何勋之有!岂可横叨天功以为己力乎!宜辞大赏,以全身名。"

简单点儿说,卢植跟窦武说的是:"您老哥现在拥立了皇帝、把持了朝政,应该好好辅佐天子,嘚瑟大了掉毛啊!"所以灵帝很信任他。

卢植曾经参与创作《东观汉记》，是天下屈指可数的大儒之一。他有一段时间在家里教书，那自然是门庭若市，当然，学费也不便宜。结果教出了两个有名的学生——刘备和公孙瓒。卢植还有个特点，他看不上董卓，估计对老董的出身和文化素养嗤之以鼻，此外，和老董的政治立场也不相同，二人互相看不上。

卢植率领部队到达冀州，会合了冀州本地军队，一路猛攻，成功地把张角困在了钜鹿郡广宗城。

张角死守广宗，卢植开始围城，挖壕沟、修云梯，准备攻城。当然，这期间一定耽误了些时间，又或者广宗城并不好攻打，毕竟张角把这里当作自己的"王城"来经营，所以卢植没有紧急攻城。此时官军内部还出了岔子，监军小宦官左丰想跟卢植要点儿好处。以当时的状况，打仗时缴获的战利品到底有多少，谁能说得清楚，死人身上的财物也算不明白，所以左丰坚决认为卢植应该贿赂自己这个监军。

卢植自然没有理睬，由此得罪了皇帝派来的监军。左丰回京就跟汉灵帝打小报告，《后汉书·吴延史卢赵列传》记载：

连战破贼帅张角，斩获万余人。角等走保广宗，植筑围凿堑，造作云梯，垂当拔之。帝遣小黄门左丰诣军观贼形势，或劝植以赂送丰，植不肯。丰还言于帝曰："广宗贼易破耳。卢中郎固垒息军，以待天诛。"帝怒，遂槛车征植，减死罪一等。

汉灵帝估计也急疯了，日子得一天一天数，毕竟黄巾之乱波及太广，国家都打烂了。

他咆哮道:"换人!把董卓给我叫来,让他去指挥冀州战场,务必干掉张角!"

老董在此种情况下,终于被换上场了,任东中郎将,持节,代表天子,代替卢植征伐冀州。

二、兵败冀州,再高水平的寒门,也难入世族眼

董卓顶替卢植取得了扑灭黄巾叛乱的指挥权,这次如果成功了,那将是天大的功劳!当时得到机会的董卓,估计幻想着搞定"黄巾贼"后封侯拜将呢!可天不遂人愿,老董输了!最后成功的是皇甫嵩,拜左车骑将军。

看看史书是如何记载老董失败的。

《后汉书·董卓列传》:"中平元年,拜东中郎将,持节,代卢植击张角于下曲阳,军败抵罪。"《资治通鉴·汉纪五十》:"董卓攻张角无功,抵罪。"《三国志·魏书·董二袁刘传》:"迁中郎将,讨黄巾,军败抵罪。"

开场都是中郎将,结局也都一样,兵败抵罪。董卓是怎么抵罪的不得而知;但卢植惩罚写得很明确,减死一等。只有《后汉纪》记载董卓的处罚也是减死一等,而上文提到的其他三本史书都写的抵罪,有可能是和卢植一样,减死一等然后功过相抵或者用钱相抵了。

而失败的过程,史书均无详载。卢植被免职的原因史书上那是写得明明白白,可到老董这儿就写了兵败,真是惜字如金啊,多一个字也没有。

这也没办法,跟老董有关的事都扑朔迷离,咱们还是老规

矩，从侧面慢慢分析。

想弄明白董卓在冀州是怎么打的仗，他的战略意图如何，那就要从董卓替换卢植的原因说起。卢植被免是因为他没有攻打广宗城，皇帝急了把卢植给拿下了。那董卓去了应该做什么？当然是赶紧攻城。

可老董居然没有攻城，他撤围了。

董卓选择转攻广宗北方的下曲阳城，那里由张角的弟弟张宝镇守。下曲阳和广宗城呈掎角之势，可互相救援。结果董卓兵败下曲阳，按照《后汉书》的说法，董卓是和张角战于下曲阳，兵败。

显然，张角从广宗出击救援了下曲阳，老董想围点打援，可惜没打好。

董卓应该也认为当时打广宗是打不下来的，于是改变了策略，先率军攻击下曲阳城、灭张宝，如果张角来救的话，那咱就野战。董卓的策略大概如此，可下曲阳之战董卓为什么败给了张角和张宝？也没有史料记载吗？

有的！《太平御览·兵部四十八》引《江表传》载：

> 郭典字君业，为钜鹿太守，与中郎将董卓攻黄巾贼张宝于下曲阳。典作围堑而卓不肯。典曰："受诏攻贼，有死而已。"（卓）使诸将引兵屯东，典独于西当贼之冲，昼夜进攻。宝由是城守不敢出。时为之语曰："郭君围堑，董将不许，几令狐狸，化为豺虎。赖我郭君，不畏强御，转机之间，敌为穷虏。猗猗惠君，实邈疆土。"

关于下曲阳之战中郭典不服从董卓的指挥一事，《江表传》

里写得多好，还有如儿歌般的配词。钜鹿太守郭典，不畏强御！董卓的军队在东面，郭典的军队在西面，他要挖壕沟围下曲阳城，董卓不允许。看上去这个故事没问题，董卓的战略不对，应该挖壕沟围城。至于董卓为什么不肯挖壕沟围城，是怕敌军被围在"死地"，见没有逃命的机会而顽抗到底；还是觉得挖壕沟太麻烦，这个还真说不清楚。

但问题来了，董卓是冀州战局的指挥官，他如当年皇甫规任中郎将入凉州一样，也是持节指挥冀州之战的。

持节是代表天子，可钜鹿太守郭典的冀州兵听董卓的了吗？说白了钜鹿太守郭典是抗旨了，而且董卓还拿他没辙，人家手里有冀州兵。郭典为什么这么做不得而知，我们暂且不做推测。

郭典不肯配合董卓，这就麻烦了。董卓是凉州人，之前是河东郡太守，钜鹿郡太守郭典率领的冀州兵如果不肯配合，那仗怎么打？最后董卓兵败，官军和黄巾军各损失多少兵马也没有记载。

史书的说辞，好像是董卓战法不对。真的是这样吗？还有其他史料可以佐证吗？当然还有。

《北齐书·列传第十五》载：下曲阳人魏兰根（486—545年，董卓死后300年了），"丁母忧，居丧有孝称。将葬常山郡境，先有董卓祠，祠有柏树。兰根以卓凶逆无道，不应遗祠至今，乃伐柏以为椁材。人或劝之不伐，兰根尽取之，了无疑惧"。

简单翻译一下，魏兰根是下曲阳人，准备给母亲迁坟至常山郡。于是他想把下曲阳董卓生祠门前的柏树砍了，为母亲做棺椁。有人出来劝阻魏兰根别砍柏树，魏兰根还是砍了，他的理论是"董卓凶逆无道，不应遗祠至今"，人家越劝，他越砍，最后都给砍光了。

那时，董卓已经死了300多年，下曲阳人还在为董卓生祠上香，还有人站出来保护董卓生祠。董卓当初到底在下曲阳做了什么？能让下曲阳人世世代代看守生祠300多年？

我相信，军法从来都一样，下级要服从上级指挥，而且人民群众的眼睛也一直都是雪亮的！董卓"持节"都不能调动冀州兵，还能说啥呢？

很多事情就是这样，最后董卓的三个敌人——曹操、孙坚及刘备——成了三分天下的奠基人，董卓的事情全都变得扑朔迷离实属正常。

董卓最终兵败下曲阳，抵罪。我估计，老董当时悟出一个道理：只有胜利才是正道，手段不重要。

董卓第一次复起后在并州刺史任上折腾完了，去了河东郡过渡，好不容易得到一个封侯拜将的机会，这下好，不但没抓住，还把自己折里了。

在河东郡安稳了几年的老董在下曲阳兵败后，恨恨地望着冀州："这地方跟我犯冲！"是真犯冲啊，几年后反董联盟的盟主也是在冀州起事的。

三、仁慈还是残暴

董卓兵败后，皇甫嵩赶赴冀州，成为第三位拿到剿灭冀州黄巾军任务的将领。

卢植失去的，董卓没抓住的，我来！

皇甫嵩最终成了赢家，他此时已经扑灭了豫州叛乱。

第十八章 黄巾平定战，董卓欲比肩皇甫嵩

当皇甫嵩到达冀州战场时，官军第一战队和第二战队在冀州会合了。即使除去朱儁带去南阳平叛的人马（朱儁和秦颉的荆州兵合兵后，兵力还不足两万，可见朱儁并没带走太多朝廷军），皇甫嵩手中的军队基本是卢植和董卓时的两倍，如果把不听董卓的郭典部也算上，皇甫嵩的兵力估计是董卓的四倍了，仅存的冀州黄巾军还会有活路吗？

当皇甫嵩到达冀州战场时，郭典也不跟皇甫嵩拧着来了，乖乖配合。更重要的是，当皇甫嵩到达冀州战场时，张角居然病死了！

皇甫嵩见天时、地利、人和全都占了，还磨蹭什么，直接攻下广宗城。皇甫嵩和他叔叔皇甫规根本不是一路打法，他攻破广宗斩首3万多，被逼投河的黄巾军有5万多人。

皇甫嵩拿下广宗，然后继续北上，来到董卓兵败的下曲阳，杀敌10万以筑京观！《后汉书·皇甫嵩朱儁列传》载："嵩复与钜鹿太守冯翊郭典攻角弟宝于下曲阳，又斩之。首获十余万人，筑京观于城南。"当冀州人看到下曲阳京观时，还敢造反吗？这座京观不怕再垒高点儿？

当广宗城破，5万多黄巾军排着队投河时，当下曲阳10多万穷苦百姓被斩首时，东汉其实已经完了。

为何？皇甫嵩在豫州长社、兖州东郡等地杀了数万黄巾军，加上广宗的8万、下曲阳的十几万，再算上《后汉纪·孝灵皇帝纪中卷第二十四》记载的汉军攻克下曲阳后各郡又杀数千黄巾军，"于是黄巾悉破，其余州所诛，一郡数千人"，至少已有30万黄巾军死于皇甫嵩指挥的汉军之手。

一将功成万骨枯，诚然不假。

把流民都杀了也算是恢复太平世道的办法？清除了穷人，保住了富人，饿死了朝廷，这就是办法吗？

穷苦人为主的黄巾军第一波起义失败了。皇甫嵩被朝廷封左车骑将军，兼任冀州牧，封槐里侯，食邑八千户。快赶上第二个段颎了，当年段颎顶峰时食邑也就一万四千户。

老董结结实实地让皇甫嵩给自己上了一课，那时老董或许悟到"对和错、慈悲和残暴，其实就看史官如何下笔，胜利了你就是正面人物"。其实，老董当时还是没悟透，不还有那么一句吗，"笑到最后的才是胜利者"。

此时的老董尝尽了人间百态，看透了尔虞我诈。如果他的父亲曾位列三公，如果他的家族累世簪缨，当年朝廷会把他弄到西域担任戊己校尉，完成那不可能完成的任务吗？

如果他出身关东望族、在月旦评上也被许劭点评为"平定乱世的英雄"，那如郭典之流会不对他言听计从吗？还会出现下曲阳兵败的祸事吗？

老董在50多岁的时候，居然又一次被免职，其心中的悲凉可想而知。

老董曾经还算是朝廷中的宿将，但却徘徊在"冯唐易老、李广难封"的境地，眼下又成董布衣了。

人是会变的，老董多年的努力算是被政敌给毁于一旦，他一定恨死了郭典和郭典一系的官吏。或许，始终因为出身而自惭形秽的董卓，如今已经渐渐开始"黑化"。

那时，董卓躲在阴暗的角落里，既患得患失又眼馋皇甫嵩的成功。面对失败的愤怒和对权力的贪欲，他急得嗷嗷直叫，跳着脚大骂："我落到这般田地，是我自己糊涂，也怪冀州世族不肯助我。如果有下一次,咱换个地方,去关西,看看关西人听我的还是听你皇甫嵩的!下一次,封侯拜将的一定是我!"

其实皇甫嵩是个情商很高的人,他在乱世中能带领皇甫家族左右逢源,想来定然有过人之处。不过百密一疏,皇甫嵩担任冀州牧后,上了一份奏章,请皇帝减免冀州赋税一年。

冀州老百姓知道后,对皇甫嵩的拥戴不知道提高了多少倍。甚至还写了一首儿歌:"天下大乱兮市为墟,母不保子兮妻失夫,赖得皇甫兮复安居。"

不看那一将功成万骨枯的下曲阳京观,这该是多美好的一幅画面。

可汉灵帝心里会是什么滋味呢?这可是朝堂上的大忌,皇甫嵩兵权在握,独掌冀州,还免了百姓赋税,受冀州百姓爱戴。你这是要干什么,要造反吗?

皇甫嵩风光无限时,还真有人开始撺掇他谋反,那就是凉州的名士阎忠。这个人最看好的后生居然是董卓麾下的第一谋士贾诩(关于小贾先按下不表)。

阎忠跟皇甫嵩说:"现在有个好机会。"

"什么好机会,你说明白了。"

"你扑灭黄巾之乱太快了,功高盖主,皇帝糊涂,一旦将来对付你怎么办?"

"我奉公干活,为啥对付我?"

"韩信当初信了刘邦,没把天下三分,最后剑架到他脖子上时,你说他后悔不?现在你兵多,朝廷弱。你现在手握良机,可号令天下各军,打着灭宦官的旗号夺取皇城,然后南面称制,问鼎天下。宦官多坏,他们哪天撺掇皇帝对付你,你就危险了。别犹豫，反了吧！"

阎忠说得多好，打着灭宦官的旗号入京，这个旗号凉州人最喜欢用了，还不止一次地用，最后连老董也学会了阎忠的绝学：入京灭宦官。

皇甫嵩听完，认真地回答道："现在时机不到，朝廷可不是秦朝和项羽，现在部队是新结合起来的，很容易离散，成功不了。而且我也没忘了朝廷的恩典，不想造反，如果冒险只会倒霉，不如尽忠朝廷，恪守本分，就算将来被人进了谗言而流放，我还能有个好名声。这反不能造。"注意，皇甫嵩说的可是自己手中军队是各地集合起来的，凝聚力不行，现在造反成功不了。他可没说阎忠大逆不道。

其实，后来的老董就和现在的皇甫嵩一样，两人都没谋反，但最后也都谈不上落了什么好。

皇甫嵩没造反，但这个故事从侧面也反映出大汉危险了，很多人都在琢磨谋反。琢磨谋反的人多了，董卓再次登台的机会才会多，毕竟朝廷现在能打的就那么几个人。不过让老董没想到的是，机会来得竟如此之快……

第十九章 凉州风云再起

一、两起两落忙在家

董卓又成董布衣了,第一次被免官时有段颎可以依靠。现在段颎已经死了5年了,董卓是凉州派系的带头人之一,自然不可能在凉州圈子里找靠山了,他需要想别的办法复起。若想再次荣归东汉政治舞台,除了需要找人帮衬,还需要一个机会。

当同是凉州出身的皇甫嵩名震天下之际,董卓估计也没闲着,他得做很多工作。比如在朝廷中寻找能帮助自己再次复出的帮手,比如给自己做思想工作以平复心情,再总结几十年来宦海生涯的得失,重新制定接下来的人生规划。

老董下台期间,我们很难看出他的人脉如何。世族之中、宦官之中、凉州军人之中,哪些人是老董的铁杆支持者,哪些人是要将老董除之而后快的人,现在没有史料能说清楚了。

董卓在光和七年(184年)八月因兵败下曲阳被免职,大概

8个月后又被启用,这期间他在朝中是否找到了新靠山?虽然历史没有记载这些琐事,但肯定有新的靠山,而这股势力的构成,我们会在后面的故事中慢慢分析。

当然,就算董卓找再多的人替他在朝堂上做工作,他终究需要一个复出的机会。

董卓一生中的多次机遇都与战争有关,当年凉州羌乱,他崭露头角;后来关中大战,他借机上位;并州与鲜卑的防御战又给了他担任刺史的机会。而此时,东汉经过黄巾之乱,可谓哀鸿遍野,造反能成功的思想让很多人的心思活络起来。以前不想反的、不敢反的人都有了新的想法。

在这种背景下,董卓的机会如期而至,因为凉州又乱了。

咱们接下来说说,老董最关心的、能让自己再次实现封侯拜将理想的"凉州之乱"。

二、被忽视的西州之乱

1800多年前,带动凉州叛乱蝴蝶效应的两个人就是韩约和边允。

韩约和边允在凉州很有名气,和董卓早年的职务一样,是黄巾之乱前后的凉州刺史府从事。既然做得了刺史府从事,那在凉州的名号自然很响。这两只"蝴蝶"胡乱地抖动着翅膀,最终引发了一场震动大汉的蝴蝶效应。

第十九章 凉州风云再起

凉州叛乱第一回合，刀兵再起

黄巾之乱大家耳熟能详，可在黄巾之乱还未全部平息之时，东汉帝国西边爆发的凉州之乱，很多人并不是很清楚来龙去脉。这是一场不亚于黄巾之乱的大规模叛乱，它关系到董卓再次崛起，也是东汉瓦解的导火索之一。

大家对这场叛乱了解不多，是因为平定这场叛乱的主角是董卓。英雄的故事往往被加工传颂，可"反面角色"的故事自然没什么大书特书的必要。可谁让咱拿董卓作为主线来说东汉末年的故事呢，那就得详细说一说这东汉乱世的导火索——西州叛乱。

在"凉州三明"的时代，段颎等人是和叛乱羌人战斗。可眼下凉州叛乱的基调却发生了变化，在黄巾起义举国震荡之际，凉州很多想反而不敢反的人感到机会来了。

《后汉书·董卓列传》记载："其冬，北地先零羌及枹罕河关群盗反叛，遂共立湟中义从胡北宫伯玉、李文侯为将军，杀护羌校尉泠征。"中原黄巾之乱还未彻底平定，凉州北地郡的先零羌人首先造反了，而后枹罕、河关地区也开始有人造反。最后，也是最要命的，当年帮助汉军镇压叛羌、隶属于汉军建制的湟中义从羌部队，在头领的带领下，也在金城郡地界掀起了叛乱。也就是说，除了先零羌，就连汉人和汉军曾经的配属部队湟中义从羌也反了，这个问题可就大了。

这三伙造反的人，声势可不小。但凉州地区若处置得当也不至于让星火的叛乱演变成燎原之火。

可惜，第一回合的凉州叛乱，并没有得到妥善的处置。

湟中义从羌的两个头领北宫伯玉和李文侯跟汉军对上了。一上来护羌校尉泠征就死了,估计护羌校尉部损失也不小。

接着韩约和边允被刺史府派去跟湟中义从羌议和,结果二人被叛乱羌人扣押成了人质。

然后,金城郡郡守陈懿处置不当,本人也身死殉国。湟中地区本就和金城郡相近,叛军消灭了护羌校尉部,又占领了金城郡。至此,湟中义从羌已经占领了凉州的中西部。

《后汉书·董卓列传》李贤注引用《献帝春秋》曰:"凉州义从宋建、王国等反,诈金城郡降,求见凉州大人故新安令边允、从事韩约。约不见,太守陈懿劝之使往,国等便劫质约等数十人。金城乱,懿出,国等扶以到护羌营,杀之,而释约、允等。陇西以爱憎露布,冠约、允名以为贼,州购约、允各千户侯。约、允被购,'约'改为'遂','允'改为'章'。"陈懿死了,朝廷还通缉了"两只蝴蝶"。这下可好,"朝廷不仁,就别怪我们兄弟不义",韩约和边允选择更名加入叛军,成了叛军中的"合伙人"。

按照《三国志·魏书·董二袁刘传》的说法,韩遂和边章是先叛变,然后和叛军一起整死陈懿的。先后顺序无碍故事发展,总之二人反了。

凉州叛乱第二回合,叛乱升级

凉州叛军拿下金城郡后,又有汉人名士加入,顿时士气大涨,兵锋直指刺史府所在的汉阳郡冀县。当时的凉州刺史是左昌,而这个人的前任是前文提过的大书法家梁鹄,两人水平都一般。梁鹄出自鸿都门学,是个书法家。而这左昌贪污军费,而且

第十九章 凉州风云再起

还看不上凉州为数不多的能吏盖勋。盖勋在凉州是个很了不起的名士，但他看不上董卓，几年后还写信骂过董卓。不过盖勋后来还是乖乖地回到了京城，在董卓控制下的朝廷当官，董卓也真没敢把人家怎么样。

湟中和金城地区的叛军攻打汉阳郡之前，能人盖勋被左昌打发去抵抗先零羌了。叛军迅速包围了凉州刺史府所在的汉阳郡冀县。此时，左昌又可怜巴巴地求盖勋率军回来救援。

盖勋和"两只蝴蝶"自然认识，双方的部队就在冀县城外对峙起来。盖勋暴脾气，大骂"两只蝴蝶"是叛徒，两人只好解释道："刺史左昌当初要是早听您的话，派兵来救援金城郡，或许我们还能改过自新，如今罪孽深重，不能再投降回去了。"意思就是说别的没用了，我们哥儿俩造反到底了。

三人在城下居然没打。韩遂和边章可能感觉汉军援军到了，怕是打不下冀县，便撤退了，刺史府算暂时解围。

凉州都打成这个样子了，朝廷能看得下去吗？虽然帝国现在已经千疮百孔，但该怒还得怒啊，凉州刺史左昌狗屁不是，换人。

新任刺史名叫宋枭，空降凉州，凉州就靠新刺史拯救了！

宋枭有个"师父"叫向栩，二人思维绝不同于常人。当初黄巾之乱时向栩就向朝廷提议不用打仗，派人到黄河边上念《孝经》，冀州黄巾叛军听了之后，一定会羞愧不已，就自动投降了。向栩后来被宦官陷害下狱，死了。

凉州新刺史宋枭真是向栩的合格学生，有样学样，也打算印一些《孝经》给凉州老百姓和"造反派"学习。认为叛军看完《孝经》，一定深知自己的无知和愚昧，然后就会投降。

其实宋枭推行儒家教诲倒也没有错。但这种影响是久久为功的事情，宋刺史在叛乱爆发的节骨眼儿上，想用儒家思想直接平定叛乱，那可真有点儿开玩笑了。

宋枭什么时候被免的，没有明确记载，我估计也没干几天，之后朝廷又换了一个叫杨雍的刺史接任。

看看最近三任的凉州刺史吧。第一个刺史，著名书法家梁鹄；接着来了一个连军费都敢贪污的左昌；最后又顶上来一个不切实际的宋枭，凉州能好得了吗？

那有人问了，为什么不让董卓赶紧来接替凉州刺史？他又能打，在关西又有名号，就算不让董卓来，换个凉州本地能人也行啊。还记得前文提过的"三互法"吗？就是汉灵帝那手"同归于尽"牌，本州人是不能回老家担任刺史的，有联姻关系的都不行。

"两只蝴蝶"在叛军中的"妙用"

凉州一团乱，而前文说了韩遂和边章攻打冀县时没打下来就撤兵了，这么看这两人也不行啊。

非也。

《后汉书·董卓列传》记载："伯玉等乃劫致金城人边章、韩遂，使专任军政，共杀金城太守陈懿，攻烧州郡。"

这俩人"专任军政"，说白了，叛军占领区的军、政都是这俩人管！攻烧州郡，可不一定只是打了一个冀县。

为啥羌人占多数的叛乱非要把军政指挥权交给两个汉人呢？他俩到底有啥本事？

这"两只蝴蝶"还真的引发了蝴蝶效应。二人加入叛军，表面上看，叛军只是多了两个汉人谋士，但实则绝不简单。

首先，二人的眼界和格局都远远高于羌人。韩遂曾经是大将军何进府中的座上宾，党锢解除之后，诛杀宦官的思潮开始暗流涌动，韩遂就建议何进设法杀宦官。可见韩遂绝不是一般的眼界和格局。

韩遂的眼界决定了叛军的发展，后来当凉州叛军发威，一度攻入长安地区时，他屏蔽了黄巾军"左面打豪强、右面还要推翻皇权"的口号，也改变了羌人的老思维："不是羌人要造反！我们都是汉帝国的汉民！我们是凉州汉羌联军！"

二人最后选择了"上雒入京，清君侧，除宦官"作为宣传口号，将矛盾妥妥地转移到了宦官身上，博得了更多人的理解和支持。凉州叛军底气硬了，抵抗叛军的朝廷军却好像理亏了。

这就是韩遂和边章的眼界和格局的用处。

其次，韩遂和边章都是刺史府从事，对凉州幕府的底细、地区物资的情况、武库兵械的存放、各地区军力的部署，领兵将校、各郡郡守等官吏的水平如数家珍，而且二人久在凉州任职，对汉军行军打仗的战阵布置、战法、战略更是了如指掌。

最后，二位凉州名士振臂一呼，叛军越聚越多，跟着造反的汉人也越来越多。就上面这三点，让韩遂、边章任叛军阵营副统帅的职务，专任军政，那也是值了。

三、冲出凉州，凉州叛乱演变成关中防御战

凉州地区对此次叛乱处置失当，叛军声势逐日暴涨，最后大军竟开出凉州，攻入关中，直逼长安和汉室陵园。两只蝴蝶竟变

成了两只鹰隼,而数万凉州叛军也如脱缰的野马纵横在关中平原之上。

凉州这场蝴蝶效应最终给老董送去了"春风"。自永康元年(167年)年底董卓击败先零羌叛军、守住关中已经过去了18年,中平二年(185年)关中再现危机,而老董则如愿以偿地复出了,因为朝廷知道对付羌人和凉州叛军,老董最在行,所以中平二年春,"(叛军)将数万骑入寇三辅,侵逼园陵,托诛宦官为名。诏以卓为中郎将,副左车骑将军皇甫嵩征之"[1]。董卓又一次被朝廷任命为中郎将,跟随皇甫嵩率军出征关中。

老董被免职几个月后,官复原职,仍然担任中郎将,只不过这次朝廷没让他指挥关中地区会战,而是作为左车骑将军皇甫嵩的副手出征。当副手也行啊,能复出就算不错了,而且这场战役规模比冀州之战的规模更大,汉军后来增兵至10万。关中防御战打得并不理想,因为汉军面对的凉州叛军可不是黄巾农民,皇甫嵩这个时候也不敢大言不惭地直呼凉州叛军为飞蛾扑火的"蛾贼"了。

凉州经年苦战,数万骑兵可不是种地的农民,个个都是精锐,作战经验丰富。再加上韩遂、边章的指导,晓习战阵、通晓战法,那得是什么状况……更要命的是装备,凉州已经多地沦陷,各郡县武库中的制式强弩和铠甲现在在谁手上?

关中之战第一回合,大概从中平二年三月打到九月,结果是皇甫嵩失败,叛军逼近长安,声势大振!《后汉书·董卓列传》载:"嵩以无功免归,而边章、韩遂等大盛。"此时宦官集团也开

---

[1]《后汉书·董卓列传》。

始借机报复皇甫嵩,《资治通鉴·汉纪五十》载:"(张让、赵忠)二人由是奏嵩连战无功,功费者多,征嵩还,收左军骑将车印绶,削户六千。"

当年以曹节和王甫为宦官头领的时代已经过去,新一届宦官头领是张让和赵忠。二人本来就因为皇甫嵩曾告发宦官而对其心怀不满,这时候不借机跟皇帝进谗言那才奇怪哩。

结果,皇甫嵩讨叛无功,免去左车骑将军职务,削封地六千户,留下两千户转封为都乡侯,同时撤销其"关西汉军总指挥"的职务。

四、关中防御战中场换人,政坛大佬接手平叛,董卓升官

皇甫嵩被免职后,关西战事的指挥权也随即发生了变化。《后汉书·董卓列传》记载:"朝廷复以司空张温为车骑将军,假节,执金吾袁滂为副。拜卓破虏将军,与荡寇将军周慎并统于温。"

当朝三公之一的司空张温接替车骑将军职务,持节,赴前线顶替皇甫嵩指挥作战。而董卓由中郎将拜为破虏将军,与荡寇将军周慎各自统兵继续配合张温作战。董卓做了破虏将军之后,距其入京夺权还剩下 1500 天。

把几个情况结合起来看,关中之战第一回合的结局就很值得玩味了:皇甫嵩因战事不利加上宦官诬告下台,司空张温接手平叛工作,而作为皇甫嵩副职的董卓不但没有被牵连问责,还升为破虏将军继续统兵作战。老董是怎么做到的呢?

这就要说说董卓和各参战将官之间的关系了。

先看董卓和皇甫嵩的关系。当年董卓失去了剿灭黄巾军的机

会，皇甫嵩最终成功；现如今董卓又顶替皇甫嵩，得到扑灭凉州叛军的机会，二人你来我往，此时算是各赢一局。后来二人还是互相不服，直到董卓最后掌控朝局时，还不忘奚落皇甫嵩。由此看来，二人在第一轮关中防御战的配合不会好到哪里去。

　　再看董卓与关中将领的关系。董卓成为凉州平叛战的主力后，汉军和叛军对峙的僵局最终被打破，协助董卓突击作战的是关中右扶风鲍鸿等将官，关中将官看来还是很愿意配合董卓作战的。

　　最后是董卓与同为将军的周慎的关系。关中防御战中除了董卓，另一位重要将领叫周慎，也是凉州人，担任过豫州刺史。他是荡寇将军，与老董各统大军，二人关系如何呢？好，肯定好！《后汉书·孝献帝纪》李贤注引《东观汉记》曰"周珌，豫州刺史慎之子也。"周慎的儿子周珌最后成了老董的心腹，老董当然不会把死对头的儿子当心腹，想来周慎跟老董处得不错。

　　关西将领都和老董关系不错，那皇甫嵩被免职，最大的受益者成了老董，便不奇怪了。老董经过黄巾之乱的失意，"钩心斗角"的伎俩应该又成长了不少。从基层一点点干起来的董卓更懂人性，如果非让他玩路子，那接下来就成了老董的个人秀，一直表演到进入雒阳皇城，表演到了太师的位置上！

　　随着皇甫嵩被免职，"三公"张温接手平叛，第一轮关中防御战就算结束了。

　　此时的东汉，关东的黄巾残部藏得满山都是，为啥都藏到山里了？皇甫嵩的京观就杵在下曲阳呢，那可不是闹着玩的，黄巾军敢下山试试，敢下来就给你叠到京观上去；而关西这边的叛军又杀到了长安。

第十九章　凉州风云再起

在第二轮关中防御战之前，我们暂时把视线从长安地区移回雒阳，转入大汉朝廷，说些战场背后的故事。还是那句话，撇开大环境讲东汉，是说不明白的。

帝国东边还没消停，西边又乱，雒阳城里的汉灵帝现在已是手足无措。

第二十章 绝地反击，超常发挥的人生

西州的战局很胶着，而战争往往是政治的延伸，所以在讲关中防御战第二回合之前，我们有必要先交代一下当时东汉朝廷的状况。

一、饮鸩止渴的汉灵帝与愈发混乱的东汉政局

关西地区大乱，关东黄巾残部也到处躲藏。

黄巾之乱时别说国库，汉灵帝的私库都打光了，现在兵灾又起，汉灵帝觉得自己手里没钱不踏实，黄巾之乱时汉灵帝自掏腰包平叛，现在不也一样吗？难道大汉还能突然有钱了不成？所以他加紧收"助军钱""修宫钱（官员上任费）"，搞得像拉赞助一样，官员上任前要先去皇帝的西园和皇帝委派的代表砍价，双方都同意了再上任。这钱肯定会拿出一部分充当军费，但余下的皇帝都藏起来了。

汉灵帝这么疯狂敛财，就没人反对？

当然有，不但反对，还有人用自己的生命告诫皇帝饮鸩止渴是没有用的！

新上任的钜鹿太守司马直，汉灵帝觉得这个人名声清廉，所以给上任费打了折。按理说钜鹿郡是大郡，太守卖2000万钱问题不大，交了钱才能上任。汉灵帝给便宜了300万钱，司马直本不想去，可不去也不行，朝廷逼着他去。于是司马直写了一封针砭时弊的遗书，竟然在上任途中服毒自尽了。

汉灵帝看了司马直的遗书，心里估计也不是滋味。抛开初衷不谈，汉灵帝或许默认官员到任后都会贪，收官员的"上任钱"其实是等于公开承认官员到任后可以贪污，把钱再捞回来，就凭这点，汉灵帝铁定是遗臭万年了，汉灵帝心里不是滋味怕也有这个因素。司马直的死谏，使得汉灵帝只得暂时停收"修宫钱"。可"助军钱"却没停，停了关西那边的10万大军吃什么喝什么？

后来，汉灵帝认为卖官这事还得搞，不搞从哪里来钱，便继续收钱。三公最好卖，这个职务是最高荣誉的象征，值钱。

冀州清河名士崔烈想做三公，他自己也有名望。三公这个位置，最低也得2000万钱，别说崔烈，当年段颎干太尉都得出钱。汉灵帝觉得崔烈是名士，给打个五折，卖1000万钱，可汉灵帝奶妈程夫人说："人家崔烈是名士，不打算拿钱买官，我是好说歹说人家才同意拿500万钱，就这样你还不满意？"这下好，最后500万钱成交，崔烈以"低廉"的价格买到了三公官职。

各地叛乱不止，朝廷内部钩心斗角，不是宦官整大臣，就是士人准备杀宦官。而皇帝只管卖官敛财，再拨点儿给军队打仗，余下的钱自己存起来，总之基本上没有什么人干正事。

第二十章 绝地反击，超常发挥的人生

朝廷乌烟瘴气，而董卓等人还在玩命打仗呢，战争问题总需要解决啊，关中大战不能不管吧。终于，刚买了官的崔烈老同志提出了一个吓人的建议。

那是一次险些坏了中国根基的朝会。我把史书记载的这次朝会整理了一下：

新买了司徒的崔烈开腔："陛下，如今之势实在难以为继，皇甫嵩这等名将率领精锐王师都不能击败叛军，臣以为可割舍凉州以求大汉休养生息。"崔烈提出割舍凉州也是没办法，朝廷拿不出钱，汉灵帝卖官收钱无异于饮鸩止渴。

此言一出朝堂上估计也没了动静，这是什么论调啊？

要知道，从武皇帝打通河西走廊到今天，几十代汉人都生活在凉州，现在要放弃？

"陛下请将崔司徒斩首，天下才会安定！"一个坚决反对割地的声音传了出来。

反对割舍凉州的人叫傅燮，是凉州名士，西域外交名臣傅介子的后人，他的性格跟其祖上一样刚烈。

崔烈在朝堂上当然有自己人，他们开始反击傅燮："陛下，傅燮居然在朝廷之上侮辱大臣，理应问罪！"

刘宏面露疑惑之色，他知道傅燮的秉性，也知道平定黄巾之乱时傅燮有功，但却因为上书攻击宦官，开罪了中常侍，中常侍们哭天抹泪地说自己冤枉，要求刘宏惩治傅燮。刘宏眼下除了左右平衡什么都做不了，最终他没有惩治但也没有封赏傅燮。

想到这里，刘宏轻声问道："傅卿此话何意啊？"

傅燮正了正衣冠，看着刚才要弹劾自己的大臣正色道："当年大汉新立，匈奴单于冒顿忤逆吕太后，上将军樊哙夸口说'愿

得十万众，横行匈奴中'，如此忠君爱国，季布也说樊哙夸口应该问罪。而今凉州为天下要冲，国家藩卫，400年前高祖与郦商平定陇右地区，而武皇帝之后又开拓凉州，设立四郡，当时人都认为这样好比斩断匈奴人的右臂。现如今凉州治理混乱，出现叛逆，天下为此骚动，陛下为此寝食难安。而崔烈以宰臣地位，不为国分忧，却要割弃一方万里疆土，臣对此感到不解。若让异族得到了凉州，他们只会发动更强大的攻势，那时候会酿成何等的恶果啊！如果崔司徒不知道这个道理，那就是愚昧，如果他明知而为，那么他就是对陛下不忠！所以臣说可斩崔司徒！"[1]

傅燮的一番话打动了汉灵帝，最终没有割地求和，没有割舍西北。

可傅燮这么刚直能落好吗？大宦官头子赵忠本就与傅燮不和，后来赵忠派人主动示好傅燮，想和他缓和关系，可刚直的傅燮不肯和解。在赵忠看来："好，我都让步了，你傅燮还牛是吧，那你就去凉州最危险的地方打叛军吧。"

于是，傅燮被派去了凉州刺史府所在的汉阳郡担任郡守。即便这样，估计上任汉阳郡的"买官上任钱"也得交。

二、关中防御战第二回合，决战前的准备工作

朝廷差点儿舍了凉州，在傅燮的坚持下，汉灵帝冷静了下来，咬紧牙关准备夺回凉州。可咬牙不能咬死敌人，还是需要爪牙去打。老董作为朝廷尖锐的爪牙，准备一口咬回关中和凉州。

---

[1]《后汉书·虞傅盖臧列传》。

第二十章 绝地反击，超常发挥的人生

董卓在接下来的关中之战中立了大功，他是如何超越皇甫嵩的成绩，一举反击叛军的呢？

在讲关中之战第二回合之前，咱们先说说10万汉军的内部情况，看看董卓的反击难度。

关中防御战第二回合，由司空张温持节代替皇甫嵩。张温是曹操家的门生故吏，靠宦官发迹，这个人看似老好人，但内心却颇有城府。董卓当权时，张温还在朝堂任职，后面还会说到这个人。

张温接替了平叛总指挥的位置，那他之前打过什么硬仗，会打仗吗？答案是：显然不会。关中大战双方兵力接近20万，皇甫嵩都兵败被拿下了，朝廷居然派个不会打仗的去指挥军团作战，这不开玩笑吗？

其实朝廷用的就是张温的朝堂地位。朝廷当然不傻，就算灵帝傻，满朝文武也不傻啊。傅燮因为关中之战都喊出"杀司徒"了，关中战事哪里还能容得半点儿马虎。

所以，眼下张温被派去平叛最大的作用就是镇住场面！一把手能不能打并不重要，关键是处理好10万大军之间的各种关系，这就得有一定的江湖地位了，管他这"三公"是不是买来的，反正人家位列三公，是朝廷宿老，总比董卓等人的江湖地位要高些。

可张温能处理好军团各部之间的关系吗？答案是：处理不好。

朝廷给张温配了两个有名的人。第一个副将是袁滂，袁滂是陈郡袁氏的话事人，很会做人，后来董卓入京后朝廷动荡，天下都乱套了，可陈郡袁氏却没遭到打击。袁滂可谓左右逢源，你说他中立也行。

第二个是参军孙坚，也就是后来吴国皇帝孙权他爹，"创一代"的江东之虎。在黄巾之乱尾声，平定宛城之战时，孙坚还只

是一个军司马，但他攻城先登，作战勇猛。孙坚是董卓的死敌，现在是，将来是，到死都是。所以《三国志》给孙坚的传记起名叫《孙破虏讨逆传》。

此外，张温还从平叛的汉军中选了陶谦当参军，就是后来《三国演义》中三让徐州给刘备的那位，当然，这老哥并没有《三国演义》中写的那么熊。陶谦最开始就和皇甫嵩、董卓在关中平叛，他是扬武都尉。张温把他转为参军，留在帐下。陶谦有两个特点。第一，跟主帅张温尿不到一个壶里。《三国志·魏书八·二公孙陶四张传》裴松之注所引《吴书》曰："会西羌寇边，皇甫嵩为征西将军，表请武将。召拜谦扬武都尉，与嵩征羌，大破之。后边章、韩遂为乱，司空张温衔命征讨；又请谦为参军事，接遇甚厚，而谦轻其行事，心怀不服。及军罢还，百寮高会，温属谦行酒，谦众辱温。"军团领导们喝酒的时候，陶谦还当着众将士的面侮辱上司张温，但张温居然还用他，说明陶谦是真有本事的。第二，他不反感董卓，关中之战开始时二人就在一起，虽然没有记载二人私交怎么样，但后来出现关东反董联军时，陶谦任徐州刺史，人家根本不参与反董，而且整个徐州都没参与，只是后来老董做了一个错误决定，老陶只得重新站队。此外，张温还从各地调来了一些人手帮衬自己，如年纪比较大的名士赵岐。

整合起来，就能看清西征汉军的整体架构：

张温是主帅，袁滂是副帅，孙坚和陶谦是参军；张温又是司空，司空府中还有一大堆人，这算是整个关中汉军的指挥部构成。破虏将军董卓和荡寇将军周慎是指挥部下面的两条腿，具体领兵的将领，此外应该还有各郡调集来的郡兵。

这种规格的汉军，比皇甫嵩在关中的时候规格要高。皇甫嵩是以左车骑将军身份任主帅，董卓以中郎将身份任副帅；而现在是张温以三公身份任主帅，董卓以破虏将军身份任实际上的副帅。

皇甫嵩走后，已经宦海沉浮多年的董卓竟变得非常跋扈，跋扈到孙坚建议张温趁机杀了他。那董卓跋扈的资本从何而来呢？

那是因为董卓升了官，手里有兵，所以底气很足。董卓之前是皇甫嵩副将，现在是破虏将军，上面是军团指挥部，但他作为破虏将军，下面有自己的部曲（杂号将军也有自己的直属军队）。那他领兵多少呢？估计是3万。

为什么说3万？后来打回凉州的时候，明确记载了董卓麾下是3万人马。《资治通鉴·汉纪五十》记载："温亦使董卓将兵三万讨先零羌。"这支部队的构成不清楚，但最后这些兵都被董卓带走屯在扶风，从这点来看，这些人马当时有可能已经划归董卓麾下了，后来才被董卓带着出征。

平叛汉军的组织结构给了董卓发挥的空间，他自己手中有兵，再和周慎处好关系，顺带拉拢一下关中将领，在整个西征军中的地位那就举足轻重了。此后，老董自然就不似当年那么好摆弄了。

其实董卓与张温关系很不融洽，《三国志·吴书·孙破虏讨逆传》记载了一事，很能说明董卓的跋扈。"温以诏书召卓，卓良久乃诣温。温责让卓，卓应对不顺。坚时在坐，前耳语谓温曰：'卓不怖罪而鸱张大语，宜以召不时至，陈军法斩之。'温曰：'卓素著威名于陇蜀之间，今日杀之，西行无依。'"

首先，张温召董卓来商量事情，可董卓很久之后才去拜见，张温批评董卓不尊重自己，董卓很不服，还跟他对着干。董卓对张温态度是爱搭不理的，很不顺从。当时孙坚也在场，他跟张温耳语："董卓很放肆，您召见他，他迟到，应该按照军法趁现在将他处死。"但因为董卓名震关西,而且接下来打仗还得靠董卓,所以张温不敢下手。

孙坚鼓动张温杀了董卓,说明张温对董卓原本就有意见,不然孙坚的建议就太冒失了。再后来,董卓和张温矛盾逐步升级,二人甚至把官司打到了朝廷。

张温到达战场后,战事应该还处于胶着状态,并没有发生实质性的大决战。因为《三国志·吴书·孙破虏讨逆传》中记载,孙坚劝张温杀董卓的说辞中提到了两点,"章、遂跋扈经年,当以时进讨,而卓云未可,沮军疑众,二罪也。卓受任无功,应召稽留,而轩昂自高,三罪也"。意思是说,汉军应该赶紧进军跟敌人决战,可董卓不同意,这是乱军心。而且董卓当了破虏将军没立什么功劳,还如此跋扈,也是罪过。此时汉军并没有与叛军决战,那董卓当时为什么不同意与敌人决战?后来董卓又是如何反击,一举击溃叛军的呢?

三、董卓的超常发挥

决战前,汉军被动的局面

在说董卓如何一举击溃叛军之前,先说下董卓不肯轻易决战的原因,当时双方的仗到底打到什么程度了。

皇甫嵩被免职的时候,叛军已经打到了美阳地区(距离长安很近),所以从九月到十一月,两军交战的主战场在美阳县,而且双方都没有取得决定性的进展。

双方之间肯定有拉锯战,但记载不多。《三国志·吴书·孙

第二十章 绝地反击,超常发挥的人生

破虏讨逆传》中说孙坚曾在美阳亭北"将千骑步与虏合,殆死,亡失印绶"。连猛将孙坚都差点儿战死,估计战斗很不顺利。

史书没有记载当时整体战局的状况,但我们可以从其他历史人物的记载里找到答案!

当时汉军的处境极为危险。东汉著名上书"达人"刘陶的一份上书,把汉军当时的困境写得很明白。

《后汉书·杜栾刘李刘谢列传》记载:

> 是时,天下日危,寇贼方炽,陶忧致崩乱,复上疏曰:"……今西羌逆类,私署将帅,皆多段颎时吏,晓习战阵,识知山川,变诈万端。臣常惧其轻出河东、冯翊,钞西军之后,东之函谷,据厄高望。今果已攻河东,恐遂转更豕突上京。如是则南道断绝,车骑之军孤立,关东破胆,四方动摇,威之不来,叫之不应,虽有田单、陈平之策,计无所用。臣前驿马上便宜,急绝诸郡赋调,冀尚可安。事付主者,留连至今,莫肯求间。今三郡之民皆以奔亡,南出武关,北徙壶谷,冰解风散,唯恐在后。今其存者尚十三四,军吏士民悲愁相守,民有百走退死之心,而无一前斗生之计。西寇浸前,去营咫尺,胡骑分布,已至诸陵。将军张温,天性精勇,而主者旦夕迫促,军无后殿,假令失利,其败不救。

我将刘陶的奏章基本全文摘录,就是因为刘陶将董卓对叛军发动决战前的凉州和关中局势,说得明明白白。刘陶的奏章说破了几个问题,我们仔细看看:

"今西羌逆类,私署将帅,皆多段颎时吏,晓习战阵,识知

山川，变诈万端。"这点我们之前说了，凉州的叛军真的是"汉军的叛军"，很多都是段颎当年的旧班底，是纯正的野战军，不是黄巾流民组织可比的。

"臣常惧其轻出河东、冯翊，钞西军之后，东之函谷，据厄高望。今果已攻河东，恐遂转更豕突上京。如是则南道断绝，车骑之军孤立，关东破胆，四方动摇，威之不来，叫之不应。"张温和董卓的西军很有可能被敌人抄后路"包饺子"，而且叛军已经开始"大迂回"战略，攻打西军身后的河东郡了，一旦形成包抄局势，汉军危矣。

"臣前驿马上便宜，急绝诸郡赋调，冀尚可安。事付主者，留连至今，莫肯求间。"这话是说暂停关中各郡的赋税征收，这个事情很重要，关系到关中民心稳定问题。

"今三郡之民皆以奔亡，南出武关，北徙壶谷，冰解风散，唯恐在后。今其存者尚十三四，军吏士民悲愁相守，民有百走退死之心，而无一前斗生之计。"三秦百姓都跑了，10万汉军吃啥，全靠千里之外用车运过来吗？最主要的是，百姓会失去死守关中的意志。

从刘陶对西州战事的分析来看，关中战事的情况非常不乐观。打，叛军太硬；守，汉军死守长安，叛军迂回包抄；稳定，朝廷还在征收关中的钱粮，人心不稳；民心，百姓大部逃亡，东汉西部的局势岌岌可危。若关中失守，叛军将直入关东。

我们不好说董卓到底是不是有"田单、陈平之策"。可结局是董卓真的守住了关中，击溃了叛军，挽救了大汉岌岌可危的局面，甚至一度创造了收复凉州的良好局面。

那老董到底是怎么力挽狂澜的呢？

一起去看流星雨，一场救了大汉的天火

十一月的一天，一场流星雨打破了僵局。

《后汉书·董卓列传》记载："十一月，夜有流星如火，光长十余丈，照章、遂营中，驴马尽鸣。贼以为不祥，欲归金城。卓闻之喜，明日，乃与右扶风鲍鸿等并兵俱攻，大破之，斩首数千级。章、遂败走榆中。"

董卓抓住了敌军军营附近出现流星雨的机会。第二天，除了自己的部曲，董卓还带领了关中军一起攻击敌营，大败叛军。注意，不是汉军全体出击，是董卓的部队和关中军出击了，没提张温发动总攻。

那一天或许是这样的。

入夜，韩遂军营里一名巡哨的兵士忽然止住脚步，呆呆地望着天边忽然红起的一片云，那好似晚霞一般的异象看上去颇为美丽。然而不等那兵士欣赏完美景，一束光芒在云端亮起，白光闪过夜空，一颗陨石穿破云端，瞬间变成硕大的火球，拖着长长的芒尾从天而降，好似奔着那哨兵去了。接下来，接二连三的"天罚"不断地划过天空，营中顿时大乱。底层的兵士多是不识字的，根本听不懂什么陨石是常见的天象，历朝历代都有记载。他们只知道这是天罚。他们跪在地上不住叩首，口中还念念有词，还有的兵士如同梦呓一般在营中游荡着嘟嘟囔囔。

韩遂见此景象也呆在了那里，无助地看着夜空中那红彤彤的光晕。陨石雨过后，天际依旧一片火红，军营混乱不堪，又过了一阵，韩遂还没缓过神来，他的亲兵牵着马跑到韩遂身边，拍打着他的臂膀，韩遂隐隐约约听到亲兵喊："汉军、汉军杀过来了，

将军快上马,快上马。"

韩遂侧过身子望向东方,伴着蒙蒙亮的天色,那婉若游龙的汉军长队越来越明显,隐约还能看到一面董字大旗,他知道再不撤就来不及了。

借助流星雨,董卓率领的汉军开始了大举反攻。

自从"天火"助汉军发动反攻之后,汉军就没有停下追击的步伐,大军一路从司隶长安附近的美阳县(今陕西省扶风县法门镇)追击到了凉州金城郡的榆中县(今甘肃省中部)。可以想见韩遂、边章得多狼狈吧。

董卓借着天火立了大功,僵持了 8 个月的关中防御战以汉军胜利告终,而且汉军还从关中反攻敌军,一口气杀到了凉州叛军的大本营门口。

董卓立了功,岂不更加嚣张跋扈,估计也就更不拿张温当回事了。但董卓不拿张温当回事,对整体战局来说并不是好事。

四、乘胜追击,功败垂成的凉州夺还战

汉军进入凉州地界后,凉州尚未沦陷的各郡县的麾下将士自然也得参战,局势一片大好!但收复凉州完成 80% 时,系统出错了。汉军复杂的人际关系,最终毁了凉州的大好局势。

彼时叛军退守金城郡榆中地区。榆中是凉州之战的重要据点,它既是金城郡的桥头堡,又是凉州安定郡、汉阳郡、陇西郡、金城郡的交会点,战略地位极为重要,如果拿下榆中,攻入金城郡和湟中地区,叛军就只能投降。如果拿不下榆中,周边四个郡都会受到叛军威胁,叛军死灰复燃的可能性极大。

第二十章 绝地反击，超常发挥的人生

按理说董卓大胜关中，兵线推入凉州，自然应该继续率军攻打榆中城，之后再攻克金城郡，最后一举光复凉州。董卓当年在冀州吃过亏，眼看着皇甫嵩扶摇直上，他眼红得很啊。眼下，老董再傻也知道，这又是一次立下不世之功的机会，得殊死一搏。

然而，这次依然有人拆董卓的台。指挥部下令，周慎率兵3万攻打榆中，接下来光复金城郡。董卓带3万人马去汉阳郡（天水郡）抵抗先零羌。《后汉书·董卓列传》记载："章、遂败走榆中，温乃遣周慎将三万人追讨之。"张温的这个安排就好比公司有一个生产线安装的大项目，董卓赶上机会拿下了最关键的技术环节，马上要到设备调试、安装的最后环节了。突然被告诉，把手里活儿交给周慎。可能还美其名曰："你是能人，那边也需要你。"

董卓肺都气炸了，剿灭张角有人给我下绊子，现在我都打回老家了，你们还来！是可忍孰不可忍。

《三国志·吴书·孙破虏讨逆传》裴注引《山阳公载记》载：

> 卓谓长史刘艾曰："……孤昔与周慎西征，慎围边、韩于金城。孤语张温，求引所将兵为慎作后驻。温不听。孤时上言其形势，知慎必不克。台今有本末。事未报，温又使孤讨先零叛羌，以为西方可一时荡定。孤皆知其不然而不得止，遂行，留别部司马刘靖将步骑四千屯安定，以为声势。"

董卓跟张温说得很明白，让周慎打也行，我当后备都行。说白了榆中之战是关键。可张温偏不听，董卓知道事关重大，急了眼（不管是战役的胜败，还是自己的前途，都看榆中之战了）。

他居然绕开张温直接上书朝廷，这明显是和张温翻脸的节奏。董卓申请打榆中的奏章后来还放在台阁，可不等朝廷回复，张温直接把董卓支走了。董卓知道凉州平定战够呛了，但不能不听将令，最后愤恨出发。

很明显，董卓想参加金城郡的决战，为此甚至不惜和张温翻脸，可张温没给他这个机会。其实，董卓话说得也太绝对了，人家周慎就一定打不下榆中吗？周慎后来基本把榆中的城垣给扒光了，眼看就要攻陷榆中。但一个扭动乾坤的转折，又被"两只蝴蝶"给折腾出来了。

《三国志·吴书·孙破虏讨逆传》裴注引《山阳公载记》记载："温既不能用孤，慎又不用坚，自攻金城，坏其外垣，驰使语温，自以克在旦夕，温时亦自以计中也。而渡辽儿果断葵园，慎弃辎重走，果如孤策。"

叛军一个叫"渡辽儿"的将领在周慎马上攻陷榆中的时候，突然率军切断了周慎的补给线，导致周慎败退，辎重丢失，最终全线败退。当时孙坚就比较有远见，他早看到了这个问题，也向张温提了建议，可张温也没让孙坚上场。张温本来就是协调诸将关系的，这可好，这面得罪董卓，那边得罪孙坚，这个做法显然不可取，更何况孙坚背后也有人。孙坚后来是袁术的头号大将。张温和稀泥没和好，打压董卓又得罪孙坚，或者说得罪了孙坚背后的袁家。

凉州平定战的战局急转直下，汉军全线崩溃，而董卓后来居然套路成功，还因此立了大功。心灰意冷的董卓到底玩了一个什么套路，使自己翻身的呢？

第二十一章 汉军功败垂成，董卓封侯拜将

前文说到，汉军发动的凉州平定战，张温功败垂成。明明榆中城垣都攻塌了，明明敌人已经顶不住了，明明所有防御塔都拔掉了，结果却来了个一百八十度的大转弯，汉军反倒全线溃败。

董卓一年前刚经历了被冀州军（郭典）拆台，摔了个大跟头。而这一次张温又抽了董卓登天的扶梯，硬是把他传送到汉阳郡。董卓已经不是那个游走江湖，张嘴义气、闭嘴道义的侠客了。他也不是新入官场，懵懵懂懂的新兵蛋子了。他更不是满腹经纶善于说教的地方大员。他现在是麾下有3万兵马的东汉破虏将军，是一心想重新封侯拜将、野心勃勃的老军头了，让他再次倒下去，那不可能了！

董卓做了一个改变他人生轨迹的决定。

一、人是会变的，权谋套路谁都会玩

其他几支汉军全部溃败时，老董的3万主力军在汉阳郡的望垣硖北部，被羌、胡数万军队包围，军队断粮了。望垣硖北面是一段河，而其他方向应该都被羌兵堵住了。按当时记载来看，汉军被敌人包围，想北撤应该是无法渡河的。

这下麻烦了，西征汉军溃败，而董卓的孤军又处于包围之中，老董该怎么办？

开始玩套路的董卓，在自己的军营中与心腹谋士商量了半天，最终拿出了一个对自己未来最有利的战略方案。

老董看着营帐内硕大的凉州地图，最终指了指望垣北的河流，自顾自地念叨着："一场天火能让我平定关中，一场天水（汉阳郡又叫天水郡）能将我送上侯位！"

老董最后不但过了河，还顺手打了一场小胜仗。

《三国志·魏书·董二袁刘传》记载：

（董卓）于望垣硖北，为羌、胡数万人所围，粮食乏绝。卓伪欲捕鱼，堰其还道当所渡水为池，使水渟满数十里，默从堰下过其军而决堰。比羌、胡闻知追逐，水已深，不得渡。时六军上陇西，五军败绩，卓独全众而还，屯住扶风，拜前将军，封斄乡侯。

董卓被困后，率军在河上修建了一座小型水库，大军守护营寨，然后让士兵装模作样地在水库中捕鱼。敌军知道董卓军断了粮，琢磨着在水库捕鱼也不够3万人吃，饿死老董多省事儿。

第二十一章　汉军功败垂成，董卓封侯拜将

可老董在一天夜里，竟率军从河堰下面没水的地方偷偷过了河，然后又决了河堤，敌军发现汉军过河后想追击，可一时又过不了河，董卓就这么突围了。

后来敌人追上董卓没？追上了。

《三国志·吴书·孙破虏讨逆传》裴注引《山阳公载记》记载："（董卓）留别部司马刘靖将步骑四千屯安定，以为声势。叛羌便还，欲截归道，孤小击辄开，畏安定有兵故也。"

董卓早就意识到，张温支走他之后，是打不赢凉州平定战的。于是，他提前让刘靖带了四千兵马屯在汉阳郡北面的安定郡作为殿军接应。董卓渡河后，叛军追击，欲截断其归路，"（董卓）小击辄开"，敌人不敢再追击，因为担心安定郡还有汉军埋伏。

老董这下厉害了，其他汉军损失大半，而他全师而还，还顺手打了一场小胜仗（"时六军上陇西，五军败绩，卓独全众而还"①）。

这下满朝文武都服了董卓，朝中那股支持董卓的势力，此时好替他说话了。"你看人家老董，你再看看其他人！该封赏老董，应该封侯！"

董卓突击关中敌军大获全胜，一路追击至凉州金城郡，而后他又上书朝廷，对凉州战局了如指掌。你不能说人家没提前跟朝廷和张温商量怎么打吧？是张温硬把董卓撑走的。你不能说董卓畏敌吧？现在全军溃退，唯独董卓的 3 万大军在断粮和被围的情况下（这个责任也可推给张温，是张温命令董卓去汉阳郡打先零

---

① 《三国志·魏书·董二袁刘传》。

羌的），不但暗度陈仓，还顺手打退了追兵。还有什么可说的！

董卓在关中大胜叛军，在凉州又表现出色。老董终于实现了自己的人生目标，封侯拜将。

《三国志·魏书·董二袁刘传》："屯住扶风，拜前将军，封斄乡侯。"《三国志》记载，董卓是屯住扶风拜前将军，封斄乡侯，征为并州牧，这显然是有顺序的。而《后汉书》记载是董卓封斄乡侯，在中平五年（188年）才拜前将军，而不是中平二年（185年）年底或者第二年年初。不管是先封侯，隔了两年再拜前将军，还是先拜了前将军再封侯，都不影响董卓在关中和凉州地区的统军地位，老董现在稳了。

东汉除了外戚专属的大将军和已经被其他外戚（宦官）占据的骠骑、车骑、卫将军（东汉很少设立卫将军），已经很久没有册封过前将军了。眼下整个东汉，真正手里有兵的将军，第一名居然成了董卓。他成了大汉的百将之首，大汉前将军。

这个前将军，真的是董卓玩套路玩出来的吗？肯定是。

我们可以把董卓在凉州平定战中的表现整理一下，串起来再看看。

董卓被张温从榆中支走，但他写信到朝廷和张温打官司了。然后，他在安定郡留了四千殿军，这明显就是给自己留退路，最后居然全师而还。看起来，这好像没啥问题，然而其中问题可大了。

董卓全师而还，至少说明他没有和先零羌真的开打。那董卓被敌人围困在望垣硖，是怎么被围过去的？打都没打就跑那儿去了？是想使用"背水一战"的技能吗？闲着没事儿让敌人包围啊？董卓还真就没和叛军打，而且到军粮都吃光了的时候，还是没开打。

如果我们临时穿越，跑到董卓军帐中参加军事会议，会看到什么？或许，董卓是这样做的。

董领导开口就说："张温肯定打不下金城郡，他扑灭不了叛乱，我们现在和先零羌对峙，该怎么办？"

张温肯定打不下叛军，我们现在有必要跟先零羌死磕吗？换个说法，等张温打赢了，董卓再和先零羌开打岂不是更好打，那时候先零羌就被动了。如果张温打输了，董卓还和先零羌较什么劲，死战的结果必然是自己全军覆没嘛。

军事会议的结果是，静观其变，安排好退路。

此时的老董已经开始玩套路了，他的态度是：折损自家兵马，我不同意！除非有便宜捡，我才出手。实在不行咱就北撤，那边还有殿军接应，保准没事。

这么看来，当年黄巾之乱董卓被人拆台，他应该从中学到了一些心得。我们甚至有理由怀疑，关中保卫战初期，他和皇甫嵩在一起时，或许就已经在暗地里玩套路，拆皇甫嵩的台了。

第一轮关中大战，最终的结果是，各部大有伤亡，只有老董连立两次大功。此时已经心中城府如沟壑，逐渐黑化的老董在朝廷中的腰杆硬了，麾下3万大军屯在扶风。

二、几朝来，第一个大汉前将军诞生

董卓手握重兵独挡西州，加上他在东汉官场混了几十年，朝廷中会没有支持者和盟友吗？当然有，只是史书上没有记载他的朋友和政治盟友罢了。当朝中有人提议应该给老董抬高身价的时候，不管是从功劳还是从执掌兵马多少的角度考虑，董卓封侯拜将都已经水到渠成了。

老董此时才发现，自己最想得到的东西，居然是用这种"全师而还"的套路得来的，前面几十年真是瞎忙活了。

这个前将军，它到底是个啥官呢？

前将军可以开府！后来董卓入京夺权后，他仍"领前将军府事"，紧紧握住自己手中的军权。

《后汉书·百官一》中介绍了将军幕府的构成。将军府内，设长史、司马皆一人，千石。"司马主兵，如太尉。从事中郎二人，六百石。职参谋议。掾属二十九人。令史及御属三十一人。此皆府员职也。又赐官骑三十人，及鼓吹。"这一大堆人都是前将军府中的幕僚和官吏。接着"其（将军）领军皆有部曲。大将军营五部，部校尉一人，比二千石；军司马一人，比千石。部下有曲，曲有军候一人，比六百石。曲下有屯，屯长一人，比二百石。其不置校尉部，但军司马一人。又有军假司马、假候，皆为副贰。其别营领属为别部司马，其兵多少各随时宜。门有门候。其余将军，置以征伐，无员职，亦有部曲、司马、军候以领兵。其职吏部集各一人，总知营事。兵曹掾史主兵事器械。禀假掾史主禀假禁司。又置外刺、刺奸，主罪法"。

以上是以大将军为例的部曲配置，前将军府下面的部队也都是有编制和具体职务的。董卓这前将军府一定很厉害，因为前将军麾下的兵马都是有战争经验的骄兵悍将。而跟着董卓打仗的人也慢慢地看到了希望，因为升官的机会多了，这个以"凉州人为主导的前将军府"会越做越大。

董卓统前将军幕府驻守关中，守望凉州之时，情况也发生了微妙的变化。这个变化给予了董卓攫取更大权力、打造更强大前

第二十一章 汉军功败垂成，董卓封侯拜将

将军府的机会。

这个变化到底是什么？

皇甫嵩被贬，等后来再复出的时候，也只能位居董卓之下，做了大汉的左将军。二人的身份在黄巾之乱后出现了一个调转。

荡寇将军周慎在西州吃了大败仗，估计下场好不了。

孙坚和陶谦的资历不足，还无法在西州立足，没资格统御幕府。

张温因为凉州平定战失败，在中平三年（186年），被朝廷给送到长安做太尉，成为汉朝三公在京城之外就职、任职的首例。当然，这个奇怪的首例，并不是表面看上去的那么简单。

问题的关键就在于朝廷把张温改任为太尉（名义上的全汉军队领导），却又把董卓加封一番。张温名义上是太尉，却蹲在长安，更不好节制屯兵在外的董卓。董卓岂不更加嚣张？本就不搭理张温的老董，现在独自处理军务，这不是变本加厉地鼓励董卓自成一派吗？

朝廷也是没办法，最初让张温节制董卓，可结果是丧失了平定凉州的大好机会。还是让董卓自己干吧，朝中或许就有那么一股势力希望董卓不受张温节制，自成一派，这股力量也越来越强。

这个微妙的变化，我们现在很难以一家之言说清楚症结在哪里。总之，此时的董卓成了自由度极高的"别部前将军"。虽然董卓横在关中，但事实上他不单与太尉张温的关系不好，他与新任的京兆尹（相当于长安郡守）、凉州名臣盖勋的关系也不好。老董气焰日渐嚣张，也为其日后的野心膨胀打下了基础。

董卓担任的大汉前将军，名义上是全国范围内的军方五把手，但实际上却是掌握实权的"二把手"，因为老董麾下的兵多

啊。这就好比大集团内有一位强势的销售总监,名义上可以掺和全国范围内的事情,且完全把控西北地区的销售渠道,最要命的是,现在西北地区的销售份额对整个集团来说极为重要。

董卓这个前将军,朝廷不封也得封,赶走董卓就等于放弃了西北。让别人替代老董?开玩笑,皇甫嵩都换下去了,张温不行,周慎也不行,如今凉州平定战大败,在不割舍西北的情况下,还能让谁来?

董总监坐镇西州,自己租了一层写字楼,既不去见集团派来执行战略的副总裁张温,也不理陕西省分公司老总盖勋。在董总监眼里,他们啥都不是。

而对朝廷来说,这种情况就好比"炉灰掉在豆腐上,拍也拍不得,吹也吹不掉"。更何况朝廷中也不乏支持老董的人。

董卓此时并不是凉州军阀,他的敌人才是凉州叛乱军阀。老董也不是什么凉州刺史、凉州牧,他是大汉前将军。很多人受《三国演义》影响,把老董的位置给倒装了。

老董的前将军集团,文臣武将一大堆,横在关中挡着叛军,朝廷也不得不用他挡着。接下来的几年,这个前将军集团羽翼渐丰,就很类似一个前将军军阀啦。

如今,董卓建起了自己的将军幕府,当他站在幕府门楼下,望着大门上"前将军府"的匾额时,他一定会想起很多人。当年段老师的幕府若也有3万精兵,阳球敢逼他喝下那一杯毒酒吗?当年张奂老师若在幽州也置幕府,幕府中也有3万精兵,段颎又会逼着张奂把户口迁回凉州吗?

董卓此时或许会带着一种阅尽世间百态的沧桑感,念白道:"两位老师,你们当年都错了。你们走错的路,我董卓自然不会

第二十一章　汉军功败垂成，董卓封侯拜将

重蹈覆辙，我将重新开辟一条属于自己的道路，你们在九泉下瞧好吧！"

游侠出身的董卓，一路走来，终究还是成事了。

老董翻身上马，坐在比旁人大一号的马鞍子上。他威风凛凛地驾驭着赤兔马，在一众幕僚的陪同下，检阅着自己麾下的数万精锐兵士。他只是轻轻地抬了一下手，军阵中数万将士赫然爆发出山呼般的呐喊，"前将军万胜"之声震天动地。

老董远眺故乡凉州，他知道那里还有好多羌胡兵是可以收编到自己麾下的，他也清楚"自古秦兵耐苦战"的传统。他开始盘算着组建自己的董家军，盘算着如何在朝廷中拉拢更多人，以防朝廷中有人掣肘，让他重蹈那皇甫嵩的覆辙。

当年皇甫嵩交出去的，我要给留下来！一旦心里有了对手中权力的贪念，军阀式的"大汉前将军"将觊觎更大的权力，在1000多天后，大汉前将军将兼任大汉相国。

三、过去、现在和未来

故事说到这里，董卓羽翼渐丰，那后来的关西战事又是如何发展的？金城郡的叛军是否死灰复燃？董卓后来为什么越来越跋扈？

董卓作为东汉末年举足轻重的政治人物，在当年朝廷变化莫测的局势中，到底是哪一股势力在暗中支持董卓？他个人的政治立场又是什么？一位兵权在握、身居高位的人物是不可能没有自己的政治立场的，他可以虚与委蛇、投机取巧，但绝不会装疯卖傻。那么，到底是因为什么事情，促使老董确立了自己的政治立场呢？

　　董卓从凉州一路打到今天，他手下的文臣武将都是些什么角色？他们统兵作战的能力如何，出谋划策的计谋如何，人品操守又如何？

　　灵帝驾崩后，董卓入京了，名义上是被何进传唤过去的。这就像很多人误以为董卓是凉州牧一样。老董到底是在什么背景下入京的？他真的是被何进"请"去的吗？

　　董卓入京后，他的行为动机是什么，主张又是什么？是之前谋划好的，还是真如《三国演义》里写的，如碰大运一般，边想边干的？

　　董卓执政后，真的民怨滔天、举国沸腾吗？真的有十八路诸侯反董吗？

　　董卓的结局大家都知道，因为一个叫貂蝉的女人，他居然被自己干儿子吕布给杀了。可董卓真的是因为一个女人，就稀里糊涂地被刺杀了吗？

【第三部分】

帝国黄昏，平乱夺权

第二十二章 凉州沦陷，董卓据守关中

从中平元年（184年）开始，十余万汉军与凉州叛军苦战了两年。两年多的西州战事中，朝廷的远征军经历了先败后胜、胜后又败，结果各路部队消耗巨大。眼下西北汉军也只剩下董卓手里的这支王牌军了。

一、董卓独挡西州之后，凉州和关中的局面

史书上并没有记载董卓与韩遂等人的叛军在中平三年（186年）有什么大战。当时在凉州和关中就像是连雨天中间难得放晴的时候，汉军和凉州叛军进入了暂时休战期，都在厉兵秣马、重整旗鼓。

这就跟玩游戏差不多，对战双方的士兵都死光了，都得开始采矿，重新造兵，准备下一波进攻。对于凉州叛军来说，他们自然想杀回关中，重新攻打长安。而对于汉军来说，他们自然想再

打回金城郡,光复凉州。双方都为接下来的大决战憋大招呢!

现在我们无法清楚地整理出凉州当时的势力分布状况,但可以肯定的是,凉州的局面一定是犬牙交错,一部分地区在朝廷手中,一部分地区在叛军控制之下。如金城郡、汉阳郡的部分地区,都在叛军控制范围内。但凉州大部分地区应该还在朝廷的控制下,东汉朝廷对凉州的控制力其实还是有的。

凉州叛军与汉军的拉锯战,到底让董卓的势力做大了。

此时,时间也进入了中平四年(187年),董卓在关中的地位再次发生变化,老董看似更"风光"了。

二、痛并快乐着的董将军

中平三年到中平四年,在关中统御大军的"董侯爷"在朝廷中的地位又一次强化。那是因为,张温在中平三年被召回了京城,到中平四年的时候,张温太尉的职务也被免了。

《资治通鉴·汉纪五十》记载,中平三年,"征张温还京师"。《后汉纪·孝灵皇帝纪下卷第二十五》记载,中平四年,"夏四月,太尉张温以寇贼未平罢,司徒崔烈为太尉"。不仔细看还以为张温是先被免职然后才被召回京的。实际上,中平三年时,张温是先被召回京城,隔了一年才给免职的。先把人调走,把军队控制权交出来,然后再免职,看似普通的工作调整,背后大有学问。

自打中平二年汉军在凉州大败,只有董卓全师而还后,张温被任命为太尉留在京外,朝廷的目的就是让其继续率军平叛凉州。可等到中平三年,朝廷又改了主意,命张温回京,让董卓留下平叛。拆过董卓台的张温滚蛋了,那董卓还不乐疯了。

第二十二章 凉州沦陷，董卓据守关中

两年来，关中汉军的控制权从皇甫嵩为正，董卓为副；到张温为正，董卓独领一军，但为张温下属；最后变成董卓自己说了算。当然，董卓也仅仅是对自己"前将军"麾下部队说了算，但那也解气啊。

而且朝廷把张温召回后，再没有往关中派遣"三公"级别的官员主持平叛工作。在这个时候，前将军董卓就是关中和凉州地区的老大，再也无人节制他了。老董很开心，大军在握，独挡西州啦。

在此期间，管理多民族部队经验丰富的董卓在不断扩张人马。老董守在关中，部队也在扩张，他总得和叛军争夺凉州兵员吧。《后汉书·董卓列传》中记录的董卓给朝廷的奏章开头就说"所将湟中义从及秦胡兵皆诣臣曰"，"秦兵"显然是指关中的汉军，"胡兵"是指湟中义从羌之外的少数民族部队，而最初参与西州叛乱的湟中义从羌后来也脱离叛军投靠了董卓。所以董卓肯定在不断扩张部队，汉军是一大部分，湟中义从羌兵是一部分，其他胡兵又是一部分。兵不少，可养兵那是要花钱的啊！这就是快乐中的痛处。

如果说凉州犬牙交错的局势让老董"望凉州而兴叹"，那眼下让老董最难办且憋火的事情，恐怕是"养兵"的问题。董卓扩大自己集团的军事武装，可钱从何来？

此时的董卓还不是割据一方的军阀，按照汉朝的规矩，大汉前将军没有自己的领地，前将军军事集团属于临时设立的派出机构。关中有京兆尹、右扶风、左冯翊这些官员管理，他们上面还有司隶校尉；而凉州还有凉州刺史。也就是说，地方是有自己领导的，老董不能插手地方财政。所以前将军麾下的将士粮饷主要

靠朝廷划拨，《后汉书·百官三》记载，"大司农……边郡诸官请调度者，皆为报给，损多益寡，取相给足"，军费划拨是由朝廷九卿之一的大司农负责调剂，这种"报账式"的前将军集团，当然不能算是"自收自支式"割据一方的军阀。

除了大司农调剂军费，董卓的收入应该还有皇帝的赏赐、周边郡县的接济。我们参考清朝名臣曾国藩的养兵策略，来对比下董卓养兵的问题。曾国藩组织的团练兵也得自己筹饷，这和董卓收编的胡兵有共同点，都是朝廷供给编制之外的部队。

那曾国藩是如何养活自己部曲的？厘金局（收关卡税）、五省筹饷、有钱人捐纳买官（捐资纳粟以得官爵）、协饷（在朝廷托关系，想办法跟财政疏通点儿专项经费），必要的时候也得跟富户和地主摊派、勒索。

董卓率军驻守西方，驻扎了快3年，这3年董卓怎么过来的？除了汉灵帝"卖官"弄些"上任费"拨给军队，朝廷大司农划拨一部分，其他军费估计都得老董自己想办法。

对于老董的处境来说，类似"厘金局"这事没听说。跟富户、地主摊派？这是汉朝可不是清朝，那世族豪强能轻易惹吗？惹急了拉起私兵和你干！（后来董卓也清算了关中豪族，不过那是后话。）

剩下的路子，就是向关中地区和朝廷协饷，这倒是必需的。老董再横，没钱也是白搭，他总不能跟钱过不去吧。

跟朝廷索要钱粮这些看似"琐碎"的事情，其实才是战争能否取胜的关键，皇帝还不差饿兵呢。史书没有记载董卓有没有财政危机，但这也不妨碍我们分析一下当时的局面。

《后汉书·董卓列传》中记录的董卓后来的奏章中提到过

第二十二章　凉州沦陷，董卓据守关中

"（麾下将士）牢直不毕，禀赐断绝，妻子饥冻"。牢直是粮饷的意思，部队没有粮饷；禀赐是皇家给予的赏赐，赏赐也没有了；将士们的老婆孩子挨饿受冻，汉朝部分边军是可以带家属戍边的，董卓虽退守关中，其军中可能也有军眷。由此可见，前将军集团"钱紧"啊。

其实也好理解，哪朝哪代的将领敢说跟朝廷要钱，管钱的人立刻就能给拨款？就算皇上答应了，大司农或者尚书台麻溜儿办吗？就算尚书令那块儿过去了，下面人就马上安排吗？那些小吏不会"吃拿卡要"？俗话说得好：阎王好见，小鬼难搪。

与董卓的养兵事业息息相关的有这么几个人物。

首先是大司农曹嵩。曹操的爹曹嵩中平四年（187年）十一月之前是在任的大司农，《资治通鉴·汉纪五十》载"十一月，以大司农曹嵩为太尉"，他任大司农的时间基本上与董卓治军关中初期的时间是吻合的。那曹嵩支持董卓吗？这个史书没说，八成很不支持。第一，曾与董卓撕破脸且被其取代指挥权的张温就是曹家的人，他是曹嵩的义父曹腾拔擢的门生故吏，这在《三国志·魏书·武帝纪》裴松之引司马彪《续汉书》有记载，"（曹腾）好进达贤能，终无所毁伤。其所称荐，若陈留虞放、边韶，南阳延固、张温、弘农张奂、颍川堂溪典等，皆致位公卿，而不伐其善"。第二，曹嵩的儿子曹操是最恨董卓的，后来也是第一个起兵反董的，董卓想从曹家执掌下的大司农要军费自然不会太容易。

其次是京兆尹盖勋。董卓驻军关中后期，张温向朝廷提议让盖勋担任京兆尹。京兆尹是"长安郡守"，董卓驻军关中，军队供给的事情怕也少不了麻烦盖勋。盖勋非常看不上董卓，跟盖勋关系不错的人基本也都讨厌董卓：提名盖勋的张温前文说了；而

盖勋任京兆尹后启用的谋士孙瑞后来还参与刺杀董卓。从盖勋和董卓的一封书信就能看出二人的关系。《后汉书·虞傅盖臧列传》记载，"勋与书（董卓）曰：'昔伊尹、霍光权以立功，犹可寒心，足下小丑，何以终此？贺者在门，吊者在庐，可不慎哉！'"前面比喻倒挺好听，伊尹、霍光那都是收拾过皇帝的权臣，后面却说老董是小丑……而且后来盖勋还想和皇甫嵩联手对付董卓。如此看来，董卓想从盖勋这个京兆尹手里要钱那也不容易。

"军阀"董大将军一样是在平叛，你说他不得巴结朝中大佬，疏通关系吗？此时的董卓虽然是独挡西州的"前将军"，可说到底不过是一个有些战力的朝臣罢了，整个军队的补给线全被朝廷掐着，而且早年朝中凉州势力倒台（张奂、段颎相继倒台）之后董卓常年外驻，在朝中怕是也没啥靠山。所以董卓能在关中挺3年，一定是在朝中寻到了一股支持自己的势力，至于他到底寻觅了哪股势力结盟，咱们后面还得继续分析。

老董驻守关中养兵的辛苦竟逐渐成了其跋扈的资本。老董年轻时就豪爽地把自己的赏钱全部分给手下将士们，现在当了全国"前将军"，他还能比以前小气吗？可面子有了，里子谁难受谁知道啊。当年段颎收编湟中义从羌平叛时，湟中义从羌就是因为粮饷不足而离开的。董卓当时就在凉州，自然知道段颎是因为这件事被朝廷免职的，现在轮到董卓养羌胡兵了，同样缺钱啊！

《三国志·魏书·董二袁刘传》裴松之注引《灵帝纪》记录了董卓的一番说辞："士卒大小，相狎弥久，恋臣畜养之恩。"其实就是说：董卓麾下的秦胡兵感念他的蓄养之恩。这话其实没错，要知道当兵吃粮这是有数的，他养的兵慢慢地也只听他的话，养兵的苦处最后反倒转化成了他跋扈的资本。

三、兵强马壮的董卓野心逐渐膨胀

董卓当年跟随张温平定凉州时被摆了一道,那时,这个屡次让人拆台免职、屡次让人背后算计的董老二,其实已经开始逐步"黑化"。

按汉朝官制,前将军位比九卿略低,自然不如三公,可如果前将军养了数万精兵,那可就比坐而论道的三公强出不知多少倍。三公只是个名号,董卓现在只要养住自己麾下的兵,将来三公这类名号,他还不是想当哪个就当哪个?有了这个思路之后,老董也就按这个路子开始干了……人嘛,屁股决定脑袋。封侯拜将之后的老董,手底下的兄弟们自然也盼着董卓能再升官,然后大伙也好跟着他鸡犬升天。如此状况下,董将军幕府中的谋臣、将领自然都以董卓马首是瞻。将是董卓提拔的,兵是董卓养的,对朝廷来说,前将军府自然越来越不好摆弄了。

在这种外有强敌、内部运转艰难的现实情况下,宦海沉浮几十年的老董心态更加扭曲。他在处理帝国西边平叛战争的同时,也在壮大自己的前将军幕府。西州的仗还在打,暂时来看,凉州的半壁江山还在朝廷手中,屯守关中的董卓压力不大。可中平四年(187年)一个突如其来的巨变,让历史再一次急转弯。这个突发情况,也使得董卓手足无措,甚至咬牙切齿地想杀人。

四、凉州沦陷,一局标记错了的《三国杀》

在说凉州巨变之前,先说说《三国杀》,它是一款卡牌式桌游,游戏会给玩家分配隐秘的身份,如内奸、忠臣、反贼,有时候我们会把反贼误判为忠臣或把忠臣误认为反贼，那就会输得很惨了。一局游戏还好说，可现实中的忠臣和反贼若是认错了，那可就搞笑了。

很可惜，因为种种原因，当时真就把东汉末年凉州叛乱中风云人物的"游戏身份"给搞反了。

中平四年，凉州到底还是丢了，不是将士不拼命，也不是朝廷不重视，是因为叛徒太多了！

凉州新任刺史耿鄙到任，凉州距离彻底沦陷的时间越来越近了……

我是马腾，你以为我是忠臣，其实我是反贼。

我是韩遂，你以为我是反贼，其实我是内奸。

我是董卓，你以为我是内奸，其实我是忠臣。

凉州刺史遇上了"千载难逢"的平叛机会

中平四年（187年），凉州叛军内部竟发生了内讧。

韩遂像很多黑帮电影中的大佬一样，一下子干掉了北宫伯玉、李文侯、边章（也有说边章是病死的），然后和王国一起掌控了叛军。

《后汉书·董卓列传》记载："其冬（中平三年），征温还京师，（中平四年）韩遂乃杀边章及（北宫）伯玉、（李）文侯，拥兵十余万，进围陇西。"

韩遂火并了其他叛军头领后拥兵十余万！当初叛军打关中的时候，还只是数万骑，现在弄出来十余万，这些人不是种地的农民，可都是西州有战斗经验的战士啊。

第二十二章　凉州沦陷，董卓据守关中

当然，危险总伴随着机会，韩遂夺权杀了几个"合伙人"，叛军内部必然不稳定，这就是汉军的机会。

先分析一下凉州刺史的"天时"。当韩遂杀合伙人夺权的时候，凉州刺史耿鄙敏锐地捕捉到了这个机会，他认为这是"天时"，便发动他掌控中的凉州全部汉军（六郡兵马）进攻韩遂。

接着分析凉州刺史的"地利"。当时，凉州刺史耿鄙控制的地区已经不是全凉州了，所以谈不上有什么地利，从前文提过的张温手下名士赵岐的一个故事，就能看出凉州各方势力分布很混乱。

《后汉书·吴延史卢赵列传》载："车骑将军张温西征关中，请补（赵岐）长史，别屯安定。大将军何进举为敦煌太守，行至襄武，岐与新除诸郡太守数人俱为贼边章等所执。贼欲胁以为帅，岐诡辞得免，展转还长安。"赵岐和几个新任的凉州各郡太守在履职途中都被敌人给擒了，叛军还想拉拢这些朝廷官员当叛军头领，说白了，赵岐等人都没能上任，最后到底是哪几个郡的郡守没到任，那就不好说了。

再比如，《三国志·魏书·二公孙陶四张传》记载："边章、韩遂为乱凉州，金城麴胜袭杀祖厉①长刘隽。绣为县吏，间伺杀胜，郡内义之。遂招合少年，为邑中豪杰。"

从张绣的故事也可以看出，凉州各县的情况也不一样，有的就跟祖厉县似的，怕是早就降了贼。

从这两个例子，可以看出当时凉州的势力分布非常混乱，很多地方处在无政府状态或者叛军控制下，汉军谈不上占有地利。

---

① 祖厉县属于凉州武威郡。

而地利的欠缺还在其次，关键是"人和"有大问题，而凉州刺史耿鄙并没有察觉到这个问题。

凉州刺史麾下还是有忠臣的，比如傅燮。《后汉书·虞傅盖臧列传》记载：

> 中平四年，鄙率六郡兵讨金城贼王国、韩遂等。[①] 燮知鄙失众，必败，谏曰："使君统政日浅，人未知数。孔子曰：'不教人战，是谓弃之。'今率不习之人，越大陇之阻，将十举十危，而贼闻大军将至，必万人一心。边兵多勇，其锋难当，而新合之众，上下未和，万一内变，虽悔无及……"鄙不从。

翻译一下，傅燮说出了当时汉军的处境，耿鄙到任时间短，手下的兵马很多都是新兵，没操练好。而叛军"边兵多勇，其锋难当"，不能急攻，建议缓一缓。

再看另一位忠臣盖勋。《后汉纪·孝灵皇帝纪下卷第二十五》说："初，汉阳太守盖勋著绩西州，知耿鄙之必败也，自免归家。"盖勋不如傅燮刚直，他选择不干了……跑回家了。

忠臣不得志，那些潜伏在凉州的内奸们可就高兴坏了。凉州的奸臣有治中从事程球和刺史府别驾。

《后汉书·虞傅盖臧列传》记载："时刺史耿鄙委任治中程球，球为通奸利，士人怨之。"刺史府治中程球的人品很差，很多人都恨他，但耿鄙信任他，让他办事。

[①] 王国参与凉州叛乱的时间说法不一，但肯定是有一定实力的叛军头目。

第二十二章 凉州沦陷，董卓据守关中

这就非常不妙了，因为"治中"的全称是治中从事史，亦称治中从事，为州刺史的高级佐官之一，主众曹（各部门）文书，位仅次于别驾，说白了是刺史府三把手。

别驾等于长史，是刺史府（各府都一样）实际的常务领导，二把手。因为别驾（长史）地位尊贵，平时出行州刺史一辆车，别驾也有单独的一辆车，所以才称之为别驾。

也就是说，凉州刺史耿鄙重用幕府三把手治中从事程球，架空了二把手别驾。治中又管众曹文件，程球不受人待见，人品还差。这刺史府内部可就乱套了，这个没有署名的凉州机关二把手别驾，便成了整个凉州最不稳定的因素。

除了奸臣，还有一个隐藏很深的伪忠臣：马腾。刺史府领军司马马腾，《三国演义》中给他写成十八路反董诸侯中的一员，貌似是个忠臣，可实际上，他根本就不是反董联盟中人，后来甚至投靠了董卓。按照《三国演义》中董卓的敌人都是好人的逻辑，我们习惯性地认为马腾也是好人。其实马腾是个大反贼。

《三国志·蜀书·关张马黄赵传》裴注引《典略》载："灵帝末，凉州刺史耿鄙任信奸吏，民王国等及氐、羌反叛。州郡募发民中有勇力者，欲讨之，腾在募中。州郡异之，署为军从事，典领部众。讨贼有功，拜军司马。"

耿鄙信任马腾，居然把刺史府的那点儿家底都给了他。

马腾对外自称是大汉伏波将军马援后人，到他这代家里穷啊，娶了一个羌女，生了马氏兄弟，自然也包括后来鼎鼎大名的五虎将之一"锦马超"。

我们再来看一下凉州的人员配备。刺史不信任的忠臣傅燮不同意刺史出兵；盖勋劝不住刺史，干脆跑了。刺史信任的奸贼程

球、马腾,外加一个隐藏的刺史府别驾,前一个人品奇差,后两个各怀鬼胎。

就在这种诡异的氛围下,耿鄙发动了全区会战令,在他控制下的六郡所有兵马进击叛军,解围陇西郡。

凉州的汉军稀稀拉拉地出征了,行至狄道(陇西郡的一个县,陇西郡治所所在)准备救援陇西郡守李相如时,恶心人的事情来了。

汉军全灭,凉州彻底沦陷

《资治通鉴·汉纪五十》记载:"(叛军)进围陇西,太守李相如叛,与遂连和……"

凉州汉军倾巢而出解救陇西郡,结果陇西郡守李相如竟然反了。

叛徒一号李相如是朝廷很信赖的陇西郡守。当年朝廷争论征发鲜卑和乌桓骑兵参与平定凉州叛乱的会议上,名士应劭在朝堂上力荐李相如征发陇西本地羌兵参与平叛。朝廷信了应劭……

《后汉书·杨李翟应霍爰徐列传》记载了应劭的提议:"(陇西)太守李参(李相如)沉静有谋,必能奖厉得其死力。当思渐消之略,不可仓卒望也。"

应劭说对了,李相如沉静有谋,平时不出声,就等最关键的时候造反,反得极是时机。

董卓最恨李相如,因为老董的老家在陇西郡,陇西郡丢了,老董家的房子、地都没了……

叛徒二号是军司马马腾。再看《后汉书·董卓列传》中关于

第二十二章 凉州沦陷，董卓据守关中

马腾的记载："（陇西郡）太守李相如反，与（韩）遂连和，共杀凉州刺史耿鄙。而鄙司马扶风马腾，亦拥兵反叛，又汉阳王国，自号'合众将军'，皆与韩遂合。"

马腾没有"辜负"刺史耿鄙的提拔，果断送耿鄙上了黄泉路。

叛徒三号是刺史府二把手，那个没名字的别驾。《后汉纪·孝灵皇帝纪下卷第二十五》曰："（汉军）临阵，前锋果败，鄙为别驾所害。"

当初耿鄙不是信任治中从事，把别驾晾在一边嘛。好的，这个没名字的别驾在这儿等着呢，他反了，杀了凉州刺史耿鄙。（这个别驾很奇怪，别驾算是重要官员，可不知道什么原因没有留下姓名。）

而那形象忠义的马腾估计早就和凉州刺史府别驾、陇西郡守李相如暗中勾结，这下可好，马腾的刺史府兵，居然也跟着别驾和李相如一起反了。

总体来看，事情的经过是这样：耿鄙在一群叛徒的算计中对敌人发动了决战，走到陇西郡首府时，本打算去解救陇西郡守李相如，没承想竟是个圈套。

陇西郡汉军突然叛乱，对刺史部汉军发难；接着刺史府内二把手别驾在指挥部发难，刺史府领军将领马腾也突然调转炮口开始攻击各郡的汉兵。其他没造反的几个郡的部队被自己人一下子给打蒙了，降的降，跑的跑。

不知名的叛徒那就更多。耿鄙败得太快，快到所有凉州人都不敢相信。陇西郡守李相如起兵叛汉，估计亲自率军与马腾会合，又与韩遂、王国一路追杀其他四散的汉军兵士。失去了凉州刺史府的统领，各路汉军有的直接投降了，如被逼得走投无路的

酒泉太守黄衍。或许北地郡雇佣的匈奴骑兵见局势不妙赶紧杀了汉将，直接把旗子换成了"合众军"，就算改旗易帜了，简单得很。

而凉州最后一个忠臣傅燮逃进了汉阳郡的冀县县城，他坚决不肯投降叛军，要兑现当年在雒阳朝堂上的誓言，为了守卫凉州，总得有人为这千秋基业挥洒鲜血。傅燮就是这样的人，他最后带着自己13岁的儿子和亲将杀出城去，战死在乱军之中。

其实，叛军很尊敬傅燮，只要他肯让出城池，就把他送回家去，绝不为难。傅燮的儿子也劝他投降，傅燮把劝自己投降的儿子好一顿教训，又把来劝降的酒泉太守黄衍一通骂。

《后汉书·虞傅盖臧列传》记载了傅燮的刚直。

> 王国使故酒泉太守黄衍说燮曰："成败之事，已可知矣。先起，上有霸王之业，下成伊吕之勋。天下非复汉有，府君宁有意为吾属师乎？"燮案剑叱衍曰："若剖符之臣，反为贼说邪！"

叛徒黄衍的话也说出了叛军的政治目的，"天下非复汉有"。但忠臣就是忠臣，傅燮率军冲出城去战死了，《后汉书·虞傅盖臧列传》："遂麾左右进兵，临阵战殁。谥曰壮节侯。"

凉州沦陷后的董将军

凉州彻底完了，或许傅燮临死前举着汉旗望着关中扶风方向，希望董卓一定守住关中，将来再设法夺回凉州。尽快夺回凉州基本是不可能了。

此时的董卓一定蒙了,朝廷是否命令董卓发兵配合耿鄙不可知,如果董卓当时已经把部队挺进凉州地界,一定会很惨,整个凉州到处都是叛贼,各郡县纷纷沦陷和投降,董卓肯定得吃亏。

如果老董没接到开拔的命令,耿鄙并没有向朝廷申请前将军府配合自己作战,那么老董估计也会拍着大脑袋,在关中骂娘:"这帮嘴上天天说着忠孝仁义的读书人,难道书都读到狗肚子里了吗!"

老董骂也没用,马上就轮到他和十余万叛军正面交锋了。

《后汉书·董卓列传》记载:"(叛军整合后)共推王国为主,悉令领其众,寇掠三辅。"

敌人终究占领了全凉州,全军杀向关中。董卓驻守三辅,只能靠自己的前将军府对抗整个凉州羌汉叛军,那将是一个全地图混战的局面。然而,很可惜,史书又把中平四年(187年)到中平五年关中防御战怎么打的给省略了,再有记载的时候已经进入了中平五年年底。

五、忠臣和反贼有时可以互换身份

东汉末年凉州的叛乱,最终持续了几十年,等到曹操麾下大将夏侯渊平定凉州的时候,汉朝对凉州的控制区域已经缩小了很多。

东汉的凉州出了很多叛徒,东汉的凉州也出了很多抵抗叛军的忠臣,但他们最后也可能犯错误,而变成了奸臣。

或许是因为现在的忠臣董卓最后成了"大坏蛋",所有曾经与董卓为敌的人，形象都悄然发生了变化。就像马腾和他儿子马超，明明一家子反贼，可居然洗得白白净净的，变成了心怀天下忠心大汉的英雄。特别是马超，跟着刘备混了一段时间，倒成了忠义代表。这一家子自称是大汉忠臣、"马革裹尸"的伏波将军马援的后人。

再比如韩遂、边章是反贼，可如今竟然将其曲解成了凉州军阀。再比如阎忠，他明明就撺掇过皇甫嵩造反，也实实在在地做过"伪凉州政府"的头目，最后死了还说自己是被逼的。

凉州叛军的头领换了好几轮，他们抓住一个名臣就拉拢人家当领袖……所以这叛军头领从北宫伯玉和李文侯到韩遂、王国，再到阎忠，最后又换成韩遂和马腾。

如果那时董卓率军直接造反，韩遂也不用费劲到处找带头大哥了，直接把头领的位置交给凉州出身的大汉前将军董卓岂不是妥妥的，那样莫要说凉州、关中，就是司隶和并州怕也割据了。

可老董当时"傻乎乎"的，一门心思平叛凉州，琢磨着封侯拜将，当一个朝廷的大佬，把自己搞得像大汉柱石一样。或许他看不上割据一方的土皇帝，但他麾下的谋士也看不明白时局吗？

皇甫嵩手握重兵时，后来当过反贼首领的阎忠撺掇他造反，理由是诛杀宦官。

张温手握重兵时，名士张玄也撺掇张温谋反，理由还是诛杀宦官。张玄见张温不肯谋逆，居然还要服毒自尽。

等到董卓手握重兵时，难道董卓的谋士们就不会撺掇董卓造反吗？或者说，董卓的谋士就不撺掇他干脆做叛军盟主割据算了？

老董没有造反，但后来他也学会了借用诛杀宦官这个名头，然后"上雒"去了。如果此时他死在凉州战场，或许就是大汉的柱石，名留青史的董将军。不过老董当时没有死，后来他竟控制了东汉政权，成了大奸臣。

关于老董在中平四年到中平五年之间的故事剧本丢了，我们还是老规矩，从侧面看看整个东汉帝国在黄巾起义后到底发生了什么。

第二十三章 日暮途穷的东汉王朝

说了半天东汉末年关中和凉州跌宕起伏的激战，仿佛从中平元年（184年）年底到中平五年（188年）间，东汉帝国只有西北在打仗，其他地方都是国泰民安的样子。

然而现实并非如此。那时可不是只有西边在打仗，而是全国动荡、烽烟四起，大汉的财力怕是早已捉襟见肘，如果没有能人力挽狂澜，东汉已经接近亡国的边缘了。

老规矩，如果我们把视角调整到全国，就能看清楚，中平三年（186年）到中平五年，帝国疆域内叛乱四起，千疮百孔。朝廷可不只在西州平叛，老董的军队也并不是帝国唯一需要养活的驻外大军。

一、天下大乱，大厦将倾

在张温和董卓平定西北叛乱功败垂成之际，除凉州之外，全国各地叛乱此起彼伏。东汉帝国绞尽了最后几滴血,苟延残喘罢了。

荆州数叛

一叛,中平三年,荆州,江夏兵赵慈反(攻破多个县城),杀南阳太守秦颉。秦颉在黄巾之乱时光复了天下第一大郡南阳郡,而且此前他就是江夏郡都尉。赵慈的叛乱倒很快被摁下去了。

此处特别讲一下秦颉。黄巾之乱时,秦颉临危受命赶赴南阳郡救场,他路过宜城时,见城中有一户人家的门朝东挨着大道,秦颉停车看了看,没来由地说了句"这房子可以做坟墓"。秦颉被杀了之后,亲信用马车运送他的尸体返乡,又路过那处房子,可马却踟蹰不前,那座房子真被这位亲信买下来修成了秦颉的墓地。

二叛,没多久荆州武陵蛮(武陵地区各部族的总称)又反了,然后又被摁下去了。

三叛,到中平四年的时候,荆州长沙一个叫区星的人造反,零陵、桂阳两郡也响应叛乱。在此期间,真正成长为江东之虎的孙坚临危受命,任长沙郡守,在敌人还没成气候之前将其碾压了。

《三国志·吴书·孙破虏讨逆传》记载了孙坚的这项功绩:"时长沙贼区星自称将军,众万余人,攻围城邑,乃以坚为长沙太守。到郡亲率将士,施设方略,旬月之间,克破星等。周朝、郭石亦帅徒众起于零、桂,与星相应。遂越境寻讨,三郡肃然。"

孙坚以迅雷不及掩耳之势平定了长沙周边的叛乱。说到孙坚平叛,也可以从侧面看到东汉的"教条"体制,顺便说说这个不愿意守规矩的孙坚。

第二十三章　日暮途穷的东汉王朝

《三国志·吴书·孙破虏讨逆传》裴注引《吴录》记载：

> 是时庐江太守陆康从子作宜春长，为贼所攻，遣使求救于坚。坚整严救之。主簿进谏（越境用兵需要申请），坚答曰："太守无文德，以征伐为功，越界攻讨，以全异国。以此获罪，何愧海内乎？"乃进兵往救，贼闻而走。

这个记录说明，在汉朝，郡守无上级命令而越界用兵是犯忌讳的，当然，哪个朝代这事都是犯忌讳的，难不成随便哪个封疆大吏都能把部队开到京城来，开到州府去？可毕竟事有急变，请示就来不及了。

孙坚就是一个比较不守规矩的人，他是长沙郡守，没有刺史命令自然不能率兵到其他地区开展军事活动。尽管这回他越界出兵，去豫章郡的宜春县进攻叛军做得没错，可若各个郡守都如此行事，那各郡的郡兵岂不是都可以不经批准，想去哪儿就去哪儿？说到底，孙坚和董卓很像，都很霸道。

幽州叛乱

西北董卓顶着，可东北也开始叛乱。中平四年，张纯（中山相，约等于中山郡守）、张举（做过泰山太守）二人联合乌桓丘力居等人发动叛乱。

要说东北张纯的叛乱，追根溯源居然还和凉州的西北战事有关系。朝廷最开始征发了三千乌桓突骑支援西北战局，这三千乌桓突骑自然是张纯征调的（后来也是乌桓配合张纯造反的）。张纯的人张纯带着就是了嘛，可张温不同意，他换了公孙瓒领这支部队——看来张温和公孙瓒关系不错。《资治通鉴·汉纪五十》记载："初，张温发幽州乌桓突骑三千以讨凉州，故中山相渔阳张纯请将之，温不听，而使涿令辽西公孙瓒将之。"

张纯的部队被公孙瓒夺去，他不甘心，所以反了。

还是《资治通鉴·汉纪五十》记载："军到蓟中，乌桓以牢禀逋县。多叛还本国。张纯忿不得将，乃与同郡故泰山太守张举及乌桓大人丘力居等连盟。劫略蓟中，杀护乌桓校尉箕稠、右北平太守刘政、辽东太守阳终等，众至十余万，屯肥如。举称天子，纯称弥天将军、安定王，移收州郡，云举当代汉，告天子避位，敕公卿奉迎。"

张纯自称弥天将军、安定王；张举更是一步到位，叫汉灵帝让位给自己，若这真成了，那就省略了三国故事，也就没啥三国归晋之说了。

朝廷派遣中郎将孟益率领骑都尉公孙瓒讨伐张纯等人，但战况不太顺利，后来还是派刘虞出任幽州牧才镇压了叛乱。

既然说到幽州叛乱，说到了公孙瓒，我们顺带提一下公孙瓒和刘备这对好兄弟吧。

《三国志·魏书·二公孙陶四张传》记载："（公孙瓒）为郡门下书佐。有姿仪，大音声，侯太守器之，以女妻焉。"

公孙瓒长得帅，娶了涿郡太守的女儿，在涿郡有当一把手的岳父，那他就是牛人了。

公孙瓒曾经与刘备一起在天下大儒卢植那里读书，同学中他和刘备玩得最好。刘备就是涿郡涿县人，他和涿郡的官宦子弟公孙大哥成了好哥们儿，在涿郡就好混了，特别是公孙瓒后来干脆到涿县（刘备家所在）当了县令，刘备在涿郡涿县的身价可就不一样了，所以刘备大哥并不是卖草鞋的。

《三国志·蜀书·先主传》载："而瓒深与先主（刘备）相友。瓒年长，先主以兄事之。"

刘备本就性格坚韧，"喜怒不形于色""好交结豪侠，年少者争附之"。地方的少侠都依附刘备，他自己就成了涿县的大哥，而且手下二弟关羽、三弟张飞哪个不是牛人，就连从涿郡时就跟着刘备干了一辈子的简雍，能力也不差。刘备小时候帮母亲织席贩履，这时终究还是出人头地了。

《三国演义》里中山大商人张世平、苏双赞助刘、关、张经费，让他们起义兵抗击"黄巾贼"，才有了双股剑、青龙偃月刀、丈八蛇矛这些神装。这话还真没说错，只是略有省略。按《三国志·蜀书·先主传》记载，张世平和苏双"贩马周旋于涿郡，见（刘备）而异之"。

前文说了因为灵帝曾积攒马匹，"初置騄骥厩丞，领受郡国调马。豪右辜榷，马一匹至二百万"，于是社会上的各大世族开始投资炒马，而幽州又产马，涿郡涿县又是重要枢纽，刘备又是这里的江湖大哥，还那么年轻。中山的贩马世族，见到刘备能不"异"之吗？张世平和苏双贩马绕不开涿郡，自然就绕不开刘备和刘备的后台公孙瓒……换你你赞助不？

仅仅一个卖草鞋的，会有那么多人愿意把脑袋别在裤腰上，跟着他一起打"黄巾贼"吗？但若是江湖大侠，既出钱又带头，那就不可同日而语了。

总之，刘备背靠着公孙瓒，但他身上却有与董卓年轻时候相似的特质。他也是个侠客，而且还是一个有文化的豪侠。

眼下出场的魏、蜀、吴三国的三大奠基者曹操、孙坚、刘备，都是董卓的敌人。但刘备并不是跟着公孙瓒去讨伐董卓的，公孙瓒在幽州并没有参加讨伐董卓的事。

《三国志·蜀书·先主传》裴注引《英雄记》记载："灵帝末年，备尝在京师，复与曹公俱还沛国，募召合众。会灵帝崩，天下大乱，备亦起军从讨董卓。"一开始刘备是跟着曹操混，讨伐董卓的。说完涿郡江湖大哥刘备，言归正传，继续说东汉各地的叛乱。

冀州遭殃

"黑山贼"是"黄巾余孽"，当初冀州农民纷纷起义，他们的头领用各种名号组织队伍。黑山军的活动区域是中山、常山、赵郡、上党、河内等地太行山脉的山谷之中。黄巾之乱后他们就驻在黑山，位于太行山脉的南端，故史书称之为黑山军。

《后汉书·皇甫嵩朱儁列传》记载："自黄巾贼后，复有黑山、黄龙、白波、左校、郭大贤、于氐根……眭固、苦哂之徒，并起山谷间，不可胜数……如此称号，各有所因。大者二三万，小者六七千。贼帅常山人张燕……乃与中山、常山、赵郡、上党、河内诸山谷寇贼更相交通，众至百万，号曰黑山贼。"

黑山军算下来百万人，而这些山贼头领的名号一个比一个怪。《三国志·魏书·二公孙陶四张传》裴松之注引《典略》记载："黑山、黄巾诸帅，本非冠盖，自相号字，谓骑白马者为张白骑，谓轻捷者为张飞燕，谓声大者为张雷公，其饶须者则自称于羝根，其眼大者自称李大目。"

冀州这就跟民国时候的东北差不多，满山都是"绺子"。朝廷见黑山贼不好对付，便决定招安。《三国志·魏书·二公孙陶四张传》裴松之注引《九州春秋》记载："（黑山军）灵帝不能讨，乃遣使拜杨凤为黑山校尉，领诸山贼，得举孝廉计吏。后遂弥漫，不可复数。"黑山贼居然还可以举孝廉当官，可见"黑山"真成一个独立地区了。

黑山贼袭扰冀州周边，朝廷好歹算是给招安了，先安抚着再说。

虽然冀州的农民好糊弄，可读书人、党人，那就人心不足蛇吞象喽。冀州刺史王芬（因黄巾之乱被解除党锢的党人）见天下大乱，竟密谋挟持皇帝。王芬、故太傅陈蕃的儿子陈逸及当年写信刺激汉桓帝生不出儿子的术士襄楷，这哥儿仨打算编造黑山贼攻城，以此为由召集部队，趁着汉灵帝北巡河间时起兵谋反，废了皇帝，立合肥侯为帝——新皇帝人选他们都选好了。然后还打算拉曹操入伙一起谋反，人家曹操多聪明，能理几个瞎胡闹的党人？不过从这个事情也能看出，宦官家族出身的曹操，经过这些年的努力，当时跟党人关系不错。

天下大乱之际，再闹一出刺史挟持皇帝就有意思了，好在王芬的谋反并没有成功。《资治通鉴·汉纪五十一》记载："会北方夜半有赤气，东西竟天，太史上言：'北方有阴谋，不宜北行。'帝乃止。敕芬罢兵，俄而征之。芬惧，解印绶亡走，至平原，自杀。"王芬造反集团被算命的太史令给算破了，当然，这个说法我是不相信的，八成是被谁告发了。

并州、豫州、青州、徐州、益州相继大乱

并州地区也发生了战乱。《后汉书·孝灵帝纪第八》记载，

中平五年（188年）"黄巾余贼郭太等起于西河白波谷，寇太原、河东"。一面打司隶，一面打并州。

接着屠各胡（匈奴）抓住机会，中平五年二月，先破并州西河郡，杀郡守邢纪。三月，又攻杀并州刺史张懿。

并州连刺史都战死了，可见仗打得并不顺利。当初董卓守了并州好几年，之后打黄巾军，然后又去抵抗凉州叛军，现在听说并州完了，他心情很不好……不仅是心疼并州，而是如此局面，董卓的军队基本被敌军给包围了，西面有凉州叛军，东北方向还有并州叛军。前将军且行且珍惜吧。

在豫州地区的黄巾残部趁着帝国内部战火四起的机会，又开始叛乱了。中平五年四月，豫州汝南郡葛陂黄巾军再起，后来朝廷派出董卓的老战友、跟老董一起打关中反击战的鲍鸿出兵平叛，鲍鸿最终死在了豫州，不过不是战死的，罪名是贪污。

青州、徐州的黄巾军也于中平五年再度起事，攻掠郡县。这个队伍的人数非常庞大，打了好几年仗，等到后来曹操率领兖州人马击败青州黄巾军时，一口气接收了百万流民组织，收编了30万能当兵的男人。这还没算徐州的黄巾军呢。

较中原相对安稳的益州也跟着凑起了热闹。《资治通鉴·汉纪五十一》记载，中平五年，"益州贼马相、赵祇等起兵绵竹，自号黄巾，杀刺史郤俭，进击巴郡、犍为，旬月之间，破坏三郡，有众数万，相自称天子。"这又一个打天子主意的，也杀了州刺史。

难怪刘宏的谥号是"灵"，乱而不损曰灵……的确是够乱的。

二、军队并出，群雄就位

撤史换牧，大汉危矣

中平五年天下糜烂，汉灵帝也被时局折腾疯了，收卖官、助军钱，雇用少数民族，把东面的军队调到西面来，这些拆东墙补西墙的手法已经不好用了。

汉灵帝急得只能乱投医，此时，皇叔刘焉提出了一个缓解病症的"科学疗法"：把州刺史再次改回州牧！

前文说过，这刺史和州牧那是天差地别，汉末已经给予刺史组织兵马会战等权力了，还嫌"威轻"，想把刺史换成州牧，用州牧独管一方的"妙招"来解决问题。

灵帝思前想后，最终决定先选3个州牧试验一下。3个州牧人选分别是：提议的发起人、皇室宗亲刘焉任益州牧，皇室宗亲、时任宗正的刘虞为幽州牧，太仆黄琬为豫州牧。

黄琬后来回京了；刘虞虽然没回来，但他也没造反；而刘焉嘛……人家走的时候就是奔着造反去的。

《资治通鉴·汉纪五十一》记载了刘焉与董扶暗中谋划选择益州做州牧，以及董扶等人追随刘焉入益州的事情。"焉内欲求交趾牧。侍中广汉董扶私谓焉曰：'京师将乱，益州分野有天子气。'焉乃更求益州。""董扶及太仓令赵韪皆弃官，随焉入蜀。"

把两件事情串起来看，董扶与刘焉的对话是："益州有机会独立，还容易封闭关卡，到那里称王称帝都没问题。"估计正常调动实现不了，董扶便辞官跟着刘焉去了益州。

董扶和刘焉确实没算错，益州是有天子气，只是董扶看早了几十年。几十年后，刘备打败刘焉的儿子后，的确在益州享受了天子气。

设立州牧表面上看是应急措施，可人真的到位之后，事情就不好说了。再则，有了州牧这个官职，就还会有人再当这个官。

隔年，大汉又任命了第四名州牧——并州牧董卓。

各领强兵，第一批汉末群雄就位

董卓入京前的东汉乱局有了轮廓，第一批汉末群雄已经各自就位了：刘虞、公孙瓒到了幽州，刘焉到了益州，韩遂和马腾占据了凉州，丁原接替张懿到了并州，孙坚立在荆州，陶谦以刺史身份到了徐州。唯独军队实力最强、打仗时间最久的董卓挺在关中没有自己的领地，老董的野心或许比其他人还要大，人家想要的是整个朝廷嘛。

想归想，可眼下董卓的处境越来越尴尬了。王国和韩遂猛攻关中，尽管史料欠缺，但可以想象出中平四年到中平五年董卓不容易。其他地位没有董卓高、兵将没有董卓勇猛的军阀都镇守一方了，唯独老董有军队没地盘。他孤军在外，还得四处防御叛军入寇。

到目前为止，老董尽管羽翼渐丰、野心膨胀，但看上去还是大汉的中流砥柱——前将军。可怎奈何大汉江山千疮百孔，凉州叛军越战越勇。

从目前的状况来看，东汉与其他王朝末世没有什么区别，全国各地都在叛乱，以董卓为首的军人在四处平叛。想桓帝年间帝国边战不断，朝中清流党人和宦党之间却斗得不死不休，那时好

第二十三章　日暮途穷的东汉王朝

歹有"凉州三明"和董卓守住边塞；灵帝即位后到黄巾之乱之前，鲜卑势大屡屡犯边，董卓任并州刺史防御外敌，朝中也是宦官、外戚、世族、"帝党"，甚至藩王之间互相倾轧；之后几年，东汉便天下大乱、日暮途穷，此时东汉朝廷在做什么？皇城内的各方势力又在忙什么呢？

第二十四章

1800年前的宫斗大戏

蔡邕曾经和汉灵帝说过:"夫边垂之患,手足之疥搔;中国之困,胸背之瘭疽。方今郡县盗贼尚不能禁,况此丑虏而可伏乎!"[1]边疆的战事好比手足生疥癣,内部的问题才是身上的毒疮。这话若再延伸一下,各州郡的叛乱其实也是表象,朝廷内部的政治问题才是病因。东汉生死存亡的关头,朝中上到皇帝下到郎官,又有几人是真心为国呢?

乱世中雒阳城内的权力斗争从未间断,汉朝皇帝的后宫牵连着外戚名头的归属,所以桓帝朝有邓氏接替梁氏为皇后而引发的宦官势力崛起;灵帝朝在黄巾之乱之前又有宋氏皇后案引发的朝堂大乱斗;如今,王朝覆灭的导火索依旧来自后宫,只是这一次后宫乱局竟迫使董卓"确立"了一个便于日后投机的政治立场。要想讲清楚董卓政治立场的由来,还得从灵帝朝那场关系到东汉

[1]《后汉书·乌桓鲜卑列传》。

命运的宫斗大戏说起。

这些年有很多宫斗题材的电视剧，我看着电视剧，只感觉皇帝天天混在女人堆里，好像没啥正事，后宫的争斗看似也跟皇城外的天下事没太大关系。实际上，后宫与外朝的关系可大了，电视剧里的妃子一旦倒台，她的家族八成也会受到牵连，事实确实如此。

蝴蝶效应总有个开始，汉灵帝后宫的宫斗其实是大汉覆亡的导火索。什么？没听说过这个说法，那我们就从头捋一捋这场宫斗，看看它是怎么把汉朝推向万劫不复的。

一、当"华妃"和皇后合体，当"甄嬛"是个傻白甜

汉朝后宫的宫斗可一点儿不亚于我们看的清朝宫斗剧，那也是一路血雨腥风。

前面说过了汉灵帝的第一任皇后宋皇后，她最后被宦官和外朝大臣段颎一起给整死了。那后宫的嫔妃有没有一起整她？

《后汉书·皇后纪第十下》记载："后无宠而居正位，后宫幸姬众，共潜毁。"宋皇后得不到汉灵帝的宠爱，后宫的嫔妃联合起来整她。这可就麻烦了，一堆嫔妃搞个联盟对付正室，宋皇后能好得了吗？当然，最后整死宋皇后的是王甫和段颎，可其他嫔妃就没出力？

整死了宋皇后，一众嫔妃当然都想上位喽，可故事又来了一个一百八十度的大转弯。一个出身低微的女人居然扶摇直上，当上了皇后。

宋皇后还在世的时候，宫中就有一位美女何氏，身高七尺一，出身那叫一个普通，汉灵帝喜欢她，这个出身低微的女人便

第二十四章 1800年前的宫斗大戏

在后宫崭露了头角。

《后汉书·皇后纪第十下》记载:"何氏,南阳宛人。家本屠者,以选入掖庭。长七尺一寸。"

最后何氏还成功当了皇后,除了美貌,她还依靠了什么上位的呢?

姑娘我可是在市井之间摸爬滚打的。小民有小民的韧劲。以宫斗剧的视角看,何氏确实有其他世族出身的大家闺秀无法比拟的过人之处。

何氏的原生家庭是屠户,她打小就看着父亲、哥哥杀猪,估计也打过下手,多半比那些世家大族的小姐胆气壮,比那些金丝雀更懂得市井之间的人情世故。而且,汉灵帝在宫里自己开了一个市集,这地方怎么玩,怕是只有何氏最能说明白。《后汉书·孝灵帝纪第八》记载:"是岁帝作列肆于后宫,使诸采女贩卖,更相盗窃争斗。帝著商估服,饮宴为乐。"

当何氏掌握了市井间的霸道和生存技法,离出人头地就差一个机会了。

第二,本姑娘能保住自己的孩子啊!当初,一众祸害宋皇后的嫔妃里,何氏很是得宠,原因是在宋皇后倒台之前,她就给大汉皇室生下了一个没有夭折的皇子,何氏"母凭子贵"啊!

那么问题来了,所有嫔妃都想搞垮宋皇后,宋皇后真的倒了,谁才是最大受益者?

皇后下面是贵人,宫中只有一个嫔妃有皇子,那就是何贵人。如果皇后倒了,何贵人就是距离后位最近的一位。既然当时所有嫔妃都在整宋皇后,何贵人大概是嘚瑟得最欢的一个。

在东汉中后期的皇宫中,要是生下一个皇子,就像中了彩票一样。汉桓帝的时代，后宫有 5000 多名采女，可他就生了仨姑娘，一个儿子都没有。等到灵帝的时候又"数失皇子"，这皇子到底是怎么失去的就不好说了，是生出来确定是皇子，然后夭折了？还是有人动手脚，孩子没出世就意外流产了呢？

要我说，肯定是有人动了手脚，当年汉桓帝的梁皇后不就残害皇子嘛。

东汉后宫残害皇子的手段，宋皇后没学会，但何氏那可是有样学样。后来何氏当了皇后，她定下的规矩就更狠了："流下来，打下来，就是不能生下来！"这个规矩为后来宫斗大戏逐渐演变成夺储大戏埋下了伏笔。

何氏的孩子取名刘辩，何氏和汉灵帝商量着把刘辩送出宫养着，这样安全。所以小皇子刘辩并不是在刘宏身边长大的，而是在宫外一位名叫史子眇的道士家长大的。皇子刘辩的小舅，也就是何皇后的二哥何苗也是道家子弟，道号繁阳子。

《通鉴纪事本末》记载："初，帝数失皇子，何皇后生子辩，养于道人史子眇家，号曰'史侯'。"

当然了，何氏能一枝独秀生养皇子，一来是因为宫斗的套路玩得门儿清，当然会保护好自己的孩子；二来嘛，其实何氏在宫中和朝廷中也是有靠山的。毕竟就算自己再能，在后宫要是没有人帮衬，一个采女（秀女）想飞上枝头变凤凰那难度也是不小的。

汉灵帝宠信的十常侍中有一个叫郭胜的，他和何氏一样，都是南阳宛城人。

《后汉书·窦何列传》记载："中常侍郭胜，进[①] 同郡人也。

[①] "进"指何氏的哥哥何进。

第二十四章 1800年前的宫斗大戏

太后及进之贵幸，胜有力焉。"

中常侍郭胜就是何氏的助力之一，何氏入宫便是郭胜安排的，他自然也是何氏在后宫重要的助力。以郭胜在宫中的能量，帮助何氏入宫并得到皇帝的宠幸还是能办到的，至于以后的事情，就得看何氏自己了。何氏没有给郭胜丢脸，她稳稳地拿下了汉灵帝，还给刘宏生了一个儿子，也是当时唯一一个儿子，在后宫的地位十分稳固。

除此之外，何氏的时运也很不错。要是在西汉，那嫔妃等级很复杂，何氏想出头就难了。

西汉初年，皇后之下是嫔御，名号有夫人、美人、良人、八子、七子、长使、少使；到汉武帝又加了婕妤、娥、容华、充依；到汉元帝又加了昭仪，又有五官、顺常、无涓、共和、娱灵、保林、良使等。

看着这一大堆等级、封号，记都记不住，这得有多少种"小主"的称谓啊。何氏若生在西汉，想要在短短几年光景里从一个宫女爬到皇后的位置，咋爬啊？得斗死多少个"华妃和安陵容"……

但何氏生在东汉。到东汉光武帝建国后，觉得后宫这套等级太麻烦了，简单点儿，就皇后、贵人、美人、采女（入宫的良家子或宫女）。这多简单，一下爬一个格子就好。

最开始有郭胜助力，再加上前面说的何氏的特点，她得了皇帝宠幸可以当何美人，生了皇子那得提拔个何贵人。

那何氏是如何坐上皇后宝座的呢？那就要看外朝了，外朝如果再有世族为何氏站台，后宫又有郭胜等一众党羽护航，何氏一个屠户出身的女子也是能当上皇后的！

什么？史书没说外朝有世族支持何氏？我们来分析一下。何氏出身低微，想在世族纵横的东汉朝局下当上皇后，而且天下世族还不反对，那是多难的一件事情啊。

东汉外戚大将军这个位置，外朝多少次刀兵相见，雒阳多少次人头滚滚，宫中多少次你争我夺。宋家人的尸骨还未寒呢，何氏就当上了皇后，难道满朝世族都装聋作哑吗？

我们先从史料记载中看看汉桓帝干掉了外戚梁氏和梁皇后，新皇后窦妙是怎么上位的。《后汉书·陈王列传》记载："初，桓帝欲立所幸田贵人为皇后。蕃以田氏卑微，窦族良家，争之甚固。帝不得已，乃立窦后。及后临朝，故委用于蕃。"《资治通鉴·汉纪四十八》也记载："初，窦太后之立也，陈蕃有力焉。"

前朝的事情就在眼前，当年桓帝的妃子田圣出身低微，陈蕃为首的人马坚决抵制田圣上位，最后强势的汉桓帝也得就范，把世族出身的窦妙扶上后位，让窦武做外戚。

到了灵帝朝，在外朝世族比桓帝时代更强大、灵帝比桓帝更懦弱的情况下，世族竟突然支持一个与自家毫不相干且出身低微的何氏做皇后？

所以外朝肯定有人支持何氏，从后来何氏和袁氏的联盟来看，至少袁氏家族应该是支持何氏的。除了有人支持，还有关键的一点，那就是皇帝的态度，摆平了外朝，皇帝本人你也得摆平。在这点上，何氏运气依然不错。

汉灵帝最开始宠幸何氏，后来在意识深处也不反对让何氏做皇后。为何？

宋皇后死后，其他嫔妃并没有捡到什么便宜。道理其实很简单，前文已经讲过汉灵帝是怎么跟世族斗地主的。东汉是世族政治，汉灵帝已经在朝政上吃了大亏，又在宋皇后那里吃了亏，自然对身边这些世族出身的嫔妃多有忌惮。

汉灵帝估计也产生了"与其再选一个豪族大姓的嫔妃做皇后，还不如选一个非显贵出身的良家子做皇后"的想法。

汉灵帝的这个做法，后世多有效仿，皇后不能出身世族或者高官家庭，怕的就是后宫和外戚乱政。这个想法明朝就明确了，也省得让世族兼任外戚而做大。

汉灵帝想得挺美，但他忽略了一点，人是会变的。

二、朕当初瞎了眼，废后！

汉灵帝按照众人的意愿，在大家都认为何氏当皇后没有大问题的情况下，立何氏为后。何氏也终于"母仪天下"了，何氏已经去世的何真老爹，在世的妈妈，杀猪出身的大哥何进、二哥何苗（也有可能是弟弟），还有自己的一个小妹妹（咱就叫她何小妹吧），也都跟着鸡犬升天了。

对此，《后汉书·皇后纪第十下》有记载："追号后父真为车骑将军、舞阳宣德侯，因封后母兴为舞阳君。"

何氏还是贵人的时候，汉灵帝就开始提拔何氏的哥哥何进。何进倒也没有《三国演义》里那么没用，人家当过郎中、虎贲中郎将、颍川太守，后来妹妹当了皇后更是一路飙升，做过皇帝身边的侍中、将作大匠、河南尹，等到黄巾之乱，灵帝也不得不让他做了大将军。

除了仕途上有赖妹妹和外戚这个身份一路高歌猛进，何进在朝堂上也积极拉拢各方势力。对于天下第一大世族袁家，他肯定是毕恭毕敬，袁家大公子袁绍后来就和何进走到了一起，何进几乎对他言听计从。何进是大将军，那袁绍就是个隐形的"二将军"。

对于天下第二大世族杨家，何进更是从出身和攀高枝的角度竭力巴结，最后得到了一个非常有用的名声——成了杨家大佬杨赐的挂名弟子。这样一来，他和汉灵帝刘宏不但是大舅哥和妹夫的关系，还成了同窗学友。

《全上古三代秦汉三国六朝文·全后汉文卷七十八》记载："于是门生大将军何进等，瞻仰洙泗公丧之礼。"

虽然是挂名，但名义上屠户出身的何进和天子是一个老师教出来的，谁还能说何进出身低微？后来曹操骂何进"沐猴而冠带，知小而谋疆"，那是何进死了以后，当然，这与何进的出身也是有关系的。

何皇后的另一个哥哥何苗，也跟着一路飙升。

何家在发展壮大的过程中，除了巴结世族，也没有忘记交好宦官集团。除了联络中常侍郭胜，还"张让子妇，太后之妹也"①，把何皇后的妹妹"何小妹"嫁给了大宦官头子张让的义子，这样内宫最大的宦官也算跟何家联姻了。不过这个何小妹最后反倒成了何家覆灭的关键，这是后话了。所以何家其实是摇摆在世族和宦党之间的。

何家确实崛起了。何氏是皇后，何进是大将军，何苗后来也晋升成了车骑将军，何小妹又与宦官势力联姻。从世族到宦官，何家两头讨好，牛大了。不过在整个过程中，因为何皇后，还是

---

① 《后汉书·窦何列传》。

第二十四章　1800 年前的宫斗大戏

让何家出现了一次重大危机，只是这件事被与何家盘根交错的同盟势力摆平了。

何氏做了皇后，如果她能团结后宫的嫔妃，受到一众"姐妹"爱戴，处理好皇室家事的话，那也就没有后面的故事了。

汉灵帝后宫中有一位叫作王荣的美人，祖父王苞做过五官中郎将。

《后汉书·皇后纪第十下》中说："美人丰姿色，聪敏有才明，能书会计，以良家子应法相选入掖庭。"

注意，王美人有才明，能书会计。汉灵帝本是一个文艺青年，在他还对爱情懵懵懂懂的年纪，对美丽的何氏那叫一个喜欢，可毕竟何氏文化素养有限，腻歪在一起总有够的一天。随着年龄的增长，文艺青年还是喜欢与有文化的女人一起创作，郎情妾意。

汉灵帝喜欢上了王美人，不久王美人怀孕了。可是后宫中，人家何皇后的规矩定得死死的！"流下来，打下来，就是不能生下来！"

王美人都没敢让皇后知道自己怀孕，也不用皇后差人对付她，她自己就把堕胎药给喝了……《后汉书·皇后纪第十下》记载："时王美人任娠，畏后，乃服药欲除之，而胎安不动，又数梦负日而行。"

这下厉害了，王美人吃了堕胎药，可肚子里的孩子没打掉，然后还总梦到自己是背着太阳行走，这是什么情况？难道王美人肚子里的孩子是未来天子？王美人母性爆发，她决定抗争，决定把孩子生下来！

当时或许是这样一个场景。长秋宫寝殿中，传出"啪"的一声碎响,殿内,一件白玉盏被皇后摔得粉碎,何皇后对跪在地上的一众宦官和宫女骂道:"贱人就是矫情!"

何皇后言罢,嘴角微扬,缓缓地闭上了眼睛。接下来的故事,并不是王美人黑化扳倒了何皇后,而是王美人把孩子生下来了。何皇后坚决不惯毛病,为了加强后宫队伍建设,巩固自己在后宫中的地位,王美人前脚生完孩子,何皇后就把她给毒死了。《后汉书·皇后纪第十下》也记载了这一幕:"四年,生皇子协,后遂酖杀美人。帝大怒,欲废后,诸宦官固请得止。董太后自养协,号曰董侯。"

何皇后把事情做绝了,何家的危机也就出现了。当汉灵帝知道何皇后杀了王美人之后,气疯了。他凭着一股子血气,不怕开罪外朝所有支持何氏的世族,不怕把身边的亲信宦官都推到何氏那边去,坚决要废了何皇后,这也就等于要彻底推倒何氏家族的势力。

皇帝想归想,可现实呢?史书只记录了内朝宦官劝阻皇帝,"诸中官固请,得止。"①

内宫中扶保何氏确实有宦官的功劳,比如何家的亲家公,《后汉书·窦何列传》中就记录了大宦官头子张让与何进的对话:"先帝(灵帝)尝与太后(皇后)不快,几至成败,我曹涕泣救解,各出家财千万为礼。"看来宦官是帮何皇后出了死力了。

可何进在外朝的支持者和替何家抬轿子的世族的反应并没有记录,我想他们比何皇后还要着急,只是这事不好写进史书里……

最后,暗弱的汉灵帝刘宏除了哭泣、思念王美人,只能发挥

---

① 《资治通鉴·汉纪五十》。

他文青的特质，作《追德赋》《令仪颂》来追思王美人。是啊，就汉朝当时的局面，刘宏这个皇帝除了哀思爱妻，他又能怎么样呢？

三、两位皇子，董侯与史侯被迫对立

王美人死后，汉灵帝就把王美人诞下的"太阳"儿子刘协，送到了自己母亲董太后那里抚养。若不这样做，刘协的杀母仇人何皇后能让他活下来吗？

事情发展至此，何皇后的儿子刘辩连带着也不受汉灵帝刘宏待见，丢在道士家里不知道什么时候能回宫，人称"史侯"。

刘宏心疼的小儿子，苦命的刘协，人称"董侯"。

直到汉灵帝刘宏驾崩，他都不肯让嫡长子刘辩做太子，也没有留下诏命让嫡长子刘辩继承大统。

《资治通鉴·汉纪五十一》记载："（常年来）群臣请立太子。帝以辩轻佻无威仪，欲立协，犹豫未决。"

这下何家一系的人马自然站到了"史侯"一边，而以董太后为首的董家一系自然站到了"董侯"一边。

一场宫斗大剧，随着王美人的香消玉殒和两位皇子的分属阵营初成，逐渐落幕。接档的皇子夺位大戏马上上线，董卓在这场大戏中扮演着什么角色呢？

第二十五章 乱世伏笔，一场被抹去的夺储之争

说完汉灵帝后宫的宫斗，接下来的故事慢慢从后宫推向了前朝。故事主线由后妃争宠演变成皇子夺位。

要说清楚董卓在这场夺储大战中扮演什么角色，得先看看这夺储戏中各方势力的整体框架，才好分辨老董的政治立场。

一、夺储位，争到死！

汉灵帝不肯立皇后的孩子为太子，太子位空悬，直到灵帝驾崩也没确定。

表面看，汉灵帝和汉桓帝一个德行，到死也没确定皇位继承人，净给后人留乱子。虽然二者都不肯轻易确定继承人，可实际上，二人面临的局面却不尽相同。汉灵帝的处境和后世明朝的万历皇帝朱翊钧是一样的。明朝万历朝，立储是头等大事，万历皇帝偏爱郑贵妃所生的皇三子朱常洵，不喜欢皇长子朱常洛，而文

官大臣们坚决维护"国立长君"的礼法和祖训，万历皇帝硬是把这事拖了十几年。不管万历皇帝打什么小算盘，他能拖得起啊。可汉灵帝拖不起，他成天吃喝玩乐，身体早就不行了，拖了8年他便再没机会拖了，他驾崩的时候，小儿子刘协才9岁。

"史侯"刘辩是何皇后的儿子，在道士家长大。朝臣大多数支持刘辩做太子，这个也属正常，按理说嫡长子刘辩本就该登上太子宝座，成为国家储君。

可问题是汉灵帝始终不肯啊，其实皇帝倒不是因为"辩轻佻无威仪"不肯立储，说到底还是因为王美人被何皇后毒杀，外加他喜欢小儿子刘协。所以他想立小儿子当皇帝，如此一来，事情就变得复杂了。

皇帝喜欢小儿子，就直接立小儿子得了呗。那也不行，看了那么多夺储电视剧，咱们都知道，一般来说，每位皇子背后都有势力支持。

汉灵帝若是直接废长立幼，那大皇子刘辩背后的世族势力和何家会做出什么事就不好说了。当然这事并没有发生，汉灵帝没有强行废长立幼的魄力，他拖到死也没敢这么做。

回头看看"董侯"刘协，这孩子生下来就没了妈，怪可怜的，姥姥家——邯郸王家估计也指望不上，所以皇帝只能把刘协放到奶奶家里，让奶奶家的人抚养他长大，如此一来，奶奶一家自然想把刘协扶上皇位。

《后汉书·皇后纪第十下》记载："初，后（董太后）自养皇子协，数劝帝立为太子，而何皇后恨之，议未及定而帝崩。"

董太后一系想让自家养大的刘协当皇帝，而刘协与何家势力还有杀母之仇，此仇不共戴天，何家和刘协本就不可能共存。

第二十五章 乱世伏笔，一场被抹去的夺储之争

董家辅保刘协，用膝盖想也明白这将是一个与何家不死不休的局面。

总之，汉灵帝没法子强立刘协为帝，也不同意刘辩当太子，这事就拖了下来，直到中平六年（189年）四月汉灵帝驾崩。这种情况下，刘辩和刘协身后的支持者就难免分成派系，何家和董家剑拔弩张，都想让自家孩子当皇帝。

让咱们看看这两个派系的现实状况。

二、托着"史侯"和"董侯"的那些大人物

"史侯"刘辩继承大统是符合法理的，母亲是皇后，自己是嫡子，这是先天优势，支持者自然很多。

而且何进一系人马，经过几年发展，在朝堂上那是兵强马壮，何家自然信心满满。而其他大世族还不赶紧提前打打底，将来也好有个"从龙之功"。如袁家就很坚定地支持刘辩，袁家的袁绍大公子跑去给何进当二把手，袁家的当家人袁隗（那时候袁逢已经死了）后来更是把刘辩送上了皇位。最后袁家收益最大，袁隗成了东汉太傅，算是新皇帝的老师及代理政权的辅佐大臣，是当时东汉唯一一个位在三公之上的上公。袁家通过辅佐刘辩登基，终究成为实打实的天下第一世族。而袁家话事人也真正成了一人之下万人之上的朝中第一大员。

而内宫中，大宦官头子张让又与何家是亲家，说白了，张让和皇子刘辩也算有亲戚关系。虽然中常侍中也分派系，对两位皇子的态度不尽相同，但大头目如张让、郭胜等那是死挺刘辩的。

再看刘协。刘协深受皇帝喜爱，这是优势。董家虽然也经营

朝堂多年，但毕竟不是"百年世族"出身，历史记载中没有太出众的人物（或许有铁杆支持刘协的，但没明确记载）。后宫里面董太后的人肯定支持刘协，而在外朝，其实董家也有一定的自家势力。

让我们从一则故事看看董家的实力。《后汉书·杨李翟应霍爰徐列传》记载：

（徐璆）稍迁荆州刺史。时董太后姊子张忠为南阳太守，因埶放滥，臧罪数亿。璆临当之部，太后遣中常侍以忠属璆。璆对曰："臣身为国，不敢闻命。"太后怒，遽征忠为司隶校尉，以相威临。璆到州，举奏忠臧余一亿，使冠军县上簿诣大司农，以彰暴其事。……中平元年，与中郎将朱儁击黄巾贼于宛，破之。张忠怨璆，与诸阉官构造无端，璆遂以罪征。有破贼功，得免官归家。

徐璆被派去当荆州刺史时，董太后派中常侍告诉徐璆："照顾下董家的外甥——南阳太守张忠。"徐璆却没给董太后面子，董太后气得把外甥张忠调任司隶校尉。后来张忠在黄巾之乱时寻了个机会和宦官报复性地扳倒了徐璆。

从这个故事可以看出，董家在朝堂上还是有些势力的，张忠担任郡守的南阳是天下第一大郡，司隶校尉更是东汉"三独坐"官员之一，地位尊崇。后来在朝堂上他还打击报复人家徐刺史。

不过整体来说，刘辩的实力还是能够碾压刘协的，就算刘辩未封太子，那感觉也是个"七珠亲王"，刘协顶多能弄个"三珠亲王"罢了。

第二十五章 乱世伏笔，一场被抹去的夺储之争

但咱可别忘了，皇帝喜欢刘协啊，皇帝得给刘协铺路啊。

刘宏是皇帝，他又不傻，自然知道刘协势力不行。何家曾杀刘协生母，若是自己殡天了，将来何家定然会斩草除根。

"不行，我不能让刘协就这么完了。"

汉灵帝开始为刘协夺得储君之位铺路。《资治通鉴·汉纪五十一》记载：

> 八月，初置西园八校尉，以小黄门蹇硕为上军校尉，虎贲中郎将袁绍为中军校尉，屯骑校尉鲍鸿为下军校尉，议郎曹操为典军校尉，赵融为助军左校尉，冯芳为助军右校尉，谏议大夫夏牟为左校尉，淳于琼为右校尉；皆统于蹇硕。帝自黄巾之起，留心戎事；硕壮健有武略，帝亲任之，虽大将军亦领属焉。

皇帝成立了一个西园新军，这看似只是京城多出来八个校的军队，实际上却另有深意。西园军可制衡北五营，而且命西园新军首领蹇硕同时统领大将军何进，如此一来，京城军权表面上就被支持刘协一系的势力把控了。

首先，蹇硕连个中常侍都不是，他如何能领导大将军何进？蹇硕身体强壮、通晓军事？这都是扯淡，最主要是蹇硕得汉灵帝信任，而且他是立刘协为帝的坚定支持者（最后他也真的为了帮刘协登上帝位而死）。

而蹇硕麾下的新京师八校，也是夺储双方抢占将领名额的重要"战场"。至少袁绍、淳于琼是和何进站在一起的，曹操也是这伙的，而赵融后来跟了曹操混，鲍鸿应算是董卓的哥们儿，其

他几个人就不太清楚了，估计是董家人。

接下来，汉灵帝继续给刘协铺路，《资治通鉴·汉纪五十一》记载："九月……以卫尉条侯董重为骠骑将军。重，永乐太后兄子也。"兄子就是董太后的侄子，也就是当年被处死的董太后哥哥董宠的儿子。因此，董重是汉灵帝的表哥，刘协的"大爷"，也是保护董侯刘协的重要人物。

这些看似简单的人事调整，其中却大有学问。如此的变动之后，我们就会发现东汉军事指挥权的排名发生了很大变化。

第一名是上军校尉蹇硕，位在大将军之上（名义上，或者说在京城内），他是刘协一方的。第二名是大将军何进，他是刘辩一方的。第三名是骠骑将军董重，他是刘协一方的。第四名是车骑将军何苗，他是刘辩一方的。第五名是前将军董卓。嗯……先卖个关子。第六名是后将军袁隗，他是刘辩一方的。第七名是左将军皇甫嵩，他是和稀泥的。

各位请记住这个未来东汉皇帝评选组的排名，后面有大用。

现在只有一个人的态度没有说清楚，那就是咱们的主人公，董卓老哥。历史真的没说清楚董卓的政治立场吗？还是说了我们没当回事儿？

三、董卓的政治立场

"嗯，咳咳，我是大汉前将军董卓，我再次强调，我是董家的人，我也算是董家外戚，我支持刘协为帝！"

"切，前将军根本就是拉大旗作虎皮嘛！"

"胡说，我，我……好的我承认，我是打着支持刘协的幌子，想当新一届选皇帝的评委……"

《后汉书·董卓列传》中有这么一段话:"卓以王(刘协)为贤,且为董太后所养,卓自以与太后同族,有废立意。"

我们普遍把这段话的重点放在"卓自以为与太后同族",董卓自认他是董太后一方的同族,自然也是同盟。

是的,史书上已经说出了董卓对外宣称的政治立场,只是我们没当回事儿罢了。从后面的故事发展中,我们能更清晰地看出,董卓硬赖着自己是"董家外戚、支持刘协"这一派,来作为对外宣传的政治立场,进而博取更大的政治利益。

就算老董攀高枝,硬赖着跟皇太后同族(他两家只是都姓董罢了,查不出亲戚关系,或许双方家族有联姻,但史书上并没有记载),我们也知道董太后的侄子董承在董卓麾下。可把这个关系放到夺储站队的列表中,你会发现,董太后需要董卓这个强力外援,董卓也需要董太后这个朝中支持者,双方都有利可图。

老董独挡西州的几年,兵强马壮,但朝廷里有多少人支持他,又有多少人巴不得他栽跟头?老董寻个政治联盟也不稀奇。

总之,逐渐黑化的董卓,八成嘴上喊着支持刘协,手上拿着董家给的好处,动手时未必就帮董家出什么力。从一介边鄙的凉州布衣混到如今这份儿上的董卓,满眼都是实用主义,难不成他还真的跟谁一条道跑到黑?从当年老董和张奂之间的"感情纠葛",我们就不难看出老董可不是念旧情的人。

所以,我们需要大胆假设一下。在政治立场二选一的情况下,老董确实是支持刘协这一伙的(他要是站在刘辩一方,也就没有后来那些事情了)。不管他是真心实意地帮"董侯"一派出力,还是假模假样只是想寻得些好处,老董对外确实宣称,他是董家外戚。这个身份昭示了董卓支持刘协为帝，自然也让他成了支持刘辩的何家和袁家的敌人。

说到这里也算解答了前文留下的伏笔，董卓驻军在外3年多，朝中的同盟其实就是董太后这方势力。这个假设，跟后面的故事有极大的关系，它也是老董拉大旗作虎皮的一个重要手段。

其实，老董和刘协这个娃娃能有什么感情？谁当皇帝对老董来说又能如何，何况老董入京的时候，除了一直在董卓军中的董承，董家外戚的几个主要人物都死了。只是他入京夺取了政权，拿出立刘协为帝的噱头，这样在政治立场上还算有点儿依据，要是这个都不宣传，那老董的政治立场是什么呢？凭什么赤裸裸地进京夺权？

说完了宫斗戏演变成的夺储大戏，明确了董卓的政治立场，分辨出董卓在朝中的敌人和盟友，也就能说清楚后面的故事了。

四、关中决战前夕

说清楚了皇城里权斗的故事，咱们现在可以说回关中和凉州的边疆战场了。

前文讲过，凉州叛军于中平四年（187年）占领凉州全境，随后开始攻打前将军部驻守的关中地区。现在，我们可以把时间调到中平五年十一月，关中战局即将进入高潮，虽然之前董卓和凉州叛军是如何进行拉锯战的记录不详，但这一次是真到了决战时刻。

中平五年十一月，凉州叛军集结兵马十余万，大举进攻关中战略要地陈仓城。而此时轮到皇甫嵩重新复出，在职务居董卓之下的情况下,督董卓作战。二人战略意见相左,但最后陈仓孤城困守,居然拖垮了十余万叛军,小小陈仓城创造出几年来关中汉军与凉州叛军拉锯战中最辉煌的胜利,汉军最终战胜、瓦解了凉州叛军。

陈仓之战在战争史上应该是一场非常有借鉴意义的战役,但史书却没有大书特书。而看似简单的陈仓之战,背后却很有学问,咱们先说说皇甫嵩返回关中后的一些战略部署。

要说董卓和皇甫嵩是东汉末年一对组合的话,那就该叫"凉州双明"。哥儿俩一会儿你复出,一会儿我复出,一会儿你代替我,一会儿我代替你,就连史书上也有二人争雄的记载。

在凉州和关中大决战之际,朝廷突然重新启用皇甫嵩,"督"经营关中3年的董卓用兵。最要命的是,董卓是前将军,而皇甫嵩位居其下,是左将军,朝廷让左将军督前将军用兵,这不是很矛盾的一件事情吗?

史书记载了左将军督董卓用兵一事,而且打完仗之后董卓还有违抗诏命的行为,所以我们惯性地想到董卓会不会是养寇自重?

实则不然。

第一,老董这几年可没少给朝廷出力。至少中平五年十一月,凉州叛军在关中依旧没有取得战果,他们还在陈仓和汉军较劲呢。要知道前一年的时候,叛军只有几万,而皇甫嵩作为主帅,手里有十余万汉军,却被叛军打得节节败退,退到了长安。

可中平五年的时候,叛军变成十几万了,初期董卓却只有3万兵马,可以说是实力逆转。尽管如此,几年来董卓还是守住了关中,这个成绩已经不错了。

而后来北宫伯玉等人被韩遂火并,湟中义从羌便渐渐退出叛乱队伍,最后居然被董卓给策反了。这几年,董卓一直把叛军阻隔在关中地区外围。

但朝廷让皇甫嵩督董卓作战,恐怕是董卓凭着战功和自己的部曲众多,越来越跋扈,朝廷担心难以节制董卓,又或者如当年张温和董卓争权一般,是各方势力在朝堂上博弈的结果。

第二,皇甫嵩作壁上观,而董卓却积极请战。我们看看陈仓之战的过程,就知道董卓急不急着和叛军开战了。《后汉书·皇甫嵩朱儁列传》记载:"凉州贼王国围陈仓,复拜嵩为左将军,督前将军董卓,各率二万人拒之。卓欲速进赴陈仓,嵩不听。卓曰:'智者不后时,勇者不留决。速救则城全,不救则城灭,全灭之势,在于此也。'嵩曰:'不然……将何救焉!'遂不听。"

这个记载说董卓和皇甫嵩各率两万人马,但未必董卓一共就两万人马,他应该不会只有那点儿兵力,其他军队可能分布关中各地据守,董卓自己亲自率领的或许是两万。

董卓和皇甫嵩对战局的见解,我们后面再详细分析,但眼下的情况是,董卓要求积极救援陈仓城,可以看出是积极要求作战的,只是皇甫嵩不许。而董卓则非常听朝廷盼咐,皇甫嵩怎么说,董卓就怎么干,尽管内心不服气,但完全没有违抗朝廷号令的情况。皇甫嵩刚到关中,就颁布了不许救援陈仓的命令,当时的情况或许是这样的……

关中右扶风地界。

白蒙蒙的雾气盘旋在山谷之间,含着湿气的白雾从山林上顺着山势一阵阵涌向山脚下的一处小村落,村落的入口处渐渐形成了一幕浓厚的雾墙,雾气浓白而厚重,遮蔽了阳光,但却遮挡不住那刺鼻的血腥味。

轰隆隆的马蹄声逼近村落，少说有上千骑兵由东向西疾驰而来，为首的几名骑着高头骏马的骑士纵马跃出雾墙。

马上将士各个披挂重甲，后面陆续赶到的骑兵手中撑着黑底镶金边的旗帜，旗上赫然写着"大汉前将军"的字样。

马队的前锋汇集后，为首的将官忽然勒住战马的缰绳，望着这个刚被屠戮不久的村落，高声对身后将士喝道："全军戒备，整队慢行！"

放眼望去，浓雾笼罩的村落，处处断壁残垣，村中村民工作、住宿的农家屋院如今已成为一片瓦砾场，地上横七竖八躺着不少尸体，偶有几只寻腐肉吃的乌鸦被惊得四散飞去。

不待为首将校感慨，只听后方不住有人叫喊："前将军有令！前锋止步，全军撤退，返回驻地！"

那为首的将校，生得五大三粗，看那凶神恶煞的样子就知道是董卓带出来的兵。他一时没回过味来，还以为自己听错了传令官的呼号。

将校只得扯着脖子冲正疾驰而来的传令兵高声喊道："陈仓县城已被围攻二十余日，董将军命各部进入陈仓地界集结救援，为何突然撤军？"

此时传令兵赶到队前，这才答道："皇甫将军有令，不得救援陈仓，让陈仓自救！"

此言一出，那将校更是糊涂："哪个皇甫将军？你把话说明白些！"

"朝廷派皇甫嵩任左将军，督我等前将军府兵作战！是皇甫嵩下的令，让陈仓自救。"

"什么狗屁不通的命令,难不成看着陈仓被贼军强攻吗?陈仓若失,关中如何防守,董将军难不成同意停发援军?"为首将官恨不得插双翅膀飞回大营当面质问皇甫嵩,虽然他可能级别不够,可那一脸怒气都写在眉眼之间了。

传令兵也知道陈仓城中怕是有不少自家兄弟,低眉耷眼,好不窝囊地叹气道:"朝廷有令,以皇甫嵩督我等作战,董将军就是再不愿意,又能如何……"

"听皇甫嵩放狗屁,死的可不是他带出来的兄弟!"

骂归骂,这一队千余人的骑兵队,终究还是渐渐收拢队形,折返东去,不少士兵忍不住回头向西方远眺,只盼着陈仓莫要失守。

如果站在皇甫嵩的角度去看,不肯发救兵好像是他神机妙算高过董卓一筹。实际上陈仓之战对西州战局和东汉历史走向非常重要。为了说清楚这个关键节点,下一章我们将陈仓之战仔细地拆解一下,再看看它到底是怎样一个故事。

第二十六章 陈仓之战

一、陈仓之战背后的一片江湖

前面说了叛军控制凉州后，开始寇略三辅（关中），虽然中平四年（187年）至中平五年的关中战局几乎没有史料可查了，但可以肯定的是，中平五年十一月开始的陈仓之战，是凉州叛军孤注一掷与汉军之间最后的大决战。

为何说叛军是孤注一掷呢？因为陈仓之战叛军投入了前所未有的人力、物力，而结果是陈仓城在十多万叛军的狂攻下苦守80多天，在皇甫嵩没派出一名援军的情况下，最后竟打溃了凉州叛军。而凉州叛军经过此役，也由盛转衰。

《后汉书·虞傅盖臧列传》李贤注引《续汉书》记载："汉阳叛人王国，众十余万，攻陈仓，三辅震动。"

《资治通鉴·汉纪五十一》也记载："（因为陈仓的大败）韩

遂等共废王国，而劫故信都令汉阳阎忠使督统诸部[1]。忠病死，遂等稍争权利，更相杀害，由是寖衰。"

王国当时举全凉州之力也要拔了陈仓城，决心很大，但下场很惨，最后凉州叛军也暂时消停了。

陈仓之战如此重要，若我们换到董卓的视角再看，就不难发现很多问题。第一，陈仓城对西州战局来说重不重要？第二，陈仓城好不好守？第三，应不应该发兵救援陈仓？第四，到底是谁的兵马驻守在陈仓？

第一个问题，陈仓城对西州战局到底重不重要？老董积极要求救援陈仓的理论依据很简单，"智者不后时，勇者不留决。速救则城全，不救则城灭，全灭之势，在于此也"[2]。陈仓城要是丢了，关中休矣。

很多人了解陈仓这个地方，多半是因为"明修栈道，暗度陈仓"这句话，当年秦汉之际，韩信就是突击打下陈仓从而谋夺了整个关中。

陈仓在三国时代还有一次比较有名的战役，那是在凉州叛军和汉军争夺陈仓的 40 年后，诸葛亮从蜀中二次北伐时曾攻打陈仓不克。诸葛亮的想法自然和韩信是一样的，打下陈仓，以陈仓为据点攻占整个关中。

不单韩信和诸葛亮明白陈仓的重要性，韩遂等叛军也明白，老董作为防御方，他更明白。

---

[1]《英雄记》记载，凉州叛军分为三十六部，"凉州贼王国等起兵，共劫忠为主，统三十六部，号车骑将军。忠感慨发病而死"。
[2]《后汉书·皇甫嵩朱儁列传》。

第二十六章 陈仓之战

《后汉书·皇甫嵩朱儁列传》中皇甫嵩的战略依据是："百战百胜，不如不战而屈人之兵。是以先为不可胜，以待敌之可胜。不可胜在我，可胜在彼。彼守不足，我攻有余。有余者动于九天之上，不足者陷于九地之下。"

这都是《孙子兵法》上的话，要不是皇甫嵩说出来的，人们还以为是纸上谈兵呢……

董卓的依据是现实战况，而皇甫嵩的依据是兵书理论。

陈仓的重要性皇甫嵩会不知道吗？看着陈仓自生自灭，是陈仓太好防守了吗？

这就引出了第二个问题：陈仓是否好守。《后汉书·皇甫嵩朱儁列传》中老皇搪塞董卓的话是"今陈仓虽小，城守固备，非九地之陷也。王国虽强，而攻我之所不救，非九天之势也"。

还真别说，40年后，陈仓城的防守战还为大魏国立过功劳，那时诸葛亮北伐进攻陈仓城，而魏军早在此前修筑了陈仓新城，也就是说，那时候的陈仓城并不是老董现在要救的这座城了。

《三国志·魏书三·明帝纪第三》裴松之注引《魏略》记载："先是，使将军郝昭筑陈仓城；会亮至，围昭，不能拔。……亮自以有众数万，而昭兵缱千余人，又度东救未能便到，乃进兵攻昭，起云梯冲车以临城。昭于是以火箭逆射其云梯，梯然，梯上人皆烧死。昭又以绳连石磨压其冲车，冲车折。亮乃更为井阑百尺以射城中，以土丸填堑，欲直攀城，昭又于内筑重墙。亮又为地突，欲踊出于城里，昭又于城内穿地横截之。昼夜相攻拒二十余日，亮无计，救至，引退。"

再看看《三国志·魏书九·诸夏侯曹传第九》中的记载："真（曹真）以亮惩于祁山，后出必从陈仓，乃使将军郝昭、王生守陈仓,治其城。明年春,亮果围陈仓,已有备而不能克。"

40年后魏国筑了一座陈仓新城,而且提前一年准备的防御工作,诸葛亮率领蜀军攻城20余日,没攻下来,粮尽撤兵了。当时郝昭守的是陈仓新城,眼下关中汉军守的是陈仓旧城。

陈仓新旧城的记载是可以查到的。《元和郡县志》记载:"陈仓故城在今县东二十里,即秦文公所筑……按今城有上下二城相连,上城秦文公筑,下城是郝昭筑。"

如果说陈仓旧城好守,郝昭用得着起一座新城吗?皇甫嵩说旧陈仓好防守怕也不尽然。

郝昭守了新陈仓城20天,诸葛亮进攻方估计5万人,攻城战记载得很详细。

关中汉军守了陈仓80天,进攻方10万余人,如此喋血孤城翻盘整个战局的战役,放眼2000年历史也不多见,汉军是如何防御的,又是哪位将领守住陈仓城的?历史上都没有记载。这不是很奇怪吗?

第三个问题,皇甫嵩不派援军的战略真的对吗?对比蜀汉和曹魏的打法就知道。诸葛亮一攻打陈仓,魏军就开始急忙调兵救援陈仓,而且不止一路救兵。

《资治通鉴·魏纪三》记载:"(诸葛亮)昼夜相攻拒二十余日。曹真遣将军费耀等救之。帝召张郃于方城,使击亮。帝自幸河南城,置酒送郃,问郃曰:'迟将军到,亮得无已得陈仓乎!'郃知亮深入无谷,屈指计曰:'比臣到,亮已走矣。'郃晨夜进道,未至,亮粮尽,引去。"

曹丕和曹真都分别派出部队救援陈仓,那还是一座早有防备的陈仓新城。诸葛亮5万军队粮食就够吃20天的,人家凉州叛

第二十六章 陈仓之战

军十余万人硬是打了近百日，估计凉州叛军那点儿军需家底也消耗得差不多了。诸葛亮缺粮，曹魏在提前布防的情况下，还是急忙发两路援军救援陈仓。而韩遂、王国倾其所有攻打陈仓，汉军守着旧城防御，皇甫嵩却不肯救援。

第四个问题，驻守陈仓城的守军到底是谁的人马？陈仓开打，皇甫嵩才到三辅，然后直接罢了董卓的指挥权，还不允许发兵救援陈仓城。陈仓城里的守军不可能是皇甫嵩的兵马，那会不会是关中自己的郡兵部队？

实际上郡兵也不够守的。《后汉书·虞傅盖臧列传》李贤注引《续汉书》记载："是时，汉阳叛人王国，众十余万，攻陈仓，三辅震动。勋（京兆尹盖勋）领郡兵五千人，自请满万人，因表用处士扶风士孙瑞为鹰鹞都尉，桂阳魏杰为破敌都尉，京兆杜楷为威房都尉，弘农杨儒为鸟击都尉，长陵第五儁为清寇都尉。凡五都尉，皆素有名，悉领属勋。每有密事，灵帝手诏问之。"

从京兆尹盖勋给长安地区增兵的记载可以看出，朝廷规制的长安地区驻军只有 5000 人。

陈仓城属于右扶风郡，右扶风郡有 15 座县城，就算右扶风也和京兆长安是一个档次，也有 5000 名郡兵，可除了陈仓城其他 14 座县城都不守了？

说到底，防御工作主要还是靠经营关中多年的董卓前将军府指挥下的兵马。董卓着急救援陈仓，皇甫嵩不着急救，关键怕是在这儿呢。

或许当时老董晃着他的大脑袋和皇甫嵩争得面红耳赤时忍不住骂道："皇甫嵩，你这是崽卖爷田心不疼！"

皇甫嵩根本不接老董的这个茬儿……

二、皇甫嵩是否故意为难董卓？

从表象来看，陈仓之战确实进一步激化了皇甫嵩和董卓间的矛盾，皇甫嵩大有消耗董卓实力的嫌疑。实际上皇甫嵩很可能是被其背后的势力所迫，不得不跟董卓唱对台戏的。眼下皇甫嵩和董卓其实还没到你死我活的地步，而且在某些事情上还是很有默契的。我们把后面有关皇甫嵩和董卓的三则史料提前拿出来说说，就能把二人的关系看得更明白了。

首先，皇甫嵩的儿子竟是亲董派。《后汉书·皇甫嵩朱儁列传》记载："嵩子坚寿与卓素善，自长安亡走洛阳，归投于卓。卓方置酒欢会，坚寿直前质让，责以大义，叩头流涕。坐者感动，皆离席请之。卓乃起，牵与共坐。"当时皇甫坚寿想为皇甫嵩求情。

皇甫嵩的儿子皇甫坚寿与董卓是关系非常好的一对叔侄，他甚至还投靠在董卓麾下。要不是皇甫嵩和董卓一直争雄，这两家还真有点儿世交的感觉呢。

其次，皇甫嵩的侄儿却是反董派。《后汉书·皇甫嵩朱儁列传》记载："（中平六年）卓拜为并州牧，诏使以兵委嵩，卓不从。嵩从子郦时在军中，说嵩曰：'本朝失政，天下倒悬，能安危定倾者，唯大人与董卓耳。今怨隙已结，势不俱存。卓被诏委兵，而上书自请，此逆命也。又以京师昏乱，踌躇不进，此怀奸也。且其凶戾无亲，将士不附。大人今为元帅，杖国威以讨之，上显忠义，下除凶害，此桓、文之事也。'嵩曰：'专命虽罪，专诛亦有责也。不如显奏其事，使朝廷裁之。'于是上书以闻。"

这个记载是说，皇甫嵩的侄子皇甫郦曾撺掇皇甫嵩寻机杀了

第二十六章 陈仓之战

董卓，可皇甫嵩不同意。

皇甫郦是真想要皇甫嵩置董卓于死地的，虽然皇甫郦说能安定天下的只有皇甫嵩和董卓有点儿夸张，但其实皇甫嵩可没有当"出头椽子"的打算；后来的事实证明，董卓也没能安定天下。

上面两段故事，分别是皇甫嵩的儿子和侄子与董卓的关系。儿子和董卓一条心，侄子和董卓是死对头，皇甫嵩这是搞什么？

不奇怪，对世族来说，生存法则中重要的一条就是"鸡蛋不能放在一个篮子里"。

比如诸葛家，诸葛亮是蜀汉丞相，可诸葛瑾是东吴孙家的开国元勋。甭管刘备和孙权在夷陵之战中打成什么样，最后谁得天下，诸葛家都能生存下去（当然，也会发生都投资失败的情况）。

皇甫嵩会不知道自己的儿子跟董卓玩得好？站在皇甫嵩背后要对付老董的人会不知道皇甫嵩留后手？

皇甫嵩也知道自己的侄子反董，可皇甫嵩是不会轻易跟老董撕破脸的。该做的做，不该做的不做，谁也不得罪，这才是皇甫嵩的生存之道。

最后说一下皇甫嵩本人的态度：老董的兵我管不了，老董这个人我也惹不起。这第三个故事，就是董卓入京前，朝廷让皇甫嵩接管董卓的部队。当时董卓只带走了五千兵马，余下的部队虽然没办法和董卓一起入京，可最后他们又都回到了董卓麾下。实际上皇甫嵩并没有真的拆解这些部队，把他们实实在在地划到自己麾下，不然董卓稳住京城后，哪里会一下子冒出那么多嫡系部队。

皇甫嵩不像老董一根筋，他很会审时度势，野心不大，要不然当年阎忠撺掇他谋反，他也不会反对。既然打算左右逢源，皇甫嵩其实也处处给董卓留着后手，也留着余地。再比如《后汉书·虞傅盖臧列传》记载，董卓入京后，"时左将军皇甫嵩精兵三万屯扶风，勋密相要结，将以讨卓。会嵩亦被征，勋以众弱不能独立，遂并还京师"。

"会嵩亦被征"这句话实际是给皇甫嵩留脸面的，当董卓征召皇甫嵩时，他要是同意盖勋讨伐董卓的计划，干吗还要听董卓的呢？

皇甫嵩为了家族，处处都有自己的盘算，最后不但保全了家族，本人还名留青史，居然还灭了董卓满门……

既然皇甫嵩也只是表面上掣肘董卓，并不是真的要整死老董，那他在陈仓之战时，为啥非要和董卓唱对台戏？怕是因为陈仓之战发生的时间节点很特殊，董卓以大汉前将军的身份驻军在外，明里暗里与支持董侯一系的人马串联。可眼下朝中夺储双方都在为自家支持的皇子做最后的努力，一个过于强大的前将军对双方来说都是变数，毕竟董卓今非昔比，手中军权极盛。或许，支持史侯刘辩登基的何家和袁家更希望看到凉州叛军能把董卓牢牢地拴在关中和凉州地区，而不是让董卓有机会乱跑。

然而尽管皇甫嵩限制了董卓的军事指挥权，陈仓城又岌岌可危，但陈仓城那位不知名的指挥官，竟创造了一个防御战的奇迹，成功地破解了董卓面临的难题，也使得董卓在两个月后能毫无后顾之忧地率军离开关中。

三、万胜！陈仓守住了

关中的陈仓防御战一共打了80多天，最终的结果是攻城的

第二十六章　陈仓之战

叛军硬生生地把自己给耗垮了。一座小小的陈仓城在不知名的指挥官带领下，竟拖垮了10万叛军。（叛军不单单是没攻下城，还分崩离析了。）

或许回到1800多年前的陈仓城下，当时的80天是这个样子的：

中平五年（188年）十一月，整座陈仓城被苍凉、肃杀的气氛笼罩着，10万大军围城让人不寒而栗。若从空中俯瞰陈仓城，会发现整座城池像一朵"十字形"的花，那是因为陈仓城的汉军早就在四门修建了由黄土夯成、能容纳几百人的小瓮城。现在，这个"十字"周围，数以千计的小黑点正在不停地移动，那是行进中的凉州叛军的攻城部队。

很快，陈仓城便完全被灰烟笼罩了起来，那是成千上万支射向城头的火箭燃起的灰烟。城外，为防止被敌人作为掩体，汉军早就拆除了依城而建的民宅。城外呐喊声不断的攻城方阵，在一阵阵箭雨的掩护下，扛着云梯开始了第一天攻城。

叛军分三部分对陈仓展开攻势：云梯方阵为攻城主力；背负黄土袋的羸弱兵士则负责填铺城壕；推着牛皮覆盖冲车的方队猛攻四面瓮城，这支队伍不仅撞城门，也撞黄土城墙，兵士手中拿着铲子、锄头之类的工具，配合冲车破坏城垣。

第一天攻城，叛军根本没有试探性进攻的意思，与汉军打了4年仗，双方都清楚对手的底细，"扭扭捏捏"的试探毫无意义，这个当儿，是见真招的时候。叛军云梯队艰难地越过城壕。一丈多宽的城壕，配合城头上的箭雨，让叛军云梯方阵损失不少人手。叛军跃过城壕后倚着云梯，开始抢城。而填铺城壕的兵士则一段一段地开始往城壕里丢黄土袋子，冲车方阵也伴着鼓声向瓮城开去。

驻守关中多年的几名将领，早就把城中壮年百姓编进县兵中，城防上的守军也不宜过密，所以眼下四个城防每向城壁各有千余人，城下便是预备队。

关中汉军将士在几年混战中也经历了几番调整，眼下大部分都是关中和凉州的精兵，各个身经百战，见敌人大举攻城，沉着应战，把手中大弓拉得飞快，一阵阵箭矢如倾盆大雨往城下倾泼，尽管叛军打得很坚决，但眼下汉军士气正盛，攻城的叛军根本捡不到便宜。

首战，叛军登城的效果并不理想，反倒是填铺城壕的效果很明显。一个时辰之后，叛军丢下一地尸体便慌忙撤军了。

陈仓攻防战的第五天。汉军这几日多次打退叛军的攻势，城外有的地方尸体横七竖八地叠在一起。叛军除了第一日夜里抢尸外，这几日倒也没管战死兵士的尸体。护城的壕沟已基本被黄土袋和叛军兵士的尸体填满了。如此一来，叛军大型的云梯车、井栏车也就可以开到城墙下了。

陈仓攻防战的第十五天。攻城叛军大阵中的战鼓被擂得山响，陈仓城下不少被烧毁的叛军攻城器械依旧燃着火星。而陈仓城各向城壁上搭着许多叛军攻城的云梯，云梯上密密麻麻蚁附着攀爬的兵士，而云梯下顶着大盾的兵士排着密集的队形一个接一个地爬上云梯。城防上一名汉军将领满脸血污，他一箭射死了城下的一名叛军，然后飞快地躲到了城堞背面，与左右喊道："东边怎么样？"

"无大碍，小的刚从东门回来，顶得住，敌人登不了城。"

"奶奶的，敌人太多了。"那将领探头望了望城下密密麻麻的敌人，高声骂道。

第二十六章 陈仓之战

陈仓攻防战的第二十五天。尽管陈仓的百姓夜以继日地在城下为汉军兵士加油呐喊，并上城防为战士们送水、送粮，也无法遏制住汉军兵士的不断减员，也遏制不住瓮城被破坏，二十多天来瓮城已经被全部破坏，当敌人冲进北门瓮城，准备攻击陈仓北城门时，城防上的滚木礌石倾泻而下，杀伤了不少挤进瓮城的叛军。饶是如此，陈仓4座城门终究还是暴露在了叛军冲车的撞锤之下。汉军在陈仓的城头与登城的叛军死战，各向城壁上都有登城的敌人。有的叛军依仗云梯爬上城头，刚跳入城中就被汉军将士用长枪刺穿了身躯，有的叛军侥幸安全地跳入城中后手持长刀怪叫着和汉军厮杀。那位原年轻将领挺着虎头铁鐏枪不住地挑杀爬上城防的叛军。汉军的奋勇厮杀总算是遏制住了当日叛军攻城的局势。

陈仓攻防战的第三十五日。这一日叛军将领韩遂、马腾各督战一门，韩遂督战的西门，叛军作战极为英勇，他们不顾伤亡、前仆后继地扑向城根。无他，因为在阵后督战的韩遂亲兵们挺着长戈，对着那些后退的兵士不由分说，上手便刺。正在西门防卫最危急之时，陈仓城头忽然爆发一连串的号令，西门城防上的汉军兵士同时举起礌石砸向城下，叛军攻势稍缓，西城头上居然有上百名兵士在一名灵巧如猿猴般的汉军羌人将校率领下，每人腰捆几根麻绳，顺着城墙缒城而出。他们如杂耍般在城墙上站立横向行走，手持大斧接二连三劈砍、推倒勾搭在城垛上的云梯和简易的攻城车。叛军的大好局势被破坏，云梯要么被推倒，要么被砍断，实在砍不断的攻城器械汉军也设法破坏它的梯凳。

叛军见又要重新搭梯攻城，心中大恼，急忙万箭齐发。汉军的百名勇士在一轮箭雨后阵亡几十人，那羌人汉将依旧不住地在空中高喊:"不要惊慌,继续劈砍云梯,把云梯推倒!"最终,羌人汉将身中两箭,和十几名幸存勇士被城上汉军又拖拽了上来。

陈仓攻防战的第四十五日。这天是汉人的传统节日"春节",本该杀猪宰羊,一家人在一起把酒言欢,陈仓城中的军民却没有一丝愉悦的心情。陈仓城与新春佳节最应景的,怕也只有那城防上随处可见的殷红血色。疲惫不堪的年轻汉将歪戴着鱼鳞盔坚持巡查城防,他浑身是血,多少天来合铠而眠,走起路来都摇摇晃晃。身边的弟兄们也好不到哪儿去,那年轻将领强打精神与左右说道:"能打仗的也就2000人了,每城壁几百人,援军再不来怕是守不住了。"

接下来的日子,王国分了3万兵马防御董卓和皇甫嵩,以防汉军救援陈仓,余下的数万兵士继续狂攻陈仓城,然而又攻打了十余天,却依旧没有攻破城防。

陈仓攻防战的第七十日。叛军的军帐中,王国虽然坐在头把交椅的位置上,但面对一屋子叽叽喳喳的叛军头领,说起话来显然缺少底气。

王国清了清嗓子说道:"大家少安勿躁,且听我说,眼下皇甫嵩并没有来救援陈仓,陈仓城虽然冲进了少量周边的援军,但这几日他们折损也不小,我看守城兵士不过千余人。"

"可我们损失更大,眼下除了防御董卓的3万兵马,陈仓城下也只有三四万兵马还能作战了。若皇甫嵩和董卓一到,那时我们再撤兵也来不及了!我认为眼下应该准备撤兵了。"韩遂发表了自己的意见。

"如今攻打陈仓七十多天了,破城在即,没有皇甫嵩和董卓

第二十六章 陈仓之战

的援军,他们马上就守不住了!若现在撤兵岂不是功亏一篑!我是合众将军,诸位听我调遣。"王国心知肚明,如果此战无功而返,耗费粮草无数又损兵折将,他这盟主也就别想干了。

王国见诸将无精打采,毫无斗志,只得用近似恳求的语气说道:"诸将再信王某一回,若八十日还攻不下陈仓,我等便撤回凉州,最后几日我们全线出击!"

叛军议事帐中的气氛非常压抑,韩遂与马腾交换了一个眼神,韩遂那冰冷且令人胆寒的眼神很像他当年刺杀北宫伯玉、李文侯和边章时的眼神。

陈仓攻防战的第七十八天。陈仓城头上,一名幸存的年轻汉兵与身边一名小校哽咽着说道:"我跟董将军在关中打了3年仗,我听将军的。可现在是将军不要我们了吗?兄弟们都死了……都死了……"

那小校虽然一脸坚毅,但眉目之间又何尝不透露着疑惑:"董将军的援军呢?为什么数万汉军只有我们在血战,其他各部为什么不来救援?难道将军真的舍弃我等……"

陈仓城下,王国咆哮着命令攻城部队倾巢而出,整个叛军大营为之一空。叛军从四面八方同时对陈仓城发动了最后的进攻,尽管陈仓守军多是西军出身,身经百战,但毕竟伤亡太大,若不是周边县城有少量援军入城,陈仓早就破城了,眼下实际守城的兵士只有不到千人。而已经损失惨重的叛军,如今像疯了一般,飞快地爬着云梯、拼命地向城上射着箭矢。

那汉军小将在城头望着城下密密麻麻的叛军,感到前所未有的压力,他身边亲兵还在放箭射杀敌人时,忽然一支利箭从城下射了上来,正中那亲兵的眉心,箭矢力道极大,竟将那亲兵猛地钉在了城头敌楼的木柱上。

叛军在每一面城墙下选择了几个进攻点，只要一处得手，他们就集中登上城楼，与汉军肉搏，目的是抢夺城门，放进大队人马。面对着叛军不住的攻势，那年轻汉将也不固守一处，他带了几十名勇士绕城而行，遇到战况激烈之处，就停下来助战，激励将士，杀伤敌军。

西门的叛军终究还是登上了城墙，并形成了一定的占领圈，叛军中一名羌人力士一面劈砍、踢打汉军，一面奔着西门敌楼上的汉军大旗冲去，他打算砍断汉军大旗，然后插上凉州叛军的合众旗帜，若是让他得逞，叛军必然士气大振，那时陈仓危矣。

在这危难的当口，前些日缒城而出的那员羌人汉将抡着双戟杀到那准备插旗的叛军羌人附近，在只差几步远时，只见那羌人已经要将汉旗砍断，汉将急中生智，忙用羌语喊道："兄弟，头领中箭了，过来帮忙。"

那羌人听到本族语言，下意识停下了手中的"活计"，回头朝喊话声的方向望去，只见一个五大三粗的羌人抡着双戟如猿猴般跳跃着奔向自己，戟刃寒光一闪，他便什么也不知道了。

羌人汉将杀了羌人力士后，赶紧伸手扶住马上就要折断的汉军大旗，他把大旗从铁环插口中拔出，然后用大戟截断了一截旗杆，又将短了一截的大旗插回到铁环插口。然后迅速地捡起刚才那羌人力士丢在地上的叛军"合众旗"，将其从城头远远地丢了出去，当"合众旗"被丢下城楼的那一刻，西城门上爆发出了汉军雷鸣般的欢呼声。

西城下的韩遂和马腾咬牙切齿地望着城上的汉军，他们知道，就算这几日打下陈仓城，联军的军心也无法挽回了，二人的

第二十六章　陈仓之战

心中怕也打定了废黜王国这个名义上盟主的主意。

陈仓城头终于传开了"万胜"的呐喊声，只是这一阵阵声浪中饱含着悲怆的情感。

我们整理一下陈仓之战的结果。《资治通鉴·汉纪五十一》：

> 春，二月（中平六年），国众疲敝，解围去，皇甫嵩进兵击之。董卓曰："不可！兵法，穷寇勿迫，归众勿追。"嵩曰："不然。前吾不击，避其锐也；今而击之，待其衰也；所击疲师，非归众也；国众且走，莫有斗志，以整击乱，非穷寇也。"遂独进击之，使卓为后拒，连战，大破之，斩首万余级。卓大惭恨，由是与嵩有隙。韩遂等共废王国，而劫故信都令汉阳阎忠使督统诸部。忠病死，遂等稍争权利，更相杀害，由是寖衰。

《后汉书·皇甫嵩朱儁列传》：

> 王国围陈仓，自冬迄春，八十余日，城坚守固，竟不能拔。贼众疲敝，果自解去。嵩进兵击之。卓曰："不可。兵法，穷寇勿迫，归众勿追。今我追国，是迫归众，追穷寇也。困兽犹斗，蜂虿有毒，况大众乎！"嵩曰："不然。前吾不击，避其锐也。今而击之，待其衰也。所击疲师，非归众也。国众且走，莫有斗志。以整击乱，非穷寇也。"遂独进击之，使卓为后拒。连战大破之，斩首万余级，国走而死。卓大惭恨，由是忌嵩。

《后汉书·董卓列传》：

> 五年，围陈仓。乃拜卓前将军，与左将军皇甫嵩击破之。韩遂等复共废王国，而劫故信都令汉阳阎忠，使督统诸部。忠耻为众所胁，感恚病死。遂等稍争权利，更相杀害，其诸部曲并各分乖。

陈仓之战确实把叛军的底气打没了，结果很意外，凉州叛军又内讧了，最后散伙各自为政，皇甫嵩乘胜追击收割大量人头。积极主战的董卓，最后却没有追击。他不去追击叛军还引经据典，李贤注《后汉书》时记载了董卓的说辞："穷寇勿迫，归众勿追"出自《司马法》，"是追归众，追穷寇也。困兽犹斗，蜂虿有毒"出自《左传》。

陈仓城防御战的结果讲了几件事：第一，陈仓之战从中平五年（188年）十一月，打到了中平六年二月，80多天的防御战终于结束了。第二，皇甫嵩看着陈仓孤城被十多万叛军狂攻了80多天，是真不救援啊，就等双方两败俱伤，然后追上去收渔人之利。第三，叛军没打下陈仓，溃败了。之后汉军又追击了叛军一些时日，估计时间也进入三月了，而董卓居然不跟着去抢人头，当初他急着要救陈仓，现在有便宜捡了反而不肯去了。董卓为什么不肯深入凉州扩大战果？再不济也能捡点儿敌人丢弃的军需物资啊。那是因为陈仓之战结束时的第四件事情。第四，中平六年四月，汉灵帝驾崩，眼下距离汉灵帝驾崩仅剩下一个多月。

或许，此时董卓接到了董太后的消息："董将军，陛下快不行了，你倒是赶紧率军回京啊，至少也得想法为董侯助威啊。"

第二十六章 陈仓之战

"太后,我这边才守住陈仓,都没敢再率军进入凉州追击,您的意思我明白,让我再观望一下时局可好?"

陈仓之战后,朝廷便"莫名其妙"地要罢了董卓的军权;而董卓不但没有趁机西进追击敌军溃兵反攻凉州,反而引兵东进去了河东郡;陈仓之战后,不到两个月汉灵帝便驾崩了;也是陈仓之战后的两个月,新帝登基;陈仓之战的半年后,董卓入京,正式由大汉中流砥柱前将军"黑化"成《三国演义》中我们熟悉的"凉州军阀"董魔王。

陈仓之战后的半年里东汉到底发生了什么,居然让董卓如此大起大落?先是让他"一无所有",而后又飞上枝头变凤凰。当然,几年后又演了一出落难凤凰不如鸡,最后还变成了无头鸡(被吕布枭首)。为什么这段历史,总是让人看得迷迷糊糊?

老董从中平六年三月开始,逐步被推到了东汉夺权的风口浪尖,一步步黑化的他,最终变成了东汉崩溃的"罪魁祸首"。

第二十七章 董卓急转直下的人生

大约在中平六年（189年）二月，"凉州双明"指挥的陈仓之战结束了。陈仓之战打出了汉军的威风，也打垮了凉州叛军的底气，驰骋关西多年的凉州叛军终于消停了。

若是换成以往，此时正是汉军乘胜追击，吹响第二轮反攻凉州号角的最佳时机。然而，二月底凉州叛军从陈仓撤围时，皇甫嵩邀请董卓追击叛军，老董的态度却来了个一百八十度大转弯，他不肯再深入凉州。董卓眼睁睁地看着皇甫嵩率军深入凉州，而自己留在关中，估计此时也进入了三月。

实际上，除了董卓，此时大汉朝廷的各路人马应该都没有夺回凉州的心思了，朝中也没有谁再关心西州的战局。

因为，灵帝病危！

一、改朝换代前夕，老董的投机行为——三十六计之浑水摸鱼

董卓面对的局面与20年前桓帝末年何其相似。汉桓帝驾崩前夕，西北战事段颎大胜，东北战事张奂压得稳稳的，而汉桓帝突然驾崩……之后张奂的人生发生了巨变，段颎更是走上了不归路。而今，西北战事再次进入平叛胜利期，却又恰逢汉灵帝病危。而对于不想走两位师父老路的董卓来说，现在，轮到他思考接下来的道路该怎么走了。

坚定地支持汉灵帝小儿子刘协继位？改旗易帜，投靠刘辩和袁家一道辅佐刘辩继位？表面上支持刘协，但实则却观望局势？

董卓选择了最后一个选项，这对于他来说，是实现多年来野心的机会，也是唯一一次击败世族的机会。

机会往往是给有准备之人的，而老董对这次机会已经准备很久了。

首先，董卓的兵马全国最强。第二，董卓与欲立刘协为帝的董家暗通款曲，早已介入夺储之争。董卓的嫡系部队由他女婿牛辅率领，而前文提到过的董承就是后来和刘备一起要除掉曹操、搞衣带诏事件的那个董国丈。董承和董卓都姓董，但可不是一个"董"，董承是董太后的侄子，未来汉献帝刘协的"叔伯"。

董承很可能就是董家和董卓之间的联系人，董承何时加入董卓集团的没有明确记载，但可以推测一下。

《三国志·魏书·董二袁刘传》裴注引《献帝起居注》所记："（皇甫郦曰）：近董公之强，明将军目所见，内有王公以为内主，外有董旻、承、璜以为鲠毒。"

第二十七章 董卓急转直下的人生

"内有王公以为内主"说的是朝中有皇亲国戚及重量级朝臣支持董卓。而这里说的外军中的"旻"是董卓的弟弟,"璜"是董卓的侄子,而"承"是董承。如果董承是董卓入京后加入董家军的,那皇甫郦把董承列为董卓嫡系核心成员就太牵强了。

其次,后来何进清洗京城董家,董家基本被连根拔起,董承没道理能活下来,除非当时他不在京中而在董卓军中。

所以,董承早就在董卓军中,董卓和董太后也早就有联系。然而,已经黑化的董卓,也只是表面上和支持刘协的"董家"一唱一和。

董卓分析了一下自己的优势,又思考了一下自己的政治立场。在"皇帝的正妻毒死了皇帝的小老婆之后,皇帝想让小老婆的儿子继承遗产"的问题上,已经基本黑化的董卓认为:包括自己在内的夺储双方,根本就讲不清楚谁是谁非。既然分辨不清对错,董卓竟产生了自己只要做一个"在最后能攫取到最大利益的角色便是对的"的想法。

或许他在内心中不断盘算着,如何为自己家族和他帐下的兄弟们拼出一个更好的人生归宿。或许他在脑海中不断回忆着,当年段颎和张奂的成败得失。或许他在不断考量,到底是该转换阵营帮"史侯"刘辩,还是坚持一条路走到底帮"董侯"刘协。或许他萌生了一个新的想法,朝中有世族、宦官、外戚、清流等势力,为什么就不能有一个军人的势力?

眼下军权在握的董卓的心态变化,也变相决定了东汉局面会越来越糟糕。或许,董卓并不认为自己如此考虑有什么过错,那些支持皇子夺位的人不也是先考虑自己的利益得失吗?

"如果继续深入凉州与叛军死战,看似是效忠大汉,可结果却会被政敌整死,那我为何不趁乱局换个活法。"老董面对错综复杂的朝局,以及朝中两派立储势力不死不休的局面,选择"浑水摸鱼",他决定投机!不肯深入凉州,而是静观朝局变化。

二、导演剪辑版的《董卓入京倒计时》,疯狂的 6 个月

我们对东汉末年董卓入京前夕常有的认识,是董卓手握重兵,被何进召唤入京,他趁机夺取政权、祸乱朝政、废立皇帝、毒杀皇太后。

这么简单就把东汉搞死了?而且老董还是"罪魁祸首"。这 6 个月的事情看上去好像是那么回事,但其实是被掐头去尾,还删减了不少戏码,调整了部分先后顺序。以至于有很多事情后人无论如何也解释不通,比如何进既然处处防着董卓,很多人劝说何进别找董卓麻烦,为什么他还对外宣称要以董卓为外援,召唤老董入京呢?

《全唐文·三国论》中王勃感叹道:"尝试论之曰:向使何进纳公业(郑泰)之言而不追董卓,郭汜弃文和之策而不报王允,则东京焚如之祸,关右乱麻之尸,何由而兴哉?"

"追"可不是"请"的意思,后来到底是何进请董卓,还是何进追董卓呢?

为了说清楚后来的事,我们就得捋一捋接下来几个月的混乱。在黑化边缘的老董,终究还是迎来了命中注定的事情,接下来暴风骤雨般的 6 个月,将彻底唤醒老董体内的"恶"。距离汉灵帝驾崩还剩一个多月,董卓的故事该进入高潮了,中华大地上一个尸横遍野却又将星频出的时代也即将来到。

三、灵帝病危

刘宏驾崩前夕，不仅董卓在思考自己的未来，满朝文武也都在打着自己的小算盘。这并不奇怪，放眼中国历史，当朝皇帝要驾崩，朝臣们的心思哪有不活泛的？而世族也只是盯着那高高在上的龙椅，没人关心千里之外的凉州战局。

何家和董家无比紧张，自然也会无所不用其极。

如果不理解当时雒阳紧张的局面，便看看我演绎的这个小故事，也许可以更好地感受皇帝驾崩前夕雒阳的诡异氛围。

汉灵帝最后一个月或许是这样的：东汉皇城雒阳，平日里各大世族到御医家中无非是求药问病之事，而眼下李御医的府邸可算得上门庭若市了。李御医替皇帝诊病，打听皇帝病情的人自然络绎不绝，李御医只得闭门谢客以求安稳。这日入夜，一位百姓打扮的人偷偷从李御医家的后门进了宅邸，接着便被李府的下人极快地引进了后堂书房。

40多岁的李御医留着八字胡，神色紧张地请来人坐下，然后才缓缓道："大人，您这身打扮……"

"眼下局势紧张，这样免些麻烦罢了。陛下病情如何？"来访之人是大将军何进信任的幕僚之一。

"嗯，大人，大将军答应为我儿安排县令一事，可……"李御医捋着八字胡迟疑道。

"已经安排妥当了，这两日便会任命外放，你放心便是。赶紧说说陛下的病情。"幕僚不耐烦地安抚着李御医。

"陛下病情事关重大，换作旁人我是万万不敢透露的，以在下看来，陛下最多还有两个月的时间，短则一个月的光景。"李御医习惯性地摇摇头，假模假样地表现出医者父母心的神态。

那何进的幕僚冷着眼睛点头："此事董太后可知，董家人可知？"

"眼下局面我哪里敢乱说啊，都是推说需要天下珍稀药材维持。"李御医言辞中肯地说着。

"你儿子的事情你大可放心，不过记住，不管其他人怎么问，你只管推说病症复杂，说不准，只能看陛下造化。万不可托盘而出，知道吗？"

李御医自然只能不住地点头，当他从后门送走了何进的人之后，李府前门的角门又迎进来一名小宦官。

那小宦官也来到李御医的书房，急不可耐地问道："李御医，如何？"说着小宦官掏出一袋子金饼放到了李御医的书案前。

"最多两个月，少则一个月。还请黄门告知上军校尉蹇硕。"李御医又重复了一遍一炷香前说过的话。

"可有其他人来询问陛下病情？"那小宦官阴恻恻地问道。

"哪里敢见，皇太后我都没敢说，怕太后难过。其他人我定不会说的。"李御医依旧信誓旦旦地说着。得罪何家还是得罪董家？开玩笑！他一个小小御医哪个都不敢得罪，谁知道一两个月后胜利的会是哪家？这事情说不准就得大小通吃，20年前多少人押了窦武，最后还不是曹节赢了，结果闹得人头滚滚！眼下只是蹇硕和董家结盟，何家和袁家结盟罢了。

京城急变，刘辩、刘协背后的势力自然都要最后奋力一搏。

然而汉灵帝还没死呢，他自然也知道各方势力的打算，所以，他在临死前要给自己心爱的"协儿"再铺一次路。汉灵帝布了一个局，一个关系到董家、袁家、何家及董卓与皇甫嵩命运的局。

四、汉灵帝遗计——乾坤大挪移

我们熟知的历史故事中,关于董卓所犯罪行的第一条(也是最开始的一条),是在灵帝病危时违抗朝廷诏命,拒不交出兵权。这一点董卓自然是有私心的,但这件事情却远远没有这么简单,因为这个故事只说了有关董卓的三分之一,关于汉灵帝和何进、袁绍那三分之二故事却记载在了他处。

要想说清楚汉灵帝临终前董卓为什么抗命,我们就得把整个故事还原一下,看看汉灵帝到底为刘协上位布了什么局。

汉灵帝快不行了,何家和袁家时刻准备着在皇帝驾崩后拥立刘辩登基,董家和宦官蹇硕也在准备"拥立刘协登基"。可何进是大将军,袁绍是最大世族代表,若是汉灵帝驾崩,刘协一方的胜算不大。

灵帝想破了头,终于在临终前和蹇硕研究出一招"乾坤大挪移"。

计划分三步。

第一步,把董卓调离关中,给了一个很牛的官职"并州牧"(第二次调动时董卓才同意),但是要求董卓将手中的部队交给皇甫嵩。

第二步,把何进和袁绍调离皇城,派到关中接替董卓和皇甫嵩平叛。《后汉书·窦何列传》记载:"硕虽擅兵于中,而犹畏忌于进,乃与诸常侍共说帝遣进西击边章、韩遂①。帝从之,赐兵车百乘,虎贲斧钺。"

第三步,何进和袁绍不在京中了,就算汉灵帝闭眼了,董太

---

① 应该是马腾、韩遂。

后、蹇硕、董重等一系人马便能很容易地控制中枢,接下来,明摆着就是立刘协为帝喽。

从马后炮的角度去看,汉灵帝的计划并不复杂,但实施起来却并不容易。

汉灵帝调走董卓,是不相信董卓会支持刘协吗?当然。虽然董卓对外宣称支持刘协,可灵帝不放心他。董卓名义上站在刘协一方,但这也就是说说,歃血为盟都能叛变,何况政治态度。汉灵帝觉得必须调整董卓的位置至少有两个原因。

第一,从计划的实施考虑,不把董卓挪走,兵马交给相对中立的皇甫嵩,何进和袁绍是不可能答应去关中、凉州平叛的。

第二,从政治角度思考,一位手握强兵的大将,在改朝换代的节骨眼儿,表态再好,那也不作数啊。不但何家与袁家不会同意让已经表态支持刘协的董卓继续手握重兵,汉灵帝怕是也觉得董卓是个变数。

老董这家伙确实很危险,在西线战场上他手中兵马无数,朝廷还真不知道董卓到底养了多少兵。后来董卓入京,"人不觉,谓卓兵不可胜数"[1]。

董卓兵多将广的这个坑,可是"何家的朝廷"自己挖的。当年董卓养兵难,他挺过来了,兵养成了,朝廷却不知道董卓有多少兵马了。事情往往就是这样,敌人给你挖坑,等你迈过去了就会豁然开朗,而敌人却开始发蒙。

---

[1]《三国志·魏书·董二袁刘传》裴注引《九州春秋》。

五、董卓破解"乾坤大挪移"

汉灵帝施展乾坤大挪移,第一个中招的便是自诩"董家外戚"且手握重兵的前将军董卓。

董卓先后收到两封诏书,这也是东汉朝局大动荡的前兆。中平六年(189年)三月,董卓还在思索如何在接下来的乱局中攫取最大的利益时,朝廷却没有给他过多的思考时间。朝堂之争的第一步棋已经被摆上了棋盘,直接给董卓来了个"当头炮"!

第一封诏命,"调任前将军董卓入京,担任九卿之一的少府"。少府为九卿之一,官秩为中二千石。《后汉书·百官三》记载:"掌中服御诸物,衣服宝货珍膳之属。"让董卓回京当给皇帝管钱的九卿之一,而且尚书台只是名义上归少府管,并不是少府录尚书事,这就等于用一个"管钱的肥缺"换取董卓的兵权。

这封突如其来的诏命彻底扰乱了老董的思绪,他勉强定了定心神,然后大骂道:"给我三公我都不一定干,当年我老师段颎倒是三公了,现在坟头的草都多高了?爱谁谁!还想和我玩套路?天王老子也不好使!"

当然,汉灵帝这么做是为了"顾全大局",自然也只能暂时牺牲董卓的利益(从后面发生的事情能看出来,汉灵帝并没有真的想把董卓怎么样)。结果,董卓违抗了诏命。

《后汉书·董卓列传》记载:

> 六年,征卓为少府,不肯就,上书言:"所将湟中义从及秦胡兵皆诣臣曰:'牢直不毕,禀赐断绝,妻子饥冻。'牵挽臣车,使不得行。"

《后汉纪·孝灵皇帝纪下卷第二十五》记载：

征卓为少府，卓不肯就，上书，辄行前将军事。

《三国志·魏书·董二袁刘传》裴注引《灵帝纪》记载：

中平五年，征卓为少府，敕以营吏士属左将军皇甫嵩，诣行在所。卓上言："凉州扰乱，鲸鲵未灭，此臣奋发效命之秋。吏士踊跃，恋恩念报，各遮臣车，辞声恳恻，未得即路也。辄且行前将军事，尽心慰恤，效力行陈。"

《灵帝纪》记载，第一封诏命董卓是在中平五年接到的，咱按照大多数史料记载为准，以中平六年收到诏命来讲故事。

灵帝计划的第一步就受挫了。董卓以士兵们舍不得长官离开为由，违抗皇命，他想趁乱攫取政治利益的野心已经暴露无遗。不过这事又好像是在灵帝的意料之中，不久，朝廷重新下发了一份让董卓满意的任命文书。

第二封诏书，"调任董卓任并州牧，交出兵权"。《后汉书·董卓列传》："（第一封诏命违抗后）及灵帝寝疾，玺书拜卓为并州牧，令以兵属皇甫嵩。"

当少府你嫌官小，觉得没实权，现在朕亲自给你下一份玺书，正式把并州所有大权都给你，让你当天下第四个州牧——并州牧！这下你满意了吧。

接到第二封诏命后，董卓同意了，但是却开始跟皇帝讨价还价，说白了还是想趁机捞取一定的政治资本。

第二十七章　董卓急转直下的人生

《后汉书·董卓列传》记载了董卓的态度。

> 卓复上书言曰："臣既无老谋，又无壮事，天恩误加，掌戎十年。士卒大小相狎弥久，恋臣畜养之恩，为臣奋一旦之命。乞将之北州，效力边垂。"于是驻兵河东，以观时变。

董卓这窃国大盗的本相也暴露了，当官这事还有讲价的？第二封诏命是让董卓做并州牧、土皇帝，然后交出兵权。可董卓居然说"乞将之北州，效力边垂"，仍然要继续率领前将军军部。也就是说，他请求调任并州牧的同时继续担任前将军，并且把自己的嫡系部队一起带去并州。

老董的态度非常明确了，我当并州牧走了之后，何进才能来。这个步骤安排我同意，但让我把军队留给皇甫嵩，我跑到并州再重新练兵，再去建立新的军事组织？开玩笑。没门儿！

董卓收到第二封诏命后，他对朝廷诏命只听了一半。并州牧我接了，但我的兵我要留着。

老董这么做，其实给一个人出了个大难题。谁呢？就是奉命接管董卓部队的皇甫嵩。我们看看皇甫嵩的态度。

"我皇甫嵩才不掺和你们夺皇位那破事呢，我谁的宝也不押！"

要说清楚皇甫嵩在这个关键节点的反应，必须重新看一下《后汉纪·孝灵皇帝纪下卷第二十五》的记载：

> 征卓为少府，卓不肯就，上书，辄行前将军事。既而以卓为并州牧，以兵属皇甫嵩。卓又上书请将兵之官。嵩从子郦谏嵩曰："本朝失政，能安危定倾者，惟大人与卓耳。……

卓凶虐无亲，将士不附。公为元帅，仗国威以讨之，上显忠义，下除奸凶，此桓、文之举也。"嵩曰："专命亦罪也。不如显奏，使朝廷裁之。"天子以责让卓不受诏，选五千骑将自河津渡。

综合起来就是，董卓收下了并州牧的印信，但是他想要继续统兵，兵权不能交给皇甫嵩。也不知二人是怎么交涉的，最终的结果是董卓没能把全部军队带走，只选了五千骑兵跑到河东郡待着去了，而皇甫嵩也没去收编董卓余下的部队。如此结果，汉灵帝竟也只是批评了董卓。

这里有三件事情很奇怪。

第一，皇甫嵩和稀泥。皇甫嵩和董卓都在关中，二人却不正面接触，皇甫嵩只是打了一份小报告，让皇帝自己看着办，"这事我定不了，董卓的兵我也勾不来"。董卓也和皇甫嵩唱双簧，你打份报告给朝廷，那就是个形式，我董卓该带走五千精锐，还是带走了。

其实，皇甫嵩也是朝中大佬之一，人家身处政治旋涡中心，看得明白着呢。这文书一来一往，董卓早就没影儿了，那时我和谁交接部队？两不得罪。

第二，董卓为什么不把部队全带走？原因有三。首先，眼下这个情况，如此大规模兵力调动并不好实现。其次，估计也不是谁都敢跟着董卓冒险的。董卓毕竟违抗了一半诏命，那些非董卓嫡系部队心里能不打鼓吗？将来老董赢了怎么都好说，老董一旦失败，还不得跟着倒霉。后来董卓成功了，这些人才依旧听老董安排，陆续把队伍开进雒阳周边。再次，关中还有人防着老董呢。皇甫嵩的3万人马盯着董卓的后身,而关中的京兆尹盖勋在陈仓之战时增兵五千,长安军队满万。当初和凉州叛军血战的时候,没见盖勋派兵增援陈仓,现在陈仓溃围,盖勋那一万兵马也是个变数。

老董和自己军中的谋士聚到一起,好好分析了局面,最终觉得带走自己嫡系的五千人马比较妥当。

第三,"帝让卓"。"让"是责备、谴责。汉灵帝知道董卓没有正常地和皇甫嵩交接兵权,而董卓还带五千人马去了河东郡,竟只是谴责了董卓。汉灵帝也不想把董卓的军队真的交到何进手中,他只是想把何进和袁绍"调虎离山"。

老董也不傻,他跟朝廷嗯啊了两句,考虑到朝廷的面子,只带走五千嫡系兵马,这事就算过去了。汉灵帝也没再追问大汉前将军兼并州牧,带着五千铁骑跑到河东郡到底想干什么。

董卓离开关中,玩了一个金蝉脱壳,前将军府大部队还在,并州牧他也领了。然后又来了一个"暗度陈仓"的计谋,他带着五千嫡系部队突然去了河东郡。河东郡比邻并州,连着关中大军,还能观望雒阳,而且还是董卓经营多年的地方。

眼下老董是西面遏制关中,北面接手了并州,东面的雒阳也能望到,接下来就看着刘辩和刘协两派人马怎么折腾喽!

前将军分兵了,有多少部队留在关中还真不好估计。前面说了"卓兵不可胜数",但这些留守人马,对于皇甫嵩来说也只能干瞪眼地看着、防着,他还收编不了。

或许,董卓带兵赶赴河东郡的那日清晨是这样的。关中的一座小山上,皇甫嵩带着子侄,骑在马上远远地望着山下徐徐如林行进着的"飞熊军"①，那飞熊军兵士身后，双插的背旗迎风飘展，犹如生了双翅膀一般。刹那间，皇甫嵩还真产生了一种一队队飞熊奔驰的错觉……军阵中的头骑居然是已经花甲年纪的董卓，他不住地命令身后的将士快速行军。

皇甫嵩望着御马毫不费力的董卓，叹着气、不住地摇着头。旭日初上，晨晖洒在他的身上，这位身姿挺拔的老将军少了些许霸气。皇甫嵩或许是在感慨自己的时代即将过去，又好似在感叹董卓飞熊军的军容之盛。而他身边的皇甫坚寿、皇甫郦等人却参不透这位英雄迟暮的老将军，到底在感慨什么。

六、何进与袁绍破解"乾坤大挪移"

汉灵帝安排完董卓，接下来可以着手对付何进与袁绍了。

三月底四月初的时候，不但董卓收到了并州牧的诏命，实际上大将军何进和袁绍也收到了接替董卓和皇甫嵩、入关中平叛的诏命。《后汉书·窦何列传》记载了这件事情："乃与诸常侍共说帝遣进西击边章、韩遂。帝从之，赐兵车百乘，虎贲斧钺。"

咱们看看同样记录在《后汉书·窦何列传》中，何进和袁绍是怎么破解汉灵帝乾坤大挪移的。

　　（何进）乃上遣袁绍东击徐兖二州兵，须绍还，即戎事，以稽行期。

---

① 《三国演义》里董卓亲军的名字。

第二十七章 董卓急转直下的人生

何进心想，跟我玩乾坤大挪移，小刘皇帝你还嫩。何进也抗旨了。

他当然不会听汉灵帝的安排，乖乖去西州接手平叛工作。他更是跋扈，连一半诏命都没听，自作主张把袁绍派往兖州、徐州去了，向上汇报说要等袁绍回来再去关中打凉州叛军。

袁绍大公子则是微微一笑，然后可就拖延起来喽，慢慢走，慢慢看。"以稽行期"的"稽"字是停留、迟延、稽留的意思。袁绍军中最忙的，就是每天往返于袁绍军队和皇宫的信使了。袁绍天天等着听皇帝咽气的消息。

要说袁家就是势力大，袁绍远在兖、徐之地，汉灵帝驾崩后，他就能迅速得到消息，迅速出现在京城雒阳。这回军的速度，不知道还以为他是坐高铁回去的呢。

何进和袁绍来了一手拖字诀，打算活活拖死汉灵帝。何进一句"袁绍回来，才能西征"，真的等到汉灵帝咽气，袁绍才回来。

汉灵帝一招不慎满盘皆输。他心里苦啊，临死前安排的"乾坤大挪移"，竟然都被人给破解了。那可恶的董卓占了便宜还不肯去并州，那可恨的何进和袁绍非但不肯西进还反其道而行之，拖延时间。那将来立皇位继承人之事可怎么办好啊？

时间进入中平六年（189年）四月，该发生的不该发生的终究都要来了。

第二十八章 东汉脱轨

大汉前将军、鳌乡侯、并州牧董卓屯兵在河东郡，西面遥控自己在关中的大部队，东面趴在墙头盯着雒阳皇城局势，北面看着自己的并州地盘，就等汉灵帝驾崩后的那一出大戏了。

大将军何进则派出袁绍率军东进，说是去打徐州、兖州的黄巾贼。袁绍的军队慢悠悠地晃荡在大路上，就等着汉灵帝驾崩后回军雒阳帮刘辩夺皇位。

董太后和上军校尉蹇硕、骠骑将军董重酝酿干掉何家。

从中平六年（189年）四月开始，董卓把自己的如意算盘打得噼啪响。如果蹇硕和董家做成了，刘协当皇帝，董卓那是有拥立之功的，虽然他现在只是摇旗声援。将来大军在手，还不再进一步，想想都美。要是何进和袁家赢了，刘辩当了皇帝，以董卓目前的状况，何家和袁家还真敢把他怎么样吗？

反正董卓心中有底气，等！

一、汉灵帝驾崩、宫廷政变

终于，在中平六年四月十一日，那个青年时尝试改革、夺取政权；中年时政治受挫、爱情失意，天天声色犬马，纵情女色，大修宫室，卖官鬻爵；最后几年光景忙于平定各方叛乱，临死前连确定皇位继承人的能力都没有的汉灵帝，驾崩了。

《后汉书·孝灵帝纪第八》："夏四月……丙辰，帝崩于南宫嘉德殿，年三十四。"

那一夜或许是这样的。深夜，雒阳皇宫内静悄悄的，每隔一会儿会从南宫传过来打更的梆子声，梆子声节奏均匀，但一靠近嘉德殿前就格外放轻，生怕惊扰了殿中的皇帝。蹇硕和几个中常侍焦急地在嘉德殿门口转悠，殿内，刘宏奄奄一息地躺在榻上。

董太后流着眼泪望着御医："你们这些废物，信不信哀家让董重斩了你们的狗头！"董太后口无遮拦地谩骂着跪在地上的李御医等人。

"母后……"刘宏形如枯槁，几个月来全靠补品吊命，那干瘦的脸庞颧骨凸起，毫无生气。

"儿啊，我的儿啊，娘在这里，在这里。"董太后紧紧地抓住了刘宏的手，不住地抽泣。

董太后身后跪着只有9岁的"董侯"刘协，他瞪着一双大眼睛直直地盯着汉帝刘宏。刘协虽然只有9岁，但见父亲大病不起，却并不像一般孩子那样呼喊哭泣。他红着眼圈，却能止住眼泪，这个孩子本性很坚忍。

"母后……把蹇硕传进来，门外都换成蹇硕的人。"刘宏低声吩咐着。

第二十八章 东汉脱轨

不多时，蹇硕走进寝殿，望着榻上的刘宏，一头磕在地上："陛下……"

刘宏艰难地挥了挥手，示意蹇硕过来，又低声对刘协道："协儿你也过来。"刘协也凑到了刘宏身边。

"蹇硕……朕不行了，朕想立刘协为帝，但一直做不得……天下纷乱朕治理不了，世族强大朕驾驭不了……若立刘协为帝，何进和他背后的世族很可能会公然谋反，朕始终没能下决心……朕没找什么托孤大臣，只因为他们都想立刘辩为帝，眼下只有你和董重能保住协儿。"一口气说了很多，刘宏不住地咳嗽起来。

"儿啊，不要说了，你赶紧休息……"董太后心都要碎了。

刘宏摆着手，继续艰难地说道："母后，让儿说完。何进抗旨没有西进，最后朕还是被何家骗了。如今京城遍布何氏、袁氏的兵马。蹇硕，朕将协儿托付于你，朕一旦殡天，你设法杀了何进，保住协儿，一定要立刘协为帝！记住了吗？"刘宏用尽最后的力气吩咐着。

蹇硕见皇帝如此信任，激动得热泪翻滚，他转过身去对着刘协跪拜道："蹇硕就是死，也会护着董侯登基！"

刘宏微笑地望着刘协，仿佛看到了那个让他魂牵梦绕的王美人，又仿佛真的看到王美人正款款走进寝殿。

"荣儿……你来接朕了……"

中平六年四月十一日，汉灵帝刘宏薨。12岁登基的刘宏，在对外战争、对内平叛、与朝廷世族势力的抗争和对宦官的空前信任中，走过了20多年的帝王生活。他纵情声色、爱财如命、爱好文学、不通权谋。这20多年来他尝试过励精图治，但都以失败告终；他尝试过压制世族，可世族却日益强大；他尝试过征伐蛮夷却以失败告终，而帝国版图内的叛乱却多如牛毛；他尝试过控制外戚，可一个屠户出身的何家，居然成了他的心腹大患；他坚持十几年的党锢，最终面对黄巾之乱时不得不妥协解禁；他卖官鬻爵积攒的钱财最后也化为乌有；他专研诗词，也仅是用它表达对亡妻的哀思；他错立皇后，又想废长立幼，结果又给大汉埋下一条灭亡的导火索。如今不争气的他终于解脱了……

史书记载汉灵帝死了，何家和袁家胜利，袁隗成为三公之上的太傅，当朝第一大员；而何家和袁家共同录尚书事，把控了朝政，顺带着把刘协立为渤海王，把蹇硕下狱处死。《后汉书·孝灵帝纪第八》记载：

戊午，皇子辩即皇帝位，年十七。尊皇后曰皇太后，太后临朝。大赦天下，改元为光熹。封皇弟协为渤海王。后将军袁隗为太傅，与大将军何进参录尚书事。上军校尉蹇硕下狱死。

四月发生的事情是这样，可却没有这么简单。蹇硕是乖乖地被何家和袁家扳倒的吗？我们来复原下故事全貌。

蹇硕遵照汉灵帝的遗嘱，准备与何进抗争到底，保护刘协登基。《后汉书·窦何列传》记载了蹇硕与何进争斗的全过程：

六年，帝疾笃，属协于蹇硕。硕既受遗诏，且素轻忌于进兄弟，及帝崩，硕时在内，欲先诛进而立协。及进从外入，硕司马潘隐与进早旧，迎而目之。进惊，驰从儳道归营，引兵入屯百郡邸，因称疾不入。

第二十八章 东汉脱轨

汉灵帝临终前的乾坤大挪移计划失败后,将刘协托付给了蹇硕。蹇硕深受汉灵帝信任,如今怎能不报恩,他受诏后心想:既然计划失败了,那就先下手为强。

蹇硕计划在何进入宫吊丧的时候直接干掉他。可结果呢?蹇硕队伍中早有何进安插的内鬼,此人就是蹇硕的军司马潘隐(蹇硕是上军校尉,军司马算是他的副手)。

何进入宫后得到了潘隐那飘逸眼神的暗示,他转瞬就明白了其中含义,拼了命地逃离皇宫,出宫后走了一条安全的小路飞奔进入军营,估计去的是京城的北五营。

何进其实也早有计划,他赶紧统领五营兵进驻"百郡邸"。为何进入百郡邸?"汉代郡国在都城设立的住宿设施'邸'服务郡国官吏。郡县官吏因各种事务到朝廷从事公务,刺史因年末到京师奏事,入住郡邸当是常态"[1]。天下各郡"上计"或留在京中的官吏都住在这个"小区",而且郡守等官员入京办事的时候,也住在百郡邸。《悬泉汉简》也有官员入住郡邸的记载:"敦煌长史充国行太守事、丞晏谓敦煌,为驾,当舍传舍、郡邸,如律令。"[2] 意思是敦煌长史入京公干要住在京城的百郡邸。

何进终究亮出了刀子,天下所有郡守都变成"人质"落到了他的手里,就算各郡中有想立刘协为帝的势力,现在还敢站出来吗?何进占了百郡邸,就等于拿到了天下各郡对刘辩的支持票。

何进守住百郡邸,然后要"乱拳打死老师傅",其中关键就

---

[1] 侯旭东:《从朝宿之舍到商铺——汉代郡国邸与六朝邸店考论》,《清华大学学报:哲学社会科学版》,2011年第5期。

[2] 胡平生、张德芳:《敦煌悬泉汉简释粹》,上海古籍出版社,2001年。

是一个"快"字,两天后他便和袁家一起上朝立刘辩为帝。历史上没有记载刘辩登基那天朝堂上的反应,看到"天下各郡的选票"后,估计董家也没了办法。

蹇硕见风头不对,自然不能坐以待毙,他赶紧联络各位中常侍(除了何进的亲家张让),大家都是宦官,都是先帝左右嘛。"兄弟们,咱们一起搏一把,先帝喜欢刘协,将刘协托付给我们。什么?你们不感兴趣,那何进将来肯定还是要杀你们的啊!兄弟们长点儿心吧。"

"不好意思,我们不打算帮你……"

《资治通鉴·汉纪五十一》:

> 蹇硕疑不自安,与中常侍赵忠、宋典等书曰:"大将军兄弟秉国专朝,今与天下党人谋诛先帝左右,扫灭我曹,但以硕典禁兵,故且沈吟。今宜共闭上阁,急捕诛之。"中常侍郭胜,进同郡人也,太后及进之贵幸,胜有力焉,故亲信何氏;与赵忠等议,不从硕计,而以其书示进。庚午,进使黄门令收硕,诛之,因悉领其屯兵。

同为宦官的中常侍们见刘辩登基,知道风头不对了,他们也不打算帮蹇硕喽。

大宦官头子张让和何进是亲家,而在蹇硕看来,另一个大宦官头子赵忠还是可以争取的。可跟何家站在一起的中常侍郭胜却抢先一步,说服了赵忠等人。赵忠等人也顾忌董太后和董家,可那又如何呢,毕竟现在何家占了上风,选边站的时候宦官们哪还有啥立场。

最后，蹇硕是被宫中的宦官们逮捕的，然后急急忙忙处死了。蹇硕身边的亲信宦官及西园军中的嫡系，估计在蹇硕败亡之后也会被大清洗，何进兼并了蹇硕麾下的人马，"因悉领其（蹇硕的）屯兵"。

蹇硕完了，董家也快了。

二、何家秋后算账

新帝登基，蹇硕死了，但董太后等人还在啊。董卓决定继续观望，这也吻合咱们前文说的，其实董卓没有替"董家外戚"出死力的打算。

结果越看跌得越惨。《资治通鉴·汉纪五十一》记载："票骑将军董重，与何进权势相害，中官挟重以为党助。……辛巳，进举兵围票骑府，收董重，免官，自杀。"

何家和袁家用一个月稳固了朝局。当然只是大体上稳固了，从后面何进的反应来看，对他来说，朝廷中仍是危机四伏，毕竟董家也不会束手就擒。然后分两步对付董家的一号和二号人物。何进发兵包围了董重的骠骑将军府，把董重抓起来，董重自杀了。

接下来对付"董太皇太后"，就得用点儿心思了，让我们看一下史料记载。《后汉书·皇后纪第十下》：

孝仁皇后使故中常侍夏恽、永乐太仆封谞等交通州郡，辜较在所珍宝货赂，悉入西省。蕃后故事不得留京师，舆服有章，膳羞有品。请永乐后迁宫本国。

《资治通鉴·汉纪五十一》：

> 五月，进与三公共奏："孝仁皇后使故中常侍夏恽等交通州郡，辜较财利，悉入西省。故事，蕃后不得留京师；请迁宫本国。"奏可。

何进发动三公上奏书，除了说董太后利用自己亲信中常侍夏恽、永乐太仆封谞等收些珍宝贿赂，最主要的撒手锏，往往在后面最不起眼的那句话，"蕃后不得留京师"。

本来该是太皇太后的董氏，最终被定义为"藩国的王后"。永乐后，请迁回本国去，说白了，回河间去。

当年，汉灵帝没把亲妈归位为正常太后身份，弄了一个永乐太后头衔就完事了。现在反倒在这个名头上被敌人钻了空子。

这下老董太太的儿子死了、侄子死了，孙子被人变相软禁了（封刘协渤海王，何进当然不会让刘协去藩国），而上军校尉蹇硕死后的一个月内，支持董家的势力估计也被清理得差不多。

最终董太后也该上路了，这个"上路"既是上路回河间，也是上那黄泉路。

按照《资治通鉴·汉纪五十一》的记载，六月时董太后突然身亡："六月，辛亥，董太后忧怖，暴崩。民间由是不附何氏。"这个咱就不阴谋论了，但写史书的人实在不好意思把后面那句"民间由是不附何氏"抹掉。

人民的眼睛是雪亮的，汉朝的民心也不再向着何家了。

董家基本全灭，何家失了民心。到了六月，董卓算是用了一招隔岸观火，他驻军在外，围观雒阳城中的政治斗争。虽然董卓啥也没得到，但摆在他面前的路却多了一条。何家既然民心尽失，俺老董能不能继续扯着"董家外戚"这杆大旗，趁机捞稻草呢？

民心代表着真正的社会舆论氛围，政治派系的实力也应在这种氛围下划分强弱，所以何家、袁家虽然干掉了董家，但未必就处在占据绝对优势的位置上。

犹豫不决的董卓在野心和利益面前终于狠下心，他要来个置之死地而后生。趁着朝局纷乱，民间还有可怜董家外戚的舆论的机会，跟何家掰掰腕子，说不准还有转机。

三、左右为难的何进竟给董卓送转机

董卓在河东郡观望了3个月，结果发现收拾完董家人的何进，并没有忘记自己。

到了七月，新皇帝的一封诏命又到了董卓手中，这是封改变董卓和东汉命运的诏书。诏命内容是让董卓表态，声援杀宦官，这也是我们熟知的《三国演义》中董卓入京的原因。

可这就奇怪了，杀宦官用得着调动东汉帝国各处军队入京吗（包括董卓在内共4支军队入京）？最让人不能理解的是，何进居然还要调动灵帝没驾崩时就违抗皇命屯军河东郡的董卓入京？

其实朝廷给董卓的诏命并不是让"董卓入京杀宦官"，真正的诏命是让"董卓退兵声援杀宦官"。

为了说清楚这封诏命是怎么回事，我们还得从袁氏一族说起。

六月的时候，何家和袁家虽然干掉了董家的大部分势力，甚至"干掉了太皇太后"，但却彻底失去了民心，而且朝廷上也不是铁板一块，并不稳定。

按照《资治通鉴·汉纪五十一》的记载,何进此时依旧很谨慎:"六月……辛酉,葬孝灵皇帝于文陵。何进惩蹇硕之谋,称疾,不入陪丧,又不送出陵。"

直到此时,何进还是不敢轻易进入皇宫,也不敢去给汉灵帝送葬,他怕什么?当然是怕董家余孽或死士为董家人报仇啊。

这个记载从侧面说明,京城里还有何家潜在的敌人。

可就在这种局面不稳的情况下,袁家大公子袁绍等人却为了一件事情,急不可耐。他们急的不是要当多大官,而是赶紧把几十年来与士人、党人为敌的宦官统统干掉!

杀宦官这事袁家是主谋,可站在前面当枪使的,却是那憋屈的大将军何进。

宫中一大堆宦官中,有帮何进在京城站稳脚跟的,有帮何进干掉蹇硕的,剩下的更是跟何太后一干人等关系非比寻常的,比如中常侍张让,那更是何进的亲家。

可袁绍不管那些,他要求何进必须马上干掉所有宦官。何进表面是领导,可他真正的后台是袁家,是袁隗、袁绍和袁术。何进心里纵然有一百个不愿意也没用,再则,他内心怕是还真有点儿清除宦官立大功的小心思。

何进终究还是迈出了袁绍计划的第一步:开除小宦官。《资治通鉴·汉纪五十一》记载了何进的计划:

袁绍复说何进曰:"前窦武欲诛内宠而反为所害者,但坐言语漏泄;五营兵士皆畏服中人,而窦氏反用之,自取祸灭。今将军兄弟并领劲兵,部曲将吏皆英俊名士,乐尽力命,事在掌握,此天赞之时也。将军宜一为天下除患,以垂

第二十八章 东汉脱轨

名后世,不可失也!"进乃白太后,请尽罢中常侍以下,以三署郎补其处。

翻译下:何进弄了一个不太得罪宦官,还能满足袁氏需求的初步计划——先把小宦官都开除了。把中常侍以下的宦官都给罢免了,架空权力核心的大宦官,让外朝的郎官们到后宫来担任中官。这个办法对宦官和党人来说,是个折中的办法,但这不也等于废了中常侍的手脚吗?而且对后宫来说好像不是很方便哦。

后宫可都是嫔妃和宫女,一帮年轻的三署郎官代替被阉割的宦官,一下子涌进那胭脂花粉之地,和先帝留下的一大堆年轻貌美的女人混在一起,这个画面想都不敢想。

《后汉书·窦何列传》中记载了开除小宦官的结果:"太后不听,曰:'中官统领禁省,自古及今,汉家故事,不可废也。且先帝新弃天下,我奈何楚楚与士人共对事乎!'"

何太后还是比较有分寸的,你让我一个寡妇天天和一帮大老爷们一起生活,合适吗?

何进第一轮吃瘪,开除小宦官计划失败。没办法,何进只得迈出第二步:杀掉大宦官。《后汉书·窦何列传》记载:"进难违太后意(不能把宦官换成真正的男人),且欲诛其放纵者。"

何进觉得妹妹说的在理,硬往后宫塞些男人,天下人怎么说?换个思路,直接干掉大的,先杀几个中常侍行不?

"袁绍你看,弄宦官这事咱一步步来咋样?先杀几个嚣张的中常侍,震慑一下敌人如何?"当然,这里何进有句潜台词:反正你不能杀中常侍的老大张让,那是我何家的亲家。

《资治通鉴·汉纪五十一》:

绍以为中官亲近至尊，出纳号令，今不悉废，后必为患。而太后母舞阳君及何苗数受诸宦官赂遗，知进欲诛之，数白太后为其障蔽；又言："大将军专杀左右，擅权以弱社稷。"太后疑以为然。进新贵，素敬惮中官，虽外慕大名而内不能断，故事久不决。

翻译下：何进与袁绍改变了策略，决定分批干掉宦官头目，可这一步也执行不了。因为何进的老娘及弟弟何苗，还有妹妹何小妹，加上何太后，他们跟宦官的关系比何进还亲，而且何家的亲家公张让也要护着自己的手下啊。

把人情世故带进这个记载，我们不难发现，何进的母亲、妹妹及弟弟何苗现在与何进有嫌隙了，他们还挑拨何太后与何进的关系。

什么叫"大将军专杀左右，擅权以弱社稷"，这话说得有点儿过了，也不称呼何进是儿子和哥哥了，就说是大将军要擅自杀了皇帝和皇太后的左右近臣，这是要自己掌权控制社稷。

何太后有点儿蒙，何进的计划又一次吃瘪。

俗话说家和万事兴啊，袁绍步步紧逼，事情没什么进展，结果反倒给何进逼得没了退路，一家人为了一帮外人之间的你死我活而闹出了矛盾。这件事情也给何氏覆灭埋下了伏笔。

何进很为难，可俗话说"人在江湖身不由己"，被逼无奈的他最终走出了第三步棋——竟意外地激活了董魔王。

何进被袁绍逼得紧，终于吐苦水了："我说袁大公子啊，你也别逼我强杀宦官头领了，你看，我和我妈、我妹妹、我弟弟都闹成什么样了。"

第二十八章 东汉脱轨

袁绍看着可怜巴巴的"领导",憋出了一个无奈的招:"行,这事不用你动手,假别人之手行吧?"

"让谁替我干?"

"先找4个人,让他们打出'杀宦官'的旗号,让其中3人率军入京恫吓你家那几个护着宦官的主子,还有一个人表个态,然后让他退兵。第一个,原并州刺史丁原,他是我们的人,现在不是改任武猛都尉了吗?他离开并州的时候,咱让他顺手带走了并州的数千铁骑,让他们打出旗号,入京杀宦官!(董卓被封为并州牧,丁原这个并州刺史也就换了岗位,但是丁原带走了并州牧指挥下的部分并州军。)第二个,你手下的王匡和鲍信,让他们赶紧招兵,然后屯在河内,带上强弩手,杀宦官。第三个,东郡太守桥瑁,让他率领东郡的兵,也过来杀宦官。"

何进频频点头:"这些人倒是无妨,只是军队不能入京。"

袁绍又不傻,当然不能让大军入京了,屯在周围以助声势便可,到时候再进行下一步。

何进回过味儿来问道:"对了,那要表态的第四个人是谁啊?"

"董卓!"

"什么?怎么能召董卓表态?他手握强兵,而且跟我们又不是一条心。"

袁绍无奈地笑道:"你不召他来,他就不来了?眼下他屯兵河东郡、遥控关中和并州,是个威胁。我们现在要试探他的态度,不是真的要让他入京,而是让他退回长安去,并表态声援我们而已!"

《后汉书·窦何列传》载:"遂西召前将军董卓屯关中上林苑,又使府掾太山王匡东发其郡强弩,并召东郡太守桥瑁屯城皋，使武猛都尉丁原烧孟津，火照城中，皆以诛宦官为言。"

  的确，第四个被召唤声援杀宦官的人正是董卓，但董卓入京的真实情况是：何进是让董卓退兵而不是入京！按照史书的记载，"董卓屯关中上林苑"，那是长安地界。而此前，董卓早就离开长安，跑到河东地界了，这是让董卓退回去，说白了，既是试探董卓的反应，也是让董卓退兵关中驻防，进而表明立场。

  不管怎么说，董卓终于有了一个入京的借口。真是打瞌睡的时候，有人给送枕头。对一直在观望朝局的董卓来说，机会终于来了。那他自己是怎么想的呢？

  《三国志·魏书·董二袁刘传》记录了董卓的反馈意见。

    并密令上书曰："中常侍张让等窃幸乘宠，浊乱海内。昔赵鞅兴晋阳之甲，以逐君侧之恶。臣辄鸣钟鼓如洛阳，即讨让等。"

  这是董卓接到朝廷命令后的回复。

  何进让董卓退兵屯长安上林苑，表个态度，可董卓的反馈居然是要敲锣打鼓进入雒阳，而且要杀的宦官还是何进的亲家张让。

  董卓的主观态度就是杀宦官，但他不同意何进安排的退回长安去声援。他要率军进入雒阳杀宦官！老董的态度很强硬，何进说什么他根本就不听，有自己的主张。

  其实上面的记载，也只是董卓对朝廷上表的一半内容而已，下一封奏章才大有玄机。我们必须得说清楚另一封奏章，才能弄明白，董卓当时的处境和对当下时局的全部态度。

第二十九章 董卓与何进的政治博弈

何进被袁绍逼迫,在不得已的情况下放了一个"召唤魔法"。病急乱投医的何大将军除了召唤3个自己能控制的"怪物",还召唤出了一个一直在寻觅机会且不受控制的"大魔王"。

这个一直在寻觅机会的大魔王就是董卓,他摩拳擦掌,跃跃欲试,在还没想好如何念"芝麻开门"这个咒语的时候,何进居然替他念了。

一、必定入京的董魔王

咱们前面说了,中平六年(189年)三月时董卓把大部队留在关中,自己带了五千嫡系部队屯在河东郡观望朝局。四月刘辩称帝,"董侯"刘协的第一拥立者蹇硕败亡;五月,"董侯"刘协的大爷、骠骑将军董重自杀;六月,"董侯"刘协的奶奶董太皇太后不明不白地死了。

灵帝驾崩后朝局突变，而老董率军屯在河东郡助阵董家，可董家完了，他被晾在那儿了。接下来怎么办，西退、东进、北上，还是在河东继续待着？

七月，这个本想在新一届选皇帝活动中捞点儿好处的大汉前将军，终于迎来了破局的转机！

何进等人实在不想再看着董卓在河东郡"膈应人"了，于是命令董卓退回长安，并且表态一起杀宦官。老董决定拼死一搏，但他却反其道而行，表态后选择东进！

何进其实不希望董卓入京，而董卓那封被"忽略"的奏章记录了他对于率军入京这件事情的盘算与态度。

《后汉书·张王种陈列传》："（董卓）至渑池，而进意更狐疑，遣邵宣诏止之。卓不受，遂前至河南。"

董卓没有只是表态声援诛杀宦官，他是真的要去雒阳"援助杀宦官"。何进赶紧派种邵阻止董卓东进，当时董卓在弘农郡的渑池县。董卓军队从渑池县向东走了不久就到了新安县（两个县相邻），他便上了一份奏章给朝廷，这封奏章把董卓入京这件事情说得明明白白。

董卓在入京过程中来了一招釜底抽薪。何家想在世族和宦官之间摇摆，董卓偏偏就要破坏何家希望的这种平衡，他更加坚决地要诛杀宦官，进而为难何进，同时，不希望董卓入京的袁氏家族对董卓继续向雒阳进军也无话可说。

《三国志·魏书·董二袁刘传》裴注引《典略》记载了一封关于董卓这一策略的上表。

　　卓表曰：臣伏惟天下所以有逆不止者，各由黄门常侍张

第二十九章 董卓与何进的政治博弈

让等侮慢天常,操擅王命,父子兄弟并据州郡,一书出门,便获千金,京畿诸郡数百万膏腴美田皆属让等,至使怨气上蒸,妖贼蜂起。臣前奉诏讨于扶罗,将士饥乏,不肯渡河,皆言欲诣京师先诛阉竖以除民害,从台阁求乞资直。臣随慰抚,以至新安。臣闻扬汤止沸,不如灭火去薪,溃痈虽痛,胜于养肉,及溺呼船,悔之无及。

"表"即给皇帝上的奏章,这份奏章说破了很多事情,我们一件件来看。

第一,董卓其实早已经想好了,他要回京!但得有个政治由头,那就是"宦官坏,杀宦官",而且最坏的宦官就是何进的亲家张让!这其实也是在变相地攻击何进。

第二,实际上,何进等人见董卓不肯西退,又给董卓安排了新任务,这个任务也不是让他东进入京,而是北上"讨于扶罗"。何进让董卓去讨伐一个叫于扶罗的人。于扶罗是谁?他是南匈奴的领袖之一,眼下正在并州搞叛乱。何进让并州牧董卓滚回并州去打仗,一来消耗董卓,二来阻止这家伙回京捣乱。

第三,董卓不傻,这个节骨眼儿他自然不肯去并州,他的态度是"将士饥乏,不肯渡河"。并州牧的印信董卓收了,但他并没有打算去并州。

不光老董不管并州,何进为了政治斗争也是对并州不管不顾了。并州还在打仗呢,何进居然让原并州刺史丁原带走数千并州铁骑赶往京城。这样就算老董到达并州,也只是接手一个空壳幕府,精锐部队没留给老董。而老董那就更是豁出去了,并州爱咋咋地。这里请允许我说个题外话,由于东汉内斗,于扶罗此时没被剿灭。他生了一个儿子叫刘豹，孙子叫刘渊，刘渊后来建立的汉赵国，开启了五胡乱华的序幕。

第四，董卓不但不肯去并州讨伐于扶罗，而且明确表示要和朝廷翻脸，跟何家一决高低："（董卓麾下的将士）皆言欲诣京师先诛阉竖以除民害，从台阁求乞资直。"

不但我们不会去并州，而且要把部队开进京城做两件事情。第一件是将士们同仇敌忾要杀宦官为民除害。而狠话往往是最后那句，第二件是"从台阁求乞资直"，我们要把军队开进雒阳皇宫的南宫，到尚书台去要粮饷！

这话可就是赤裸裸地跟何进掰腕子了，录尚书事我董卓也能干，我养兵你们不给钱，哥们儿我自己进入皇宫去取！你们看着办吧！

宦官我要杀，尚书台我也要管。

第五，"何进，你听着！入京这事不用你批准，我只是告诉你一声！"董卓接到的命令是让他把部队屯在"关中上林苑和去并州打仗"，其实他已经把队伍开到新安了，"臣随慰抚，以至新安"。新安是县属于弘农郡，而弘农郡比邻雒阳。

所以董卓入京前的真实情况是：我本就打算入京，你何进能把我怎么样。你让我来，我得来，你不让我来，我也来了！而且我要率军进入皇宫接管尚书台！

何进和袁绍也不傻，董卓根本就没按照他们的命令办事，居然还要闯进宫来围堵尚书台，这……还真就治不董卓了。

二、何进和袁绍的无奈与自我安慰

何进和袁绍征调各方部队入京，表面看是假他人之手形成屠戮宦官的格局，内里怕是想来个一石二鸟：利用董卓恐吓宦官，并且让董卓表明态度然后撤军回到关中。将来总不能留着这个屡次不听何家、袁家命令的董家余孽吧。就算暂时没法置董卓于死地，也得让他服帖了，日后调一个闲散职务或者给安排到朝廷中枢，让他脱离前将军府集团便是。

可董卓呢？问鼎朝廷的野心暴露无遗。

在袁绍和何进看来，董卓这个大魔头太不让人省心了。最后只得一咬牙，既然董卓的人已经到新安县了，来就来吧。反正迟早得和董卓掰掰腕子，那就遂了他的愿，摆阵对峙吧。

最初，反对何进和袁绍召董卓的人很多，他们觉得不应该唤醒魔王。可袁绍和何进不放心董卓啊，试探的结果，确实让他们很后悔。

事已至此，何进和袁绍改变了思路。反正董卓的问题迟早需要解决，总不能一直让董卓占着河东郡，遥控着关中部队，还兼任并州牧，那还不如把他在京城附近干掉呢，反正京城兵多，而且何进还召集了不少外地部队。

就凭董卓那几千人马，他敢强攻雒阳城不成？给他个胆子他也不敢，就是他有这个胆子，他打得下来吗？

其实何进和袁绍不惧董卓的自信是有一定来源的。何进手里有雒阳城北军5个营，干掉蹇硕后又"兼并西园八校"——又增加了8个校，加上城门校尉一个校，共有14个校尉的兵力。

而皇宫还有一堆禁卫，袁术担任虎贲中郎将，何进又把袁家的故吏桓典调任为羽林中郎将,让他看住这群凉州来的羽林郎。

《后汉书·桓荣丁鸿列传》记载了桓典管理羽林郎:"灵帝崩,大将军何进秉政,典与同谋议,三迁羽林中郎将。"

而袁绍之后又当了司隶校尉,他手下也有兵;王允这个河南尹手下也有河南郡兵,再加上雒阳周边还有雒阳八关——黄巾之乱时设置的8个都尉部,这又至少有10个校的兵力;何进的外援还有丁原的数千并州铁骑,河内王匡的强弩手和东郡桥瑁的部队。

相当于30个校尉部的兵力屯在雒阳周边,何进还不放心吗?不放心!董卓很不好对付。眼下何进认为兵力还是不够,再去征兵!何进派出了丁原的手下,吕布的小弟张辽、张杨出去征兵,又让麾下的毋丘毅带着刘备去丹阳征兵,还让鲍信也去征兵。

这下差不多了,如果现在何进手里的这些兵还不够干掉董卓的话,那就太夸张了。毕竟按照皇甫嵩的汇报,董卓没从关中带走多少军队。

何进和袁绍算了算手上的军力,也就没再把董卓当回事儿。

其实,何进和袁绍犯了一个错误,他们事情推进得太急,而又低估了不停移动的董将军的威望和能力。

董卓打了很多次以少胜多的战役,他干了40年刀头舔血的事,凉州的上百支羌种没能对付得了他,鲜卑的共主、一代枭雄檀石槐没攻破他驻防的并州,北宫伯玉、李文侯、韩遂、边章、王国、马腾都没在他那里讨到便宜。老董并不是一个鲁莽武夫,他指挥的千里战场上可没给大汉丢一寸土地。

如果简简单单地用京城几十个"师",就能吓退董魔王,那么这几十个师的士兵都得是机器人。他们不能有自主意识,至少眼下一定不能有"到底是该帮大将军,还是该帮前将军"的疑虑!

可惜他们不是机器人,何家的悲剧也即将开始。

三、东汉历史转折点

进入中平六年八月,也就是董卓入京前的最后一个月,雒阳及其周边的形势更加复杂了。

首先,从老董仅有的五千兵力调度的变化来看,他也没有把握一定能扳倒何家。董卓的军队虽然还在向雒阳靠拢,可此时却只剩下了三千人马。跟他一起离开关中的另外两千人马不知去向。这些人或许屯在河东郡,以确保董卓失败后的西退路线,也可能在河南某地做好了当殿军的准备。又或者驻守在退往北境并州的要道上(董卓毕竟是并州牧)。

如果是布防在退往北境并州的要道上,那就比较麻烦了,雒阳往北去的渡口已经被丁原和吕布烧毁了一处,《资治通鉴·汉纪五十一》载:"使武猛都尉丁原将数千人寇河内,烧孟津,火照城中。"也就是说,孟津渡已经废了。老董如果失败了,他在雒阳周边要么走小平津渡口去北方并州,要么就得掉头往回跑,折返关中。

老董在本就兵力不足的情况下却仍然选择分兵,可见其处境并不乐观。

八月,老董的处境不佳,但他的对手,朝廷中的何大将军和袁家大公子,却没工夫再去研究怎么对付准备跟他们掰腕子的董魔王了。因为眼下宦官的事情还没处理完。

袁绍第一轮逼迫何进时，何进准备把小宦官都开除，结果失败了。第二轮的时候，何进想把大宦官先干掉几个，结果也失败了。第三轮的时候，又想假外人之手震慑、除掉宦官。结果给虎视眈眈、观望朝局变化的董卓送了一个机会，算失败一半。

如今袁绍启动了第四轮逼迫，他决定把何进往火坑里再推一推。第四轮对付宦官的计划启动前，何苗曾劝说何进不要再为难宦官了。《后汉书·窦何列传》中记载了二人的对话。

苗谓进曰："始共从南阳来，俱以贫贱，依省内以致贵富。国家之事，亦何容易！覆水不可收。宜深思之，且与省内和也。"进意更狐疑。

何苗跟哥哥何进掏心窝子说："宦官跟咱们不错，没他们就没咱们的今天。哥，你这是干吗呢？撕破脸的话，覆水难收啊！"于是何进的态度更加迟疑了。

接着，袁绍不干了。

《后汉书·窦何列传》中也记载了袁绍的反应。

绍惧进变计，乃胁之曰："交构已成，形势已露，事留变生，将军复欲何待，而不早决之乎？"

袁绍开始威胁何进了。何进没办法，最后把袁绍任命为司隶校尉。袁绍你别逼我了行吗，你当司隶校尉亲自上手干掉宦官得了……

于是，就任司隶校尉的袁绍准备自己动手杀宦官。《后汉书·窦何列传》载："进于是以绍为司隶校尉，假节，专命击断；从事中郎王允为河南尹。绍使洛阳方略武吏司察宦者，而促董卓等使驰驿上，欲进兵平乐观。"

何进安排袁绍当了司隶校尉，袁绍便准备自己对付宦官。而王允就任河南尹之后，也着手准备做掉宦官。此时，何进还下达命令让董卓到平乐观去驻军，但是董卓去没去就不可知了。汉灵帝曾经在平乐观搞阅兵仪式，而何进、袁绍现在恰巧也让董卓屯到那里去。这个平乐观有什么特别之处吗？

中平五年（188年），汉灵帝在平乐观搞阅兵，是因为算命先生跟皇帝说，雒阳将有兵变，南北两宫将会发生流血事件，汉灵帝阅兵的目的是想"压胜"，说白了是一种破解灾祸的手段。可如今雒阳真的要有兵变，南北两宫真要流血了，而袁绍让董卓率军屯在平乐观待着，不知是什么用意。

河南尹王允在司隶校尉的治下，雒阳城在河南尹治下。何进和袁绍很信任王允，因为何进和袁家救过他。当年王允和张让结仇，后来被下狱，从《后汉书》记载看，大将军何进、太尉袁隗、司徒杨赐共同上书替王允求了情。

这样一来，八月混乱的朝局就变成董卓在雒阳周边地区活动；王允当了河南尹；袁绍当了司隶校尉，开始对付宦官。

经过袁绍在幕后的这一通折腾，何太后和宦官终于服软。此时，清君侧的各路人马都抵达京城周边，雒阳城外有强军准备杀宦官，城内又有司隶校尉的武吏伺机逮捕宦官。

何太后左右为难，她见何进和袁绍不肯罢手，只得让宦官们出宫，然后去找何进谢罪，希望何进能放他们一马。而此时，宦官大多数也算是服了，毕竟事情闹大了，眼下也只能同意太后这个折中的办法——回家当财主也行啊。

《后汉书·窦何列传》把当时的情况说得很清楚:

> 太后乃恐,悉罢中常侍小黄门,使还里舍,唯留进素所私人,以守省中。诸常侍小黄门皆诣进谢罪,唯所措置。进谓曰:"天下匈匈,正患诸君耳。今董卓垂至,诸君何不早各就国?"

何进这个时候倒是想起了董卓,自己也装起好人了,他和宦官们说:"董卓上书要杀你们,不是我何进啊,你们这个时候还不赶紧各回老家封地去?"

后来朝中有人说董卓诛杀宦官有功劳,根本原因就在这里。董卓明确表态要杀宦官,随后真的就把部队开进雒阳,然后何进为了把自己摘干净也真的对外说是董卓要杀宦官,董卓这杀宦官的功劳可以算是入京夺权的赠品……

宦官屈服之后,若能安稳回家度日,以后也就没有宦官势力了,那东汉就算是平稳了。若何进和袁绍为代表的党人见好就收,东汉或许还能再坚持一段时间。

可事与愿违,何家与宦官们虽然达成了一定的共识,但这种共识太脆弱,脆弱到袁绍轻易就能毁了它。

宦官回家这事,何进同意,可袁绍不同意啊!《后汉书·窦何列传》:"袁绍劝进便于此决之,至于再三。进不许。绍又为书告诸州郡,诈宣进意,使捕案中官亲属。"

这个记载体现了袁绍的阴损。

袁绍劝何进:"费这么大劲,把宦官从宫里诳出来了。在这个节骨眼儿,你要放他们回家过幸福生活?赶紧宰了这帮宦官!"

何进不干,不管袁大公子怎么说,他就是不干:"俺想明白了,俺再不给你袁家当枪使唤了。让宦官离开朝廷,回自己的封地享福,是我最大的努力了。"

气急败坏的袁绍居然伪造何进的命令("诈宣进意"),称大将军何进命令全国各地抓捕宦官的亲属。宦官的族人先被清剿了……

现在何进彻底崩溃了,他刚答应让宦官回家当地主,又马上"下令"抓捕了全国的宦官亲戚,如此一来,就算何进长一百张嘴也解释不清楚了。

何进所面临的是,与所有的宦官及何小妹、何苗、何太后、何妈妈决裂。

何进愁啊,愁死了:"死袁绍,你个小人!"

愤怒归愤怒,能咋办?现在改弦更张,联合宦官对付袁家是不可能的……还是继续听袁绍的吧,重新开始收拾宦官。

再让我们看看现在宦官们的现实处境。

经过袁绍与何进这一通折腾,现在,京城外围的董卓、丁原等人虎视眈眈地盯着雒阳城,无论他们杀宦官的想法是真是假,只要进了京城,就是为了证明自己政治口号的真实性,那也得把宦官给宰了啊。

而京城内部,司隶校尉袁绍那是"使洛阳方略武吏司察宦者",宦官想躲都没地方躲。就算他们逃出了雒阳城,那王允还是河南尹,不知道还有多少"武吏"眼线在雒阳城外盯着宦官呢。

事实上,王允也真的没少派人盯着宦官,最重要的一位是河南中部掾闵贡。各位可要记住这个闵贡,这可是下一个历史转折点上的关键人物。

宦官们真的慌了,4个月前蹇硕的话犹在耳畔啊,"大将军兄弟秉国专朝,今与天下党人谋诛先帝左右,扫灭我曹"。当初宦官们怎么就没听蹇硕的话,信了杀猪的大将军呢……

"天下之大,竟然没有宦官们的容身之所。"用这句话表达宦官们的现实处境,那是一点儿也不夸张。

兔子急了还咬人呢,这帮阉人被逼急了也是要发威的。

宦官们动用了私人关系,全部回到皇宫戒备,由此出现了一个变数。看一下《后汉书·窦何列传》中记载的这个变数到底是怎么回事:

> 进谋积日,颇泄,中官惧而思变。张让子妇,太后之妹也。让向子妇叩头曰:"老臣得罪,当与新妇俱归私门。惟受恩累世,今当远离宫殿,情怀恋恋,愿复一入直,得暂奉望太后、陛下颜色,然后退就沟壑,死不恨矣。"子妇言于舞阳君,入白太后,乃诏诸常侍皆复入直。

在宦官们生死存亡的关键时刻,张让的儿媳妇、何进的妹妹、何妈妈的小女儿"何小妹"起了重要的作用。张让跑去给自己的儿媳妇磕头,情真意切地说:"儿媳妇,爹应该带着你们回老家啊(回啥家啊,儿媳妇也知道公公老家的亲戚都被自己哥哥何进给抓了)!但又舍不得皇宫,让俺们再回去伺候一次皇帝和太后……"

张让都跑去给自己儿媳妇磕头了,何家小妹妹还能咋办?她

第二十九章 董卓与何进的政治博弈

把事情的经过说给了自己的亲妈，张让的亲家何妈妈把这情况说给了自己大闺女何太后，而何太后琢磨妈妈和妹妹说得对："自家大哥有点儿过了，怎么能把宦官亲戚都给抓了，那我们也是宦官亲戚，是不是也要把我和妹妹、妈妈一起抓起来？我们得帮宦官，不能让大哥胡来。"

就这样，宦官们又逃回了宫里，如此一来，宦官一旦躲入北宫，何进和袁绍若不越过南宫通往北宫的复道，不穿过北宫的朱雀门，是不可能抓住宦官了。

何太后、何妹妹、何苗、何妈妈的态度让何进很挠头。何进左右不是人，但他仍然觉得，何太后可以再给他调停下与家人、宦官之间的关系。又或者他也想过，干脆逼迫何太后把宦官再给弄出宫来，然后全部除掉。

何进当时到底怎么想的咱不知道了。但张让等宦官们怎么想的，咱们很清楚。他们不再对何进抱有任何幻想，他们知道生死存亡就在眼下。

何家家人之间，宦官与何进、袁绍之间的进进退退，搞得异常混乱。

而董卓这边自然也会不断地收集消息。当他得知何进与宦官彻底闹掰，而何家人内部又闹出矛盾的时候，董卓麾下的谋士们怕是心里乐开了花。他们急忙搞出了一整套"入京夺权方案"，然后又与京中潜伏的"董家人"着手实施计划。当时整个前将军府怕是都在准备搞阴谋，而此时，东汉的历史走向也在悄然改变。

中平六年八月二十五日（戊辰日），何进在无奈中走到了人生尽头，而那天，董卓也开始了自己的夺权计划。

八月二十五日，何进被"妹妹"请进了皇宫，从这一天开始到九月一日,这七天的时间里,东汉的世界发生了翻天覆地的变化,东汉的历史也因此改写。

各类史书记载的这七天中的故事不尽相同,有的事情日期混乱,有的情节本是在这七天发生的,却被史书往后面安排了。

到了九月一日,董卓已经威压群臣掌控中枢;到了九月一日,董卓大会群臣,将汉献帝刘协扶上了龙椅;到了九月一日,让董卓挠头的敌人已经尸骨无存;到了九月一日,东汉也进入了董卓专政的时代。

那么,这七天到底发生了些什么?董卓又实施了哪些计谋,竟在不费一兵一卒的情况下,轻轻松松地夺取了大汉的政权?

而那些叱咤风云的东汉大佬又将面临什么样的巨变,这"神秘的七天",我们接下来慢慢讲述。

第三十章 董魔王入京
神秘的七日（上）

自打何家彻底掀翻了扶持刘协的董家，并"气死"董太皇太后之后，雒阳的大雨就一直连绵不断地下了三个月，直到董卓入京之后才算完。几个月来悲凉、肃杀的气氛笼罩着帝国的心脏——雒阳皇城。

《后汉书·孝灵帝纪第八》载："（中平六年雒阳）自六月雨，至于是月（九月）。"

随着东汉政局中各方势力的角逐进入白热化，一场血雨腥风的政权争夺战已不可避免。接下来的几天究竟鹿死谁手，那就得看各方的手段了。

从八月二十五日开始到九月一日结束，这七天的时间里，大汉政权翻天覆地，一出大戏即将上演。

一、第一日，八月二十五日，戊辰日

八月二十五日，可能天气略微放晴。何进收到消息，他的妹妹何太后召见他，或许何进也打算把何家和宦官之间的事做个了断，于是决定入宫。

可何进这一去，就再也没回来，他被自己亲家张让领着一众宦官给杀了。张让迟早会家破人亡，眼下他只有带着其他宦官与亲家翻脸，拼死一搏才有生机。

在嘉德殿前，张让为首的"十常侍"与几十名宦官堵住了何进。当年，蹇硕在宫中埋伏何进没有成功，这回张让反倒成功了。何进的亲家公张让愤怒地质问何进："我当年出了多少力支持何家，目的是'欲托卿门户耳'，我把你们扶持起来，然后依靠你们。可现在呢？你却要灭我们全族，你是不是欺人太甚！"①

说完家庭纠葛，张让接着道出了对东汉江山状况的灵魂拷问！"天下搞成这个样子，你们世族说是我们宦官的过错。你说我们这些宫中的官员（宦官）秽浊，那你跟我说说，那些出身世族的公卿，哪个清正廉洁？"②

何进没等想出答案就丢了性命，其实就算再给何进点儿时间想，我猜他也琢磨不出几个人名来……几十年来随着朝廷内斗不断激烈，真正忠贞、清廉的大臣也凋零无几了。

屠户出身的大将军完了，这颗镶在权力顶端的"人造宝石"落

---

①《后汉书·窦何列传》："先帝尝与太后不快，几至成败，我曹涕泣救解，各出家财千万为礼，和悦上意，但欲托卿门户耳。今乃欲灭我曹种族，不亦太甚乎？"
②《后汉书·窦何列传》："让等诘进曰：'天下愦愦，亦非独我曹罪也。……卿言省内秽浊，公卿以下忠清者为谁？'"

第三十章 神秘的七日(上)——董魔王入京

地了。从这天开始,原本暗中蓄力的各方势力,纷纷露出了獠牙。

干掉何进之后,宦官们必然会面对真正的敌人——袁家。宦官们想赶紧控制京城,也好跟袁家摊牌。

《后汉书·窦何列传》记载:

> 让、珪等为诏,以故太尉樊陵为司隶校尉,少府许相为河南尹。尚书得诏板,疑之,曰:"请大将军出共议。"中黄门以进头掷与尚书,曰:"何进谋反,已伏诛矣。"

以上是说,宦官们守住皇宫,就等于将皇帝攥在自己手上,就可以下达"圣旨",让京城中还在疑惑的吃瓜观众按兵不动,然后再和袁家较量。

宦官让自己一派的官员樊陵顶替袁绍任司隶校尉,许相顶替王允任河南尹。呵呵,这个节骨眼儿上谁的诏命又是真的呢?

《后汉书·孝灵帝纪第八》载:"八月戊辰(二十五日),中常侍张让、段珪等杀大将军何进,于是虎贲中郎将袁术烧东西宫,攻诸宦者。"

袁术作为袁家的嫡长子,是袁家中青一代真正的话事人,可何进和袁绍一直穿一条裤子,搞得好像袁绍才是嫡长子一样,袁术自然很不爽。但现在何进死了,袁绍算是输了一步棋,此时的袁术认为该自己上场表演了。

袁术懒得仔细思考,何进一死,他便率军攻打皇城南宫!

《太平御览·职官部三十九》引《汉官典职》曰:"虎贲中郎将,主虎贲千五百人,郎多至千人。"也就是说,袁术能调动的也就是他麾下的虎贲军,满打满算才一千多人。而宫中其他禁卫的反应史书上也没有直接说明，但从羽林中郎将桓典在这次政变中的成绩，我们可以看出，羽林军八成不听袁家的。

《后汉书·桓荣丁鸿列传》记载："献帝即位，三公奏典前与何进谋诛阉官，功虽不遂，忠义炳著。"

在诛灭宦官的过程中，"桓典功虽不遂"。"不遂"是干得不顺利的意思。那为何不顺利呢？羽林部没和虎贲部一起攻打皇城吗？当然，这帮以凉州人为主的羽林郎，会不帮董卓而跑去帮袁术？董卓年轻时候就做过羽林郎，眼下这个局面，桓典怕是指挥不动以凉州人为主体的羽林郎。

其他禁卫的反应没有太多记载，估计看热闹的也不在少数。

宫中乱起，何家与董卓的反应如何呢？

先看看何家在何进突然被杀后的反应。《后汉书·窦何列传》记载："进部曲将吴匡、张璋，素所亲幸，在外闻进被害，欲将兵入宫，宫合闭。袁术与匡共斫攻之。"

其实，除了何进旧部和袁术一起攻打皇城，何进的弟弟车骑将军何苗的人马也在配合袁术攻打皇城。何进的部将吴匡、张璋这两位将领看上去很是忠心何家，其实这俩人才叫高，没他俩，董卓入京的计划就会棋差一招。吴匡、张璋后来帮了董卓天大的忙，咱们先埋个伏笔，后面再细说。

而董卓的反应，是使出一招假痴不癫。何进身死的节骨眼儿上，董卓就在雒阳城根底下等消息呢。

前面讲过，董卓"上雒"的过程中，何进曾派种劭去劝阻董卓不要进入河南地界。而就在八月二十五日前后，种劭又去了一趟老董在雒阳周边的军部，让董卓撤退。

《后汉书·张王种陈列传》记载董卓到了雒阳：

第三十章 神秘的七日（上）——董魔王入京

劭迎劳之，因譬令还军。卓疑有变，使其军士以兵胁劭。劭怒，称诏大呼叱之，军士皆披，遂前质责卓。卓辞屈，乃还军夕阳亭。

董卓见种劭来找他，一通发火，但是他知道京城一定发生了巨变。发癫的董卓"说不过"种劭，便率军退到了夕阳亭。

夕阳亭就在雒阳城郊区，这个亭子是平时雒阳人送客西去话别的地方，距离雒阳城很近。董卓退到夕阳亭，说明此前，他已经到了雒阳城根底下了……其实他根本就没退几步路。

为啥总是种邵来跟董卓商量进军、退军的问题？

因为他很合适。种劭字申甫，东汉末种暠孙，种拂子。种劭的爷爷种暠担任过凉州刺史和汉阳郡守，而种暠在凉州任职的时候，与董卓年轻时在凉州叱咤风云的时间相近。有可能董卓在凉州刺史幕府干从事的时候，种暠就当过一段时间的凉州刺史呢。

把人情世故考虑进去，种邵跟董卓沟通就多了几分感情色彩。

董卓与种邵关系应该还可以，董卓立了汉献帝之后，还让种邵担任汉献帝身边的侍中。侍中这个职务在前面说过了，灵帝中后期变得重要起来。后来的汉献帝是董卓立的，皇帝身边的重要参谋自然也是董卓选的，董卓对种邵应该没有什么深仇大恨。

所以董卓跟种邵恼火了半天之后，只是决定后退20里等京城的消息，而不是按照种劭口中的命令退军，但这个后退等消息的行为也只是表面上的。

袁术在八月二十五日就开始率军攻打皇宫，当天晚上到二十六日之间，他先打下了南宫。《后汉书·窦何列传》载：

中黄门持兵守阁。会日暮,术因烧南宫九龙门及东西宫,欲以胁出让等。让等入白太后,言大将军兵反,烧宫,攻尚书闼,因将太后、天子及陈留王,又劫省内官属,从复道走北宫。

其实,袁术和袁绍在兵变之前,便在宫中铺排了200名虎贲将士,眼下应该是他们先发难的。然后,袁术带着自己余下的虎贲军和何进的旧部一起攻打南宫。进攻还算顺利,二十五日太阳落山的时候,他们开始放火烧宫,估计到夜晚或者二十六日凌晨就打下了南宫。

"中黄门持兵守阁"意思是说宦官的亲信在防守南宫。但袁术在火攻皇城后,宦官们便守不住南宫了。宦官一看不行了,竟挟持刘辩、刘协、何太后等做人质逃回了北宫。

关于未来天子刘协的重要性需要单独分析一下。《后汉书·窦何列传》中说卢植听说宫中生变,便进宫救驾:"尚书卢植执戈于阁道窗下,仰数段珪。段珪等惧,乃释太后。"他责骂宦官,救下了何太后。表面上看卢植立了一功,可重点其实是宦官们丢下了何太后,带着陈留王刘协逃命了。其实宦官心里清楚,这刘协,董卓可能还需要呢。刘协算是宦官手中的一张牌,将来也可以用来与城门口的董卓谈判。

二、第二日,八月二十六日,己巳日

八月二十六日,袁氏兄弟攻打皇宫的进展史书上没有记载。到了八月二十七日,其效果才显现出来。二十七日,袁氏兄弟终

第三十章 神秘的七日（上）——董魔王入京

于攻入北宫，开始屠杀宦官。那么袁术等人为何八月二十六日没有攻破北宫？

因为北宫并不好攻打。

东汉雒阳北宫很大，而且有武库（兵器库）、太仓（粮仓），最主要的是南、北宫之间是由复道连接的。复道是上下两层的，类似廊桥，这样的结构显然站不了多少人。北宫复道是并列的3条路，中间一条是皇帝专用的，两侧是臣僚、侍者走的道。《后汉书·光武帝纪第一》李贤注引蔡质《汉典职仪》记载："南宫至北宫，中央作大屋，复道，三道行，天子从中道，从官夹左右，十步一卫。两宫相去七里。"南宫通向北宫的复道尽头是北宫的南门朱雀门，想进入北宫就得从这3条廊桥似的道路上攻破朱雀门。

若一时勾勒不出袁术攻打北宫的画面，可以参考日本战国时的那些城防建筑。日本战国时期的城防也是模仿我国建筑模式演变的，它们所谓的城并不是用高大的城墙来把整个城市包围起来，而是修筑城垣，把"大名"的居城保卫起来。日本城防中那些不是很高大的城墙，若想攻进去却并非易事，与雒阳皇宫很像。

可守卫北宫的宦官们毕竟不是职业军人啊，北宫破防是迟早的事情。

八月二十六日，宦官防守北宫，袁家部曲与何家旧部攻城。而董卓却已经开始着手实施自己的夺权计划了，他要在最关键的时候进入雒阳城，拿下第一滴血。

八月二十六日董卓就在雒阳城边，京城中必然有很多他的眼线，因此他肯定知道京城里乱了套。他的亲弟弟董旻就在宫中任奉车都尉，这是皇帝身边的贴身官员，也不知道是何进给安排的，还是先帝留下来没有更换，又或者是个人质的岗位。总之，董旻一定会把即时消息传达给董卓。但董卓貌似还在准备什么……

三、第三日，八月二十七日，庚午日

二十七日，袁氏兄弟和车骑将军何苗攻破北宫，接下来发生了几件事情。

第一件事情，皇帝被宦官拉到德阳殿去了。《后汉书·孝灵帝纪第八》记载："庚午，张让、段珪等劫少帝及陈留王幸北宫德阳殿。"说白了就是宦官带着皇帝和陈留王刘协跑到德阳殿防守去了。

第二件事情，宦官的盟友们被袁家紧急干掉了。《后汉书·窦何列传》记载："袁绍与叔父隗矫诏召樊陵、许相，斩之。"樊陵和许相是宦官的同盟世族，算是宦党吧。实际上宦官在杀何进之前也做了一些部署，樊陵和许相一个被任命为司隶校尉顶替袁绍，一个被任命为河南尹顶替王允。宦官想利用这两个人控制京畿地区的思路倒是对的，可袁绍和其叔父袁隗那是什么人？叔侄俩马上矫诏杀了樊陵和许相。

眼下皇宫里都打起来了，皇帝下的诏书就算是真的，那也不作数啊。袁家在这个当口哪里还管诏命，直接杀了政敌才是正理！

古代政变的时候，选边站队远比个人能力高低重要。比如樊陵，他在京兆地区（长安地区）修筑了樊公渠，这是一个很厉害的工程，蔡邕写的《樊惠渠歌》就是赞扬樊陵的。不过樊陵此时站错了队，本来能名留青史的他，却遗臭万年。

第三十章 神秘的七日（上）——董魔王入京

按照记载，樊陵和许相可能死于八月二十八日。但袁绍先杀樊陵和许相，再转回宫继续杀宦官才比较合理，所以我将这件事放在二十七日来说。

第三件事情，袁氏兄弟用利剑回答了赵忠当年的疑问。当年宦官头子赵忠问袁隗："你家那二世主袁绍，养死士，不服朝廷的征调，他意欲何为？"

眼下，袁绍终于用实际行动回答了赵忠当年提出的这个问题。"你说对了，我是养死士，目的就是杀你，你能奈我何？"

按照《后汉书·窦何列传》的记载："苗、绍乃引兵屯朱雀阙下，捕得赵忠等，斩之。"何苗和袁绍攻入北宫后，屯兵在朱雀阙下斩杀了赵忠。

赵忠这个和张让比肩、被汉灵帝比喻成"母亲"（汉灵帝常谓"赵常侍是我母"）的大宦官头子死了。当赵忠看到朱雀门被攻破，而自己又来不及逃走的时候，估计很后悔当初没帮蹇硕干掉何进和袁氏兄弟。

袁绍和袁术干掉了几个宦官头子，肯定很兴奋。兴头上的袁绍还要再来一个"关门打狗"，他要把宦官这个职业从历史上彻底抹掉。杀尽宦官本就是妄想，袁绍这些人也只是为了自家利益，现在杀光这些宦官，难道以后的皇帝就不用宦官了？

史书中记载了这场世族清除宦官的大屠杀。《后汉书·窦何列传》载：

> 绍遂闭北宫门，勒兵捕宦者，无少长皆杀之。或有无须而误死者，至自发露然后得免。死者二千余人。绍因进兵排宫，或上端门屋，以攻省内。

《后汉书·袁绍刘表列传》李贤注引《山阳公载记》载：

（袁）绍与王匡等并力入端门，于承明堂上格杀中常侍高望等二人。

以上记载说明，袁绍还会合了何进的旧部王匡，一起攻破端门，又杀了两个中常侍。之后一共杀了2000多人，其中有的人还不是宦官。不过对杀红了眼的袁家兄弟部曲来说，分辨谁是宦官太麻烦了，所以简单点儿，没胡子的男子都得死。

可以想象一下，八月二十七日雒阳北皇宫那混乱的场面。

平日里撑着小碎步，跟在皇帝、皇后身边，拿捏着腔调的小宦官们，如今全部以百米冲刺的速度到处乱窜，他们身后还跟着一帮子挥舞砍刀、满身是血的军卒。而那些平日里花容月貌的宫女、嫔妃，这个时候都吓得花容失色。

在宫中混战的关键时刻，董卓竟设计诛杀了道家繁阳子何苗，开始实施自己的夺权计划。

他使用了三十六计中的趁火打劫。董卓启动了京中的暗线，董卓的弟弟董旻与何进的旧部趁乱突然发难，竟火并了车骑将军何苗，让何家彻底陷入瘫痪状态。

《后汉书·窦何列传》中有一个关键细节：

吴匡等素怨苗不与进同心，而又疑其与宦官同谋，乃令军中曰："杀大将军者即车骑也，士吏能为报仇乎？"进素有仁恩，士卒皆流涕曰："愿致死！"匡遂引兵与董卓弟奉车都尉旻攻杀苗，弃其尸于苑中。

第三十章 神秘的七日（上）——董魔王入京

再看《后汉书·孝灵帝纪》记载：

> 何进部曲将吴匡与车骑将军何苗战于朱雀阙下，苗败斩之。

吴匡和董旻并不是趁乱暗杀了何苗，而是两拨人攻破朱雀门后，在朱雀阙下发生了火并，最终董卓的弟弟董旻董叔颖干掉了何进的弟弟何苗何叔达。何苗道号繁阳子，收录在《正统道藏》太玄部的《真诰·稽神枢第四》中记载："繁阳子，号名耳，是汉越骑校尉何苗叔达也，进之同母弟。少好道，曾居河东繁山之南服食，故自号为繁阳子。"

吴匡趁乱杀何苗，打的还是"何苗杀死何进"的幌子。这就太可笑了，满皇宫的人都知道何进是被宦官杀的，所以大家才攻入皇宫杀宦官，而且何苗也在攻打皇宫的队伍中。吴匡和张璋等人又不傻，杀到一半的时候忽然要杀大汉车骑将军？这显然不合逻辑。

关键是董卓的弟弟董旻为什么会参与杀何苗呢？因为何苗死了，最大受益者就是董卓，何家哥儿俩都死了，接下来董卓就是大哥了。

为什么这么说？咱们看看当时朝廷中军方大佬的排名吧。上军校尉蹇硕早就被何进弄死了，眼下大将军何进又被宦官杀了，车骑将军何苗死于董旻和吴匡之手，而骠骑将军董重也早在五月就驾鹤西游。

此时，排名在前将军董卓之前的所有军方大佬全都死了。何苗死后，只要皇帝暂时不再增补军方大佬，那么董卓的这个前将军，就是名义上的东汉军方话事人，他可以在名义上临时管理京城的军队。这对董卓来说是最重要的事情,他把水搅浑,最后这盆水里只有一条鱼活着,那就是大汉前将军这条锦鲤。

眼下董卓只需要再做两件事情就能顺理成章控制住混乱的雒阳。第一是把皇帝弄到自己手中,让皇帝没法再下命令调动部队和册封临时的军队指挥官。如此一来,所有待命兵士将全部"宕机"。这些兵士未必效忠董卓,但他们在未接到任何有效的军事调动命令的情况下,会按兵不动,这是董卓最需要的。第二,再敢有替何家出头的人,露头就得按下去,比如后来的丁原老哥。

宦官势力完了,想活命就得逃。赵忠等人跑得慢,身死人手。可张让和余下的几个中常侍还没死呢,他们估计也有一些死士和亲信护卫,竟能在如此混乱的局面下,挟持刘辩和刘协,从皇宫北面逃了出去,而且还顺利地从雒阳城北门之一的谷门逃出了城。这显然是之前部署好的。

至少分管12座城门的城门校尉,在这个时候没有按照袁绍的意思办事,谷门守卫在晚上给宦官开门了。守城兵士为什么故意放跑宦官不得而知,城门校尉的下属或许听信了宦官的蛊惑,或许在此之前,宦官就收买了城门校尉,又或许有其他人帮助宦官出了城。

反正宦官们连夜跑出了雒阳城,玩了命地往北方小平津渡口逃窜(若是去董卓领下的并州,小平津是现在唯一的出路)……

逃命的宦官们啥也来不及带,就连皇帝的玉玺都没带。但是他们却始终没有忘记多带一个"累赘",那就是刘协。

接下来东汉政治中心的乱局又将如何发展呢?下一章,董卓终于从幕后走到前台,抖起了威风。

第三十一章 神秘的七日（下）——我进京城来，为了换皇帝

张让等人挟持皇帝出逃是在八月二十七日晚上，而二十八日白天皇帝便回宫了。谁也说不清楚宦官到底是在二十七日亥时（凌晨之前），还是在二十八日子时（凌晨）之后到达最终逃命地点的，咱暂且把这些事情都算在二十八日凌晨。

一、第四日，八月二十八日，辛未日

张让等人出了雒阳城一路往北跑，最终目标是小平津渡口。正常来说，宦官向着渡口逃命，应该是为了渡河。可结果他们的命运就截止在了这个渡口，当时应该没有渡船……

结果是，宦官们都在小平津渡口投河自尽了，原因我们后面再说。

《后汉书·宦者列传》中记载了张让最后的独白：

（张）让等数十人劫质天子走河上。追急，让等悲哭辞曰："臣等殄灭，天下乱矣。惟陛下自爱！"皆投河而死。

"我们这些内臣都死了，天下就会大乱！"这句话看似是张让恶毒的诅咒，实则却道破了天机。

还记得张让杀死自己亲家何进时说的那句话吗？"你说我们这些宫中的官员（宦官）秽浊，那你跟我说说，那些出身世族的公卿，哪个清正廉洁？"在东汉的朝廷里，宦官和世族互掐了多年。而这次世族一下子干掉了所有宦官，朝廷必然失去平衡重新洗牌，世族无非是想成为朝廷唯一势力，兼并更多的土地。即使朝廷不封他们为王侯，他们拥有的私兵和土地也可比肩一般的王侯，若再进一步，"三家分晋""田氏代齐"的事情怕也不远了，大世族取得皇位也是可能的。

这样的东汉还算是统一的帝国吗？失去平衡的东汉列车，将彻底脱轨，天下大乱只不过是时间问题罢了。

袁氏兄弟这边没找到皇帝，也没去追，最后自然也没接到皇帝。他们光顾着杀宦官，估计二十八日天放亮的时候，他们还在打扫战场呢。二十八日早上，袁绍痛快极了，党人多少年来想做却没有做到的事情，袁大公子做到了！

"党人的仇，我袁绍替大家报了"，全天下的士人该用多么崇敬的眼神来仰望这位新的士人领袖、这位划时代的世族代表。袁绍怕是已经乐得合不拢嘴了。

当时雒阳城中看热闹的朝臣怕是不怕乱子大，投机者各怀鬼胎。八月二十五日何进死后，直到二十七日张让挟持皇帝出城，除了卢植，百官可没人组织家兵进宫帮助袁家或者帮助宦官。很

第三十一章 神秘的七日（下）——我进京城来，为了换皇帝

多人家门紧闭等待尘埃落定，只因局面太诡异，局势变化太突然，一时闹不清状况的大臣们自然不敢轻举妄动。

比如雒阳北军五营就始终保持着沉默，按《三国志·魏书·董二袁刘传》记载，他们的北军中候[①]非常有可能是刘表："以大将军掾为北军中候。"刘表是皇亲，或许他将校尉聚集在一起三令五申道："我不管你们谁跟何家交情过命，谁是袁家的门生故吏。在我这里，只要没有调兵虎符、没有陛下的亲笔诏命，谁来勾兵都给我挡在营外！"

在这次政变中，北军五营和西园八校都没有什么行动，沉默是他们最后的抉择，这与20年前的那场政变是有区别的，那时北军五营分成两派打了起来。

刘表略带投机性质的行为，或许只是千百朝臣的一个缩影，就好像那早就认识董卓的河南尹王允一样。王允或许也只是派人监视董卓的一举一动，但绝对不会在这个时候突然发难，领郡兵去攻打董卓的军营，毕竟谁也不能预知未来，眼下何进已经死了，何苗也死了，至于袁绍能不能成事，董卓到底有没有能力安定天下，还得看看再说不是。

不过对于老董来说，他需要这些沉默的朝臣。他需要刘表、王允这样的人，他喜欢这样的人，只要他们不表态，不站何家、袁家的队，就等于在帮大汉前将军了。又或许前将军府的30多位幕僚和军师早就把这一幕推演过无数遍了。

在袁绍、袁术带着自己的嫡系部队攻打皇城的时候，曾经向

[①] 监管北军五营的官，六百石的官职管辖五个比两千石级别的校尉，类似刺史，低位北军中候钳制高位将领。

何进表过忠心的北军五营和西园八校大部分选择了沉默。

我们不知道董卓在暗地里有没有策反"京城部队",但结果是雒阳大军绝大部分选择了沉默、观望!他们现在不听袁绍和袁术的,而最后却选择听从名震西疆的大汉前将军董卓的。

董卓即将从幕后走向前台。

而皇帝和陈留王毕竟是被宦官给拐跑了,在宫里杀宦官的袁氏兄弟没能找到皇帝,那些观望时局的大臣,就更不会知道皇帝的行踪了。

满雒阳城仅有两人去追赶皇帝了,一个是卢植,一个是闵贡。

卢植忠心皇室,宫中大乱时卢植就入了宫,他倒不是急着杀宦官,他是要救皇室。当宦官挟持皇帝出宫的时候,他便赶紧去追。

还有一位身份很神秘的人——河南中部掾闵贡和卢植一起去追赶皇帝。闵贡自然是王允的手下,他也带了些人一路追赶宦官,最终在小平津渡口追上了宦官、皇帝和陈留王。

八月二十八日,史书记录的卢植、闵贡找皇帝的过程各不相同,很多记载甚至前后矛盾。

第一个版本说是闵贡先到,卢植后到的,然后卢植逼死了宦官。《后汉纪·孝灵帝纪下卷第二十五》:

> 是时宫中乱,百官无从者,惟河南部掾闵贡将十余人从。会尚书卢植至,按剑责(段)珪,珪等涕泣谢罪,又追兵至,珪等白上曰:"臣等死,天下大乱矣。"乃自投于河。

第二个版本说是卢植先到,闵贡后到的,然后闵贡逼死了宦官。《后汉书·窦何列传》:

第三十一章 神秘的七日（下）——我进京城来，为了换皇帝

> 张让、段珪等困迫，遂将帝与陈留王数十人步出谷门，奔小平津。公卿并出平乐观，无得从者，唯尚书卢植夜驰河上，王允遣河南中部掾闵贡随植后。贡至，手剑斩数人，余皆投河而死。明日，公卿百官乃奉迎天子还宫，以贡为郎中，封都亭侯。

第三个版本中，只有闵贡追上宦官并杀了宦官。《后汉书·孝灵帝纪第八》李贤注引《献帝春秋》：

> 河南中部掾闵贡见天子出，率骑追之，比晓到河上。天子饥渴，贡宰羊进之，厉声责让等曰："君以阉宦之隶，刀锯之残，越从涔泥，扶侍日月，卖弄国恩，阶贼为贵，劫迫帝主，荡覆王室，假息漏刻，游魂河津。自亡新以来，奸臣贼子未有如君者。今不速死，吾射杀汝。"让等惶怖，叉手再拜叩头，向天子辞曰："臣等死，陛下自爱。"遂投河而死。

《三国志·魏书·董二袁刘传》裴注引《英雄记》：

> 河南中部掾闵贡扶帝（刘辩）及陈留王（刘协）上至雒舍止。帝独乘一马，陈留王与贡共乘一马，从雒舍南行。

第四个版本是只有卢植追上了宦官并杀了宦官。《后汉书·孝灵皇帝纪》：

> 尚书卢植追让、珪等，斩数人，其余投河而死。帝与陈

留王协夜步逐荧光行数里,得民家露车,共乘之。

第五个版本是卢植和闵贡都没追上宦官,宦官就是想带着皇帝跑到河边自杀,再让皇帝自己回家。《三国志·魏书·董二袁刘传》裴注引张璠《汉纪》:

> 帝以八月庚午为诸黄门所劫,步出谷门,走至河上。诸黄门既投河死。时帝年十四,陈留王年九岁,兄弟独夜步行欲还宫,闇暝,逐萤火而行,数里,得民家以露车载送。

那天晚上的事情为何如此扑朔迷离?二十八日的凌晨,小平津渡口到底发生了什么事情?这个很难做出推测,不过还是有那么一点儿线索的。

八月二十八日,皇帝和陈留王被劫持出城,后又返回邙山下,继而恰逢董卓和群臣接驾。而在此之前,民间就流传了一首预言这一幕的儿歌。

《三国志·魏书·董二袁刘传》裴注引《献帝春秋》记录了这首儿歌:"先是童谣曰:'侯非侯,王非王,千乘万骑走北芒。'"

"侯非侯,王非王"显然有所指,当年的董侯和史侯已成过去,而后来陈留王的确不再是王,成了新皇帝。地点也很明确,"千乘万骑走北芒",大家都到邙山接驾。

历史上有不少用儿歌来应验传说的事情,但这都是有人为了引导舆论而特意造势传播的。角落里,别有用心的谋士给小朋友们买点儿糖葫芦,就能让他们唱起来。那到底是谁编造了这首儿歌呢?最大的嫌疑人就是董卓的前将军幕府,因为只有这群人的

第三十一章 神秘的七日（下）——我进京城来，为了换皇帝

目的是赶赴雒阳换皇帝。

这么说董卓早有谋划了？

皇帝被挟持的那一夜实在无法还原，不过闵贡肯定是当事人，他立了大功，后来从掾吏一步封侯，不过这个侯是董卓掌权后给封的。

闵贡的确带人去追皇帝了，也就是说，只有他和卢植知道皇帝的下落。那么这两个人中，到底是谁把皇帝跑到小平津渡口的消息传递给各路人马的呢？特别是，谁把这个消息传给了董卓呢？

卢植和董卓死不对付，不可能是卢植。

剩下的就是闵贡了，也就是说，是王允的人给董卓报的信。这还真有可能，那时候董卓可还是威震西州、领军回朝的大汉前将军。何进和何苗都死了，王允给董卓送个信，交交心也不为过吧。这样看来，董卓后来重用王允也说得过去。

这些也都是笔者的推测，总之，皇帝回到了邙山，董卓也就要走上前台了。

不管汉少帝刘辩和陈留王刘协是骑马还是坐车回到邙山的，两个人的命运最终都在这个山头上发生了变化。

董卓火中取栗，在极为恰当的时机，从雒阳城西头转到了雒阳城北面，率先带着自己的三千军队开到了邙山。他的三千步骑威武地立在邙山下，赶来接驾的大臣们看着这些手持利刃的前将军府府兵有些发蒙。

《汉魏六朝百三家集·蔡中郎集卷一》中收录的蔡邕的《荐太尉董卓表》[①]如此描写董卓找皇帝的过程："卓闻乘舆已移河津，

[①] 亦称《荐太尉董卓可相国并自乞闲冗章》。

身率轻骑,长驱芒阜①。"

当部将将皇帝所在的土山团团包围,董卓一挥马鞭,一人一骑迎着朝阳打马上山。土山之上,董卓那硕大的身形在日光下形成的影子,就如同吃人的魔王一般,张牙舞爪地拢向两个半大的孩子。

董卓眯着眼睛打量着闵贡身后的刘辩和刘协。董魔王此时的心情该是多么复杂,数丈高的小土山,他用了近40年才爬到山顶。这一路走来太难了,多少次舍生忘死,多少次阴差阳错,多少次险象环生,一个边鄙之地的"江湖侠客"终于走到了帝国的权力核心。

当汉帝刘辩望见山下杀气腾腾的飞熊军时,他吓哭了。董卓藐视地笑了笑,心道:"这个皇帝本就不是我想要的。"他甚至懒得对刘辩跪拜,便用马鞭指着汉帝,然后用家长批评小孩子的口气轻蔑地说道:"陛下,你让中常侍和小黄门这些宦官作乱,以取祸败,国家搞成这个样子,你的责任可不小啊!"②刘辩听罢,吓得只知道哭,哪里敢接董卓的训话。

董卓训完了皇帝,又端详起陈留王刘协,这个孩子就是董家的董侯?董卓微微点点头,高声道:"我就是董卓,上我的马,我来抱你!"③

很多史料说董卓见陈留王刘协比刘辩聪明,便想废刘辩而立

---

① 阜是土山的意思。
②《三国志·魏书·董二袁刘传》裴注引《英雄记》:"陛下令常侍小黄门作乱乃尔,以取祸败,为负不小邪?"
③《三国志·魏书·董二袁刘传》裴注引《英雄记》:"'我董卓也,从我抱来。'乃于贡抱中取王。"

刘协为帝。这就是说一个权倾天下的将军非常任性，脑子一热便有了废皇帝的打算。而后他的谋士们也都称赞不已，纷纷开始做工作。好似换皇帝丝毫不需要群众基础；好似汉灵帝末年压根儿就没有"董侯"和"史侯"争皇位的事情；好似蹇硕、董重、董太皇太后从来不曾存在一般。

如此可笑的掩耳盗铃的伎俩，无非就是想模糊董卓的政治立场，把他说成一个彻头彻尾的傻子、莽撞的魔头罢了。

此时，躲在董卓军中的董承远望着土山上的刘协，或许想起了自己的姑姑董太皇太后，或许想起了自己的哥哥董重，又或许想到，董家的孩子终于有机会当皇帝了。

当董卓伴着晨辉，带着两个半大孩子打马下山后，如崔烈这样自命不凡的大臣终于跳了出来。

"陛下有诏，董卓退兵。"

董卓心想："崔烈，当年要舍弃凉州，是老子带领将士们浴血奋战保住的西州和关中，现在你叫我退兵？皇帝在我身后，陈留王在我身边，你的诏命哪里来的？"

很多史籍记载了董卓"抓住皇帝"的一幕。

《后汉纪·孝灵皇帝纪下卷第二十五》：

辛未，帝还宫，公卿百姓迎于道。并州牧董卓适至，闻帝在外，单骑迎于北芒上。卓与帝言，不能对；与陈留王言，及祸乱之事。卓以王贤，有废立之意。

《汉魏六朝百三家集·蔡中郎集卷一·荐太尉董卓表》：

卓闻乘舆已移河津，身率轻骑，长驱芒阜。

《后汉书·董卓列传》：

　　卓远见火起，引兵急进，未明到城西，闻少帝在北芒，因往奉迎。帝见卓将兵卒至，恐怖涕泣。卓与言，不能辞对；与陈留王语，遂及祸乱之事。

《三国志·魏书·董二袁刘传》裴注引《典略》：

　　帝望见卓兵涕泣，群公谓卓曰："有诏却兵"。卓曰："公诸人为国大臣，不能匡正王室，至使国家播荡，何却兵之有！"遂俱入城。

《三国志·魏书·董二袁刘传》裴注引《英雄记》：

　　公卿百官奉迎于北芒阪下，故太尉崔烈在前导。卓将步骑数千来迎，烈呵使避，卓骂烈曰："昼夜三百里来，何云避，我不能断卿头邪？"前见帝曰："陛下令常侍小黄门作乱乃尔，以取祸败，为负不小邪？"又趋陈留王，曰："我董卓也，从我抱来。"乃于贡抱中取王。一本云王不就卓抱，卓与王并马而行也。

满朝文武沉默了。城门校尉沉默了。雒阳禁军沉默了。
何进的旧部如吴匡等怕是早就投了董卓，他们在鼓掌。羽林郎以及凉州官吏甚至部分并州官吏见老乡大哥回京了，或许他们也在鼓掌。那些皇甫郦所说的在朝中支持董卓的"王公内主"也在鼓掌。

保持沉默的北五营、西园八校也在庆幸自己押对了宝。

袁绍、袁术此时一定很茫然。铁了心跟着何家、袁家的丁原、王匡、鲍信、曹操等人也在茫然。

"魔王"终于降世了！

二、第五日，八月二十九日，壬申日

袁绍、袁术看着董卓"夹带"皇帝入京时，忽然感觉大事不妙。东汉权力核心的这次洗牌，本来应该只剩下世族，而世族中最大的就是袁家二少，可眼下以董卓为代表的西州军人怎么也要进入核心了，而且看董卓这气势，他还想做老大啊！

难道我们四世三公的袁家一顿忙活，却替西州军人做了嫁衣？此时，袁绍身边的鲍信提议跟董卓拼了，不能把胜利果实让给董卓！

《资治通鉴·汉纪五十一》是这样说的：

> 骑都尉鲍信自泰山募兵适至，说袁绍曰："董卓拥强兵，将有异志，今不早图，必为所制；乃其新至疲劳，袭之，可禽也！"绍畏卓，不敢发。信乃引兵还泰山。

鲍信见袁绍不敢和董卓硬碰硬，气得回泰山做反董准备去了。王匡是和袁绍一起攻打皇城的，眼下他手中兵力怕是不多。

其实王匡本来也没多少兵力,而袁绍后来自己也说,他是动用了家兵才攻进皇城的,外出募兵的那些"何家帮"人马还没回来。而桥瑁又没在雒阳,城门校尉和京城的禁军全都靠不住。

此种情况下,袁绍还是觉得有希望的。"还有一线希望,丁原!丁原手中还有数千并州铁骑。"

按照《三国演义》,三国第一猛男吕布收了董卓送的赤兔马,然后杀了自己的"上司"丁原,带着并州军投靠了董卓。事情大抵如此,但又好像不是那么回事儿。

我们把事情融入东汉的官僚体制,换个角度再看。

前文说过,丁原曾任并州刺史,董卓当了并州牧后,丁原这个刺史自然就没了,他当了武猛都尉。不过他却顺手带走了并州的数千精锐骑兵,手下头号大将自然是吕布。可后来按照朝廷对丁原的"工作调整",他改任为京城的治安官——执金吾。政变前袁氏如此安排丁原,目的显然是让丁原控制雒阳。但是,执金吾手下有几百巡城的缇骑,却没有几千军队的编制。大将军(何进)和车骑将军(何苗)死后,丁原带出来的并州军就"无所属"了。

吕布是丁原的老部下,也是被丁原带到京城的,但并州军的编制还算在并州,这支军队可不是丁原的私兵,也不是执金吾的属兵。

此时吕布忽然想通了"军队编制"的问题。吕布率领的并州军在雒阳城该听谁的?听执金吾的?那不成谋反了嘛!

吕布的并州军难道不该听并州牧、大汉前将军董卓的吗?并州牧统领并州军没毛病,大汉前将军(眼下全国排名第一的将军)统领并州军也没毛病。吕布想了想,还得按照领导等级执行命令。那吕布可是个不讲义气的人,"咔嚓"把老上司丁原给干掉了。《后汉纪·孝灵皇帝纪下卷第二十五》中记录了当时吕布的反应:"武猛都尉丁原将河内救何氏,拜执金吾。何进兄弟既死,其部曲无所属,皆归卓。卓使原部曲司马吕布尽并其众,京师兵权,惟卓为盛。"

丁原估计也知道,就眼下这个局面来说,吕布靠不住,结果吕布真的叛变了。毕竟讲义气的是少数,看风向的是大多数,何况反复无常的"小强吕布"。

吕布的厉害之处,我们后面会单独细说。眼下,丁原死了,袁绍和袁术更是一点儿夺权的念想都没有了。

董卓在这场政治斗争中,竟然没费一兵一卒便取得了雒阳的控制权,何进死了、何苗死了、宦官死了、丁原死了,而且两位皇帝都在董卓控制之下。

董卓并不是看陈留王聪明,偶有立其为帝的打算。实际上董卓在入京第一天就着手废立皇帝了,而且这事他显然预谋了很久。

董卓入京后有很多选择,我们这里说两个极端的:董卓和世族对立,由西州军人执政。又或者拉拢世族,西州军人还是军人,政权依旧交给世族,而董卓自己来当新的世族领袖。

董卓清楚地知道,若是选择第一条路,东汉极有可能直接进入战争状态。董卓入京的第一天,便明确了废皇帝的路线,而且在此基础上选择了与世族合作。与世族联合,让出中下层政治权力,但董卓仍然要牵头朝廷工作,担任东汉新的政治领袖。

此时董卓并不知道,折中的选择实际上毫无意义,因为只要如袁家这样的大世族没有掌权,战争随时都会爆发。其实,董卓当时不管怎么选,最终都难逃失败的噩运。那是因为历史车轮的前进是由"主流意志"推动的,而那个时代,世族利益就是"主流意志"。

董卓既然选择了第二条路，那就得和世族代表谈啊，最大的世族代表自然是袁家，其中闹腾最欢的当然是袁家"大公子"。董卓要和袁家大公子谈谈废皇帝的事情。

我们看看《资治通鉴·汉纪五十一》中记载的谈判过程。

> 董卓谓袁绍曰："天下之主，宜得贤明，每念灵帝，令人愤毒！董侯似可，今欲立之，为能胜史侯否？人有小智大痴，亦知复何如？为当且尔。刘氏种不足复遗！"绍曰："汉家君天下四百许年，恩泽深渥，兆民戴之。今上富于春秋，未有不善宣于天下。公欲废嫡立庶，恐众不从公议也。"卓按剑叱绍曰："竖子敢然！天下之事，岂不在我！我欲为之，谁敢不从！尔谓董卓刀为不利乎！"绍勃然曰："天下健者，岂惟董公！"引佩刀，横揖，径出。卓以新至，见绍大家，故不敢害。绍县节于上东门，逃奔冀州。

董卓和袁绍"谈判"的历史版本也不少，就不一一列举了，总之谈得很不愉快。而且，两个身份极为尴尬、又都对权力极有贪欲的人都在说违心话，而这些违心话也如同符咒般束缚了二人的命运。

董卓的态度是"董侯似可，今欲立之，为能胜史侯否"。董卓不承认袁家立的皇帝，史侯称帝已经4个月了，董卓嘴上还是狡辩，认为史侯还是史侯，董侯还是董侯。貌似要拿这话来印证那首"侯非侯，王非王，千乘万骑走北芒"的童谣。只是《资治通鉴》没头没尾地多了一句"刘氏种不足复遗"，这话就很奇怪，董卓说要是不能立董侯为帝，那其他姓刘的也不用做皇帝了。这句话就像做生意放狠话一样，要是我挣不到这笔钱，其他人谁也别想做成这单买卖！

董卓装疯卖傻，还狡辩现在依旧是董侯和史侯争皇位的状态。结果袁绍也被带偏了，居然说："如果你跟我讲董侯和史侯，那我就跟你讲嫡出还是庶出！"这不又讲回前朝立储之争了吗，这能谈出什么结果？

袁绍无意中给自己下了一个套。袁绍是袁家大公子，但他本来就是庶出；袁术是二公子，但人家是嫡出。袁绍用礼法支持嫡出的刘辩，否定庶出的刘协，那他该如何面对嫡出的袁术？袁绍嘴上讲一套，手上办一套，这个符咒，最终也毁了袁氏兄弟，成就了曹操。

二人谈不妥，大家就比划比划嘛。董卓按着佩剑威胁袁绍，袁绍拿出佩刀表示不服，后来的"董袁战争"其实也被这一幕给印证了。

最终袁绍跑了，离开了雒阳，董卓忙活着换皇帝，暂时没搭理袁绍。

三、第六日，八月三十日，癸酉日

《资治通鉴·汉纪五十一》记载：

> 九月[①]，癸酉，卓大会百僚，奋首而言曰："皇帝暗弱，

[①] 实际是八月，癸酉日是壬申日之后的一天，是甲戌日的前一天，九月一日才是甲戌日。

不可以奉宗庙，为天下主。今欲依伊尹、霍光故事，更立陈留王，何如？"公卿以下皆惶恐，莫敢对。卓又抗言曰："昔霍光定策，延年按剑。有敢沮大议，皆以军法从事！"坐者震动。

董卓入京后准备了一天就召开了"东汉朝廷废立皇帝紧急大朝会"。董卓恫吓群臣，除了卢植，满朝文武没人敢反对董卓废刘辩、立刘协为帝的提案。董卓见只有卢植不服，便要杀了他。此时，被朝廷放逐多年的蔡邕居然再次出现了，他阻止了董卓，给卢植解了围。董卓入京才两天，蔡邕就已经在皇宫参加换皇帝大会了，这也印证了前文说的老董和蔡邕的关系不一般。

这一天董卓确定了自己东汉帝国老大的地位，而且还是个可以换皇帝的老大。

董卓换皇帝的大朝会，太傅袁隗没有参加。此前，董卓应该也没有和他见面。前一天和袁绍见面时，袁绍还说过："此大事，出当与太傅议。"袁绍和袁隗商议的结果是，袁绍跑了，袁隗也没有轻举妄动。但袁隗毕竟是第一大世族的当家人，是当朝最大的官，朝中唯一的"上公"太傅，从面子和程序上说，董卓还是有必要与太傅沟通一下的。

但董卓没有选择和袁隗面谈，按照《资治通鉴·汉纪五十一》中的记载："卓以废立议示太傅袁隗，隗报如议。"

董卓把废立皇帝的请示报给了袁隗。袁隗还能说什么，他明确回信，同意董卓的提议！袁隗和袁术、袁绍或许早就商量好了，眼下没法在雒阳和董卓硬拼，赶紧想其他的办法反击吧！

四、第七日，九月一日，甲戌日

老董看到袁隗同意的回信，那一定是趾高气扬啊！你看我说什么了，我董卓说了算了！

废刘辩的同时，董卓便要清算何家余孽了。《资治通鉴·汉纪五十一》：

> 甲戌，卓复会群僚于崇德前殿，遂胁太后策废少帝，曰："皇帝在丧，无人子之心，威仪不类人君，今废为弘农王，立陈留王协为帝。"袁隗解帝玺绶，以奉陈留王，扶弘农王下殿，北面称臣。太后鲠涕，群臣含悲，莫敢言者。卓又议："太后踧迫永乐宫，至令忧死，逆妇姑之礼。"乃迁太后于永安宫。赦天下，改昭宁为永汉。

董卓终究实现了董氏的政治理想——"立刘协为帝"。前天董卓入京之时，他虽然用武力恫吓朝臣（如崔烈），但不敢真的下杀手，即便如此，大多数朝臣还是选择了沉默。而当九月一日，董卓将刘协扶上帝位之后，所有朝臣依旧选择沉默的原因又多了一条，那便是仅仅两天的光景，董卓又收编了并州军，而且压住了京城的其他禁军。

董卓废皇帝之后，以何太后逼迫"董太皇太后"致死为由，废了何太后。

东汉变天了，4个月的时间里，当年的两位继承人都当过皇帝了。董卓也成了东汉历史上第一个微官家族出身、军阀式的执政官，而且还是个换过皇帝的执政官。

"太后鲠涕，群臣含悲，莫敢言者。"何太后确实应该哭，因为她已经预感到自己的下场了。当年她杀了新皇帝的亲妈，新皇帝能放过她吗？当年她家杀了新皇帝奶奶家好多人，董家的人能放过何家吗？而董旻又杀了何太后的哥哥何苗，董卓还能让何氏活着吗？

除了对付何太后，董卓对外宣传的论调是何苗及何进的母亲舞阳君勾结宦官，杀死何进，祸乱朝政。这是拿死去的何进做文章，反正死无对证，就说何进是被自家亲戚害死的。这个论调如果成立，从法理上董卓也可以诛杀何家余孽，因为他们变相参与了刺杀大将军的政变！

董卓早就恨死何进了，不过既然现在用死了的何进当幌子，才方便杀光何进全家的话，那何不"借尸还魂"呢？当初何家人内部的不和，如今却给董卓创造了一个有利的局面。

后来蔡邕上的奏章就把董卓的这个捧何进的方略说得很清楚了，《汉魏六朝百三家集·蔡中郎集卷一·荐太尉董卓表》记载："故大将军慎侯何进，尽忠出身，图议荡涤，以清季朝。群凶遘难，兵起乱作，元舅上卿，先寇受害，祸至执辱，社稷倾危。"

到九月一日，刘协登基后，神秘的七日便也结束了。一个军人领袖统领世族执政的时代到来了。

刘协登基仅仅两天后，九月三日，"丙子，卓酖杀何太后，公卿以下不布服，会葬，素衣而已。卓又发何苗棺，出其尸，支解节断，弃于道边，杀苗母舞阳君，弃尸于苑枳落中"[①]。

当年那个在后宫迫害嫔妃，杀伐果断的何皇后，因为庇护宦

[①]《资治通鉴·汉纪五十一》。

官最终家破人亡,而董卓诛杀何家人的手段也颇为残忍。

明末的丁耀亢在《天史·大逆二十九案·何后弑董太后》中评价过何氏的下场:"汉之微也,实由何进。何后之立,天正以危汉室也。荼毒弑母,当其收协之时已不两立矣,卒之。何后虽诛,汉室亦微,虽诛百何进,何益哉!"

何氏灭亡了,宦官灭亡了,代表世族精英的袁氏兄弟出奔,新魔王董卓控制了东汉帝国的中枢。一个更加纷乱的时代即将到来,投机成功的董卓能扶大厦于将倾吗?

接下来,我们继续说说走上人生巅峰的董卓在汉献帝时代是怎么把东汉局面搞得越来越糟糕的。

第四部分

献帝初年：群雄割据，枭雄末路

第三十二章 献帝时代的开端，董卓新政

在说献帝初年董卓新政之前，咱们还得先回顾下那"神秘的七日"。

一、董卓，"神秘七日"最大的受益者

董卓入京前夕，兵卒只有三千，官职是并州牧、前将军，而对手是何家、袁家，他们手中掌控数万兵马。内宫中的太后是何家的，外朝中太傅、大将军、车骑将军和司隶校尉是何家和袁家的，这些人在雒阳的根基要比董卓深得多。虽然这些人之间也存在矛盾，但他们很默契地处处提防着董卓。

可结果呢？董卓没费一兵一卒入主雒阳，何家和袁家则死的死、跑的跑、降的降，就连宦官也都稀里糊涂地投河自尽了。

史书上只明确记载了董卓的弟弟参与了攻杀车骑将军何苗，董卓设计策反吕布诛杀丁原，其他的事情董卓似乎都没有参与。

如此说来，董卓轻松地问鼎朝廷，难不成是他多年积累的人品大爆发？

这七天发生的事情都对董卓太有利了：宦官杀了何进，最大受益者是董卓；吴匡反水杀车骑将军何苗，最大受益者还是董卓；宦官挟持皇帝和陈留王往北方渡口逃跑，来应验童谣，最大受益者还是董卓。当董卓的部队赶到邙山，一下子"抓住"了皇帝和陈留王，而其他各路人马集体卡壳的时候，最大的受益者还是董卓。当朝廷军、河南尹的郡兵集体观望时局的时候，最大受益者也是董卓。

董卓要么运气太好，要么就是前期谋划和朝中各方面工作做得太到位了。

二、投机成功背后的危机

董卓投机成功后，身居高位自然也想求稳。他回想起40年前的梦想，那时候他还年轻，还是一个游侠，他多么羡慕那些世族大家的气派，现如今自己也算是"豪族之最"了。

如今的他和历史上那些成功的寒门子弟其实是一样的，他们不是贵族出身，靠着逆袭跻身于贵族的行列，而且还名列前茅。这些寒门成功者虽然能够享受世间普通百姓崇拜的眼神，但同时也被真正的贵族嗤之以鼻。

贵族贵在百年传承的气势上，尽管董卓现在地位尊崇，但他仍然挤不进雒阳城的那个"京圈"。老董自然也能感受到自己的尴尬处境，非世族的出身、文化底蕴欠缺及朝中根基不稳，是董卓的"硬伤"，但他得继续前行，走回头路那是不可能了。

第三十二章 献帝时代的开端，董卓新政

董卓控制了东汉朝廷，立了新帝，投机成功的背后有着巨大的隐患。若说在关中、凉州等地董卓的影响力确实不小，但在关东地区他没有"百年世族"的强大根基做依托，没有复杂的联姻关系，自然也就没有盘根错节的人际关系，更没有太学同学、同期"孝廉"这些士人团体的人脉。新皇帝的奶奶家董氏经营近20年的人脉也随着董家的败亡而被连根拔起，自然也不可能再对董卓有什么帮助。董卓唯一的优势，就是手中握有强大的西州军团和凉州、关中一些故旧的支持。董卓期望通过强有力的政治威慑控制住朝廷，进而让天下各州郡诚心归附，但实施起来将异常艰难。

对董卓来说，现在当上东汉朝廷的老大还不能算成功，在重新分配利益和调整各级官吏之后，仍能创造一个整体平稳的局面，才能算真正的大功告成。

三、董卓新政：从官员调整方式看董卓的努力

为了方便换皇帝，董卓先做了司空，按《资治通鉴·汉纪五十一》记载："乃讽朝廷，以久雨，策免司空刘弘而代之。"

等换完了皇帝，司空这岗位就没啥用了，董卓便将其封给天下第二大世族代表人物杨彪，顺带将豫州牧黄琬明升暗降，调回来放在朝中任司徒，以便监视。随后，董卓为了方便军事管理，自己又转成太尉，并加封幽州牧刘虞为大司马。《资治通鉴·汉纪五十一》中记载了这一轮的官员调整：

乙酉，以太尉刘虞为大司马，封襄贲侯。董卓自为太

尉，领前将军事，加节传、斧钺、虎贲，更封郿侯。丙戌，以太中大夫杨彪为司空。甲午，以豫州牧黄琬为司徒。

大家不要小看董卓的这轮高级官员调整哦。除了董卓做太尉仍领前将军府事，另一个重要的高层人事调整是幽州牧刘虞成了大司马。大司马是上公之位，朝廷里原本只有一个人有上公待遇，那就是拥立汉少帝有功的太傅袁隗。

这一调整之后，我们再看看：一来，董卓算是给东北的幽州牧刘虞卖了个好。二来，他也给自己挪了挪位置。三来，增加上公制衡了袁隗。最后，也为将来给自己弄个上公的位置铺铺路。

又过了一个多月，汉帝国出现了第三位"上公"。《资治通鉴·汉纪五十一》记载了董卓成为相国的一幕："十一月，以董卓为相国，赞拜不名，入朝不趋，剑履上殿。"

董卓这一手很高明，弄三个超级三公，太傅袁隗、相国董卓、大司马刘虞。"我老董可不是魔王专政啊，你们看，朝中一共有三个超级三公哦。"老董把自己弄成超级三公之一，变相弱化了袁隗在朝廷的地位，而刘虞又远在幽州。董卓在朝廷中话语权便约等于圣旨了。

然而仍然有一个棘手的问题，董卓必须解决，那就是嫡系亲信的安置问题。

董卓不是出身豪门，麾下也鲜有豪门子弟。他们把自己包装得再好，也改变不了凉州集团多是寒门出身的问题。某种程度上，这群"一辈子都在打仗的边鄙之人"入京后与京城的世族大家形成了对立关系（东汉后期高官岗位基本都是世族把持）。尽管董卓军队初入京城的一些表面矛盾暂时缓解了，但因个人出身所造成的对立情绪,却长久地存在于朝堂之上。

宦官和士人的矛盾消失后,直接导致了西州军人和士人矛盾的凸显。在大世族眼里,董卓这股势力应该在他们之下,而不应该在权力金字塔的顶端。

这就让老董很不开心了,难不成还能把朝政的执行权拱手让人吗?

到底是重用自己的嫡系还是重用世族子弟,是摆在董老板眼前的现实问题。尽管为难,但为了和世族合作,他最终还是选择了重用世族的政治策略,进而打造"和谐的东汉朝廷关系"。

董卓没有选择继续用军队威压朝廷,因为他很清楚,当初何进兵马何其多,但最后作用不大。在东汉复杂的社会局面下,命令士兵用长枪顶着世族的喉咙,并不能轻易使他们对"豪族新大哥"俯首称臣。

董卓最终也走了窦武、何进等人的老路。他开始拉拢世族,想尽办法树立自己的形象,想尽办法靠近世族圈子,他没打算撼动大汉世族的整体利益。然而依靠军事集团夺取世族"门阀政治"的胜利果实,却又想取代最大世族继续执行新的"门阀政治",这本身就是矛盾的。

但当时的董卓怕是看不到这点,所以他把自己包装得漂漂亮亮,进入了东汉豪族的核心圈子,而且还着手准备当这个圈子中的大哥。政治主张确定后,董卓开始执行他的新政。

首先,董卓狠下心来,将自己的嫡系官员边缘化。"卓所亲爱,并不处显职,但将校而已。"

有舍才有得,董卓下决心放弃在政坛上拔擢自己的亲信,让他们继续留在军方工作。其中自然也包括前将军府的幕僚们,这些谋士该是多么渴望出人头地、担任朝廷行政官员，他们跟着董卓鞍前马后、出生入死，最终夺了政权，咋就啥官也没混上呢？

董卓平时对下属很不错，但为了稳定朝局，拉拢世族，也只能委屈兄弟们了。

接着，董卓提高需要安抚的官员的经济、政治待遇。《汉魏六朝百三家集·蔡中郎集卷一·荐太尉董卓表》："及至差功行赏，（董卓）辞多受少。近臣幸臣一人之封，户至万数。今者受爵十有一人，总合户数，千不当一，非所以褒功赏勋也。"董卓一共封赏了 11 人的爵位，具体是谁不能确定。

再之后，董卓开始任命世族名士。《资治通鉴·汉纪五十一》中有载："初，尚书武威周毖、城门校尉汝南伍琼，说董卓矫桓、灵之政，擢用天下名士以收众望，卓从之，命毖、琼与尚书郑泰、长史何颙等沙汰秽恶，显拔幽滞。"

宦党被清除之后，董卓选择了重用清流党人。他很信任周毖和伍琼，让二人与郑泰等选拔名士！董卓开始矫正东汉 30 年来的错误用人导向，拔擢名士，打通被"幽滞"能臣的晋升渠道，重新调整用人方向，大有中兴东汉的意思。

周毖是凉州人，还是董卓好战友周慎的儿子，很得老董的信任。那城门校尉伍琼，为何也深受董卓信任呢？除了董卓进入雒阳城没受到城门守军的阻挠，或许还有一个原因。

《资治通鉴·汉纪五十一》里有这么一段记载："董卓之入也，步骑不过三千，自嫌兵少，恐不为远近所服，率四五日辄夜潜出军近营，明旦，乃大陈旌鼓而还，以为西兵复至，雒中无知者。"

董卓入京后玩了一个"无中生有"，让兵士反复进出雒阳军营，造成大军上雒的假象，以此来迷惑观望局势者。旁人不知道怎么回事，可城门校尉伍琼必定知晓内情。伍琼未加阻挠，董卓的无中生有之计就这么成功了。

说回官员调整。

董卓把何进留下的人都委以重任，选拔名士，如郑泰、何颙等。选拔的人很多，咱不挨个说，就说说在《资治通鉴·汉纪五十一》中重点记录的5个人："卓又以尚书韩馥为冀州牧，侍中刘岱为兖州刺史，陈留孔伷为豫州刺史，东平张邈为陈留太守，颍川张咨为南阳太守。"

国内封疆大吏的格局，发生了变化。

幽州有大司马、幽州牧刘虞，董卓觉得刘虞是不会乱来的。徐州的陶谦，之前就和董卓一起参加过凉州平叛战，算是老战友。董卓不喜欢张温，陶谦也不待见张温，徐州算是相对稳当。青州刺史焦和，后来打算参加反董行动，但因为自己地盘不稳定便没出兵。荆州刺史王睿，后来也没有反董，算是中立派。益州牧刘焉，3个儿子都在董卓控制的朝廷里当人质，问题不大。并州牧是董卓自己。司隶地区（特别是关中）基本上在董卓掌控中。凉州还乱着。

在这种情况下，董卓又把冀州、兖州、豫州，以及一郡可顶一州的超级大都市南阳郡交给了韩馥、刘岱、孔伷和张咨。再加上张邈，董卓重用了五个封疆大吏，如果董卓不信任他们的话，是万不会把一方疆土交给他们的。这些人自然也得跟董相国表表忠心。

董卓这是下血本了。然而人心难测，董卓任用官员的思路过于假模假样，这些人表面上是名士，可他们心底所想董卓怕是一点儿都不了解。

按照《资治通鉴·汉纪五十一》的记载，宦官被大批屠杀，由此产生了大量郎官名额，"诏除公卿以下子弟为郎，以补宦官之职，侍于殿上"。

宦官都死了，皇宫里不能再补入宦官，便补郎官进去侍候皇室吧。这是个拉拢人心的好机会。董卓让公卿家的孩子都补上了郎官，上殿工作，这一下得有多少人家的子弟沾光啊。各级别宦官可死了2000多人啊，好手段！

《资治通鉴·汉纪五十一》中还记载了董卓做的一件让士人欢呼雀跃的工作："董卓率诸公上书，追理陈蕃、窦武及诸党人，悉复其爵位，遣使吊祠，擢用其子孙。"

这下好，董卓为党人平反了，他的形象也开始高大起来。给党人平反，这是袁绍梦寐以求而且马上就要办成的事情。可这份对世族、党人来说无上的荣光却被董卓给加持了，袁绍在冀州怕是气得直吐血。

在世族的问题上，最让董卓头疼的自然是第一大世族袁家该怎么处置？

当年袁家和何家是穿一条裤子的，准确说裤腰带还是袁家的。前一个皇帝是袁家和何家一起立的，但被董卓给废了，董卓如何对待袁家就成了一个现实的问题。

特别是袁绍，他费尽心机，算尽机关，本以为干掉宦官，袁家妥妥地稳居天下第一大世族，自己妥妥是袁家的话事人了，将来袁家就是得天下也有可能。

曾几何时，袁绍距离那最高权力宝座只差一步。可结果呢？几天的光景，一切竟竹篮打水一场空，那打水的篮子不仅空了，

第三十二章　献帝时代的开端，董卓新政

而且还被董卓给夺走了。京城里袁家人知道董卓兵强马壮，眼下碰不得，可他们心里咽不下这口气。

袁绍出京，袁术出京，曹操出奔。3个"造反积极参与者"都出奔了，董卓该怎么处置这些袁家"孩子头"呢？这里先单独说一下曹操出奔，实际上曹操并不是《三国演义》中所说，因刺杀董卓而出奔。《三国志·魏书·吕布张邈臧洪传》裴注引《献帝春秋》记录了曹操俘虏吕布时的一段对话：

> 布问太祖："明公何瘦？"
> 太祖曰："君何以识孤？"
> 布曰："昔在洛，会温氏园。"
> 太祖曰："然。孤忘之矣。所以瘦，恨不早相得故也。"

也就是说，曹操和吕布并不认识，《三国演义》中曹操刺杀董卓还被吕布发现端倪的剧情显然与史实不符。

书归正传，起初董卓想抓捕袁绍和曹操，后来因为周毖、伍琼的劝说，最后做了让步，打算与袁家和解。

董卓大大方方地把袁家嫡子袁术改任为大汉后将军，位置仅在前将军董卓之下。董卓还打算把前将军也封给政治势力强大的袁绍，但袁绍不接受。《后汉书·袁绍刘表列传》李贤注引《山阳公载记》曰："董卓以绍为前将军，封邟乡侯。绍受侯，不受前将军。"

按照《资治通鉴·汉纪五十一》记载："卓购求袁绍急，周毖、伍琼说卓曰：'夫废立大事，非常人所及。袁绍不达大体，恐惧出奔，非有它志……'卓以为然，乃即拜绍勃海太守，封

邟乡侯。又以袁术为后将军,曹操为骁骑校尉。"董卓最后让袁绍在冀州担任了渤海太守,并且封了侯。曹操也给了一个骁骑校尉。

董卓想以此与袁家和解,袁绍有了领地,袁术开了后将军幕府,就连曹操都靠着骁骑校尉头衔开始征兵了。

但董卓没看透袁氏兄弟的野心,放虎归山,哪里还由得猎人控制?这是一个要了董卓命的决定。

四、安稳的4个月,董卓的徒劳

董卓已经很努力了,至少他摆出了一副"我很讲究"的做派。然而就算他积威几十年,但和那些经营了几代人的世家仍旧没法比。在世族的眼里,董卓仍旧是一个缺乏贵族气质的暴发户!世族认为,董卓的一切努力都是他应该做的,或许没有哪个世族大家会对他抱有感激之情,这只是"凉州土包子拉拢我们的手段罢了"。

董卓希望时间会改变一切,希望有一天世族会认可他这个寒门军人出身的东汉朝廷新"话事人",他的政治影响力也可以让各州郡真心拥戴自己。时间是个好东西,它可以潜移默化地改变人的想法。如果让董卓连续执政两年,若四海承平,那时的人心怕将都在董相国一边了,谁还有理由反董呢?

这点董卓明白,袁绍和袁术也很明白。所以袁氏兄弟不能再给董卓时间了。到中平六年(189年)年底与第二年年初,董卓一切"美好的幻想"都将破灭。

五、反董联盟的秘密筹备组

逃避战争，只会导致被动应战。曾经驰骋疆场的创业者董卓希望回避矛盾，希望通过拉拢世族来化解与袁家的冲突，进而避免战争。但一味地退让是不可能换来和平的。

东汉有两伙人永远不可能与董卓和好。一是希望趁乱割据的人；二是当年何家和袁家的人，如袁绍、袁术、曹操、桥瑁、王匡、鲍信等人。特别是袁绍和袁术，他们自命不凡，天生贵胄怎会屈服于董卓？

董卓在朝廷中实行自己的新政，铺排自己的政治道路，袁绍和袁术也没闲着。袁绍去了渤海，琢磨朝廷不是让我当渤海太守吗？好，有个根据地就行，收拢人才和兵马，准备造反吧。其实董卓任命各州刺史时，唯独将韩馥提拔为冀州牧而不是刺史，是有原因的。冀州刺史想控制冀州渤海郡的郡守很困难，可冀州牧就不一样了，这官是个土皇帝，说到底董卓是让韩馥防着袁绍。

袁术当了后将军：好，我也向董卓学习，你董卓当年可以有前将军府集团，我这个后将军也照猫画虎。袁术回到袁家的根据地豫州，借着后将军幕府和袁家的威势，也在暗中准备起事。袁家家大业大，若调动袁家各房家兵也得有几万人吧。从后来袁氏兄弟的小伙伴曹操招兵的情况就能看出袁术的状况。曹操的家人是不同意他起兵对抗朝廷的，所以曹操没法调动家族资源，他仅用自己的钱财（包括拉赞助）就召集、装备了五千曹家军。可以调动袁家大部分资源的袁术实力可想而知，再说凭后将军府这块招牌是可以明目张胆地招兵、引进将官和幕僚的。

老董当初对袁氏兄弟的任命，给了袁绍和袁术极大的发挥空间，他们不但不领董卓的情，反而借着这个任命准备对抗董卓。天下世族子弟有多少人吃过袁术家的酒，多少人和袁绍一起批评过朝政？这些人如果带动自家势力，加入袁氏阵营，袁氏兄弟未必不能与朝廷一战！

在董卓大宴群臣，欢庆大汉新气象的时候；在董卓启用的名士们纷纷表完忠心，离京就任的时候，一场即将席卷中华大地的燎原之火也悄然溅起了几颗火星。

董卓与袁氏在权力金字塔尖的博弈，最终演变成了一场牵扯底层百姓生死的战争，那些忙碌终日也难得一饱的劳苦大众，即将随着这场权力的游戏，化成一具具白骨。

在说真假十八路诸侯讨董之前，我们有必要将截至目前陪伴董卓一路走来的小伙伴们单独拿出来讲一讲。算是在东汉大规模军阀混战之前，给他们一个出镜的机会。

第三十三章 董卓身边的『诸葛亮』

一、往事不可提

贾诩（147—223 年）字文和，凉州武威郡姑臧县人，东汉末年至三国初年著名谋士、军事战略家。这是现在对贾诩的基本评价。

要我说，贾诩是三国第一中庸派谋略大神，其人能力水平顶呱呱，关键还低调，有点儿出世高人的感觉。

我们先看看贾诩的早年经历。小贾是凉州武威人，《三国志·魏书·荀彧荀攸贾诩传》记载：

> （贾诩）察孝廉为郎，疾病去官，西还至汧，道遇叛氐，同行数十人皆为所执。诩曰："我段公外孙也，汝别埋我，我家必厚赎之。"时太尉段颎，昔久为边将，威震西土，故诩假以惧氐。氐果不敢害，与盟而送之，其余悉死。诩实非

段甥，权以济事，咸此类也。

这段记载说的是贾诩冒充段颎外甥活命的事，其中提到了4件事情。

第一，贾诩在凉州被举孝廉。凉州地广人稀，而且举孝廉是按人口比例算的，贾诩又不是世家大族子弟，怎么举的孝廉？要知道，董卓年轻时都没混上。看来年轻的小贾在凉州算个人物。

第二，贾诩得病，辞官回家了。也就是说，贾诩举了孝廉，当了郎官，大好前途他居然放弃了。

第三，贾诩很机智，一句话能扭转乾坤。羌人抢劫贾诩，贾诩说："我是段颎的外甥，你们别杀我。"段颎什么人？羌氏听见段颎的名字那不得给贾诩扶上马再送一程？

第四，贾诩回家养病的具体时间是在段颎当太尉期间。最晚也不过光和二年（179年），估计是段颎第一次任太尉的时候。问题来了，贾诩回家之后，他的记载便中断了，等他再出场，已经是中平六年（189年）董卓入京，那时他已经41岁了。

这空白的十几年，贾诩都干了什么，难道隐居了？他再出场时深受凉州集团的信赖和重用，董卓麾下所有战将恨不得把贾诩抱在怀里，关系非常好。而且他既领兵打仗，也运筹帷幄，还不停地被董卓集团加官晋爵。贾诩大概比董卓小20岁，算是小辈，但在董卓集团中却是"年轻元老"，绝对是老资历，后面会详细说贾诩在董卓集团中的地位。

其实原因很简单，就是这10年来，贾诩所做之事不方便写，比如他一直身处董卓阵营。因为贾诩后来成了曹魏集团的核心领导，所以他的过往就很麻烦，没法明说。

这也是没办法的事情，怎么说董卓的凉州集团都是曹魏集团的死敌。

二、贾诩的军事能力与政治水平

以百分制算，贾诩的帅才妥妥 90 分以上，政治水平 95 分以上，智谋 100 分都不嫌高。能领兵打仗，能斡旋于朝廷，也能运筹帷幄决胜千里。

贾诩可凭一句话扭转乾坤。甭管是影响天下走向的决定，还是朝堂上的现实困难，一句话搞定，绝对拿关键。

贾诩的存身之道是低调，低调得大家都想不到他曾经是董卓集团的"高管"。更重要的是，他还是曹魏开国三公之首，当国太尉。

我们从统帅、政治、智谋三方面来说说贾诩，看看这个曾经给董卓当过差，后来又给董卓敌人曹操当过差的大神到底牛在哪儿！

先说贾诩的军事才能。

贾诩在董卓帐下既是谋士也是将领，做过都尉、校尉。《三国志·魏书·荀彧荀攸贾诩传》记载："董卓之入洛阳，诩以太尉掾为平津都尉，迁讨虏校尉。卓壻中郎将牛辅屯陕，诩在辅军。"《资治通鉴·汉纪五十一》："乙酉，以太尉刘虞为大司马，封襄贲侯。董卓自为太尉，领前将军事，加节传、斧钺、虎贲，更封郿侯。"（董卓入京任命了很多官员）卓所亲爱，并不处显职，但将校而已。"

董卓入京以后，贾诩是太尉府掾，这个掾不是给刘虞（刘虞的幕府在幽州）干活的，应该是董卓当了太尉之后给董卓干活的（很可能贾诩之前就是董卓前将军府的掾属）。后面记载董卓把他调任为都尉，后又升为讨虏校尉，也符合"卓所亲爱，并不处显职，但将校而已"的记载，转成军职的贾诩就一直在董家军的嫡系部队里担任军官（"诩在辅军"）。

贾诩是个领兵的将领，董卓和关东军作战时他也有参与，而且是主力之一。《后汉纪·孝献皇帝纪卷第二十七》："牛辅遣李傕、郭汜、张济、贾诩出兵击关东，先向孙坚。坚移屯梁东，大为傕等所破。坚率千骑溃围而去。"

等到董卓死后，其接班人牛辅"恰巧"也死了，那时贾诩和李傕、郭汜等从关东返军，反攻长安并击败了吕布、王允。

再后来，贾诩多以谋士身份出现在三国故事中，实际上他治军很有一套，凉州一干人等，如张济等人对他那是佩服得五体投地。

此外，贾诩是有军事著作流于后世的！《隋书·志第二十九》曾收录："《钞孙子兵法》一卷（魏太尉贾诩钞。梁有《孙子兵法》二卷，孟氏解诂；《孙子兵法》二卷，吴处士沈友撰；又《孙子八阵图》一卷。亡。）"另外还记载有"《吴起兵法》一卷（贾诩注）"，说明贾诩给兵书写注毫无压力。

把这些汇总，我们不难发现，顶盔掼甲、临阵讨敌这事，贾诩干了很多年。

再说贾诩的政治水平和地位。

起初贾诩是董卓的部将，后来成了曹操信赖的谋士。但若是把官场的政治地位套上去，你会发现，贾诩是东汉政治核心的重要人物，不仅董卓重用他，汉献帝也很信赖他，而曹魏集团更是把"最高武官"太尉封给了贾诩。

贾诩后来与李傕、郭汜打出为"董公"复仇的旗号,杀回长安夺取了政权。贾诩的初衷只是想让凉州集团的人活命,可后来的事情复杂了,没了董卓的凉州集团成了脱缰的野马,彻底把朝廷闹翻了天。

结果,贾诩反倒成了大汉朝廷的"中流砥柱",不断地调和矛盾,保卫皇室,威压凉州集团。

让我们看看贾诩当时在朝廷都是什么官职,又都干了些什么。贾诩开始是都尉,后来是校尉,接下来让他当很值钱的郡守。

关于他的郡守经历,《三国志·魏书·荀彧荀攸贾诩传》记载:"后诩为左冯翊,傕等欲以功侯之,诩曰:'此救命之计,何功之有!'固辞不受。"

左冯翊是个郡,也就是说,李傕让贾诩担任两千石级别的郡守。当时朝廷真正控制的地区已经越来越少,关东乱了套,可左冯翊在关中是实实在在地在凉州集团控制下,可见李傕、郭汜等人对贾诩很厚待,也很信任。

这个事就和后来蜀汉丞相诸葛亮兼任益州牧是一个道理,其他各州州牧也任命一堆,可实际上只有益州在蜀汉控制下,诸葛亮当然自己兼任这个"真州牧"啦。

接下来贾诩还被封侯!李傕、郭汜想给贾诩封侯,贾诩不要。贾诩很有政治头脑,他知道跟这俩家伙走得太近,将来准没好果子吃。不肯当侯爷,那就做尚书仆射。《三国志·魏书·荀彧荀攸贾诩传》记载:"又以为尚书仆射,诩曰:'尚书仆射,官之师长,天下所望,诩名不素重,非所以服人也。纵诩昧于荣利,奈国朝何!'"任尚书仆射,贾诩也不干,理由是尚书仆射是"官员的师长,全天下所望"。

尚书仆射到底是什么官呢?《后汉书·百官三》中说得很明白:"尚书仆射一人,六百石。本注曰:署尚书事,令不在则奏下众事。"尚书仆射就是尚书台的"常务尚书令",别看只有六百石级别,却是汉朝国务中枢的总负责人。

李傕、郭汜的意思很清楚,他们是让贾诩帮忙看住"国家政务"。贾诩不想和二人为伍,最后只是担任了尚书。当尚书就当尚书呗,可贾诩毕竟是牛人。看看史书是怎么说贾尚书的工作成绩的。

《三国志·魏书·荀彧荀攸贾诩传》:"乃更拜诩尚书,典选举,多所匡济,傕等亲而惮之。"《三国志·魏书·荀彧荀攸贾诩传》裴注引《魏书》:"诩典选举,多选旧名以为令仆,论者以此多诩。"

贾诩负责选拔、任用国家干部,这可就厉害了。虽然当时天下大乱,但还是有很多郡县听从朝廷的任免,长安朝廷的官员那就更是如此了。

接下来是做朝廷的光禄大夫和将军。贾诩母亲去世,又拜光禄大夫,然后李傕复请诩为宣义将军。贾诩这几年可以说在不停地换名头。

李傕、郭汜等人相互之间不管怎么闹,怎么打,但他们有一个共同点,就是都给贾诩面子,听贾诩劝。比如在《三国志·魏书·荀彧荀攸贾诩传》裴注引《献帝纪》中就有李傕、郭汜很听贾诩话的记载:"郭汜、樊稠与傕互相违戾,欲斗者数矣。诩辄以道理责之,颇受诩言。"

其实贾诩也算是大汉忠臣了,在《三国志·魏书·荀彧荀攸贾诩传》裴注引《献帝纪》中有一段贾诩忠于汉室的故事。

> 傕等与诩议，迎天子置其营中。诩曰："不可。胁天子，非义也。"傕不听。张绣谓诩曰："此中不可久处，君胡不去？"诩曰："吾受国恩，义不可背。卿自行，我不能也。"

简单来说，就是李傕曾想把天子劫持到自己的军营中，贾诩反对。张绣曾劝贾诩离开朝廷这是非之地，可贾诩呢？"吾受国恩，义不可背"。

此外，《三国志·魏书·荀彧荀攸贾诩传》还评价贾诩说："傕等和，出天子，佑护大臣，诩有力焉。""祐护大臣"4个字充分说明了老贾很仁义，只是不知道李傕、郭汜乱政的时候，贾诩都保护和帮助了哪些官员。

在朝中扮演中流砥柱的贾诩，也曾帮助汉献帝屡渡难关。汉献帝有很多事情都指望贾诩办，因为唯独贾诩能镇住那些凉州人。

比如《三国志·魏书·荀彧荀攸贾诩传》裴注引《献帝纪》中记录的羌胡兵跟皇帝要宫女的故事：

> 傕时召羌、胡数千人，先以御物缯彩与之，又许以宫人妇女，欲令攻郭汜。羌、胡数来闚省门，曰："天子在中邪！李将军许我宫人美女，今皆安在？"帝患之，使诩为之方计。诩乃密呼羌、胡大帅饮食之，许以封爵重宝，于是皆引去。傕由此衰弱。

翻译一下：董卓死后，李傕、郭汜占领长安，李傕的羌胡兵曾经数次堵着长安皇宫跟汉献帝要宫女。赏赐宫女的事情还是李傕答应这些羌胡兵的，可李傕手里没有啊。汉献帝没办法，找了贾诩。贾诩跟羌胡帅们喝了一顿大酒，答应给些好处，这些人便离开了李傕。这些羌胡帅和贾诩关系一定不浅，至少得比和李傕的感情瓷实。

再比如《后汉书·皇后纪第十下》中记载的贾诩保护"废王妃"的故事：

唐姬，颍川人也。王薨，归乡里。父会稽太守瑁欲嫁之，姬誓不许。及李傕破长安，遣兵钞关东，略得姬。傕因欲妻之，固不听，而终不自名。尚书贾诩知之，以状白献帝。帝闻感怆，乃下诏迎姬，置园中，使侍中持节拜为弘农王妃。

董卓当年命人毒死了汉少帝刘辩（当时的弘农王），但是弘农王妃唐姬没死，朝廷把她送回娘家去了。但后来董卓部署关西军反攻关东的时候，李傕又掠到了唐姬，还想娶人家。真娶成了的话，那李傕就成了"前皇帝媳妇"的丈夫了。贾诩能让李傕胡来吗？贾诩帮了汉献帝，把献帝曾经的嫂子给保护起来了。

而后来献帝东归前后，贾诩牵制李傕、郭汜等人，没少帮助、保护汉献帝。当然最后献帝东归，贾诩也得给自己找出路，不过贾诩在朝中的政治地位已经确立了。曹操占领兖州东郡，自称东郡太守的时候，贾诩就是朝廷正式任命的郡守、将军，典选官员的尚书，甚至还要成为尚书仆射、封为侯爷嘞。

贾诩对汉献帝的好和其在朝廷中的名声，也为他将来进入曹操集团、得到重用奠定了基础。

三、贾诩的逆天谋略

贾诩后来投靠了曹操，并且高官得做，所以跟着董卓的事情很少被提及。怎么写？难道写大魏国的开国太尉，早先帮着董卓杀了好多曹操的关东联军？又或者给董卓出了好多奇谋妙计对付关东联军？

所以我们只能从董卓死后贾诩的表现，来看看贾诩的谋略与眼光。

第一件事，贾诩一句话毁了王允、吕布的"连环计"。

"为何要逃亡？为何放弃军队？我们现在组织部队反攻长安，给董公报仇，就是以国家名义以正天下，若打不下来长安，咱们再跑也来得及！"

贾诩这段看似普通的言语，是在董卓死后，董卓的继承人牛辅又突然死了的背景下，他跟董卓的嫡系将领们说的，很多史料都有记载。

《三国志·魏书·荀彧荀攸贾诩传》：

> 卓败，辅又死，众恐惧，校尉李傕、郭汜、张济等欲解散。

《资治通鉴·汉纪五十二》：

> 讨虏校尉武威贾诩曰："诸君若弃军单行，则一亭长能

束君矣；不如相率而西，以攻长安，为董公报仇。事济，奉国家以正天下；若其不合，走未晚也。"傕等然之，乃相与结盟，率军数千，晨夜西行。

《三国志·魏书·董二袁刘传》：

比傕等还，辅已败，众无所依，欲各散归。既无赦书，而闻长安中欲尽诛凉州人，忧恐不知所为。用贾诩策，遂将其众而西，所在收兵，比至长安，众十余万。

李傕、郭汜等人听了贾诩的话冷静了下来，赶紧结盟，昼夜急行军反攻长安，结果，吕布和王允没守住长安，长安被凉州军占领。

由此也有了"文和乱武"的说法（贾诩字文和）。

第二件事，贾诩一语道破自家事。

凉州集团夺回长安，而后又互相内斗的时候，贾诩离开了李傕等人，栖身在凉州段煨军中（贾诩和段煨是老乡）。段煨很忌惮贾诩，贾诩预感这样下去自己怕是要惹麻烦，便离开段煨去了张济军中，可他却没有带走自己的老婆、孩子。

《三国志·魏书·荀彧荀攸贾诩传》中记录得很详细：

（段煨）与诩同郡，遂去傕讬煨。诩素知名，为煨军所望。煨内恐其见夺，而外奉诩礼甚备，诩愈不自安。张绣在南阳，诩阴结绣，绣遣人迎诩。诩将行，或谓诩曰："煨待君厚矣，君安去之？"诩曰："煨性多疑，有忌诩意，礼虽

第三十三章 董卓身边的"诸葛亮"

厚,不可恃,久将为所图。我去必喜,又望吾结大援于外,必厚吾妻子。绣无谋主,亦愿得诩,则家与身必俱全矣。"

诩遂往,绣执子孙礼,煨果善视其家。

贾诩又说对了,段煨忌惮的是贾诩,只要贾诩离开,段煨不但不会拦着他,还会好好照顾他的妻儿。

第三件事,贾诩一句话点拨张绣。

凉州集团内讧后,原董卓嫡系将领之一的张济干脆不跟其他人玩了,带兵进入了刘表控制的荆州地界。可军队没饭吃,张济便率兵佯攻穰城,实则是为了要粮,结果中流矢而死。

张济死了,继承人张绣就蒙了,养兵吃饭是个问题,给叔父报仇是个问题。好在他把贾诩从段煨手中挖过来了,有人给自己拿主意了。

贾诩让张绣放弃报仇,和刘表联合。而且为这事,贾诩还亲自去见了刘表。

《三国志·魏书·荀彧荀攸贾诩传》裴注引《傅子》记录了贾诩的分析:

> 诩南见刘表,表以客礼待之。诩曰:"表,平世三公才也;不见事变,多疑无决,无能为也。"

贾诩的分析很正确,刘表就这么个水平,在乱世不会有作为,于是贾诩便让张绣屯在宛城,替刘表守卫荆州北部,还能解决军队吃饭问题,将来看苗头不对的时候再议。

贾诩再一次说对了,张绣解了困。

第四件事，贾诩一句话让曹操损失惨重。

后来曹操征宛城，贾诩让张绣投降曹操，张绣照办了。

可曹操兴起，可能出于一贯喜欢"人妻"的原因，也可能是想尽快成为"张绣"叔父的原因，居然把张济的遗孀带回自己军营（后来曹操没当上张绣的叔父，却成了张绣的亲家公）。

睡张绣的婶婶也就算了，曹操还收买张绣的亲信。《三国志·魏书·二公孙陶四张传》裴注《傅子》曰："绣有所亲胡车儿，勇冠其军。太祖爱其骁健，手以金与之。绣闻而疑太祖欲因左右刺之，遂反。"

胡车儿跟了张济、张绣那么多年，他是见过钱的，没打算反张绣，可张绣不放心啊，便去找贾爷爷商量下。张绣年龄比贾诩小，也没小到孙子辈，但张绣待贾诩始终以子孙礼待之。主要因为贾诩在董卓军中资历老，张绣的做法显然是从他叔父张济那边论的，说明贾诩在董卓军中资格比张济还老。

贾诩也很气愤，这曹操就不能等稳当稳当再搞事情……怎么跟董老板一个德行？

《三国志·魏书·二公孙陶四张传》裴注《吴书》中记载了贾诩的反馈策略：

绣降，（凌统）用贾诩计，乞徙军就高道，道由太祖屯中。绣又曰："车少而重，乞得使兵各被甲。"太祖信绣，皆听之。绣乃严兵入屯，掩太祖。太祖不备，故败。

翻译一下，贾诩跟张绣说了一句话："运送物资路过曹操营地的时候，跟曹操通报一下，就说车少、物资多，请求兵士披着

第三十三章 董卓身边的"诸葛亮"

铠甲推车,这样能轻快点儿,当然车子里要放上兵器……"曹操信了,然后完了……

宛城这一战的结果很有名,曹操长子曹昂战死,侄子曹安民战死,亲卫队将领猛将典韦也战死了。

小时候长辈总说三国武将排名是"一吕二赵三典韦,四关五马六张飞",好嘛,天下第三就这么被贾诩说死了。

第五件事,教张绣追击曹操。

曹操死了儿子、侄子,还有猛将典韦,可以放过他了吧。

张绣气还没消呢:"趁你病要你命!"

张绣率军追击曹操,贾诩赶紧说:"不能追,追必败!"张绣没听,果然败了。

张绣狼狈回营,刚进辕门,贾诩就堵在辕门口,又说一句:"叫你不听我的,现在赶紧收拾人马,再去追,这回肯定胜!"

张绣这回将信将疑地听了,果然大胜。

《三国志·魏书·荀彧荀攸贾诩传》中把贾诩的分析记载得很详细:

> 太祖比征之,一朝引军退,绣自追之。诩谓绣曰:"不可追也,追必败。"绣不从,进兵交战,大败而还。诩谓绣曰:"促更追之,更战必胜。"绣谢曰:"不用公言,以至于此。今已败,奈何复追?"诩曰:"兵势有变,亟往必利。"绣信之,遂收散卒赴追,大战,果以胜还。

贾诩最终揭开了谜底,曹操那不是一般人,他大败撤退,一定亲自率精锐部队殿后。张绣第一轮追击失败之后,曹操见打退了追兵便不再殿后,其他人还真打不过张绣。

第六件事,一句话扭转官渡之战形势。

曹操在贾诩那儿吃了瘪,自然消停了,可后来官渡之战前夕,张绣的问题不得不解决。袁绍来拉张绣入伙,张绣觉得自己杀了曹操的儿子、侄子和大将典韦,肯定要投降袁绍嘛。

贾诩见袁绍使者的时候,按《三国志·魏书·荀彧荀攸贾诩传》的记载,他又说了一句话:"归谢袁本初,兄弟不能相容,而能容天下国士乎?"这句话不但拿了关键,而且还带点儿预言性质,袁绍真不行。

张绣当场就傻了,贾诩跟张绣解释了其中关键:袁绍强大,曹操弱小,跟着曹操才是雪中送炭,而且袁绍绝对玩不过曹操。同样在《三国志·魏书·荀彧荀攸贾诩传》中,也记载了贾诩教科书式的分析:

此乃所以宜从也。夫曹公奉天子以令天下,其宜从一也。绍强盛,我以少众从之,必不以我为重。曹公众弱,其得我必喜,其宜从二也。夫有霸王之志者,固将释私怨,以明德于四海,其宜从三也。愿将军无疑!

如果张绣和袁绍南北夹击曹操,曹操就痛苦了,结果贾诩一句话,北方官渡大决战的形势,变成了南南联合打北面……

曹操简直乐坏了,更何况后来平定北方,甚至北伐辽东,张绣也是出了力的。

第七件事,与曹操谋官渡之战。

官渡之战时,曹操不但询问荀彧、郭嘉这些老班底的意见,

第三十三章 董卓身边的"诸葛亮"

也问贾诩了。

《三国志·魏书·荀彧荀攸贾诩传》：

> 袁绍围太祖于官渡，太祖粮方尽，问诩计焉出，诩曰："公明胜绍，勇胜绍，用人胜绍，决机胜绍，有此四胜而半年不定者，但顾万全故也。必决其机，须臾可定也。"太祖曰："善。"乃并兵出，围击绍三十余里营，破之。

贾诩和曹操对撇子，分析了曹操能打败袁绍的几点原因后，二人说话都不费劲，老曹就一个"好"。

第八件事，献策赤壁之战。曹操要打赤壁之战又问贾诩。看看《三国志·魏书·荀彧荀攸贾诩传》中贾诩是怎么劝老曹的：

> 诩谏曰："明公昔破袁氏，今收汉南，威名远著，军势既大；若乘旧楚之饶，以飨吏士，抚安百姓，使安土乐业，则可不劳众而江东稽服矣。"太祖不从，军遂无利。

贾诩分析了时局，说现在打江东不合适，曹操没听。结果曹军赤壁之战大败。

第九件事，曹操西征问贾诩。赤壁之战后，曹操西征韩遂、马超。马超是叛徒世家出身，要求曹操割地求和，再给自家孩子官当。曹操问贾诩怎么对付马超和韩遂。贾诩本来就是凉州人，他合计了一下，这事好办。"先同意他们的请求。"曹操听了，又问贾诩接下来怎么办。"离（离间）之而已"，多简单……

曹操秒懂，一拍大腿："了解！"《三国志·魏书·荀彧荀攸贾诩传》:"(曹操)卒破遂、超,诩本谋也。"

第十件事是曹操选继承人。

做人做成了人精,也就是贾诩这样。大魏国武皇帝曹操,踏上征途的第一个强敌就是董卓,凉州集团也是魏国需要全面否定的集团。贾诩在这种尴尬的处境下,跟着曹操那是谨小慎微,而他明哲保身的做法在《三国志·魏书·荀彧荀攸贾诩传》中便有记载:

> 诩自以非太祖旧臣,而策谋深长,惧见猜疑,阖门自守,退无私交,男女嫁娶,不结高门,天下之论智计者归之。

贾诩在曹魏集团内对待同僚之间的交际,总想当缩头乌龟,不参与曹魏集团的权斗,可关键时刻曹操逼得紧啊!

在魏国继承人的问题上,曹操实在拿不定主意,身边的人自然和灵帝末年何家与董家"夺储"的状态差不多,曹丕和曹植各有扶持力量。可老贾并不是土生土长的曹家班底,他是降将。

老贾在汉献帝初年就是朝廷重臣,汉献帝多次指望贾诩解决问题。在继承人君的问题上,曹操能让这"几朝元老"装糊涂?

这场决定魏国未来继承人的对话,《三国志·魏书·荀彧荀攸贾诩传》中记录得很生动。

> 太祖又尝屏除左右问诩,诩嘿然不对。太祖曰:"与卿言而不答,何也?"诩曰:"属适有所思,故不即对耳。"太祖曰:"何思?"诩曰:"思袁本初、刘景升父子也。"太祖大笑,于是太子遂定。

第三十三章　董卓身边的"诸葛亮"

曹操说道："贾老，少跟我装糊涂，立储君是国家最大的事，我可不能让你给糊弄过去。"

贾诩哪里敢说话，就好像一个大公司要选重要职位的领导，董事长啪地丢了两个人选过来，然后问你："你觉得他俩谁行？"

你一定也明白，没有不透风的墙，说完就把人得罪了。

贾诩选择沉默。曹操看着贾诩沉默。最后曹操选择打破沉默。"说话啊！你想什么呢？"

贾诩没办法，憋出来一句："我在想袁绍和刘表两家人父子之间的事情。"（二人在继承人问题上都是废长立幼，然后失败了。）

接下来，曹丕称帝，建立魏朝，贾诩荣登第一高官，太尉！

东汉末年的乱世中，活下来都不容易，能扭转天下走势、历史走向的人更是寥寥无几，如果说诸葛亮隆中对谋划三足鼎立之局，那贾文和所做之事，哪一件不是影响历史走向的天下大事？最后还能独善其身。

董卓当年麾下有贾诩这样的人辅佐，不费一兵一卒夺取了雒阳政权还真不奇怪。

第三十四章 三国最强猛将的真容

说到董卓麾下的武将,自然要先说吕布。吕布是董卓入京后加入董卓集团的,怎么加入的我们前面已经说了。但实际上吕布与董卓有可能早就认识。

《三国志·魏书·吕布(张邈)臧洪传》记载:"吕布字奉先,五原郡九原人也。以骁武给并州。"

关键是吕布比刘备年纪还大,也就是说,他在延熹四年(161年)以前就出生了(刘备生于此年)。当年董卓当并州刺史的时候,吕布至少20岁,那时候吕布有没有成名,或者说在郡里、州里有没有名气?

吕布的小弟张辽,20岁时便在并州幕府任职,是丁原手下的从事。吕布会不会在20岁时也在并州很有名气,老董是否之前就认识这个年轻后生?老董年轻时不也是以"骁武给凉州",被当时的凉州刺史成就重用的吗。

当然,这是笔者的一个推测,史书并无确切记载。

吕布在后世的小说、电影、游戏中往往是"战神"一样的存在，至今，民间三国武将排行仍然是"一吕二赵三典韦"。

这"一吕"还真不是吹牛，《三国志·魏书·吕布（张邈）臧洪传》裴注引《曹瞒传》："时人语曰：'人中有吕布，马中有赤兔。'"

一、吕布功夫那是顶尖的

那吕布到底什么功夫顶尖，轻功，近战搏斗，射箭，马上功夫？答案是射箭、单挑、率领骑兵冲锋、训练精锐都很牛。

"辕门射戟"是真实历史事件，《三国志·魏书·吕布（张邈）臧洪传》记载：

> 术遣将纪灵等步骑三万攻备，备求救于布……布于沛西南一里安屯，遣铃下请灵等，灵等亦请布共饮食。布谓灵等曰："玄德，布弟也。弟为诸君所困，故来救之。布性不喜合斗，但喜解斗耳。"布令门候于营门中举一只戟，布言："诸君观布射戟小支，一发中者诸君当解去，不中可留决斗。"布举弓射戟，正中小支。诸将皆惊，言"将军天威也！"明日复欢会，然后各罢。

这段故事背景是：刘备正与袁术激战时，吕布背叛刘备，吞并了徐州，然后袁术要趁机干掉刘备，这时吕布又出来装好人保护刘备。

吕布让袁术罢兵的方式不是口若悬河地调解，而是当众表演

"远距离狙击",若是射中了目标,袁术就得退兵。结果吕布一箭便让袁术军折服,使得纪灵退兵,可见辕门射戟的难度非常高。吕布箭技也给他博得了"将军天威也"的名声。

除了射箭厉害,吕布近身格斗也很厉害。《三国志·魏书·吕布(张邈)臧洪传》裴注引《英雄记》曰:"(李傕、郭汜攻破长安后)郭汜在城北。布开城门,将兵就汜,言'且却兵,但身决胜负'。汜、布乃独共对战,布以矛刺中汜,汜后骑遂前救汜,汜、布遂各两罢。"

吕布被李傕、郭汜等人打败撤出雒阳时,郭汜堵住了吕布的退路。吕布居然主动提议与郭汜单挑,若打赢了郭汜,就得放吕布一众人逃走。

或许你觉得吕布本来就有三英战吕布的经典战绩,单挑郭汜不算啥。第一,"三英战吕布"是《三国演义》杜撰的。第二,郭汜并不弱,人家是董卓亲军里数一数二的将领。

除了射箭、单挑,吕布最牛的本事其实是率领骑兵冲锋。

吕布早年在并州就被称为"飞将",这个名号很形象地描绘出吕布在战阵上飞驰冲锋的样子。

吕布最帅的表现,当属被凉州集团"撵出"长安投靠袁绍的时候。那时,吕布帮助袁绍消灭了黑山军。吕布等人与黑山军头把交椅张燕等决战常山,《三国志·魏书·吕布(张邈)臧洪传》记载:"北诣袁绍,绍与布击张燕于常山。燕精兵万余,骑数千。布有良马曰赤兔。常与其亲近成廉、魏越等陷锋突陈,遂破燕军。"

《后汉书·刘焉袁术吕布列传》:"布常御良马,号曰赤菟,能驰城飞堑,与其健将成廉、魏越等数十骑驰突燕阵,一日或至三四,皆斩首而出。连战十余日,遂破燕军。"

　　从两则史料中我们可以看到,常山大战中,吕布骑着赤兔马亲自率领几十名骑兵冲击敌军的万人大阵,一天发动几次冲锋、突阵,用以一当万来形容也不算夸张,其骑兵冲锋的能力可见一斑。

　　再看后来曹操水淹下邳,《三国志·魏书·吕布(张邈)臧洪传》中记载的白门楼抓住吕布后的对话,吕布说了一句并不自负却真是张狂的话。

　　　　布请曰:"明公所患不过于布,今已服矣,天下不足忧。明公将步,令布将骑,则天下不足定也。"太祖(曹操)有疑色。

　　吕布说:"现在我服了你曹操,你夺取天下就没什么可担心的了。你统领步兵,我率领骑兵,天下轻松可定。"吕布这是对自己统率骑兵冲锋多么有信心啊,曹操自然也知道吕布所言不假,他迟疑了。

　　吕布统领的精锐骑兵部队确实厉害,那这支部队号称什么呢?

　　吕布训练的精锐名曰"陷阵营"。其实前面已经说过这个名号,在《三国志·魏书·吕布(张邈)臧洪传》中就提到过"(吕布)常与其亲近成廉、魏越等陷锋突陈",陷阵营的名号怕也是这么来的。

　　吕布本身就帅得一塌糊涂,在《三国演义》里描写的他,基本就是装备着和齐天大圣类似的装具。然而,吕布不仅自己酷,

第三十四章 三国最强猛将的真容

他麾下的王牌部队"陷阵营"也帅到掉渣。《三国志·魏书·吕布（张邈）臧洪传》裴注引《英雄记》："顺（高顺是陷阵营的领军）为人清白有威严，不饮酒，不受馈遗。所将七百余兵，号为千人，铠甲斗具皆精练齐整，每所攻击无不破者，名为陷陈营。"

"铠甲斗具皆精练齐整，每所攻击无不破者"，不足千人的陷阵营帅就帅在这里。吕布率领的精锐骑兵冲锋这么厉害，其中的奥秘是什么？"斗具"里最厉害的是什么武器？

让我们看看东汉高端骑兵的最牛兵器——马矟。马矟是矟的主要形态，是重型的骑兵武器，是长矛的重型精品版。马矟兴起于汉朝，俗称的"马上枪"也是这个东西。

马矟是古代骑兵的神器之一，这玩意儿太长了，电视剧里不好拍摄，所以我们以为吕布使用的方天画戟也就比一般人的身高长一些而已，但实际上长度有4米，骑在马上冲锋，兵士探身而出，基本五步开外就能取敌人性命。

我们熟悉的三国人物张飞使用的是"丈八蛇矛"，为啥叫"丈八蛇矛"？其实就是马矟，长度是一丈八，也就是现在的4米。除了张飞，东汉末年的群雄还有很多都是使用马矟的高手，如夏侯惇、李典等。

马矟是当时的顶级装备，吕布的朝廷军应该有不少。

有人会问了，骑手拿着4米长的枪，骑在马上那不"翻"了啊？当然不会，马矟的关键配置，是在枪杆尾部悬挂起到平衡作用的红铜矟纂。

马矟的制作有非常多的讲究。也有制作方法留存下来：矟杆用的是上等韧木的主干，剥成粗细均匀的蔑，胶合而成。韧木以做弓用的柘木为最，次以桑、柞、藤，最差也得用竹子。然后再用油反复浸泡，泡到不裂不变形为止。这个过程耗时将近一年，一年之后，从油里取出来，再风干几个月，用上等的胶漆胶合为一把粗细，外层缠绕麻绳。等麻绳干透后涂上生漆，裹以葛布。还没完！葛布再上生漆，干一层裹一层，直到用刀砍上去，槊杆发出金属之声，却不断不裂。最后截短到丈六左右，杆前再装精钢槊首，后面安装红铜槊纂。

马槊合格的标准是用一根麻绳吊在槊尾二尺处，整个马槊可以在半空中如秤杆般两端不落不坠。这样，武将骑在马上，才能保持槊尖向前而不费丝毫力气。也就是说，合格的关键就是平衡。

如此耗时费力的精工细作，一杆马槊价值定然不菲。这玩意儿是骑兵的神器，我敢说陷阵营就有很多人装备了马槊，毕竟这支吕布嫡系部队，曾经在董卓麾下享受过最高规格的"朝廷禁军"待遇，显然不是一般杂兵的装备可比。

我们大可以想一下，吕布率领陷阵营冲锋时候的场景：战阵前，吕布头戴雉尾冠，两束长尾分左右，身着将领大铠，全身银光闪闪。所率前锋中，持丈八马槊的骑兵竟有百余人，兵士穿戴的铠甲也是熠熠生辉，骑在战马上威风凛凛。吕布不住地捋着自己头冠上的雉尾，双目炯炯地盯着数百步外的敌方军阵，嘴角带着微笑，脸上大有轻蔑之色。

吕布听着振奋人心的战鼓声，昂起头颅，高举丈八的大戟，大喝一声："冲！"便一马当先，其余陷阵营的健儿紧随其后。与此同时，吕布前锋的两翼部队也相继而动，几千匹战马同时催动、冲锋，铁马破风而进，大地为之震颤。后军见前锋开拔也紧随其后，整个阵云以极快的速度向前推进，战场上霎时间喊杀

第三十四章 三国最强猛将的真容

声、战鼓声隆隆震天。仍在发愣的敌军没有想到，陷阵营速度会如此之快，骑兵速度快也就罢了，可后阵的步兵居然也健步如飞。

若是从天空俯瞰吕布的骑兵前锋，就如同一支箭矢射向敌人腹地。同时阵中前排骑兵跟随吕布，如排练过一般，大声齐呼："冲、冲、冲！陷阵、陷阵、陷阵！"即使在马队后面的兵士也能感觉到那种破敌陷阵的荣耀与激情，兵士身上的每一根毛发，在这种热浪般的激情刺激下好似被电击一般直立了起来。

战场上万马奔腾，伴随喊杀声，两军距离越来越近。陷阵营冲锋越来越快，前锋马队距离敌军50步时，只听头骑吕布大喊："架槊、架槊！"架槊的口令如声浪般向后方传递，一名名骑兵熟练地将自己手中的马槊挺直，槊杆夹于臂窝之下，丈八的马槊在红铜杆纂的平衡下，纹丝不动笔直向前。

那一杆杆大槊如枪林一般顶向前方。槊杆后的红铜杆纂拍打着将士的铠甲，如同冲锋的伴奏叮当作响。这种清脆的响声，在陷阵营听来是冲锋的节奏；而在不远处的敌军听来，却如同鬼神传达给他们的死亡消息。

那些敌军前锋，本想和陷阵营对冲，但看着这如林的马槊硬推过来时，一个个都勒住战马，或呆立不动，或互相张望、不知所措。

吕布的中军距敌10步时，只听吕布大喊："突、突、突！"后面的将士仿佛被其感染，疯了一般跟着吕布呼号怪叫，同时身子前倾。待距敌人5步时，展臂突刺，伴随马匹冲力，马槊在5步开外已经穿破敌人的身体。大槊一穿一带，马匹横冲直撞，前阵敌兵瞬间便倒下一片，一时间血雾四起、断肢四弹。马槊借着战马的冲力，发挥出巨大的优势，敌兵只要被其刮着边，要么坠马,要么被划飞。敌军阵型瞬间被冲得七零八落,顿时混乱了起来,不管旗手和将官如何叫喊,也无法马上恢复防御阵型。

透阵!陷阵营很牛,吕布很牛。

二、吕布强于武力和统率,弱于智力、政治和情商

吕布一直担任军中职务,并没有主政一方的工作经历,也没有董卓那样宦海沉浮几十年的心路历程。吕布忽然进入朝廷核心序列,完全是因为投机性地暗杀了董卓。

缺少地方行政经验和地方根基的吕布,在长安破城后只得带着他的无双骑士团东奔西跑,始终也没有一个安稳的落脚点、稳定的根据地。这也为他将来的败亡埋下了伏笔。

《三国演义》里张飞骂吕布"三姓家奴",其实不止三姓……

吕布在跟随并州刺史丁原之前的经历不太清楚,咱就从丁原算起吧。丁原之后是咱们的主人公董卓,后面是王允,再后是袁术、袁绍,最后还客居刘备处。

第一个老大丁原,吕布把人家暗杀了。第二个老大董卓,吕布又把人家暗杀了。第三个老大王允,吕布跟他闹得很不愉快。

第四个老大袁术。看看《后汉书·刘焉袁术吕布列传》中的记载,吕布投奔袁术的结果是"袁术待之甚厚。布自恃杀卓,有德袁氏,遂恣兵钞掠",抢四号老大地盘上的东西,那哪儿行。

第五个老大袁绍,又闹得不愉快,最后袁绍还派人刺杀吕布。《后汉书·刘焉袁术吕布列传》记载:"遣壮士送布而阴使杀之。布疑其图己,乃使人鼓筝于帐中,潜自遁出。夜中兵起,而布已亡。绍闻,惧为患,募遣追之,皆莫敢逼。"这事《三国

志·魏书·吕布（张邈）臧洪传》裴注引《英雄记》里写得更翔实："明日当发，绍遣甲士三十人，辞以送布。布使止于帐侧，伪使人于帐中鼓筝。绍兵卧，布无何出帐去，而兵不觉。夜半兵起，乱斫布床被，谓为已死。明日，绍讯问，知布尚在，乃闭城门。布遂引去。"

第六个老大刘备。吕布最后寻觅到六号老大刘备，结果趁刘备和袁术死磕时造反，差点儿把刘备给逼死。《后汉书·刘焉袁术吕布列传》记载："时刘备领徐州，居下邳，与袁术相拒于淮上。术欲引布击备，乃与布书曰：'术举兵诣阙，未能屠裂董卓。将军诛卓，为术报耻，功一也……将军有三大功在术，术虽不敏，奉以死生。将军连年攻战，军粮苦少，今送米二十万斛。非唯此止，当骆驿复致。凡所短长亦唯命。'布得书大悦，即勒兵袭下邳，获备妻子。备败走海西，饥困，请降于布。"就是说吕布趁刘备外出征战，下了黑手，还俘虏了刘备的妻、子，阴损至极。

这么一算，说他"六姓家奴"也不为过，而且基本背叛了所有老大。吕布做事确实没什么逻辑，一辈子都在叛变，黑吃黑。

按说吕布黑吃黑应该越来越强吧？可事实并不是这样。吕布从丁原麾下叛变到董卓军中，最后刺杀董卓，可结果呢？《三国志·魏书·吕布（张邈）臧洪传》中记载"允以布为奋武将军，假节，仪比三司，进封温侯，共秉朝政"，看上去很风光，其实不然，时间久了，王允还是把吕布当作一个普通武官看待。《资治通鉴·汉纪五十二》也记载了二人后来关系渐渐不睦的原因："允素以剑客遇布，布负其功劳，多自夸伐，既失意望，渐不相平。"

董卓当年可是把吕布当儿子看啊，《三国志·魏书·吕布（张邈）臧洪传》："布斩原首诣卓，卓以布为骑都尉，甚爱信之，誓为父子。"

　　吕布曾经把消灭孙坚的机会给毁了，搞得朝廷损兵折将，董卓都没把吕布怎么着。可跟了王允，直接变成一个有着一定排场的剑客待遇了。

　　后来吕布仍旧不停地折腾，背叛主公，如此做事，再勇猛怕也活不久……

　　吕布除了是白眼狼，其实还是个色狼。他除了跟"小妈"（董卓的小妾）偷腥，连部下的媳妇也不放过，人品极差。

　　《三国志·魏书·吕布（张邈）臧洪传》裴注引《英雄记》记载了一段不可思议的故事："布谓太祖曰：'布待诸将厚也，诸将临急皆叛布耳。'太祖曰：'卿背妻，爱诸将妇，何以为厚？'布默然。"

　　曹操说破了吕布的丑事。领导睡下属媳妇，还不止一个，是"爱诸将妇"……

　　最后说说吕布的管理能力。吕布的技能点大概全点到骑兵、武术、箭术上了，政治和管理能力基本为零。

　　首先，吕布杀亲信全不当回事儿。董卓死后，吕布派遣和自己一起谋诛董卓的嫡系李肃去攻打牛辅，结果李肃吃了败仗，回来吕布就把他给杀了。不管是不是为了立威，李肃是跟吕布一起创业，而且是一起密谋除董的核心人物，就这么杀了，其他部下会不会心寒？这事完全不在吕布的考虑范围内。

　　其次，吕布的谋主陈宫想杀他，但吕布并未处理。《三国志·魏书·吕布（张邈）臧洪传》说，在建安元年六月某日夜半时，吕布的手下郝萌造反，突袭吕布的府邸，吕布带着媳妇爬厕所房顶跑了。后来调查清楚，造反的兵士都是河内郡的口音，确定了是郝萌的亲兵（看来郝萌是河内人）。郝萌交代是袁术想吞并吕布，策反了他。吕布追问这事还谁参与了，负责汇报的曹性当着吕布第一谋士陈宫的面公开说："还有陈宫！"结果吕布没处置陈宫，事情不了了之。

而且吕布麾下有能力的忠臣也得不到重用。高顺是陷阵营的统帅，吕布麾下可以说除了张辽就数高顺牛了。可吕布因高顺总说实话（给吕布中肯的建议），就不重用人家，甚至剥夺了高顺统领陷阵营的权力，等到临战之前才让高顺临时统领陷阵营。

最后，吕布统领下属也完全没有手段。吕布冲锋队里的冲锋猛将侯成，曾经被刘备抢走了50匹马，后来侯成亲自率军把马给抢了回来。侯成一高兴就想喝酒吃肉，还给吕布送去了酒肉。当时吕布已下禁酒令，侯成这是违抗军令。《三国志·魏书·吕布（张邈）臧洪传》裴注引《九州春秋》记载："布大怒曰：'布禁酒，卿酿酒，诸将共饮食作兄弟，共谋杀布邪？'成大惧而去，弃所酿酒，还诸将礼。"

就事论事，侯成是因为高兴才给领导送了酒水，虽然违反了禁酒令，那就说违反禁酒令的事。可吕布一发火说人家想谋反，要杀自己。这有点儿过了，这心病搁在心里，不反也难啊。后来侯成果然在曹操率军围困下邳的关键时刻叛变了。

除了内部管理问题，对外，吕布和袁术是打了又和，和了又打，反复无常，东一榔头西一棒槌……基本就是糊涂型外交。再加上他今天投这个，明天害那个，和一贯靠阴谋诡计偷城的袁术基本是一个水平的。

所以说三国第一猛将吕布的真容，其实多少有点儿无脑黑道大哥的感觉。

第三十五章 董卓麾下的出彩配角

一、董卓的文官幕僚

忠心耿耿的田仪

汉朝三公和将军是可以开府治事的,就是自己有一个独立的办公机构。这个机构中有一个与地方郡里配置一样的官吏,类似大主管的职务,叫作主簿。董卓府中的主簿叫作田仪。

田仪基本没留下记载,只是董卓身死那天,他扑到董卓身上保护董卓。吕布也没跟这位老朋友客气,把他也杀了。

田仪对董卓忠心耿耿自不必说,大汉"最高领导人"府中的主簿,那也不是一般人能干得了的。田仪可以说是"小朝廷"的三把手,政治能力应该不俗,但因为追随的是董卓,并没有留下过多的记载。但我们可以参考一下其他群雄的主簿的水平,猜测一下,太师府主簿田仪的能力。

何进大将军府的主簿是陈琳。陈琳是"建安七子"之一，著名文学家，后来写的《为袁绍檄豫州》直接把曹操气得头疼病发作。陈琳的文学水平相当高，现在还有《陈记室集》传世。

曹操丞相府的主簿是司马懿，这不用说了，晋朝的奠基人，诸葛亮的死对头。

曹操魏王府的主簿是杨修。杨修是汉朝第二大世族当家人杨彪的儿子，是曹植"夺储"阵营的谋主，太聪明了，曹操把他杀了，算是给曹丕铺路。

主簿是典型的文官，但因为掌握实权，有时候也有心腹武官担任主簿的情况。比如吕布给丁原当过主簿，主要是因为吕布在并州军中有威望，这个主簿干起来也不费力，再比如廖化也给关羽当过主簿。

田仪能做得了全国最大幕府中的主簿，能力应该不俗，算是董卓嫡系智囊之一。

董卓幕府中的常务文臣，幕府二把手长史刘艾

刘艾看似名不见经传，实则不然。他是董卓幕府中的长史，之前当过陕县县令（关中的县令和董卓应该有交集）。长史算是幕府中实际发号施令的人，跟董卓出门，都会单独给配马车的"别驾"。

董卓的朝廷军和关东军交战最激烈的时候，幕府的运作都是刘艾负责（长史职责所在），可见其不是一般人物。

《三国志·吴书·孙破虏讨逆传》裴注引《山阳公载记》中有董卓和刘艾讨论关东战局的对话。刘艾认为孙坚未必是李傕、

第三十五章 董卓麾下的出彩配角

郭汜的对手,双方交战确实各有胜负,若只论战阵冲杀,或许李傕、郭汜与孙坚不相上下,但若说战略格局,二人自然不如孙坚。

刘艾的文化水平很高,对汉室也很忠心。刘艾是汉献帝的近臣,董卓死后刘艾并没有被王允清算,他帮助汉献帝东归,担任侍中、九卿宗正。刘艾还是一位历史学家,《灵帝纪》《献帝纪》就是刘艾写的。而且刘艾并不是捧臭脚的人,王允、吕布杀董卓后,杀了不少董卓亲信,但刘艾没事,汉献帝东归危难之际,刘艾也不离不弃。

从刘艾的故事就能看出,朝中很多人辅佐董卓实际就是本职工作,董卓是相国、太师,在朝廷中按照官员级别高低,开展日常工作是很正常的事情。王允不也一直在给董卓打理朝政吗?

专业背黑锅的李儒,"我其实就是个小角色"

李儒之所以闻名于三国故事,是因为他毒杀了汉少帝刘辩。《三国演义》中丰富了李儒的形象,将他变成了董卓的女婿、心腹谋士,策反吕布、毒死弘农王,董卓死后他还被抓起来砍了头,但这并非史实。其实他只是一个小角色。

《资治通鉴·汉纪五十一》记载:"癸酉,董卓使郎中令李儒鸩杀弘农王辩。"董卓让李儒干毒杀弘农王刘辩这种脏活,可见他在董卓那里也不是什么重要人物。此外,李儒的郎中令这个官职会让人产生误会,因为朝廷的郎中令早就改叫光禄勋了。实际上李儒只是弘农王府的郎中令,管理弘农王府的侍卫和郎官。

李儒是董卓集团的人,但地位并不高,董卓把他安排在废帝刘辩身边，带着一大堆侍卫，名义上是保护刘辩，实际上是监视刘辩。等到董卓要杀废帝的时候，李儒顺理成章得当这个刽子手。

再后来董卓身死，李儒却没死。当时他应该不在长安，而在李傕、郭汜的军中，不然准没他好果子吃。李傕、郭汜夺回长安后还想提携一下李儒。《后汉纪·孝献皇帝纪卷第二十七》："李傕举博士，李儒为侍中，诏曰：'儒前为弘农王郎中令，迫杀我兄，诚宜加罪。'辞曰董卓所为，非儒本意，不可罚无辜也。"李儒毒杀刘辩，汉献帝怎么能容得下李儒在自己身边？

总之，李儒在董卓集团不算重要人物，只是《三国演义》让这个佞臣小人的形象更丰满了而已。

二、董卓麾下的武将们

牛辅：俺是西州集团少当家

在说牛辅以前，我们先来讲一讲董卓的儿子。董卓入京前是有一个儿子的，这个儿子得来较晚，建宁四年（171年）才出生。《三国志·魏书·刘司马梁张温贾传》记载："或有告朗欲逃亡者，执以诣卓，卓谓朗曰：'卿与吾亡儿同岁，几大相负！'"

董卓死去的儿子和司马朗同年出生。那这个儿子是夭折了吗？不是，这个儿子已经成年，并且留下一个女儿，叫董白。董卓迁都长安的时候还给孙女董白封渭阳君。

《三国志·魏书·董二袁刘传》裴注引《英雄记》曰："卓侍妾怀抱中子，皆封侯，弄以金紫。孙女名白，时尚未笄，封为渭

第三十五章　董卓麾下的出彩配角

阳君。"

这里有必要说一下，女子"及笄"是15岁，"时尚未笄"是未成年的意思。也就是说，董白未成年便被封为渭阳君。封君的时候，董白年龄不会太大。说明董卓的儿子是有了女儿之后才死的，大概也在中平二年（185年）以后。可董卓孙女都留下了名字，偏偏董卓儿子的名字却没记载，也没说怎么死的，这就很蹊跷了。

按照董卓后来让女婿接班的铺排，如果儿子活着的话，很可能会让儿子接班。把董卓的儿子提出来，是想从侧面说明，为何女婿牛辅成了董卓集团的二把手和顺位继承人。

牛辅作为董卓的女婿，是董卓集团的少当家，董卓的嫡系部队多受其节制。比如李傕、郭汜、贾诩等人。

《后汉纪·孝献皇帝纪卷第二十七》记载："牛辅遣李傕、郭汜、张济、贾诩出兵击关东，先向孙坚。"《三国志·魏书·荀彧荀攸贾诩传》："卓败，辅又死，众恐惧。"再比如，《三国志·魏书·董二袁刘传》："比傕等还，辅已败，众无所依，欲各散归。"

从这些记录来看，牛辅算是董卓集团的二当家，也是董卓一系人马的主心骨之一，牛辅死了之后，众人才觉得凉州集团没希望了。牛辅在董卓军中从地位到威望，按理说都够高了，这也说明牛辅应该在董卓军中混了多年，又或者董卓儿子死了以后，董卓有意培养牛辅做继承人。

那牛辅的水平怎么样？作战水平也就一般般吧。作为董卓主力军的将领，他讨伐河东白波军并未取胜。

按《三国志·魏书·董二袁刘传》记载："卓死，吕布使李肃至陕，欲以诏命诛辅。辅等逆与肃战，肃败走弘农，布诛肃。"

董卓死后，王允和吕布在第一时间就要消灭董卓集团的少当家牛辅。而这次牛辅打败了王允和吕布派来的军队。

按常理说，牛辅打败王允等人的讨伐军后，应该赶紧召集旧部，发动攻势夺回长安，可他却稀里糊涂地被自己的部下给杀了，这又是怎么回事？《三国志·魏书·董二袁刘传》记载："其后辅营兵有夜叛出者，营中惊，辅以为皆叛，乃取金宝，独与素所厚胡赤儿等五六人相随，踰城北渡河，赤儿等利其金宝，斩首送长安。"

打了胜仗的牛辅军晚上竟炸营（营啸）了，他以为大军叛变，便赶紧打包逃走，结果被自己的部下胡赤儿谋财害命。

这水平可就一般了，我们看看名将都是怎么处理营啸事件的。

先看曹操。《三国志·魏书·武帝纪》裴注引《魏书》曰："兵谋叛，夜烧太祖帐，太祖手剑杀数十人，余皆披靡，乃得出营；其不叛者五百余人。"曹操在汴水之战后重新募兵，结果不久发生了叛乱。曹操的处理方式是杀出去后收拢残兵。

再看张辽。《三国志·魏书·张乐于张徐传》中记载张辽屯军长社时，夜里也曾炸了营。张辽"临发，军中有谋反者，夜惊乱起火，一军尽扰。辽谓左右曰：'勿动。是不一营尽反，必有造变者，欲以动乱人耳。'乃令军中，其不反者安坐。辽将亲兵数十人，中陈而立。有顷定，即得首谋者杀之"。张辽的处理方式是通晓各营定在营盘不要擅动，谁动谁就是叛军，够稳！

可牛辅却死于营啸事件，那问题来了，牛辅打赢了朝廷军，自己的部队按说应该很稳固，怎么会炸营呢？

这就不得不说董家军的"四张董"了。

"四张董"：董旻、董越、董璜、董承

《三国志·魏书·董二袁刘传》裴注引《献帝起居注》：

> （皇甫）郦答曰："……近董公之强，明将军目所见，内有王公以为内主，外有董旻、承、璜以为鲠毒。"

前文写过，皇甫郦曾说董卓麾下"旻、承、璜"3个姓董的很坏，外加上董越就是4个啦。

董旻是董卓的亲弟弟，字叔颖，董卓集团的重要人物，后来跟董卓留在长安任左将军、封鄠侯。前面说过，他对董卓入京有至关重要的作用。

董承虽然姓董，但他是董太皇太后的侄子，算是汉献帝的叔叔。后来董卓死了，董承也没死，因为人家是汉献帝的实在亲戚，总不能把皇帝的叔叔杀了。董承最后作死，弄了个衣带诏准备对付曹操，结果搭上了性命。

董璜是董卓大哥的儿子，董卓的亲侄子，后来在长安任侍中、中军校尉，董卓死后他是跑不了的。

董越也是董卓麾下一名主力，中郎将级别，自己有部曲。董越的出身没法推测了，反正牛辅听说董卓死了，没干别的，先把董越杀了，吞并了董越的部曲。《三国志·魏书·董二袁刘传》裴注引《魏书》中记录了牛辅杀董越的过程：

> 辅恇怯失守，不能自安。常把辟兵符，以鈇锧致其旁，欲以自强。见客，先使相者相之，知有反气与不，又筮知吉

凶,然后乃见之。中郎将董越来就辅,辅使筮之,得兑下离上,筮者曰:"火胜金,外谋内之卦也。"即时杀越。

而《三国志·魏书·董二袁刘传》裴注引《献帝纪》中还给这件事的原委做了一个不太合理的解释:

筮人常为越所鞭,故因此以报之。

牛辅听算命的说董越克自己,就把人家给杀了,这有点儿不靠谱。就算牛辅很迷信占卜,但当时马上就要与长安军队作战,凭卦象就先杀了董越?其实说到底还是想吞并董越的部队,又或者担心董越和自己争接班人之类的问题。

总之,牛辅杀了董越,吞并了董越的部曲,这些人晚上暴动,搞营啸事件的可能性就很大了。若是按这个逻辑推断,牛辅死得不算冤枉。

"董家军四台柱":李傕、郭汜、张济、樊稠

这四人在董卓的嫡系部队里是排前四号的。四人都挺能打,应该跟着董卓东征西讨很多年,不然也不会在重要的位置上。李傕、郭汜打败过孙坚,而四人联合起来又打败了吕布和王允,夺下了长安。樊稠后来打败过马腾、韩遂,张济前面说贾诩的时候已经说过了。

说回政治视角,董卓不肯启用亲近武将入朝为官,只让他们掌军,并不是没有道理。就拿董家军的四台柱来说,政治水平都

很差，董卓不用他们，对董卓来说不是好事，但对国家来说也算幸事。

李傕、郭汜势力较大，人也能折腾。董卓死后，二人就成了脱缰野马，胡作非为，才有了"李郭之乱"。

那时，李傕瞧不上郭汜，因为郭汜是马匪出身。郭汜也信不过李傕，和李傕喝酒后怀疑被下了毒，回家自己灌粪水催吐。张济实在看不惯李傕、郭汜小人得志的样子，带着部队脱离了凉州集团，后来屯在了宛城。樊稠倒是没有离开长安，结果被李傕、郭汜合谋暗杀了。

董卓的四台柱最后都不得好死，算是因果报应吧。

董卓集团的"三大护法"：徐荣、段煨、胡轸

从政治集团中的地位来看，徐荣、段煨、胡轸的政治地位相对其他将领要高一些，而他们又不属于牛辅麾下的董家嫡系军队。

徐荣不是凉州人，但在"十八路诸侯讨董"战争中，先后率军挫败曹操、孙坚，表现突出，肯定是董卓极为信赖的朝臣。

胡轸是反董战争中朝廷新封的东郡太守（东郡是反董联军的地盘，桥瑁是太守），让胡轸顶替桥瑁的位置，这是在政治上为董卓军创造优势。若是胡轸将来打进东郡，拿出印绶和朝廷诏命，那很多持观望态度的人，说不定会选择跟随朝廷军。胡轸是董卓集团中少有的担任二千石级别地方郡守的官吏。胡轸统率过吕布，麾下还有猛将华雄，其在凉州集团中的地位可想而知。

段煨属于中郎将级别，是段颎和贾诩的老乡，董卓集团中大

部分人最后都身死族灭，段煨却没事。一是因为他不是董卓圈子的核心成员；二是段煨的政治立场比较中立，朝廷叫他怎么干，他就怎么干，董卓死了他就单干。再加上有武威郡段家这块招牌在后面撑着，贾诩这样的朋友在朝中斡旋，最后段煨还响应了曹操的号召，难得落了一个好下场。他最后打败了苟延残喘的李傕，并把李傕家人都送到了曹操控制的朝廷，曹操在许昌灭了李傕全族。

其他还有一些只是留下只言片语的凉州军头，就不再单独介绍了。说完凉州集团的主要干将，有必要单独说一下并州集团中的一位重量级人物。

前面说吕布的时候已经提及了不少并州集团的人，但张辽这等战神，还是有必要单独拿出来说一下的。

三、并州军的年轻猛将——"小吕布"张辽

张辽最开始是跟丁原混的，那时候他还很年轻，因为吕布是并州军的二把手，所以张辽也是吕布的手下。后来吕布投降董卓，张辽就又到了董卓手下任职。在吕布背叛董卓后，张辽也跟着吕布开启了流浪骑士团的生涯。

直到吕布被曹操给灭了，张辽才最终摆正位置，追随了曹操，有了后来雄才大略的表现。

大魏国五子良将之首张辽张文远，对蛮族，特别是北方游牧民族有充分的斗争经验。虽然在董卓和吕布军中的时候记载不多，但跟随曹操后的几场战役，表现当真有"小吕布"风范。

陷阵营重生，白狼山乌桓平定战

在曹操扫平河北袁氏势力尾声时，袁绍的两个儿子袁尚、袁熙逃到了现在的辽宁省朝阳地区，袁氏残余势力和乌桓军队联合。曹操远征辽西，在白狼山与敌人联军展开决战。

因为曹操是长途行军，又与敌人来了一个正面遭遇战，而敌方竟有几万骑兵，不过好在慌乱中对方没有整理好阵型。

曹操登上白狼山[①]，在军队辎重还未到达、前锋将士大多没有披挂铠甲的情况下，他把目光投向了出身并州军的张辽。

曹操竟然决定把自己的指挥旗（麾）交给张辽："文远，你敢带着未穿铠甲的战士们趁敌人立足未稳，一击而中吗？"

张辽呵呵一笑："曹丞相，您还记得陷阵营吗？瞧好吧！"

张辽作为先锋，带领前锋军直奔敌阵，结果"虏众大崩"，张辽率军阵斩了蹋顿及名王若干，后来胡、汉降者20余万。

中国北方也就此暂时稳定了。

逍遥津死士，800人打10万人的真实战例

后来，曹操征讨汉中张鲁，担心孙权借机北伐，便留下张辽、李典、乐进守合肥城。可张辽本就是降将，跟曹操老班底中的不少将领关系不好，他跟乐进的关系就很一般。曹操知道自己麾下战将之间的矛盾，便留了个锦囊给3位将领。"敌人来了，你们再打开看。"

[①] 在现今的喀喇沁左翼自治县。

孙权真来了，还一下来了 10 万人，曹操给张辽哥儿仨留了七千兵守合肥。

张辽觉得不使用"神机妙算曹"的锦囊是过不了这一关了。打开锦囊后，内容写得很简单："张辽和李典出击，乐进守城，薛悌老实待着。"

张辽很信曹操的锦囊，他连夜选了八百勇士，杀牛吃肉，第二天趁孙权大军刚渡完河的节骨眼儿，带着八百逍遥津死士冲出城去，直奔孙权 10 万大军的主阵。

张辽一马当先冲击敌军大阵，势不可当，还高喊："吾乃并州张文远！"

800 人的敢死队硬是把 10 万吴军的阵脚给打乱了，张辽引着少数骑兵竟冲进 10 万大军的中军，打算直取孙权首级。当年吕布也是领着几十人打 1 万敌人，跟张辽领着几百人打 10 万，比例差不多。孙权见张辽锐不可当，就爬上高冢让长戟部队把自己保护起来。张辽在高冢下面是边杀边骂，孙权还是躲着不出来。最后吴军想靠兵力优势把张辽围死，结果人家突围而出。

张辽撤退了？没有。没突围的魏军士兵一面杀敌一面高喊："将军，你难道不要我们了吗？"张辽脑袋一热，居然又带着几十名骑兵杀回吴军大阵，硬是把余下的部队给救了出来……

自此，中国历史故事中多了一个传奇，"张辽止啼"：小孩子晚上哭闹，吓唬孩子说"张辽来了"，孩子真就不敢哭了。张辽的故事不局限于中国，日本也用张辽吓唬小孩子，他们的说辞翻译过来是"辽来来"。

张辽本该是三国故事中一颗璀璨的明星，耀眼程度应超越绝大多数武将，可随着历史变迁与《三国演义》的深入人心，张辽

第三十五章 董卓麾下的出彩配角

竟变成了二流武将。说句题外话，个人认为，《三国演义》中赵子龙长坂坡"七进七出"救阿斗，灵感可能就来自于张辽的逍遥津之战。

张辽出身并州军，后来是董卓麾下的将领，实际上隶属于吕布。而张辽成名却在曹操麾下，是曹操慧眼识英雄吗？也不见得，张辽是降将，而且还是曹操两任死对头的麾下大将，那他在董卓和吕布帐下的表现，往往就不好大书特书了。曹操能看中张辽，这也和张辽当年的名气有关系。总之，董卓和吕布培养的张辽，最后便宜了曹操。

说到这里，董卓的小伙伴基本算是说完了，《三国演义》中精彩的"十八路诸侯讨董"就要上演，不过十八路诸侯讨董是真的吗？又真的是因为董卓在京城过于残暴而引发这些人起兵的吗？且听我下章分解。

第三十六章 权力的游戏，少帝党的反击

"十八路诸侯讨董"是三国故事的开场大戏。因为董卓入京后倒行逆施，惹怒了天下有正义感的群雄，这些朝廷命官联合起来要攻入雒阳消灭董卓。

《三国演义》中很多我们耳熟能详的精彩故事都出自于此。例如十八路诸侯会盟、关羽温酒斩华雄、虎牢三英战吕布，这些故事中的每一幕都气势磅礴、精彩万分。故事确实精彩，但可惜都不是史实，而且还有点儿过度美化反董联盟的意味。

东汉天下除了被分封的王侯，朝廷任命的流官不应该称作诸侯。地方诸侯实际上是民间叫法，所以十八路诸侯讨董卓的说法并不准确，其实是几个刺史和几个郡守起兵对抗董卓政权。

真实的"十八路诸侯讨董"到底是怎么回事？

一、反董起因的真真假假

我们普遍认为,"十八路诸侯讨董"是因为董卓在京城倒行逆施,各路英雄看不下去,要进京城清君侧,还天下一个太平。

实际上,反董初始阶段是在中平六年(189年)年底到初平元年(190年)年初,那时董卓为了把自己包装成新生的政治明星,就差没给各大世族磕头了。他出台了一系列对世族有利的新政策,沉寂多年的士人名士得到拔擢,大汉大有中兴的架势。

当然,坏事董卓也干了不少,不过那是反董战争爆发后的事情。如《资治通鉴·汉纪五十一》记载:

董卓性残忍,一旦专政,据有国家甲兵、珍宝,威震天下,所愿无极,语宾客曰:"我相,贵无上也!"侍御史扰龙宗诣卓白事,不解剑,立檛杀之。是时,雒中贵戚,室第相望,金帛财产,家家充积,卓纵放兵士,突其庐舍,剽虏资物,妻略妇女,不避贵戚;人情崩恐,不保朝夕。

这些倒行逆施的事情绝大部分肯定是有的,比如董卓可能说过"天下,我长得最富贵",一怒之下就杀了没有解除武器的侍御史,以及其麾下兵士劫掠钱财、女人的事情。但这些事情并未记载具体的发生时间,很可能发生在内战爆发之后,那时候战争双方都在忙活如何"抢钱"呢。

再比如董卓军杀良冒功的事情。《三国志·魏书·董二袁刘传》:

第三十六章 权力的游戏，少帝党的反击

尝遣军到阳城。时适二月社，民各在其社下，悉就断其男子头，驾其车牛，载其妇女财物，以所断头系车辕轴，连轸而还洛，云攻贼大获，称万岁。入开阳城门，焚烧其头，以妇女与甲兵为婢妾。至于奸乱宫人公主。其凶逆如此。

初平元年二月，董卓的部队在阳城"杀良冒功"，但这是发生在反董联盟初建之后的事情，并非反董联盟出现之前。

或许您会问了："不对啊，好色的董卓祸乱后宫的事情总已经发生了吧？"董卓的这一形象，出自于《三国志》中的"至于奸乱宫人公主"。

宫人被董卓霸占的事情八成有，他将先帝身边的一些宫人放出宫去，奖励给自己麾下将士，其中再留下几个漂亮的自己"享受"，这事太有可能了，在东汉也并非个例。当年汉桓帝尸骨未寒，窦武大将军还弄些宫女回自家喝酒跳舞呢，何况边鄙武夫董卓？几年后董卓嫡系部将李傕也说过要分宫中美女给将士的话，搞不好是有样学样。

至于董卓霸占公主，先帝的先帝汉桓帝有3个女儿，从记载看，大女儿早就嫁人了，其他两个也不太可能还在宫中。而汉灵帝有一个女儿，按照《三国志》的说法，董卓应该是"祸害"了汉灵帝的女儿，也就是汉献帝的姐姐——不可能是妹妹，年龄太小！

总之，在反董联盟成立之前，董卓总体还是比较规矩的，按他当时的打算，是要拉拢世族树立形象，至少中平六年（189年）年底，董卓巴不得自己一点儿错误没有才好呢，就是装，他也得装出一副礼贤下士的模样。

董卓新政实施得好好的,自己也装成一代"明相"的样子。那么,在他没露出狐狸尾巴的时候,是谁挑起了反董联盟的前奏,他们反董的目的又是什么?

二、反董行动的真实开端

秘密筹备反董的人不少,曹操属于速度比较快的。《三国志·魏书·武帝纪》载:

> 太祖至陈留,散家财,合义兵,将以诛卓。冬十二月,始起兵于己吾(世语曰:陈留孝廉卫兹以家财资太祖,使起兵,众有五千人),是岁中平六年也。

中平六年十二月,曹操在没有父亲经济支持的情况下,集合并装备了五千部队。(反董这事,曹家老爷子曹嵩打死不同意,吓得他赶紧带着钱财、领着小儿子,逃到琅琊避难去了。)

曹操是反董的急先锋,袁绍、袁术自然也没闲着,只是当时袁绍被韩馥死死地盯着,起不了兵,而袁术估计是在积极部署备战。

董卓不是给他们封官了吗,为何还要造反?

其实袁绍、袁术等人的政治初衷是否定董卓执政的合法性,还想把刘辩重新扶上皇位,让袁家继续执政。这就和董卓现在的政治意愿水火不容了,眼下是董卓把刘协扶上了皇位,董家在执政。

所以反董精英们的目的其实无关正义,只是延续当年夺嫡之争的一场权力游戏罢了。因"董家余孽"和"何家余孽"政治目的无法调和,战争是必然的结果,董卓"鸠占鹊巢"问鼎朝廷这事,袁绍等一批中青代的世族人物是无法忍受的。

反董战争的开端是被刻意模糊的,不但小说如此,正史也是如此。

史书上,倾向于颠倒反董起因的顺序,尽可能让读者认为,是董卓乱政在先,曹操反董在后。如果反过来,那十八路诸侯讨董的初衷成什么了?

《三国志》的顺序是董卓杀弘农王刘辩,曹操起兵。《三国志·魏书·武帝纪》:

(曹操)出关,过中牟,为亭长所疑,执诣县,邑中或窃识之,为请得解。卓遂杀太后及弘农王。太祖至陈留,散家财,合义兵,将以诛卓。冬十二月,始起兵于己吾,是岁中平六年也。

可惜,这是错的!实际上是曹操起兵之后,董卓杀弘农王刘辩。董卓见曹操、袁绍等人起兵,先大赦天下,然后按《后汉书·孝献帝纪》记载,是在二月初三,毒杀了弘农王刘辩。

董卓是有原罪的,但这个原罪不是"至于奸乱宫人公主"。董卓入京后剥夺了最大世族执政的权力,却依旧想维护世族门阀政治的历史走向,依靠世族政治施行统治。也就是说,董卓否定了汉桓帝和汉灵帝多年来利用宦官制衡世族的策略,把自己放到了一个取代宦党的位置上制衡世族。某种程度上来说,董卓是开了历史的倒车,或者说阻挡了世族门阀政治的历史车轮,显然会成为激进世族的攻击对象，就算董卓再强悍，最终也会被"主流意识"碾压。

三、反董的真实过程

反董联盟的起因、动机讲完了，那整个反董过程是否真的如《三国演义》中写的那般呢？

在部分游戏和小说中，反董联盟的流程就是：残暴的董卓占领了皇城，为所欲为。他废立皇帝、毒杀废帝、祸乱后宫，诸侯群起而攻之。双方大战，董卓被打败，最后只得迁都，而后各路诸侯也开始内讧。

然而故事还真不是这么回事。

真实流程是：董卓率领前将军府回京，废立皇帝，报复何氏，实行新政；袁绍等人秘密准备起事，最后曹操率先起兵；董卓见情况不妙才毒杀废帝；少帝死后事态扩大，才有了"十八路诸侯"会盟，反董联盟正式成立；而董卓在双方还没开打时就选择迁都长安，然后自己率军镇守雒阳地区和联军对战；大战前夕董卓控制的朝廷派人与联军议和，朝廷的使节大多被袁绍、袁术杀害，双方只得开战；战争中董卓胜多负少；联军溃散，但唯独孙坚北伐成功，攻入雒阳；董卓回到长安继续执政，关东联军内讧。

也就是说，董卓其实是被动应战，而且还期望避免战争。此外，反董联盟也不是一开始就成立的，各路兵马是逐步会合的。

介绍完反董战役的简单过程，我们再看看参加反董的"诸侯"都有哪些人。

四、真假十八路诸侯

先看看小说中反董人员构成。《三国演义》中的十八路诸侯是：后将军南阳太守袁术、冀州牧韩馥、豫州刺史孔伷、兖州刺史刘岱、河内郡太守王匡、陈留太守张邈、东郡太守桥瑁、山阳太守袁遗、济北相鲍信、北海太守孔融、广陵太守张超、北平太守公孙瓒、上党太守张杨、乌程侯长沙太守孙坚、祁乡侯渤海太守袁绍、骁骑校尉曹操、西凉太守马腾和徐州刺史陶谦。

这些人的官职写得很随意、很乱套。其中的北平太守公孙瓒、徐州刺史陶谦、西凉太守马腾、北海太守孔融根本没参加反董大战。而张杨也不是什么上党太守；最夸张的是北平太守公孙瓒、西凉太守马腾，哪里有这种官职？这是罗贯中创造的，而马腾是反贼，在小说里却变成了正面人物。

再看看真实的反董人员构成。

其实反董人员构成就两类人。第一类是何进的余孽，也是当年与何进一道扶保少帝刘辩的人：袁绍、袁术、桥瑁、王匡、鲍信、张杨、曹操（袁绍的同盟）、袁遗（袁绍的从兄）、孙坚（袁术的同盟）。第二类是董卓自己任命的叛徒们：孔伷、刘岱、张邈、张超（张邈的弟弟）、韩馥（最后参加的）。

一拨是董卓的老对手，一拨是董卓自己任命、派遣的地方官员。而这两拨人也不是同时反董的，他们的目的不同，起事的时间不同，所在位置和占领区域不同，所做的事情也各不相同，其实是个"反董大杂烩"。

我们先看看小说中的"反董大杂烩"。《三国演义》中十八路诸侯大抵一个派系，大家聚集在一起，酸枣会盟之后合力攻打董卓。打起来之后又分两个款型，真打的和看热闹的。比如曹操、孙坚、刘备、袁绍在小说中就是真打的，袁术就是看热闹的。

再看看真实的"反董大杂烩"。真实的两类反董人员中，我们按集结地点划分可以分成3个派系。

黄河北派：袁绍、王匡、张杨、韩馥
中原派系：孔伷、刘岱、桥瑁、张邈、张超、曹操、袁遗
荆豫派系：袁术（袁术实际控制着豫州一部分）、孙坚（跟袁术混，属于荆州北伐骑士团）

这3个地区派系，实际就是兖州、豫州、冀州、荆州的一部分，这些人是从不同地方赶赴战场，谈不上所在的整个州都叛乱。就算兖州刺史、豫州刺史、冀州牧反董，那也不等于三州的几十个郡都反叛了董卓控制的朝廷，要是那样的话，就是四十多路诸侯讨董了……

来自3个地区的反董联军，其实还可以归纳为六大门派。

1. 袁绍、王匡：想打还打不过派
2. 张杨：找个靠山（袁绍）混日子派
3. 韩馥：观望时局，墙头草派
4. 孔伷、刘岱、桥瑁：浑水摸鱼，意图割据派
5. 袁术、孙坚：真打、真干，但不和别人掺和派
6. 曹操、鲍信加上半个张邈、张超：想打也真打，但打不过派

第三十六章　权力的游戏，少帝党的反击

这就跟金庸老师的小说《倚天屠龙记》中"六大门派围攻光明顶"是一个套路。

袁绍等人的六大门派合力围攻董卓的明教（西州集团）总部光明顶（雒阳）。在《倚天屠龙记》中六大门派攻打明教，其目的大抵两类，一类是要借机了结过去和明教的恩怨，另一类的目的是要寻得屠龙刀的下落。而反董联盟也有两个初衷，袁绍等人与董卓在立皇帝的问题上有恩怨，韩馥等人是有裂土割据、浑水摸鱼的打算。

那么在整个反董战役中，打得最坚决的是哪几个门派呢？

《三国演义》里打得最坚决的是孙坚、曹操和刘备（三国的3个奠基人）。最拖后腿的就是不给送军粮的袁术。

然而现实中，打得最坚决的其实是曹操和"不给军粮"的袁术。孙坚是袁术的头号大将，之所以打得坚决那是因为袁术的支持。打得坚决也打得最惨的是曹操。再就是王匡，袁绍的马仔、挡箭牌，被揍得最惨。刘备此时还是小弟，露不了脸。其他人都是看热闹的状态。

介绍完真假"十八路诸侯"，也弄清楚了反董联盟成立的过程，咱们就按照反董战役的几个阶段，分袁绍和袁术两条线，来讲讲这段近2000年前发生在华夏大地上，荡气回肠却又饱含悲怆的"群雄混战"。

五、反董第一阶段

袁绍、袁术和曹操的异动，董卓也收到了消息。按照《资治通鉴·汉纪五十一》记载，韩馥还没决定反叛董卓之前，还是很尽责的，他派人监视袁绍，传递消息给董卓。"是时，豪杰多欲起兵讨卓者，袁绍在勃海，冀州牧韩馥遣数部从事守之，不得动摇。"

董卓接到了袁绍等人准备起事的密报，就开始晃着大脑袋琢磨袁绍、袁术等人的政治诉求。"他们是想要把刘辩再弄上皇位。刘辩现在是弘农王，那如果刘辩死了，袁绍和袁术还拿什么当幌子？"董卓的这个心理动态在《太平御览·英雄记》中是有记载的："（董）卓闻东方州郡谋欲举兵，恐其以弘农王为主。"

想到了就干吧，反正现在董相国说了算！董卓现在很有派头，别人上朝都得解剑、脱鞋再进殿，他不用。人一旦牛了，没有了危机意识，考虑问题往往就不周全了。

董卓也不知道有没有召开秘密会议，便陡然做了一个极为错误的决定：他安排弘农王刘辩的郎中令（管理弘农王侍卫的官员）李儒匆忙毒死了刘辩。《太平御览·英雄记》记载：

> 乃置王阁上，荐之以棘，召王太傅责问之，曰："弘农王病困，何故不白？"遂遣兵迫守太医致药，即日弘农王及妃唐氏皆薨（唐氏没死）。

《后汉书·皇后纪下》中更凄美地记载了刘辩被毒杀的一幕：

> 明年，山东义兵大起，讨董卓之乱。卓乃置弘农王于阁上，使郎中令李儒进酖，曰："服此药，可以辟恶。"王曰："我无疾，是欲杀我耳！"不肯饮。强饮之，不得已，乃与妻唐姬及宫人饮宴别。酒行，王悲歌曰："天道易兮我

第三十六章 权力的游戏，少帝党的反击

何艰！弃万乘兮退守蕃。逆臣见迫兮命不延，逝将去汝兮适幽玄！"因令唐姬起舞，姬抗袖而歌曰："皇天崩兮后土颓，身为帝兮命夭摧。死生路异兮从此乖，奈我茕独兮心中哀！"因泣下呜咽，坐者皆欷歔。王谓姬曰："卿王者妃，执不复为吏民妻。自爱，从此长辞！"遂饮药而死。时年十八。

弘农王刘辩临死前嘱咐了新媳妇唐姬："你是王妃，所以不能改嫁啊。"后来唐妃真的誓死不肯改嫁。

董卓毒死了弘农王，对外自然称其病死了，这样一来袁绍他们还能怎么办？除了认同董卓立的汉献帝刘协，难道还有别的选择？他们一下子失去了造反的理论依据，如何继续造反呢？

董卓在与关东军较量的过程中有很多失误，大多出现在高层决断上，这也为他将来的败亡埋下了伏笔。

而眼下当"反董"第一阶段结束时，老董当初做的那些错误决定就更明显了，比如放走、安抚袁氏兄弟，任用叛徒等。但最大的错误还是毒死了废帝弘农王刘辩。当年大将军梁冀毒死皇帝，天下没人造反，是因为梁家势大；董卓毒死废帝自然属于作恶，而恶人控制不住局面，战争就会爆发。

董卓毒死弘农王的确暂时难住了袁绍，但他把这个问题想得简单了，或者说他少考虑了两个问题。

第一，一帮人想造反，即使换一个"由头"一样能造反。第二，毒杀废帝是授人以柄，天下蠢蠢欲动，原本只是想造反的家伙们，也会借此真的行动起来。

董卓杀了弘农王，事情果然闹大了，不但袁绍等人还在折

腾，新的反董派也趁机举起了反旗。而董卓政治上的严重失误导致的恶果也渐渐暴露出来。这恶果是什么呢？下一章，咱细说真实的"酸枣会盟"，看看老董的错误决断导致了怎样的后果。

第三十七章 酸枣会盟，帝都西迁

董卓入京后，控制了朝廷，废立了皇帝，但袁氏出逃，当时的局面看似是董卓占了上风。而现在曹操起兵，袁绍也准备起兵，董卓又毒死了废帝，还安排冀州牧韩馥盯着袁绍，看似董卓还是占据一定的优势。

可接下来发生的几件事情，却让董卓大跌眼镜，袁绍获得了很大的翻盘机会。

咱们接着说反董联盟的第二阶段。

一、反董第二阶段

前面说了冀州牧韩馥监视着袁绍，让他不能起兵造反，袁绍很尴尬。现在袁绍的尴尬又升级了：董卓毒死了废帝刘辩，让袁绍失去了政治目标。袁绍之所以能够号令江湖，除了他是天下第一大世族的大公子，还有另一层原因，即他是汉少帝刘辩与何氏家族身边的重要人物。尽管袁绍一直藏在幕后，但何进这个少帝党的一号人物有什么事情都得让袁家拿主意。袁家和何家明里暗里一起对付董家，袁绍的一切荣耀都来自于他在少帝朝帮助何氏并扫平宦官。

现在少帝刘辩死了，他如何能带着一众当年与自己共同拼搏的小弟，向董卓的朝廷低头，还要承认当年的敌人"董侯"是正牌皇帝？这个问题，后来也导致了袁绍走向失败。

此时袁绍认为，刘辩虽然死了，但打死也不能承认刘协当皇帝。但袁绍实在没办法，只能开始胡扯。按照《三国志·魏书·董二袁刘传》裴注引《吴书》记载，在刘辩死后，世间多出了一个怪诞的传闻："时议者以灵帝失道，使天下叛乱，少帝幼弱，为贼臣所立，又不识母氏所出。"问题症结并不是新皇帝"为贼臣所立"，关键的总在最后，皇帝"不识母氏所出"。说刘协的血统有问题。

后来袁绍还说刘协"今西名有幼君，无血脉之属"。袁绍的宣传口号变成了"刘协不是汉灵帝的亲生儿子"，希望借此化解自己的尴尬，可这话袁绍自己说说也就算了，居然还说给袁术听。

《三国志·魏书·董二袁刘传》裴注引《吴书》记载：

> 幽州牧刘虞宿有德望，绍等欲立之以安当时，使人报术。……"今西名有幼君，无血脉之属，公卿以下皆媚事卓，安可复信！……"术答曰："圣主聪叡，有周成之质。……乃云今主'无血脉之属'，岂不诬乎！……慺慺赤心，志在灭卓，不识其他。"

第三十七章 酸枣会盟，帝都西迁

根据《吴书》记载，韩馥后来也跟袁术写信说这个理论，"云帝非孝灵子"。

浓缩一下袁氏兄弟的对话。

袁绍说刘协不是汉灵帝的亲儿子，是野种，所以决定另立大司马、幽州牧刘虞当天子。袁术回信说你怎么想得出来污蔑刘协不是先帝骨肉！你不研究怎么讨伐国贼，却研究这事，我袁术志在灭卓，不知其他。

"二袁乱天下"是一点儿都不假，这哥儿俩都挺龌龊。庶出的大哥污蔑皇帝不是先帝亲生骨肉。嫡出的老二更是拆老大台，拿出一副忠心为国、日月可鉴的架势。二人最后的行为，也印证了这一点。因为老大坚持认定刘协是野种，后来萌生了自己当皇帝的打算，只是他比弟弟聪明，没直接称帝，而是先找个替死鬼试探下大家的反应。

《三国志·魏书·董二袁刘传》裴注引《典略》中记载了袁术死后袁绍的反应。袁绍暗地里让手下耿苞提议自己当皇帝，可大家都不同意，耿苞被袁绍的手下文武一顿臭骂。袁绍见局势不妙就干掉了耿苞，杀人灭口。[1]

虽然袁绍没称帝，但他"反汉献帝刘协"的政治初衷却拖累了他，最终把"挟天子以令诸侯"的机会让给了曹操，也导致了后来袁大公子在政治实力上处于劣势。

而袁家老二呢？他满口忠心皇室，最后倒是直截了当，自己

---

[1]《三国志·魏书六·董二袁刘传》引《典略》："自此绍贡御希慢，私使主簿耿苞密白曰：'赤德衰尽，袁为黄胤，宜顺天意。'绍以苞密白事示军府将吏。议者咸以苞为妖妄宜诛，绍乃杀苞以自解。"

先称"仲家皇帝"去了。

说完袁氏兄弟的心思,咱接着说回刘辩死后的局面。袁绍那"汉献帝是野种"的理论显然站不住脚,不管袁绍怎么煽风点火,这事也没太大噱头。而眼下他一面被韩馥监视,一面又想不出更好的办法破解汉少帝被董卓毒死的这个现实问题。

就在这个当口,居然有人替他想出了办法,袁大公子的机会来了!

《后汉书·袁绍刘表列传》记载:"桥瑁乃诈作三公移书,传驿州郡,说董卓罪恶,天子危逼,企望义兵,以释国难。"

桥瑁是东汉名臣桥玄的儿子,也是当年何进的嫡系。何进征召各方诸侯入京威胁宦官,其中也包括兖州东郡太守桥瑁,只不过桥瑁当时屯在成皋,只能眼睁睁地看着董卓"霸占"京城。

可眼下反董势力蠢蠢欲动,董卓又毒死了汉少帝,桥瑁觉得机会到了。他伪造了朝廷三公的密信,传檄各州郡,号召天下州郡一起对抗董卓——这个事情《三国演义》里变成曹操发的檄文。结果,响应桥瑁号召的基本都是何进留下来的旧部及董卓自己任命的人。

此时的袁绍终于找到了舆论宣传的突破口:立皇帝的事暂时不提了,是三公密令让我们入京拯救皇室的!找到了解决问题的办法,就连老天爷都帮袁绍。冀州牧韩馥也收到了讨董檄文,而且迷迷糊糊的韩大牧守在被身边的人一顿教育后,竟选择了与袁绍合作。

韩馥收到桥瑁的假公文,开始重新考虑"是该帮姓董的,还是帮姓袁的",他的手下刘子惠义正词严地说:"什么该帮谁,兴兵那是为了国家。"

第三十七章 酸枣会盟，帝都西迁

韩馥此时或许怀疑刘子惠收了袁绍好处，不然说话怎么有点儿偏向袁绍呢？但刘子惠接下来的话又打消了韩馥的疑虑。

《三国志·魏书·武帝纪》裴注引《英雄记》记载：

> 馥得移（书），请诸从事问曰："今当助袁氏邪，助董氏邪？"治中从事刘子惠曰："今兴兵为国，何谓袁、董！"馥自知言短而有惭色。子惠复言："兵者凶事，不可为首；今宜往视他州，有发动者，然后和之。冀州于他州不为弱也，他人功未有在冀州之右者也。"馥然之。馥乃作书与绍，道卓之恶，听其举兵。

刘子惠的话很有道理，跑太快一旦跑成"陈胜吴广"就没意义了。首先，他不建议韩馥当出头鸟，后来韩馥也只是负责给联军供给部分粮草。就算反董失败了，韩馥的人马没上战场，将来也有退路，只要冀州兵马还在，朝廷就不敢轻易动韩馥。其次，别人闹起来，咱们也跟着闹，附近的各州便不会敌视我们，我们兵强马壮，将来也不会吃亏。

韩馥最终选择相信刘子惠，背叛董卓！当韩馥看到讨董檄文满天飞，进而同意袁绍起兵的时候，袁绍一定拍着大腿高呼："天助袁氏也！"

此外，反董联盟中有一个很重要的角色，名字叫臧洪，不是郡守或者刺史，他是徐州广陵太守张超的属官，而张超是董卓启用的陈留太守张邈的弟弟。很多人不知道臧洪这个人，其实这个人是反董联盟的真正主盟人。

臧洪和董卓还真有点儿关系。臧洪的父亲臧旻是汉灵帝北伐鲜卑的三路大军中的一军统帅,因战败被处置了。当时董卓是并州刺史,应该认识臧旻。臧洪是一个很讲义气的人,也很受爱戴,后来因为反对袁绍,被袁绍围城困死了。

臧洪说服了领导张超响应桥瑁的檄文,组织部队讨伐董卓。他还给张超算了笔账:广陵郡至少能征发两万新兵,然后再去陈留郡跟张邈商量,拉张邈一起起兵,那时候张氏兄弟岂不是兵强马壮,大义凛然地站在历史舞台上了?

张超狠狠地点点头,他想杀贼臣的同时怕是也琢磨过富贵险中求。

《三国志·魏书·吕布(张邈)臧洪传》记载了臧洪说服张氏兄弟的过程:

> 董卓杀帝,图危社稷,洪说超曰:"明府历世受恩,兄弟并据大郡,今王室将危,贼臣未枭,此诚天下义烈报恩效命之秋也。今郡境尚全,吏民殷富,若动枹鼓,可得二万人,以此诛除国贼,为天下倡先,义之大者也。"超然其言,与洪西至陈留,见兄邈计事。

臧洪和张超又找到张邈,张邈也狠狠地点点头,八成心想:"我之前还有点儿犹豫,起兵好像有点儿造反的意思。不起兵吧,我跟袁绍和曹操又是铁哥们儿,说不过去。现在俺想明白了,咱起兵那是为了大义,干吧!"

张邈要是知道后来袁绍要杀他,而曹操又灭了他们全族,估计这个时候他能长点儿心!臧洪要是知道袁绍后来会整死他,或许也不会组织酸枣会盟了。

第三十七章 酸枣会盟，帝都西迁

臧洪主持酸枣会盟的过程还是很出彩的，《三国志·魏书·吕布（张邈）臧洪传》中的记录很详细：

> 乃设坛场，方共盟誓，诸州郡更相让，莫敢当，咸共推洪。洪乃升坛操槃歃血而盟曰："汉室不幸，皇纲失统，贼臣董卓乘衅纵害，祸加至尊，虐流百姓，大惧沦丧社稷，翦覆四海。兖州刺史岱、豫州刺史伷、陈留太守邈、东郡太守瑁、广陵太守超等，纠合义兵，并赴国难。凡我同盟，齐心戮力，以致臣节，殒首丧元，必无二志。有渝此盟，俾坠其命，无克遗育。皇天后土，祖宗明灵，实皆鉴之！"洪辞气慷慨，涕泣横下，闻其言者，虽卒伍厮养，莫不激扬，人思致节。

这段"十八路诸侯会盟"的正式动员讲话，臧洪讲得很精彩。

臧洪说动了张超，张超说动了张邈。而其他响应桥瑁讨董檄文的人，如豫州刺史孔伷、兖州刺史刘岱也很喜欢臧洪。毕竟臧洪拉来了张邈和张超入伙，于是臧洪代表兖州刺史刘岱、豫州刺史孔伷、陈留太守张邈、东郡太守桥瑁、广陵太守张超等登坛起誓共讨董卓。

臧洪说得情真意切，在场的人感动得涕泣横下。只是大家并不清楚，这几个大佬手里的讨董文书居然是他们伪造的。臧洪的誓言确实掷地有声，可除了臧洪，其他人纷纷违背誓言，这些发誓的大佬的结局是：臧洪、刘岱、孔伷、张邈、桥瑁、张超都不得善终，而且史书记载张邈、张超也确实被"夷灭三族"；臧洪被袁绍围城，破城后其家眷估计也得被袁绍灭族。

董卓前段时间任命了5名封疆大吏：韩馥、刘岱、孔伷、张邈、张咨。这下可好，除了张咨，其他4人现在全部跟董卓开战了！

　　这是叛徒的美好时代，他们把自己的行为包装得那叫一个漂亮。"我们是响应三公密令，我们是正义的！"可他们手里那封希望他们打进京城解救皇帝的三公密令是真的吗？

　　一封假的密令，让一群叛徒迎来了春天，也将世间百姓推向了末日。兖州、豫州数以万计的普通百姓被征入军队。在这些名士眼中，普通百姓的性命无非是将来割据一方的筹码，现在输几个筹码，将来各领一方土地，赚了！

　　无关正义，权力的游戏罢了。

　　此时袁绍高兴了。酸枣会盟他都没去，而且以后他也压根儿没去过酸枣，但大伙就是推荐袁本初当盟主，还是"遥推绍为盟主"。

　　眼下袁绍脸上倍儿有面子，他给自己封了车骑将军（位在董卓前将军、袁术后将军之上），还给其他人封了官。后来，吕布笑话袁绍这伙人是"擅相署置，不足贵也"（自己封着玩的官，不算正经的，都没备案），也不是没有道理。但袁绍形容自己的这一行为是"承制假拜"——我代表皇帝给大伙封官。

　　《后汉书·袁绍刘表列传》中记载了诸侯结盟和自封官职："初平元年，绍遂以勃海起兵，与从弟后将军术、冀州牧韩馥……济北相鲍信等同时俱起，众各数万，以讨卓为名。绍与王匡屯河内，伷屯颍川，馥屯邺，余军咸屯酸枣，约盟，遥推绍为盟主。绍自号车骑将军，领司隶校尉。"

　　刘辩死后，刘协当皇帝及韩馥监视自己的问题，统统被桥瑁的假三公檄文给解决了，袁绍怎能不高兴。

这个阶段，董卓决策上的第一个错误，就是选人用人的错误。老董选了5个封疆大吏，4个背叛了自己。其次，他为了拉拢袁家，想跟人家和平相处，把渤海郡给了袁绍，把后将军职位给了袁术。

老董生气啊，他把积攒的怒火发泄到了推荐这些人选的周毖和伍琼的头上，后来这俩人倒霉了。而且，当袁绍等人密谋起事的时候，董卓处置这个突发事件过于草率。他选择毒杀刘辩，而这个治标不治本的做法，不但授人以柄，而且也够他遗臭万年了。

接下来，老董又犯了一个更大的错误。

二、董卓的战略布局错误——迁都

关东反董联盟起兵之后，董卓的应对策略又一次失误，而这一次失误，也彻底毁了东汉。

或许是董卓老了，又或许是当时他的处境确实太危险，董卓见关东兵起，竟选择了一个看似稳妥，却贻害无穷的方略。他决定迁都到关中长安，自己率军留守雒阳。

董卓迁都，各类史书记载很多，就不一一列举了。总之迁都阻力巨大，但董卓就要硬迁，从这一刻起，董卓坐实了魔王的称号，也为东汉灭亡埋下了伏笔。

那董卓坚持迁都，到底是在害怕什么？当时的现实局面是河东郡被黄巾余党白波军袭扰，而董卓的军队又镇压不利，白波军成了雒阳西北方的一大隐患。东方，反董联盟的军队开始集结,眼下董卓已经是两线开战了。若西方再打起来,朝廷肯定吃不消。还记得屯在西方的皇甫嵩吗?皇甫嵩等人的态度才是最关键的。皇甫嵩屯在关中地区,而且手里还有3万军队(董卓想和皇甫家联姻的计划也失败了),而京兆尹盖勋手里也有1万军队,如果这两个家伙也趁乱起兵,再学关东那些人造反,强拉老百姓参军,部队人数增加到10万也不是什么难事。那时候董卓可就是三面受敌,被困雒阳了。

更主要的是董卓一旦势危,不少观望的郡守、刺史、州牧怕是也会趁机作乱,那时候就是全国叛乱了。所以董卓选择把朝廷迁到长安去,镇住皇甫嵩和盖勋,进而稳住关中,再沟通下曾经的敌人韩遂、马腾,稳住凉州。西边稳定之后,他自己率军驻守雒阳跟关东军较量,即使打输了,朝廷还能正常运转,皇帝也还在自己手中,这是比较稳妥的打法。

但迁都战略的缺点其实也很明显,因为一旦迁都,世族和百姓都得放弃自己在关东的土地、财产,反对的人自然很多。

董卓私下既然已经拟定了迁都计划,那得实施啊,上朝集体研究吧,可朝廷这边讨论的过程也不顺利。

开会研究迁都问题时,三公之一的杨家当家人、司徒杨彪坚决反对,太尉黄琬也不同意,而司空荀爽见董卓暴怒,心想三公一起忤逆相国估计没好下场,于是开始和稀泥。

除了三公不同意,还有很多大臣反对,比如当初董卓很信任的周毖和伍琼。本就对周毖和伍琼非常恼怒的董卓终于爆发了,他一怒之下,杀了当初举荐韩馥等人的周毖和伍琼。这下可好,真没人敢站出来反对了,董卓说啥是啥吧。

《资治通鉴·汉纪五十一》记载了董卓的强硬态度:"庚辰,

第三十七章　酸枣会盟，帝都西迁

收琼、珌，斩之。杨彪、黄琬恐惧，诣卓谢，卓亦悔杀琼、珌，乃复表彪、琬为光禄大夫。"

迁都的事情，就此成了定局。

其实，董卓迁都倒是很符合战略游戏的玩法，然而现实的复杂局面，岂是虚拟的游戏可比。董卓和他的谋士们最终商量了一个游戏常用的战略：把皇帝、朝廷、军团的钱粮、兵力集合到安全地区，然后再把敌人的城一个一个夺回来。

董卓自己想得不错，把钱粮和人口迁到西边去，这要是在电子游戏里，就是按几个按钮的事，但现实中的迁都哪有那么简单呢？

董魔王一声令下，整个朝廷开始了超级迅速的动迁工作。把雒阳地区的百姓迁到长安去，留恋故土的人能同意吗？如此长途跋涉，百姓的那点儿家当还能保住吗，关东的良田都不要了？而且，如此复杂的工程，董卓竟然靠强迁的手段来完成，"一天就搞定几百万户"。民不聊生的结果可想而知。《资治通鉴·汉纪五十一》中记载了迁都的惨剧：

丁亥，车驾西迁，董卓收诸富室，以罪恶诛之，没入其财物，死者不可胜计；悉驱徙其余民数百万口于长安，步骑驱蹙，更相蹈藉，饥饿寇掠，积尸盈路。卓自留屯毕圭苑中，悉烧宫庙、官府、居家，二百里内，室屋荡尽，无复鸡犬。又使吕布发诸帝陵及公卿以下冢墓，收其珍宝。

而《后汉书·董卓列传》还记载了董卓士兵掠夺百姓的事情：

是时洛中贵戚室第相望,金帛财产,家家殷积。卓纵放兵士,突其庐舍,淫略妇女,剽掠资物,谓之"搜牢"。

"搜牢"应该也发生在战争爆发后,与《资治通鉴》记载的"收诸富室,以罪恶诛之,没入其财物"意思相近。就是给富人罗织罪名然后抢钱。董卓不仅抄富人的家"死者不可胜计",他还安排吕布去盗墓抢死人的钱!

《三国志·魏书·董二袁刘传》裴注引《魏书》记载董卓抄家用的法子:"卓使司隶校尉刘嚣籍吏民有为子不孝,为臣不忠,为吏不清,为弟不顺,有应此者皆身诛,财物没官。于是爱憎互起,民多冤死。"

现在正在打仗,关东那边的赋税供奉不可能交给董卓控制的朝廷了,可汉室朝廷还是董卓管理、供给啊。魔王没钱了,他想起西汉曾经实施过的"告缗令",就是让百姓检举身边"偷漏税"的人。可董卓居然是让百姓检举身边"违背道德"的人,这不成随便告了吗?百姓那真是有仇报仇、有怨报怨啊。

当初武皇帝把抄家得来的钱财分一半给举告人,而且抄家时也不可能奸淫妇女啊。可董卓是把人家钱财全抄了,士兵还奸淫妇女……

让老百姓互相举告,然后抄家,董魔王的目的很简单:钱!董卓在雒阳抄富户的家,反董联军在关东也是这么干的。

《三国志·魏书·和常杨杜赵裴传》中记载了反董联军抢钱的事情:

(河内)太守王匡起兵讨董卓,遣诸生于属县微伺吏民罪负，便收之，考责钱谷赎罪，稽迟则夷灭宗族，以崇威严。

王匡掠夺百姓财货的办法和董卓一模一样，有时还灭人家全族。

王匡的大哥袁绍也一样。《后汉书·刘虞公孙瓒陶谦列传》中记载的公孙瓒给朝廷的上书中写道："绍既兴兵，涉历二载，不恤国难，广自封植。乃多引资粮，专为不急，割刻无方，考责百姓，其为痛怨，莫不咨嗟。"袁绍的打法也和董卓一样，杀大户，筹钱饷。袁术同样，后来整个南阳郡的钱都被袁术刮出来了。

上文说了，除了抢活人钱，董卓还盗墓！在这事上，曹操做得比董卓还绝。《后汉书·袁绍刘表列传》中记载了陈琳写的那封"把曹操气得头疼"的檄文：

又梁孝王先帝母弟，坟陵尊显，松柏桑梓，犹宜恭肃。操率将校吏士，亲临发掘，破棺裸尸，掠取金宝，至令圣朝流涕，士民伤怀。又署发丘中郎将、摸金校尉，所过毁突，无骸不露。

盗墓这事，曹操做得比董卓系统，他设置了发丘中郎将、摸金校尉。

除了抢钱、盗墓，董卓还铸小钱骗老百姓。《三国志·魏书·董二袁刘传》记载："（董卓）悉椎破铜人、钟虡，及坏五铢钱。更铸为小钱，大五分，无文章，肉好无轮郭，不磨鑢。"

啥意思呢？就是董卓把能化成铜钱的东西都给做成了铜钱，

不过嘛……是铸成了分量、品质都不行的劣币,也就是小钱。这样,董卓拿小钱换大钱,中间就赚了"半个钱"。

可刘备后来也得到了董卓的真传,做得比董卓绝多了。《三国志·蜀书·董刘马陈董吕传》裴注引《零陵先贤传》记载:"(刘备)初攻刘璋,备与士众约:'若事定,府库百物,孤无预焉。'及拔成都,士众皆舍干戈,赴诸藏竞取宝物。军用不足,备甚忧之。巴曰:'易耳,但当铸直百钱,平诸物价,令吏为官市。'备从之,数月之间,府库充实。"

刘备入蜀后直接铸的是"直百钱",这个钱现在还有存世。直百钱就是一个铜钱顶一百个铜钱,我给你一个铜钱,换你一百个一样规格的铜钱。

这真是兴,百姓苦;亡,百姓苦。

说完董卓的恶行,咱们说回迁都的事情。迁都让雒阳的百姓吃尽了苦头,董卓在雒阳地区的群众基础彻底瓦解。除了百姓遭受苦难,从战略部署上看,董卓还错在哪儿呢?

在董卓迁都的问题上,朱儁和曹操从不同角度分析出了迁都的弊端,以及可能埋下的祸患。

先通过《资治通鉴·汉纪五十一》看看朱儁的观点:

> 卓表河南尹朱儁为太仆以为己副,使者召拜,儁辞,不肯受;因曰:"国家西迁,必孤天下之望,以成山东之衅,臣不知其可也。"

董卓派人找朱儁担任太仆,希望朱儁帮助朝廷开展迁都工作。但朱儁看得很明白,迁都招人恨,重点是他认为关东那些人

第三十七章 酸枣会盟，帝都西迁

正在闹事，若此时都城西迁，天下州郡会很失望，岂不是助长了关东联军的气焰。

这个观点在关东联军中也有人看得明白，此人便是曹操。同样在《资治通鉴·汉纪五十一》中，后来曹操看关东联军踌躇不前，就说过：

> 举义兵以诛暴乱，大众已合，诸君何疑！向使董卓倚王室，据旧京，东向以临天下，虽以无道行之，犹足为患。今焚烧宫室，劫迁天子，海内震动，不知所归，此天亡之时也，一战而天下定矣。

曹操觉得董卓率军东进，联军就会很危险。眼下董卓烧宫殿、把天子强行迁到长安，舆论导向就会发生变化，这是董卓自己作死。其实曹操的记性也不是太好，很多年后关羽北伐曹操，曹操也急着迁都，好歹被群臣劝住了。

迁都这事，董卓、朱儁、曹操各有各的道理，各家的说辞后来也都应验了。后来，关东联军内讧乱了套，董卓迁都的优势体现出来了；可因为王室西移，天下很多观望局势的诸侯心思也活泛起来，这点朱儁预测对了。就连朱儁本人后来也在雒阳起兵，而一直中立的徐州刺史陶谦也给朱儁送去了兵马，算是宣布割据。曹操认为董卓西迁就会显现颓势，这点也说对了，后来孙坚的确打进了雒阳。

迁都很复杂，很难说清楚董卓集团的得失，不过按照"笑到最后的人才是胜利者"的原则来说，董卓最后还是亏了。但有一点，不管迁都对与错，对雒阳及周边百姓来说都是一场劫难。

董卓暂时确保了后方的安稳，现在可以专心对付关东联军了，那么他是怎么做的呢？

第三十八章 议和与开战,西风压东风

老董确保了后方的稳固,就准备和联军开战了。按照军队出征前动员时常有的戏码,董卓决定用袁家人的头颅祭旗!

一、董卓诛灭袁隗全家,以解心头之恨

《资治通鉴·汉纪五十一》记载了董卓处决袁家族人的过程:

> 董卓以袁绍之故,戊午,(在长安)杀太傅袁隗、太仆袁基,及其家尺口以上五十余人。

董卓不仅安排长安朝廷将袁氏灭门,他还担心袁家的故吏把袁氏的尸体偷走,于是将袁家人的尸体藏了起来。董卓是真的恨透了袁氏。

祭旗之后,老董就准备开打了。

史书中对反董战役时间节点的记录很模糊。整个反董战争也就持续了一年多，其间双方打得断断续续、乱七八糟，仅有的几次有一定规模战役的时间，史书的记载也含糊不清，而且中间董卓还曾安排朝廷命官到前线与联军议和，后来还发生了孙坚北伐，董卓撤军返回长安。其中3次主要战役——河内之战、汴水之战、梁东之战，有很多人推测过爆发时间，笔者在此就不再考据了。议和肯定是发生在河内王匡被击败之前，为了能更顺畅地讲反董战争，咱们换个角度，按照准备、议和、河内之战、汴水之战、梁东之战的顺序来说，或许能更清晰地看出老董是怎么面对这场"东汉帝国的东西内战"的。

二、准备阶段，参战双方的实力状况

若是玩电子游戏，玩家一般需要掌控几个要素才能获得游戏的胜利，分别是钱（矿）、兵士（英雄）及在战场上的战术操作。这几个要素缺一不可，没钱就没法造兵，特别是高级兵种更费钱；英雄还得升级，不然实力不行；打起来了还得看玩家的微操作水平，不然高级兵种、强力英雄也能被敌人干掉。

我们也从这几个方面，看看董卓与袁绍的具体情况。

首先看钱、粮。

上一章说了迁都时董卓搜刮百姓钱财的事情，这给他攒下了不少军费，短时间内董卓一方钱粮问题不大。

前文也说了，袁绍等人也没闲着，搜刮百姓掠夺财货的事情也是有的。他们和董卓一样，也不差钱。而且反董联盟军的经济负担要比董卓轻。第一，袁绍等人不需要供养东汉朝廷；第二，冀州不但不用给朝廷上贡，也不用帮助"困难州郡"了。按照《后汉书·刘虞公孙瓒陶谦列传》记载，东汉以往的惯例，冀州每年还要拨上亿的钱财支援北部困难的幽州，这样朝廷就能平衡各州的赋税，"旧幽部应接荒外，资费甚广，岁常割青、冀赋调二亿有余，以给足之"。而眼下幽州又不反董，谁还管幽州。

这么看袁绍的联盟军比董卓还富裕，万一差钱让韩馥拿就完了。不过，韩馥后来也没有给袁绍足额拨付军费，这是后话了。

有了钱、粮，那双方军事力量如何呢？

我们先看看董卓一方的军事实力。董卓的嫡系部队是在凉州和关中身经百战的西州战士，装备优良，经验丰富；董卓收编的并州军，因为常年对抗匈奴、鲜卑，也是久经沙场的老兵，经验满级，坐骑高档。董卓入京后收编的朝廷军，不敢说经验如何，但兵士装备肯定没问题。可是，这些高级兵种维护费也高，关键是人数有限，死了心疼啊。所以董卓想找些低级兵种，让他们当肉盾。

《资治通鉴·汉纪五十一》中记载了董卓这个最终没有实施的计划：

> （山东兵起）卓议大发兵以讨山东。尚书郑泰曰："夫政在德，不在众也。"卓不悦曰："如卿此言，兵为无用邪！"泰曰："非谓其然也，以为山东不足加大兵耳。明公出自西州，少为将帅，闲习军事。……无事征兵以惊天下，使患役之民相聚为非，弃德恃众，自亏威重也。"卓乃悦。

董卓觉得有必要在全国范围内大规模训练低级兵种上前线，

但尚书郑泰不同意。郑泰表示:"相国,论将领实力,您少为将帅,闲习军事,袁绍他们比您差远了。论士兵实力,那些高级兵种以一当十,对付关东那些一级兵,肯定一点儿问题没有。^①况且,若是大批训练一级兵,那老百姓就得真上战场啊,那是要死人的!"

"无事征兵以惊天下,使患役之民相聚为非,弃德恃众,自亏威重也"这句话,怕是彻底让董卓放弃了大范围征兵的念头。如果大范围征兵,那么不想当兵的人恐怕会聚众闹事,会让国家更加混乱。

董卓觉得郑泰说得有道理,毕竟他现在是整个帝国的控制者,需要全面考虑问题,"叛乱"的诸侯可以随便拉壮丁,可董卓不行,因为他处在"治乱"的位置。老董尴尬地同意了下属的建议:"哎,算了,稳定要紧,别一边打一边出新乱子,我就拿高级兵种跟他们干吧。"

老董考虑到稳定,没训练低级兵种,但反董联盟得训练啊。抓壮丁当兵,生产经验值为零,装备是"一根打弯的长矛、披着布衣、穿着草鞋"的初级枪兵,这些兵上前线基本就是送死。

所有参与反董的州郡都在征兵(东汉早就取消内地州郡的都尉了),各方势力都征了几万人。

刘艾曾经跟董卓评价过关东军的组成,《三国志·吴书·孙破虏讨逆传》裴注引《山阳公载记》记载了刘艾的分析。"山东儿驱略百姓,以作寇逆,其锋不如人,坚甲利兵强弩之用又不如

---

① 《资治通鉴·汉纪五十一》:"而明公拥之以为爪牙,譬犹驱虎兕以赴犬羊,鼓烈风以扫枯叶,谁敢御之!"

人,亦安得久?"

最后,我们看看双方的战略部署。

对董卓来说,敌军部署比较分散:三大反董派系驻地是分开的。第一股势力在董卓头顶上,也是最近的——袁绍的马仔河内太守王匡。他的军队是反董联军中唯一一个跨进司隶地区的军事力量。而袁绍和韩馥距离雒阳比较远,在冀州腹地。第二股势力是屯在豫州颍川郡和兖州酸枣县(酸枣紧邻司隶地区)的那一帮子人。第三股势力是马上就要北伐的袁术、孙坚。

老董要打的话,肯定先打掉王匡,再对付兖州、豫州那帮子人,而孙坚和袁术属于后入场但却进展神速的势力。

三、旗祭了,阵势也拉开了,议和吗?

马上就要动手了,朝廷却忽然想和反董联军谈谈。可能因为老董是游侠出身,就算老了,身上还有一股草莽气息。他坚持江湖规矩,"先来一场江湖谈判,谈不妥再比划"。

前脚杀了袁家几十口人,后脚董卓派出朝廷官员到各部叛军去议和,结果可想而知。

《资治通鉴·汉纪五十一》记载了议和的过程:

> 董卓遣大鸿胪韩融、少府阴修、执金吾胡母班、将作大匠吴修、越骑校尉王瓌安集关东,解譬袁绍等。胡母班、吴修、王瓌至河内,袁绍使王匡悉收系杀之。袁术亦杀阴修;惟韩融以名德免。

这下可好，轮到袁绍和袁术祭旗了。袁绍和袁术放一个韩融，把朝廷派来的其他使节都杀了。袁家兄弟一来不希望朝廷的使节在各地动摇反董军心；二来也是表明立场，袁家和董卓不死不休，议和是不可能的。

这里需要讲一下议和使者胡母班的那些大实话。袁绍让王匡在河内郡杀了胡母班、吴修、王瑰。可胡母班是王匡的妹夫，王匡收到袁绍的命令后，最终决定大义灭亲，干掉自己的妹夫。

而胡母班临死前的信，却也捅破了反董联盟的那层窗户纸。《三国志·魏书·董二袁刘传》裴注引谢承《后汉书》记载：

> 班，王匡之妹夫，董卓使班奉诏到河内，解释义兵。匡受袁绍旨，收班系狱，欲杀之以徇军。班与匡书云："自古以来，未有下土诸侯举兵向京师者。《刘向传》曰'掷鼠忌器'，器犹忌之，况卓今处宫阙之内，以天子为藩屏，幼主在宫，如何可讨？仆与太傅马公、太仆赵岐、少府阴修俱受诏命。关东诸郡，虽实嫉卓，犹以衔奉王命，不敢玷辱。……"匡得书，抱班二子而泣。班遂死于狱。

胡母班有两句实话：第一句，哪里有地方诸侯举兵攻打京师的道理。第二句，我们几个国家大臣是受皇帝诏命来议和的，可反董这些人要杀我们。王匡你仔细看看，虽有很多郡守嫉妒董卓当了相国，但大多数人还是安分守己。"不敢玷辱"等于说袁氏几个不老实的人是自取其辱。

眼下袁绍、袁术的态度正应了那句玩笑话，"能动手，尽量别吵吵"。杀了议和使者，开战！

四、议和失败，高级兵种出击，拔掉王匡

老董见谈也谈不妥，和也和不了，便狠狠地说道："王匡，就你小子最听袁绍话，你不仅跨进了司隶地区，还在河内截杀了数位朝廷钦差。我必须拿你开刀。"

董卓击溃王匡的具体时间，如今多有推断，为了方便讲故事，我把它放在议和之后，作为董卓的第一个打击对象来讲。

《三国志·魏书·董二袁刘传》记载了董卓击败王匡的过程：

> 河内太守王匡，遣泰山兵屯河阳津，将以图卓。卓遣疑兵若将于平阴渡者，潜遣锐众从小平北渡，绕击其后，大破之津北，死者略尽。

过程很简单：董卓派出精锐部队，来了一招声东击西，轻而易举地干掉了王匡。

当时王匡守的是河阳津，可董卓却派出疑兵假装去平阴，然后又让精锐部队从小平津渡口过河，迂回攻打王匡。准备很久，打起来很快，王匡从战略部署到军队战力都不行，被拔掉了。

王匡杀了自己妹夫给袁绍纳投名状，其结果如何呢？王匡后来又回老家征了些兵，还想跟着反董大军混，再后来他被胡母班的家人和曹操合谋干掉了。

董卓的高级兵种配合"声东击西"的战法，一战就干掉了王匡军。

王匡被消灭后，蔡邕赶紧跟王匡划清了界限。蔡邕年轻时跟王匡关系不错（董卓入京后，王匡才得到河内太守的位置，搞不

好就是蔡邕帮王匡说的话），现在见王匡把事情做绝了，上了封奏章，划清界限。《汉魏六朝百三家集·蔡中郎集卷一·表贺录换误上章谢罪》中写道："今月十八日，臣以相国兵讨逆贼故河内太守王匡等，屯陈破坏，斩获首级，诣朝堂上贺。……"

还有一路军阀屯在黄河北，那就是毫无存在感的张杨。张杨也是反董诸侯之一，与其说是一路诸侯，不如说是临时被拉进来的土匪。张杨是当年并州刺史丁原的手下，丁原入京后派张杨回并州征兵，结果丁原被吕布杀了，张杨和吕布又是好哥们（后来多次因为个人情谊帮助吕布），但他不想投靠董卓。那么问题来了，张杨上哪儿混去了呢？

《三国志·魏书·二公孙陶四张传》记载了张杨的奇妙旅程："灵帝崩，硕为何进所杀。杨复为进所遣，归本州募兵，得千余人，因留上党，击山贼。进败，董卓作乱。杨遂以所将攻上党太守于壶关，不下，略诸县，众至数千人。"

张杨在并州地界一边打山贼弄点儿经费，一边打壶关，作为"叛军"的张杨没能打过上党太守，就改抢老百姓钱，想弄块根据地混日子。快吃不上饭的张杨此时忽然看到了机会。《三国志·魏书·二公孙陶四张传》记载："山东兵起，欲诛卓。袁绍至河内，杨与绍合，复与匈奴单于于夫罗屯漳水。单于欲叛，绍、杨不从。单于执杨与俱去，绍使将麹义追击于邺南，破之。单于执杨至黎阳，攻破度辽将军耿祉军，众复振。"

这段是后话，张杨在内战中毫无作为，除了联系"叛乱匈奴势力"，就是被自己联系的匈奴人给挟持来挟持去。

总之，黄河北的反董联盟是中看不中用。大盟主袁绍代表的黄河北派反董势力，在王匡被打败后根本就无所作为。当然，袁绍还能怎么办？他要是带着自己渤海郡的部队深入司隶地区跟董卓对垒，如果韩馥一翻脸，把袁绍后路一断，他就成了瓮中之鳖。

袁绍这个盟主，只得继续看热闹。

五、兵向酸枣，进击的朝廷军

老董心下也明白，有酸枣那帮子人在前头挡着，袁绍不担心朝廷军会直接讨伐他。反董联盟是中原酸枣派系发起的，他们总该有所行动吧？很可惜这帮废材只知道吃喝。

按《资治通鉴·汉纪五十一》记载，"董卓在雒阳，袁绍等诸军皆畏其强，莫敢先进"。后来曹操组织的汴水之战吃了败仗，从前线回到酸枣，"操到酸枣，诸军十余万，日置酒高会，不图进取"。

这些人不过是一群想寻个由头，裂土割据的家伙罢了。

老董也觉得这些人是废物，《资治通鉴·汉纪五十一》中记载，郑泰就当着董卓的面说过他们是废材："张孟卓东平长者，坐不窥堂，孔公绪清谈高论，嘘枯吹生；并无军旅之才，临锋决敌，非公之俦也。"

所以董卓觉得反董联军也不过如此，盟主都只会看热闹，怕个球！"我决定发兵酸枣，跟叛乱联合军来场大决战。"

董卓接下来的战略部署就很明显了，他派出了一定规模的高级兵种，由中郎将徐荣统领，东进酸枣，寻机开战。

中郎将徐荣可是个狠人，但因为站在董卓一方，所以形象也湮没在三国故事中了。只知道徐荣是辽东人，不清楚他到底是董卓前将军府的老班底,还是京军中的将领。

徐荣率领的精锐非常强悍,而对手却是一帮在酸枣混吃混喝的新兵。若徐荣的军队真的突击酸枣,酸枣联军的大营怕是守不住的,到时候董卓真就扑灭叛乱,中原定矣了。

然而,历史的进程被一个人改变了,一位注定闪耀光芒的人——曹操。

董卓命徐荣东进,接着徐荣和曹操就爆发了汴水之战。看过《三国演义》的朋友或许还有印象:董卓被关东军打败,准备向长安撤退时,曹操率军追击,结果被徐荣打败。

《三国演义》因为情节的需要,把故事给讲反了。曹操当时是想率军占领成皋县,这样距离雒阳就更近了。而汴水之战就发生在曹操军队西进、董卓军队东进酸枣的过程中,并不是董卓军撤退的过程中。徐荣和曹操打的是遭遇战,不是追击战。

董卓真正的战略目就是进攻酸枣大营。《三国传·魏书·武帝纪》记载:"荣见太祖所将兵少,力战尽日,谓酸枣未易攻也,亦引兵还。"

徐荣当时的战略很清楚,是主动攻打酸枣,只是跟曹操打的这一场汴水之战,让徐荣对酸枣的形势产生了误判(谓酸枣未易攻也),最后选择退兵。

真实的汴水之战中展现了曹操真英雄的一面,这位牛人也通过汴水之战挽救了反董联盟。

酸枣大营里,满屋子喝酒的反董将领中可真没几个比曹操有实战经验的。当年黄巾之乱时皇甫嵩指挥长社大战,曹操就是指挥官之一。刚硬的曹操,实在不想与酸枣那些废材混日子,最后和鲍信及帮他起兵的赞助人卫兹率领部队西进,由此和董卓大将

第三十八章　议和与开战，西风压东风

徐荣来了一场硬碰硬的"正面对冲"。《资治通鉴·汉纪五十一》中是这样记载汴水之战的：

进至荥阳汴水，遇卓将玄菟徐荣，与战，操兵败，为流矢所中，所乘马被创。从弟洪以马与操，操不受。洪曰："天下可无洪，不可无君！"遂步从操，夜遁去。

《三国志·魏书·诸夏侯曹传》中更翔实地记录了曹洪让马救曹操：

太祖起义兵讨董卓，至荥阳，为卓将徐荣所败。太祖失马，贼追甚急，洪下，以马授太祖，太祖辞让，洪曰："天下可无洪，不可无君。"遂步从到汴水，水深不得渡，洪循水得船，与太祖俱济，还奔谯。

曹操和徐荣打遭遇战，曹操一方显然打不过徐荣，士兵等级和装备都不行，而徐荣这边都是装备精良的朝廷军队。

曹操麾下的5000人是仰仗卫兹的赞助拉起来的队伍。此外，鲍信（最看好曹操的人）手里兵马应该比曹操多，但也是临时拉起来的。当年，鲍信劝说袁绍，趁董卓刚入京立足不稳之际，跟董卓打一仗，可袁绍没同意，然后鲍信就回家乡征兵去了。

《三国志·魏书·崔毛徐何邢鲍司马传》裴注引《魏书》详细记载了鲍信起兵时的军事实力。"信乃引军还乡里，收徒众二万，骑七百，辎重五千余乘。"鲍信离开雒阳后，整编出两万兵马，其中多少是能作战的兵士就不得而知了。按鲍信有一万兵

马、七百骑兵计算，那他和曹操手中至少有 1.5 万人。

汴水之战双方打了一天，从白天打到晚上，真是死战啊。结果曹操把自己的家底全打进去了，自己也差点儿死了。多亏曹洪把自己的战马让了出来，曹操才侥幸活命。曹洪让马后还不忘煽情地说道："大哥你先走！天下可以没有我曹洪，但不能没有你曹操！"没马的曹洪也差点儿战死了。

曹操的赞助商卫兹战死了，估计兵士也死光了。盟友鲍信重伤，鲍信的弟弟鲍韬战死，估计兵也打光了，两个指挥官一个重伤，一个战死。

曹操的决绝，的确拯救了酸枣联军。我们把视角调整到董卓一方再看。当董卓大将徐荣看着曹操和鲍信的军队被击溃，又互相勉励再次涌上战场的时候；当朝廷军杀了几个曹军指挥官，其他高级将领直接冲上来继续指挥战斗的时候；朝廷军本以为能打一场击溃战，却打成了拉锯战的时候；曹操的杂牌军一直正面硬扛徐荣的精锐部队到"尽日"的时候，徐荣会是什么心情？

酸枣还有十几万敌人，难道都是这个打法？如果徐荣知道现在整个联军中，也就是曹操和鲍信敢打、真打，或许他会马上整合兵士突击酸枣大营，但他并不是这么认为的。

这么打下去，等于用五级兵来消耗敌人的一级兵。若是这么耗下去，高级兵种不都死没了？徐荣最终选择了撤军。

曹操注定是个牛人，当所有人都在关注关东战局时，当朝廷军和反董联军都在关注酸枣战事时，当荥阳地区的军队都集中在汴水时，当汴水之畔曹操杀得丢盔卸甲、浑身血污时，全帝国的人都看到了，董卓的军队不是不可战胜的，酸枣的废材们也在曹操这面挡箭牌下，无耻地活了下来。

第三十八章 议和与开战，西风压东风

曹操和他的兄弟用性命为代价，扭转了反董战局，引发了蝴蝶效应。汴水之战，曹操虽败犹荣，汴水让董卓知道了什么叫作疼，进而导致董卓的大军没有继续进军剿灭酸枣叛军，天下局势因此而变。

董卓选择了重新酝酿战争方略，酸枣的那帮子人还在胡吃海塞，而曹操则在长吁短叹（曹操回到酸枣，看那些废材根本没有进军的打算，心彻底凉了）。

酸枣这边的人还打着自己的小算盘，再后来他们把军粮吃光了，便散伙了，董卓都懒得搭理他们。北面的叛军吃瘪了，中原的叛军散伙了，眼下的局面看似还是对老董有利啊。

董卓难不成就这么平定了"各路诸侯"的叛乱？当然不是。

董卓与酸枣联军拉锯战的同时，南方也发生了一些事情，竟使得胜利的天平缓缓地倾斜向袁家一方，而压称的砝码是我们普遍认为的"三国最差枭雄"——袁术。

第三十九章 江东猛虎北伐，南风压北风

徐荣击溃曹操和鲍信，没有急攻酸枣联军，而是率军返回。董卓合计着既然不打酸枣了，那可以让徐荣打豫州地区，比如豫州的颍川等地。而颍川郡距离南阳郡的鲁阳县又非常近，所以董卓大军的出没范围，达到了荆州最北的南阳郡的鲁阳地区。大家记住哦，鲁阳是个重要据点，袁术的后将军幕府就屯在那里。

一、关于南阳郡

鲁阳县虽说是归荆州南阳郡管辖，可实际上它却紧挨着颍川郡，距离雒阳也不远。东汉的南阳郡应该是个超级城市（当时南阳一郡的人口就达到几百万），被划给了荆州，所以荆州加上南阳郡那可真是贯通南北的超级大州。

北边的袁绍不敢轻举妄动、中间酸枣那一帮人也在坐吃山空，正当轮到董卓采取行动的时候，却传来了一条消息：一大波

敌人援军即将到达战场。

董卓当时就蒙了，因为不仅大波敌人援军即将到达战场，而且荆州居然也丢了，南阳郡居然也丢了……

二、反董第三阶段：孙坚投靠袁术，誓师北伐

当初袁绍当上盟主时，袁术很不高兴。

袁术才是袁氏家族法理上的嫡出继承人，可酸枣那些一心想割据的诸侯却偏偏不肯推举袁术当盟主。若从那些会盟之人的政治诉求来分析的话，就能看明白为什么让袁绍当盟主。

袁术当时应该调动了很多部队，尽管他不是豫州刺史，但他是袁家的新一代当家人，而且还是正经的大汉后将军。袁家的根基就在豫州，袁氏家族那些家兵少说也能凑出几万人，而且当时袁术还联系了最能打的江东之虎——长沙郡守孙坚。

在这种情况下，让袁氏新一代嫡出当家人袁术做反董联军的盟主才是正理。那为啥大伙不同意袁术当盟主呢？

袁术若是当了盟主，就等于把豫州、兖州，甚至荆州的部分领土交给了他，而袁术再压冀州袁绍一头，若是连冀州韩馥也推举袁术的话，那这帮人干脆直接把袁术送上皇位得了。

这帮人是想借着袁家的名头割据，借袁绍的势就够了，反正袁绍也不来酸枣指挥联军。至于袁术嘛，还能真让他给大伙当"皇帝"啊？您爱干吗干吗去吧。

估计，当时袁术心想："袁绍一个野种，现在敢嘚瑟得这么欢实，那帮叛徒居然还想搞割据，我可不跟你们这些废材玩，我自成一路讨伐董卓去！"

第三十九章 江东猛虎北伐，南风压北风

作为天下第一大世族的废物当家人，袁术看废材的本事那绝对是一流的，因为他自己就是个废材，所以他觉得酸枣那帮子都是废材，和他们不一样的才是牛人。这个人就是孙坚了。

其实孙家与袁家，是父一辈子一辈的姻亲关系。史料中找不到袁术和孙坚是什么时候开始有交集的，但从孙坚北伐董卓时，孙家就一直在袁术的控制下，直到孙策立足江东之后才脱离了控制。而等到袁术败亡时，孙家收留了袁术的妻女。当孙权当家之后，也还是念着袁术的旧情。袁术曾经称帝，按理说那是灭族大罪，可孙权还是把袁术的女儿纳入了后宫，又让袁术的儿子袁耀在吴国当了官，后来还让自己的儿子娶了袁术的孙女，算是保住了袁家的血脉和富贵。

书说正传。孙坚按照与袁术的约定，从荆州长沙郡开始北伐。

袁术在豫州很有实力，而比邻袁家根据地豫州汝南郡的，是连接豫州和荆北地区的天下第一大郡——南阳郡。南阳郡往南就是荆州的首府襄阳郡，往东是袁术的根据地豫州汝南郡。

所以南阳郡对袁术来说太重要了，袁术铁了心要拿下荆州北部！

孙坚带着自己的孙家军离开长沙，直逼荆州治所襄阳郡，顺手杀了荆州刺史王叡，控制了襄阳郡（荆州北部）。

让我们看看孙坚是如何轻松地拿下荆州北部的。

《三国志·吴书·孙破虏讨逆传》记载：

> 坚亦举兵。荆州刺史王叡素遇坚无礼，坚过杀之。

《三国志·吴书·孙破虏讨逆传》裴注引《吴录》则更加具

体地记录了孙坚杀荆州刺史王叡的过程：

> 叡先与坚共击零、桂贼，以坚武官，言颇轻之。及叡举兵欲讨卓，素与武陵太守曹寅不相能，扬言当先杀寅。寅惧，诈作案行使者光禄大夫温毅檄，移坚，说叡罪过，令收行刑讫，以状上。坚即承檄勒兵袭叡。叡闻兵至，登楼望之……叡曰："我何罪？"坚曰："坐无所知。"叡穷迫，刮金饮之而死。

孙坚夺取荆州北部的故事很长，我来整理一下。还记得前文说孙坚从长沙越境出兵平定叛乱的事吗？当时有人劝孙坚请示上级，孙坚没有采纳。这个上级就是荆州刺史王叡，二人本就有矛盾（荆州刺史王叡素遇坚无礼）。待孙坚起兵时显然问过王叡是否一同讨董，王叡的态度是"及叡举兵欲讨卓，素与武陵太守曹寅不相能，扬言当先杀寅"。也不知道王叡是想消耗各郡实力，还是就想对付武陵太守曹寅，起兵之前要先干掉荆州内部的一个大员。

结果呢？曹寅也做了一封假的朝廷文书给孙坚，让孙坚干掉王叡，然后孙坚就真的干掉了王叡。

这个故事的疑点太多，能推出多种情节，我就说一种：孙坚要北伐、要控制荆北，王叡托词让孙坚先干掉曹寅。曹寅和孙坚是一伙的，所以曹寅做了一封假文书给孙坚，让孙坚有理由干掉王叡。

孙坚其实也没用到假文书。孙坚把大军开到王叡那里，骗王叡说："我的士兵经年苦战，可得到的赏赐少得可怜，今天把

第三十九章　江东猛虎北伐，南风压北风

部队开到襄阳来，是跟刺史大人讨些赏钱而已。"这话跟董卓当年入京前和何进说的话简直一模一样，那时董卓其实是想让何进死。孙坚的目的与董卓雷同，是想让王叡死。

可惜王叡信了孙坚："刺史什么时候差过钱？让士兵们拿吧。"

等开了城门，孙坚哼着小曲上了城楼，刺史王叡惊讶地问道："士兵们到府库取钱，孙太守怎么也在其中？"

"哦，我是按照檄文，来杀你的！"

"我有什么罪？"

"你的罪就是什么也不知道。该死。"

下级审判监督他的上级，还弄了一个"什么也不知道（坐无所知）就该死"的罪名。孙坚杀王叡实际上是看中了荆州北部地区，而袁术也需要这些领土。既然已经决定北伐了，那凡是站在董卓一派或者中立派的官吏就都是孙坚的敌人，杀个荆州刺史算啥。

王叡死了，荆州北部丢了。董卓这第一口血还没吐完，马上又一杯苦酒递到他面前。

按照《三国志·吴书·孙破虏讨逆传》裴注引《献帝春秋》记载，袁术见孙坚拿下荆北，高兴地封了孙坚一个"假中郎将"，"袁术表坚假中郎将"。此外，《三国志·吴书·孙破虏讨逆传》中还记载了孙坚夺下襄阳地区后继续北上，并大量收编荆州北部的军队，兵力增加到数万人。"比至南阳，众数万人。南阳太守张咨[①]闻军至，晏然自若。"

南阳郡守张咨是董卓任命的 5 位关东封疆大吏中唯一没有背

[①]《三国志·吴书·孙破虏讨逆传》裴注引《英雄记》："咨字子议，颍川人，亦知名。"

叛董卓的，张咨见孙坚虎视眈眈地来南阳，却依旧晏然自若，也不知道张咨的心怎么这么大，他的下场估计大家也能猜出来。

南阳郡守张咨不肯背叛董卓，自然也不打算给孙坚提供军粮。《三国志·吴书·孙破虏讨逆传》裴注引《献帝春秋》记载：

> 坚到南阳，移檄太守请军粮。咨以问纲纪，纲纪曰："坚邻郡二千石，不应调发。"咨遂不与。

张咨和荆州刺史王叡还是和平年代的思维，按程序办事。你是长沙郡守，跟我南阳郡守要什么粮？孙坚呵呵一笑："小样，还跟我玩程序呢，哥再给你演一出戏，要你的命。"

孙坚故技重施，来了一出"鸿门宴"上杀张咨、夺南阳的戏码。孙坚杀张咨，历史记录有两个版本，但意思差不多：孙坚在和张咨见面时突然发难。

一种说法是孙坚和张咨饮宴，酒过三巡之时突然干掉了张咨。另一种说法是，孙坚装病说要把部队委托给张咨，张咨带了几百兵士去了孙坚营地，而后被杀。

《三国志·吴书·孙破虏讨逆传》记载：

> 坚以牛酒礼咨，咨明日亦答诣坚。酒酣……便牵咨于军门斩之。郡中震栗，无求不获。

《三国志·吴书·孙破虏讨逆传》裴注引《吴历》记载：

> 初坚至南阳，咨既不给军粮，又不肯见坚。坚欲进兵，

恐有后患，乃诈得急疾，举军震惶，迎呼巫医，祷祀山川。遣所亲人说咨，言病困，欲以兵付咨。咨闻之，心利其兵，即将步骑五六百人诣营省坚。坚卧与相见。无何，卒然而起，按剑骂咨，遂执斩之。

不管哪个版本是真的，张咨都是在孙坚的营地被孙坚亲手干掉的。太守一死，南阳郡也只得投降孙坚和袁术。南阳郡是有几百万人口的超级大郡，袁术大概睡觉都能笑出声来。

袁术和孙坚在南阳郡的鲁阳县会师。袁术见孙坚兵不血刃地拿下了荆北，还施"妙计"拿下了南阳郡，高兴啊，一激动又给孙坚封了一个假"破虏将军"，领豫州刺史。《三国志·吴书·孙破虏讨逆传》记载了孙破虏名号的由来："前到鲁阳，与袁术相见。术表坚行破虏将军，领豫州刺史。遂治兵于鲁阳城。"

"孙破虏"的称号确实是袁术封给孙坚的，而且豫州刺史也是袁术给封的。袁术对孙坚算是下血本了，天下十三州，若说袁术在哪里说了算，眼下也只是豫州和一半的荆州，袁术任命孙坚为豫州刺史可不是下了血本嘛。

三、反董第四阶段：董卓抗孙坚，设法夺荆州

董相国真的要疯了，这下可坏了，本来已经摁住酸枣那帮子叛徒，扭转战局了，可孙坚和袁术却异军突起，现在局势来了个大逆转，算上河东郡的白波军，老董基本是四线开战了。

如何解决眼下的问题呢？第一，一定要阻止荆、豫军队北上。第二，荆州绝不能落到袁术和孙坚手中！

孙坚在鲁阳整备部队,准备北伐董卓。董卓则把徐荣的高级兵种又调到了鲁阳地界,准备南征孙坚。

双方在鲁阳地区已经碰面了,但并没有开打。《三国志·吴书·孙破虏讨逆传》记录了两军在鲁阳城下碰面的戏剧性一幕:

> 当进军讨卓,遣长史公仇称将兵从事还州督促军粮。施帐幔于城东门外,祖道送称,官属并会。卓遣步骑数万人逆坚,轻骑数十先到。坚方行酒谈笑,敕部曲整顿行陈,无得妄动。……卓兵见坚士众甚整,不敢攻城,乃引还。

孙坚在鲁阳驻军,派长史回荆州督促军粮,在城外为其送行时,徐荣的军队前锋就开到了。从史书的记载来看,徐荣的兵马已经兵临城下,而孙坚却临危不乱、不动如山,是个帅才。关键的是最后那句"卓兵见坚士众甚整,不敢攻城,乃引还"。

董卓军的目的是攻打鲁阳城,干掉孙坚。结果发现并不现实,敌人防御塔众多,攻城得死多少兵啊,于是徐荣不打算攻城了。

徐荣可以后退防守,可孙坚不行啊。孙坚是进攻方,时间到了,若没有打败董卓,就等于游戏结束了。接下来就变成了孙坚进攻,徐荣防守。

双方随后爆发了梁东之战。梁东之战的整体战局没有明确记载,但结果写得很清楚。《三国志·吴书·孙破虏讨逆传》载:

> 坚移屯梁东,大为卓军所攻,坚与数十骑溃围而出。坚常著赤罽帻,乃脱帻令亲近将祖茂著之。卓骑争逐茂,故坚从间道得免。

第三十九章 江东猛虎北伐，南风压北风

解读一下，就是孙坚被徐荣打得满地找牙，打到就剩下几十个骑兵，全靠李代桃僵（祖茂跟孙坚换了头饰）才保住性命。

梁东之战孙坚损失惨重，北伐走了没几步（梁县和鲁阳县相邻）就被打得全军崩溃……

我们可以分析一下董卓和孙坚双方的具体战略部署。

徐荣南下鲁阳后发现攻城战不好打，便决定率军北退。然后在孙坚军北进的必经之路上设下埋伏。孙坚必须继续北伐啊，谁知道刚出鲁阳没走几步，就被徐荣的高级兵种突击了，孙坚的几万大军被打得四分五裂，自己就带了几十个骑兵突围。

梁东之战，孙坚很没面子，袁术损失不小。之后，孙坚收拢残兵到了阳人（阳人聚在梁县附近，距离梁县西40里）整备，准备再打一场反击战。

按照《后汉纪·孝献皇帝纪卷第二十七》的记载，其他人也曾经把孙坚逼至如此地步。"牛辅遣李傕、郭汜、张济、贾诩出兵击关东，先向孙坚。坚移屯梁东，大为傕等所破。坚率千骑溃围而去。"

牛辅是董卓的女婿，也是董家集团的继承人，他掌握着凉州军嫡系部队的主力。从上文的记载看，不单单是徐荣暴揍了孙坚，贾诩等人的凉州主力军似乎也在暴揍孙坚。到底是分阶段揍，还是一起揍，就不好说了。

孙坚这边暂时消停了，董卓便赶紧设法收复荆州。在这个生死攸关的当口，董卓需要派出一个有能力，而且还让自己信任的人，去夺回荆州。

《三国志·魏书·董二袁刘传》："灵帝崩，（刘表）代王叡为荆州刺史。是时山东兵起，表亦合兵军襄阳。"

董卓控制的朝廷派刘表担任荆州刺史，自然是希望他能挽救败局。"是时山东兵起，表亦合兵军襄阳"写得有水平。注意，可不是刘表和山东"义军"合兵打董卓。而是山东兵起，刘表也在襄阳起兵，但结果是他在搞割据。

刘表的确是一人一马进入荆州地界的，而且他居然拿下了荆州。接下来让我们看看刘表这单人偷荆州的神操作吧。

《三国志·魏书·董二袁刘传》裴注引司马彪《战略》有载：

> 刘表之初为荆州也，江南宗贼盛，袁术屯鲁阳，尽有南阳之众。吴人苏代领长沙太守，贝羽为华容长，各阻兵作乱。表初到，单马入宜城，而延中庐人蒯良、蒯越，襄阳人蔡瑁与谋。表曰："宗贼甚盛，而众不附，袁术因之，祸今至矣！吾欲徵兵，恐不集，其策安出？"良曰："众不附者，仁不足也，附而不治者，义不足也；苟仁义之道行，百姓归之如水之趣下，何患所至之不从而问兴兵与策乎？"表顾问越，越曰："治平者先仁义，治乱者先权谋。兵不在多，在得人也。袁术勇而无断，苏代、贝羽皆武人，不足虑。宗贼帅多贪暴，为下所患。越有所素养者，使示之以利，必以众来。君诛其无道，抚而用之。一州之人，有乐存之心，闻君盛德，必襁负而至矣。兵集众附，南据江陵，北守襄阳，荆州八郡可传檄而定。术等虽至，无能为也。"表曰："子柔之言，雍季之论也。异度之计，臼犯之谋也。"遂使越遣人诱宗贼，至者五十五人，皆斩之。袭取其众，或即授部曲。唯江夏贼张虎、陈生拥众据襄阳，表乃使越与庞季单骑往说降之，江南遂悉平。

第三十九章 江东猛虎北伐，南风压北风

这段记载很长，但是却很精彩。刘表偷偷潜入荆州找到了蒯家的蒯良、蒯越和蔡家的蔡瑁帮忙。记载中提到的地方宗贼应该是指投靠袁术一方的人，可能孙坚和袁术拿下了荆北就丢在那里，连孙坚自己的基地长沙郡也让给苏代了。何况蒯越后来也说"兵集众附，南据江陵，北守襄阳，荆州八郡可传檄而定。术等虽至，无能为也"。等咱们偷袭夺城成功，袁术等人再回来夺荆州也来不及了。

后来的事情还真叫蒯越说着了，袁术和孙坚正跟董卓纠缠，以为荆州万无一失时，蒯越以蒯家的名义请各地官员到家里开宴会，刘表等人学孙坚，也来了一场鸿门宴，直接干掉了参加宴会的55个官员，接着就"袭取其众，或即授部曲"——攻打这些人的部队，或者招降他们。

袁术和孙坚此时在和董卓拼命，结果后院起火。这回轮到董卓做梦也会笑出声了，袁术和孙坚丢了荆州，太棒了！快让刘表组织部队，我们南北夹击孙坚和袁术。

刘表"偷荆州"成功，董相国眉开眼笑，可他却忘记了有句老话叫"乐极生悲"。刘表占据荆州后，并没有按照董相国的意思办，《后汉书·袁绍刘表列传》中记载了刘表的做法："江南悉平。诸守令闻表威名，多解印绶去。表遂理兵襄阳，以观时变。"刘表控制荆州后，开始整理兵马，观望时局。

董卓任命刘表去荆州，自然是让他打袁术的，可刘表拿下荆州之后竟然观望时局，不肯配合朝廷军攻击袁术。而且刘表做了一件更绝的事情，他居然上书朝廷表袁术为南阳太守。

好嘛，刘表不但不打袁术，还跟朝廷说南阳郡已经被袁术占领了，我推荐袁术当南阳太守。换个角度理解，就是刘表打算和

袁术和解，认同袁术当南阳太守，然后看着袁术以南阳为根据地继续北伐董卓！

董卓此时恨啊。这些人怎么如此不讲义气，怎么都出尔反尔？《三国志·吴书·孙破虏讨逆传》中就记载了董卓曾经说过的狠话："但杀二袁、刘表、孙坚，天下自服从孤耳。"除了二袁和孙坚，董卓的恩仇录上又增加了一个自己任命的刘表。

又一次选人用人失败，董卓的确很窝火。不过事情也分怎么看，对董卓来说，第一，除了刘表，别人没有偷回荆州的能力和影响力；第二，刘表占了荆州，荆州好歹是中立状态，总比在袁术和孙坚手里强吧。

老董别哭，看开点儿吧……

四、反董最终阶段：孙坚、袁术撑住场面

董卓和袁术的对战，史书中写得很简略，并未细说梁东之战董卓军大捷之后，孙坚和董卓军都在做什么。只是用"坚复相收兵"一笔带过。我们也只得略过中间环节，直接从孙坚反击讲起。

反董战争持续了一年后，时间进入初平二年（191年），孙坚也准备得差不多了，自然要寻机反击董卓，机会哪里来？一场奇怪的攻守反击战，给孙坚送去了机会。

孙坚的天赐良机便是阳人之战。阳人之战由董卓一方的胡轸和吕布发动，结果两人因内讧反被敌人觅到了机会。孙坚借机将董卓军一顿暴打，士气高涨，一路打进了雒阳地界。

《三国志·吴书·孙破虏讨逆传》和《资治通鉴·汉纪

第三十九章 江东猛虎北伐，南风压北风

五十二》中简单记录了这场战役。梁东战败后：

> 坚复相收兵，合战于阳人，大破卓军，枭其都督华雄等。

> 卓遣东郡太守胡轸督步骑五千击之，以吕布为骑督。轸与布不相得，坚出击，大破之，枭其都督华雄。

这些记录太简略了，阳人之战董卓没派徐荣指挥，也不知道徐荣干吗去了，可能去别的地方驻军，又或者因为他推荐的同乡公孙度做辽东太守，但公孙度到任后也割据了，进而不得董卓信任了。反正和孙坚对阵的指挥官换人了，换成了凉州的胡轸、并州的吕布，而且这两人之间还有矛盾。

阳人之战到底怎么回事，孙坚怎么一下子就实力爆棚了呢？阳人之战的过程其实是胡轸主动出击，却被孙坚反杀。

董卓一方本来是主动出击，准备强攻阳人城干掉孙坚，可结果因为胡轸和吕布之间的矛盾，董卓军队闹出了天大的笑话。最后反倒被孙坚逮住了机会，一个暴击把胡轸给打垮了。

阳人之战在《三国志·吴书·孙破虏讨逆传》裴注引《英雄记》中记载得非常详细：

> 初坚讨董卓，到梁县之阳人。卓亦遣兵步骑五千迎之，陈郡太守胡轸为大督护，吕布为骑督，其余步骑将校都督者甚众。轸字文才，性急，预宣言曰："今此行也，要当斩一青绶，乃整齐耳。"诸将闻而恶之。军到广成，去阳人城数十里。日暮，士马疲极，当止宿，又本受卓节度宿广成，秣

马饮食,以夜进兵,投晓攻城。诸将恶惮轸,欲贼败其事,布等宣言"阳人城中贼已走,当追寻之;不然失之矣",便夜进军。城中守备甚设,不可掩袭。于是吏士饥渴,人马甚疲,且夜至,又无堑垒。释甲休息,而布又宣言相惊,云"城中贼出来"。军众扰乱奔走,皆弃甲,失鞍马。行十余里,定无贼,会天明,便还,拾取兵器,欲进攻城。城守已固,穿堑已深,轸等不能攻而还。

这个记载把胡轸、吕布和孙坚的事情说得很明白了。董卓军失败的原因是这样的:估计胡轸也发现凉州和并州的两伙人弄不到一块去,并州人不太听自己摆弄。他想学西汉平定七国之乱的周亚夫,也来个从严治军,便在军事会议上,以军队一把手的身份恫吓道:"今此行也,要当斩一青绶,乃整齐耳。"

胡轸为什么斩一个"青绶",军队就整齐了呢?青绶是什么?"银印青绶"是高级官员的代名词,白银印章配的是系印的青色绶带。吏秩比二千石以上皆银印青绶。就算当时吕布还是骑都尉,那也是吏秩比二千石,正好青绶。胡轸在军事会议上的话,很有可能是冲着并州带头人吕布去的。

吕布这"三国第一猛男"能看得上胡轸?他心想:"我和董卓情同父子,你想斩我?我倒要看看打完这一战,董相国是斩了你还是斩了我!看我怎么拆你的台!"

吕布是真拆胡轸台啊,董卓军准备攻城前,吕布又是传递假情报(说阳人城中没有防备),又是暗中搞"营啸"(煽动士兵,说敌人夜袭),结果因为吕布捣乱,朝廷军竟自己溃散了,编制也乱了,铠甲也丢了,马也找不到了,兵器掉了一路。

第三十九章　江东猛虎北伐，南风压北风

你没看错，"战神"吕布在反董战争中，没有什么虎牢关前发威，也没什么三英战吕布，他竟然捣乱来着。打仗靠的就是纪律、人心、配合，董卓军队内部都不是铁板一块，互相拆台，这可乐坏了孙坚。

孙坚见敌人竟然自残，好好的一帮子五级兵种把自己玩成了一级兵种，这不是天赐良机吗！

孙坚出击，大败胡轸，然后"枭其都督华雄"。没错，华雄不是关羽斩杀的，是孙坚杀的，而且这么算来，华雄还是胡轸的手下……

之前徐荣差点儿要了孙坚小命。可阳人之战，孙坚又扳回一局，而且声威大振，之后自然对董卓军步步紧逼，距离雒阳也越来越近了。

董卓见胡轸和吕布被孙坚给收拾了，就想离间袁术和孙坚。《三国志·吴书·孙破虏讨逆传》裴注引《江表传》记载：

或谓术曰"坚若得洛，不可复制，此为除狼而得虎也"，故术疑之。

《三国志·吴书·孙破虏讨逆传》记载：

是时，或间坚于术，术怀疑，不运军粮。

"或间坚于术"，间是挑拨，使人不和，也可以理解为离间、间构、间疏。

最想挑拨离间孙坚和袁术关系的，自然是他们的敌人董相

国。离间计这等计谋,对智商低的将领还是很有效果的。袁术见孙坚风头起来了,心里真的犯起了嘀咕。

当袁术产生了"若孙坚做大,会脱离自己控制"的想法后,他在鲁阳城后将军幕府中便开始狐疑,最终决定断了孙坚的军粮。

袁术傻,可孙坚不傻啊。他见袁术控制前线军队粮草供给,便明白了袁术的心思。孙坚或许不知道有离间计这回事,但他知道怎么解决袁术怀疑自己的问题,那就是以最快的速度,让袁术看出自己的忠诚。

《三国志·吴书·孙破虏讨逆传》中记载了孙坚的急迫之情,"阳人去鲁阳百余里,坚夜驰见术"。见到袁术后他更是激动不已。"(孙坚)画地计校,曰:'所以出身不顾,上为国家讨贼,下慰将军家门之私雠。坚与卓非有骨肉之怨也,而将军受谮润之言,还相嫌疑!'术踧踖,即调发军粮。"

孙坚是真着急啊,他连夜疾驰百余里,从阳人一路骑到了鲁阳,披星戴月地去见袁术。可以想象一下孙坚满脸风尘闯进后将军幕府,忽然拜倒在袁术面前的场景。"后将军!给我粮!给我粮,我能打下雒阳!相信我,我是真心为国讨伐董贼!相信我,我是在替你们袁家报仇!不要怀疑我!"

离间计被化解,孙坚拿到了粮草,北伐大军又开拔了。

反观老董这边,关东联军全部消停了,只剩下袁术和孙坚的军队还在跟自己死磕,用个离间计也被孙坚破解了。董卓很焦虑,最终决定跟孙坚私下聊一聊。

董卓派李傕跟孙坚谈判,想要和孙家和亲,同时孙家子弟想当官的可以列个名单给朝廷,都可以去当封疆大吏。《三国志·吴

第三十九章 江东猛虎北伐,南风压北风

书·孙破虏讨逆传》中也记录了董卓策反孙坚的过程:"卓惮坚猛壮,乃遣将军李傕等来求和亲,今坚列疏子弟任刺史、郡守者,许表用之。"老董还是搞不清形势,孙坚已经在用袁术封的官干活了,你还拿正常官僚那一套去谈?乱世有乱世的法则,打下来的地方才是真的属于自己。再者说,孙坚铁了心认为袁家是正义一方,董卓是国贼,怎么可能跟董家和亲,最后孙家和袁家倒是和亲了。

按《三国志·吴书·孙破虏讨逆传》记载,孙坚臭骂了董卓一顿,然后继续进军雒阳。

> 坚曰:"卓逆天无道,荡覆王室,今不夷汝三族,县示四海,则吾死不瞑目,岂将与乃和亲邪?"复进军大谷,拒雒九十里。

当孙坚的军队开到雒阳周边时,董卓只有两个选择,一是和孙坚死战,来个两败俱伤;另一个就是退回关中,让关东军自己玩吧。

反董战争以来,老董那粗犷的心灵连续受到打击。他现在是疯狂的状态,在这个状态下,老董又将如何面对如过山车一般的人生境遇呢?

第四十章 帝国分西东

对董卓控制下的朝廷来说，当荆州北部失守，继而南阳郡也被袁术控制，孙坚的荆、豫大军开始北伐司隶地区的时候，时局越发不利。

一、雒阳城下，董卓对阵孙坚

朝廷军和孙坚荆、豫军对战的结果，让董卓很不满意。第一回合董家军把孙家军打得满地找牙；第二回合董家军却被孙坚反杀；接下来的第三回合，孙家军一路向北，董卓防守，耗上了！其实当第一回合结束后，孙家军马上就让后方兵员源源不断地补充过来。

可老董早就把雒阳给"祸祸"了，老百姓的钱他也没少压榨，当初迁都裹挟走的人口和南阳郡人口也差不多，但现在百姓都迁到长安去了，眼下抓壮丁当兵都没有人。

可南阳郡还完好无损呢，那南阳郡在袁术眼里就是一座富矿、一个可以快速生产士兵的兵营。为了北伐，袁术在南阳郡大肆征集粮草和兵员。《三国志·魏书·董二袁刘传》记载了袁术在南阳的所作所为："南阳户口数百万，而术奢淫肆欲，征敛无度，百姓苦之。"《后汉书·刘焉袁术吕布列传》中还说了袁术抢钱的事情："初，术在南阳，户口尚数十百万，而不修法度，以钞掠为资，奢恣无猒，百姓患之。"眼下董卓是带着没有后援的高级兵，守着一座"鬼城"，防御着援军不断的孙坚的进攻。孙坚依靠不断生产士兵的南阳郡，一边打一边前进。董卓开始思考，到底是该和孙坚死战，还是该撤退呢？

董卓盘算了一下，决定先亲自出马和孙坚比划比划。结果他吃了败仗，随后放弃雒阳，退到了雒阳边上的弘农郡。接着吕布又对上了孙坚，不过吕布看董卓撤退了，未和孙坚多做纠缠也撤退了。

《资治通鉴·汉纪五十二》简单记载了雒阳之战："卓自出，与坚战于诸陵间，卓败走，却屯渑池，聚兵于陕。""坚进至雒阳，击吕布，复破走。"

从记载看，孙坚打下雒阳没费大劲，董卓和吕布很好对付，看似连攻城的场面都省略了。

那董卓和吕布为何不死守雒阳，跟孙坚来个鱼死网破呢？董卓丢了雒阳，其他反董联军若是也集合起来配合孙坚攻打董卓，那董卓岂不是完蛋了？

世事无常，丢了雒阳的老董，现在却轻松极了。

二、反董联盟瓦解，董卓看戏

孙坚打进雒阳的时候，所谓的讨伐董卓联军早就散伙了。孙坚和袁术还在和董卓交战，人品败坏的袁绍竟背弃盟约，把手伸到了袁术和孙坚的豫州地盘。

《资治通鉴·汉纪五十二》记载："是时关东州、郡务相兼并以自强大，袁绍、袁术亦自离贰。术遣孙坚击董卓未返，绍以会稽周昂为豫州刺史，袭夺坚阳城。"

不怕神一样的对手就怕贼一样的队友，当孙坚和董卓拼命时，袁绍竟断了孙坚的后路，夺取了孙坚的重要据点阳城，一下子掐住了孙坚的命脉。袁绍是真想整死孙坚和袁术。

那么阳城到底在什么位置？它在豫州颍川郡最北端，是豫州距离雒阳最近的一座城，而且这座城一定是孙坚攻打雒阳的大本营，或者说是孙家军前线周转的重要战略据点。

被断了后路的孙坚在军营里气得破口大骂。虽然袁绍占领阳城的具体时间，也有可能是在董卓撤离雒阳之后，但关东军内讧，董卓肯定早有耳闻。而且袁绍和袁术对豫州归属问题也早有分歧，不可能是临时起意互相攻伐。

"关东义军"现出原形之后，老董高兴坏了，他觉得没必要和孙坚死战了，反正干掉孙坚的可能性也很小，搞得两败俱伤没有意义啊。

换位思考，董卓还和孙坚在废弃的雒阳消耗个什么劲呢？反正关东已经乱成一锅粥，那些道貌岸然的联军首领已经开始内讧。老董又不傻，他和孙坚都少废点儿兵，让孙坚留点儿力气回去和关东联军内战，那时候就是孙坚和袁绍对战了，这多好。

老董决定坐山观虎斗，他很快便退兵了，也可以说是被孙坚打败了，反正是撤退了。

原本是众矢之的的董卓，哼着小曲、没心没肺地离开雒阳地区后，关东联军首领们便极为夸张地露出了丑恶的嘴脸。

三、道貌岸然的伪君子

孙坚和董卓血战时，那些"反董义士"中无耻的可不止袁绍一人。屯在酸枣的二百五"诸侯"们，也好不到哪儿去，他们正在互相吞噬。

兖州刺史刘岱果断地干掉了最初做假檄文联络各方讨伐董卓的东郡太守桥瑁。因为东郡属于兖州地盘，刚开始反董的时候，大伙在一个锅里吃饭，可现在散伙了，刘岱认为兖州是他的地盘，所以干掉桥瑁，换了一个自己人去当东郡太守，董卓没能干掉的人，刘岱替他给办了。

孔伷稀里糊涂地死掉了。原豫州刺史孔伷早就死了，只是死得不明不白的，他死以后，豫州一下子蹦出了三个豫州刺史：孙坚做刺史是袁术任命的，周昂做刺史是袁绍任命的，第三个是董卓的朝廷任命的。《资治通鉴》中记载了一个可能是朝廷任命的豫州刺史——郭贡，但不能确定眼下的豫州刺史是不是他。

袁绍则着急问鼎关东。他除了和袁术、孙坚翻了脸，还准备把幽州牧刘虞立为天子。刘虞当然不干，他很清楚袁绍这帮人的嘴脸。袁绍见皇帝换不了，便退了一步，鼓动刘虞自称东汉尚书令，代表朝廷任命官员。

让刘虞自行代表朝廷任命天下官员，将朝廷中负责尚书台

第四十章　帝国分西东

的马日磾和王允置于何处？董卓起初任命马日磾为尚书令，王允为尚书仆射。眼下又让王允接替马日磾担任尚书令，统管全国政务，也包括官员任命。刘虞又不傻："哦，让我替袁绍任命他想用的官员，都是反贼罢了，我不干！"

袁术和孙坚此时已经气疯了。先有刘表占据荆州，后有袁绍偷袭豫州，袁术、孙坚只得被迫和袁绍开战。孙坚率领荆、豫部队调头回豫州攻击袁绍，袁氏兄弟公开决裂。而袁术也只得先把刘表窃取荆州的事情放一放，待干掉袁绍的势力以后，再找刘表算账。

刘表则正在抓紧时间修防御塔。袁氏兄弟翻脸给了刘表稳固荆州的时间，刘表便赶紧备战备荒，他知道袁术和孙坚迟早会打回来的。刘表准备得不错，后来孙坚击败袁绍的豫州势力，继续攻打荆州时，刘表竟在襄阳防御战中，伏杀了江东猛虎孙坚。

鲍信和张邈选择固守自己的地盘。鲍信很推崇曹操，后来与曹操一起保卫兖州时被黄巾军杀死了。而张邈此时也看明白了，还是他的好兄弟曹操有远见，不过曹操的政治目标可不是保全领土，而是称霸中原，所以张邈后来也和曹操翻了脸，转而支持吕布，结果他的弟弟张超及张家全家都被曹操杀了，张邈在逃亡中也被手下干掉了。

韩馥见袁绍如此行事，也感觉到了危机。韩馥与袁绍的关系和刘岱与桥瑁一样，一个是州长官，一个是郡长官。袁绍声势大振，韩馥也提防着袁绍，可他却不敢对袁绍下手，结果反被袁绍弄死了。

张杨依旧毫无存在感。张杨说是一路讨董诸侯，可实力不行，只是跟着袁绍混，其结果是他本人竟被袁绍招来的匈奴人给掠走了，之后虽然逃了回来，但那是后话了。

出头的椽子先烂——王匡归西。王匡因为最早被董卓打垮，加上他杀了自己的妹夫胡母班，后来，胡母班的家族和曹操联合起来弄死了王匡。

曹操则在重新整编部队。曹操因为当年被徐荣打垮，在联盟中损失最大，只得四处奔走重新招兵。不过，汴水之战使得曹家军名声在外，而且也是一次极端的练兵，曹家军指挥官和老兵的实力要远远高于其他联军。

表面看曹操在讨伐董卓的战役中吃了亏，但实际上却为他日后一统中原奠定了基础。眼下，曹操手下指挥官的能力要比其他诸侯的将领高出好几级来。

《资治通鉴·汉纪五十二》中记载，曹操见关东军一个个不争气的样子，气得喊道："吾等所以举兵而远近莫不响应者，以义动故也。今幼主微弱，制于奸臣，非有昌邑亡国之衅，而一旦改易，天下其孰安之！诸君北面，我自西向。"

曹操的表态很清楚，袁绍你们想立谁当皇帝我不管，你们愿意向北拜（逼刘虞称帝）那是你们的事；我还认西面的皇帝刘协。

好嘛，老董没杀死的敌人，结果因为内讧死了一大片。

反董联盟中最卖力的两个人最后开创了三国时代的两个国家，那些看热闹、拆台、耻笑曹操和孙坚是白痴的人，最后都化成了冢中枯骨。所以说认真做事的人不是傻，人家是志向高远，这种人或许只是不屑与那些耍小聪明的人一般见识罢了。

难怪后来孙坚叹曰："同举义兵，将救社稷，逆贼垂破而各若此，吾当谁与戮力乎！"

曹操文采比孙坚好，写下了《蒿里行》："关东有义士，兴兵讨群凶。初期会盟津，乃心在咸阳。军合力不齐，踌躇而雁行。势利使人争，嗣还自相戕。"

我们再看看东汉朝廷这边。

灵帝驾崩时，东汉朝廷的结构被袁家打破了，宦官被清场，世族成为最大获利者。结果董卓的前将军集团突然进场，直接控制了朝廷。短短几个月，董卓就把局面搞坏了。袁家带头闹事，先打董卓，接下来各世族开始互殴，打得鸡飞狗跳。董卓作为领导要承担主要责任。当董卓决定带着朝廷西迁时，东汉就等于"国崩"了！

四、《董逃歌》，董卓失败的转折点

眼下董卓的处境也被一首民谣给应验了。

《董逃歌》是东汉末年的一首民谣，其暗中讽刺了董卓西迁都城的错误。但是按照《后汉书·五行一》记载，这首民谣在汉灵帝中平年间便已经在雒阳流行了，那时候可没有什么董卓专政的说法，自然也没有迁都这回事，看起来很像是一首带有预言性质的民谣。

无论如何，《董逃歌》确实唱出了董卓失败的关键转折点，"逃往长安是大错"。

承乐世，董逃；
游四郭，董逃。
蒙天恩，董逃；
带金紫，董逃。

行谢恩,董逃;

整车骑,董逃。

垂欲发,董逃;

与中辞,董逃。

出西门,董逃;

瞻宫殿,董逃。

望京城,董逃;

日夜绝,董逃。

心摧伤,董逃。

既然董卓觉得自己稳得住局面,在他从雒阳撤回长安之前,或许是为了面子,或许是为了威压群臣,他又给自己升官了。

朝廷派光禄勋宣璠来找董卓,拜其为太师。《资治通鉴·汉纪五十二》:"二月,丁丑,以董卓为太师,位在诸侯王上。"

太师是一种荣誉的象征,也是董卓这辈子当的最大的官了,后来嫌不过瘾,他还想给自己加封为尚父,都是虚名罢了。

董卓让朝廷给自己提高官职,背后还是有些学问的。

太师这个官职显现出了董卓的尴尬境遇。董卓这个太师官职,在《资治通鉴》中还特别给明确了一下,是"位在诸侯王上"。

董卓作为"挟天子以令诸侯"的创始人,一直在给他的后继者曹操蹚路,从太师这个官职就能看出来。

太师这个官职没有任何实际用处,在当时的东汉朝廷里,董相国和董太师又能有多大差距?董卓也只是想把自己的政治地位提高到诸侯王之上罢了。

后来曹操掌权,没搞"太师"这些虚名,而是直接晋位魏王,裂土分疆建立了自己的独立王国,也为将来魏国政权结构稳固后篡夺东汉政权奠定了基础。

话说回来,反董一派都已经割据了,董卓在关中怎么就不晋"秦王"呢?当了秦王,关中就顺理成章成了"董卓秦国"的领土,那时候就是东汉朝廷驻扎在秦国的土地上。可董卓没这么做,而是给自己弄了一个位在诸侯王之上的太师名头,他到死也只不过拥有郿县一个县的自有领土。

其实也不是董卓不想当秦王,不想扩大领地。他当然想!可惜,汉朝有刘邦留下来的"异姓不得称王"之规。眼下天下大乱,到处都在割据,可还没人称王啊,所以董卓这个时候还得考虑影响,如果现在突破高祖皇帝的规矩,称了秦王,那他就真的成了天下大乱的罪魁祸首了(所以说他想不开啊,其实他已经是罪魁祸首了)。

董卓这种瞻前顾后的心理,那真给自己憋屈坏了,估计老董现在打死也不会承认自己是天下大乱的罪魁祸首,最起码他觉得不是自己一个人的责任。

董卓从游侠做到东汉一人之下万人之上的太师,可结果乱世降临、东汉崩溃。老董现在心大啊,他仍然坚信老天会眷顾自己。

说到此处,我们再把目光拉回到皇甫嵩的身上,通过皇甫嵩的境遇看看老董的"幼稚和可爱"之处。

皇甫嵩其实是一个真正的骑墙派。当初,董卓让朝廷西迁都城,自己守在雒阳的时候,他不单单考虑东线战事,还需要思考怎么对付皇甫嵩。

为何?

前文也说了,当年皇甫嵩接手了防御关西的指挥棒,便一直带着3万大军屯在长安地区。董卓从中平六年（189年）三月初离开关中军营，率军入京，再之后控制了朝廷，直到反董内战爆发，皇甫嵩一直屯在关中静悄悄地观望时局。而最终他等来的却是董卓控制朝廷后，调任自己回到长安担任城门校尉的命令。这就是罢了皇甫嵩的兵权，以防董卓在东面作战的时候，长安地区后院起火。

那皇甫嵩听朝廷的话了吗？还是跟着反董联军一起讨伐董卓了呢？

皇甫嵩的长史梁衍提出了董卓最担心的建议："袁氏逼其东，将军迫其西，此成禽也。"

董卓西迁之前，原来的长安城京兆尹盖勋被董卓免职了，他也曾和皇甫嵩商量这个事情。盖勋的建议和梁衍所提是一个路数：起兵配合袁氏东西夹击董卓。

可皇甫嵩居然没同意！

不管皇甫嵩出于什么考虑，他就是不同意跟董卓正面交锋，最终选择了响应朝廷的号召，而且他的儿子皇甫坚寿还专门从长安跑到雒阳加入董卓集团。

皇甫坚寿这一步闲棋，实际上表明了皇甫家族的态度。第一，皇甫坚寿是自己出奔投靠董卓的，皇甫嵩大可以说，是他儿子自己要支持董卓、反对袁氏，他没有这个想法，也好在夹缝中求生存。第二，皇甫坚寿追随董卓，至少保证了皇甫家在关西的安稳，算是皇甫家的一张底牌。第三，皇甫坚寿也起到了人质的作用，有皇甫坚寿在手，董卓就没必要把皇甫家往死里整了。

可等皇甫嵩到达长安，董卓依然授意朝廷把他下狱了。接下来便上演了一出"皇甫坚寿为父求情，哭闹董卓晚宴；董卓执子

第四十章　帝国分西东

之手,当众承诺开释皇甫嵩"的戏码。这出戏其实就是董卓给皇甫嵩来了一个大棒加胡萝卜的手段。

当董卓大军抵达长安,百官自然要迎接"平叛"归来的董太师,虽然董卓没打败孙坚,但一贯好面子的他,架子还是要摆得有模有样。

董卓在接驾的人群中寻觅到了皇甫嵩的身影,老皇甫和其他朝臣一样,跪在地上迎接太师归来。董卓的思绪一下子飘回到了好多年前,黄巾平定战、关西防御战,二人你来我往地争雄,他认为眼下胜负已分。

董卓坐在车辇上,趾高气扬地问道:"皇甫嵩,现在你服了没?"

皇甫嵩跪在地上答道:"我当初真没想到,明公(董卓)能有今天的成就。"

"鸿鹄自然有高远的志向,只是燕雀不理解罢了。"把皇甫嵩比作燕雀,董卓说这话的时候得多爽快。

"当初,我和明公都是鸿鹄,只是明公现在变成了凤凰!"董卓听着舒服,皇甫嵩也有面子,真会唠嗑。

"早知道这点的话,你今天也不用跪着了啊!"

心态已经扭曲到极点的老董,现在心里舒服极了。在老董看来,东汉内战爆发的原因就是"自己这个草根成功,触动了贵族集团袁氏兄弟的利益"。

老董现在哪里还像一个政治领袖,他完全变成了一个快意人生、带着浓厚江湖派头的东汉最高行政长官。

所以,老董决定不管关东风雨飘摇,自己就守在关中,享受着土皇帝的生活!

不管董卓怎么给自己辩白,他毕竟放弃了雒阳,而关东地区因为联军内讧也乱作一团，可关西真的能独善其身吗？此时死神的镰刀已经从关东转向了关西，只是董卓还没察觉到危机罢了。

五、龟缩关中

老董放弃雒阳，打道回长安看戏的战略，实际上只做对了一半。他和孙坚僵持一阵后，看着孙坚回豫州和关东军内战这是对的；可他放弃了雒阳，全军返回长安，这是错误的。

雒阳就算是一座废城，也不应该被朝廷遗弃，它不单单是一座巨城，更是东汉朝廷有信心安定天下的象征。

此外，老董也不该让与皇甫嵩齐名的朱儁留守雒阳地区。董卓撤走不久，朱儁果然调头对付起了董卓。已经被朝臣"背叛"惯了的董卓依旧非常恼火，他又发兵东进，打垮了朱儁，当然这是后话了。可早知如此，老董直接留些嫡系部队驻守雒阳地区岂不更好。

董卓放弃雒阳、撤退长安的最大败笔，当然不是朱儁开始"讨董"，而是董卓控制下的朝廷失去了与关东地区的联系。任谁都能感觉到，朝廷失去了夺回关东的信心，何时才能重返旧都遥遥无期。满朝文武、天下世族在关东大多有产业，难道一辈子在关西待着，关东的家业不要了？朝中人心浮动是难免的。

雒阳被强迁的百姓本就恨董卓入骨，而现在朝中大臣的态度也开始转向。更可怕的是那些原本持观望态度的州、郡纷纷割据自保，东汉气数将尽，董卓最终还是把事情搞砸了……

董卓撤退长安，原本保持中立态度的徐州陶谦，派兵增援了与董卓翻脸的朱儁。益州的刘焉利用五斗米道的张鲁占领汉中，

第四十章 帝国分西东

对外宣传是五斗米教的"米贼张鲁"占领了汉中，阻断了"心向朝廷"的刘焉与关中的联系，然后刘焉就在益州做了土皇帝。幽州本来就被冀州阻断，很难联系到朝廷，现在好了，朝廷消失了，有一定军事实力的公孙瓒琢磨着割据，与幽州牧刘虞也起了龃龉。荆州的刘表，本就是当面一套背后一套。朝廷西迁，他名正言顺地把保证荆州稳定（割据）当作第一要务。豫州、兖州、青州早就打乱了套。

而董卓自己带着"对很多州郡都指挥不动"的朝廷，在强敌环伺的情况下孤悬关中，如此局势，朝廷会有什么样的变化？

早在董卓迁都长安之时，就有很多在雒阳任职的世族官吏和家属逃离雒阳，比如当年拥立汉灵帝有功的周家。周瑜的堂兄周晖见内乱已起，便从扬州庐江赶到京城，想把在京城任职的周家长辈接回庐江，这事让董卓知道了，自然不能让周家离去，周晖因此被杀。

再比如司马懿的父亲司马防，他安排长子司马朗带着家人逃离雒阳，也被董卓的人抓住了。不过司马朗会说话，跟董卓说："明公，清除宦官，举荐贤良，虚心深虑，天下即将大治。可这时战乱已经爆发，各地百姓水深火热，人们想逃离战乱，你就算四处设卡，严刑杀戮，也堵不住啊。"司马朗道出了一个不变的真理，人大多是趋利避害的。

理论上董卓迁都长安以后，关东世族的官员若想从长安再逃回关东难度更大了，某种程度上他们变相地成了人质。这些人心里肯定放心不下关东的祖业，若是董卓能尽快收复关东倒也罢了，可眼下董卓居然放弃了雒阳。

废弃的雒阳城如果在董卓手上，至少地盘还在，汉献帝和朝臣们还会觉得东归有望，董太师还是有可能带领朝廷平定关东的；可如今，雒阳被放弃了，朝廷中思潮涌动，就连汉献帝也想东归了。

献帝身边的侍中之一刘和，是幽州牧刘虞的儿子。汉献帝秘密派刘和去幽州找刘虞，希望刘虞派兵来接自己，只是刘和在南阳郡被袁术给扣下了。

你看，连汉献帝都想东归，其他朝臣能不想吗？而且就连董卓最信任的大儒蔡邕也想东归，蔡邕后来和自己的弟弟蔡谷商议："董卓刚愎自用，怕是成不了事了，我想辞官到兖州去。"

其他人就更不用说了，如果这种思想和情绪蔓延开来，对董卓的政权自然非常不利，至少那些不愿意举家龟缩在关中地区的人，都会慢慢地站到董卓的对立面。

眼下的局面，表面看是董太师带领朝廷退守关中，以待时机。可实际上事情已经变味了，朝中公卿与董卓离心离德，董卓为收拢钱财又做了不少剥削百姓的事情，群众痛恨董卓，外朝的封疆大吏纷纷割据。

董卓即将从岌岌可危的最高点坠落。刚刚从雒阳撤退到关中的董卓却并没有意识到问题的严重性，他觉得自己还稳得住局面，在关中积蓄实力，观望天下时局。很多人都知道现在的局面对董卓越发不利，可他自己却浑然不觉。董卓觉得自己想龟缩在长安，那所有人就都是这么想的。

可老董忘记了一个道理，"逆水行舟不进则退"。他还忘记了，人心隔肚皮，满朝文武可不是机器人，人家有自己的想法。龟缩关中、自鸣得意、毫无进取心的董太师，又都做了些什么事情呢？我们下回再说。

第四十一章 人设崩塌，魔王式枭雄

老董回到长安，除了瞧着关东内战，自己也没闲着。他在自己的封地郿县着手修筑了"超级大别墅"——大名鼎鼎的郿坞。郿坞是董卓人生中最后一个住所，也将是董卓故事的终点。

《后汉书·董卓列传》记载了董卓万岁坞的气派："（董卓）乃结垒于长安城东以自居。又筑坞于郿，高厚七丈，号曰'万岁坞'。"

董卓建成了自己的超级大城堡，人生的梦想终于实现了！眼下的老董对天下事心灰意冷，也失去了奋斗目标，可不就剩下享受了吗？

一、英雄气散尽，终究化枭雄

董卓自打修了郿坞，真就成了"躲进坞堡成一统，管他国破山河碎"，酒、色、财、气样样玩出了新高度。当年的英雄气都变成了酒气,现在他更像一个纵情享乐的暴发户。

先说说这"酒"。《后汉书·董卓列传》记载:"(董卓)数与百官置酒宴会,淫乐纵恣。"

董卓没事就把百官聚一起开宴会,"淫乐纵恣",看来宴会的项目还不少呢。百官陪着董卓吃喝玩乐,私底下估计没少骂他,毕竟天天一起喝酒的不一定是朋友。

再说说这英雄难过的美人关——"色"。史书上还真没写董卓如何好色,如汉桓帝、汉灵帝、曹操对女色的追求都写了不少,但记载董卓好色的还真不多,除了喜欢在传说中与吕布有一腿的"貂蝉",也只是记载了董卓有小妾,就算加上看上皇甫规遗孀这事,董卓也不算有什么荒淫的故事。如今有些作品把董卓搞得与享受酒池肉林的纣王差不多,有些过分夸张了。

接着说说董卓对"财"的渴求!老董因为钱,已经把雒阳和关中搜刮一空,百姓苦不堪言,看看当时关中市面上的粮食价格就能明白。《三国志·魏书·董二袁刘传》记载:"于是货轻而物贵,谷一斛至数十万。"在这个局面下,老董自己却积攒了巨大的财富。郿坞内,董卓"积谷为三十年储",而且按《后汉书·董卓列传》所载,董卓还在郿坞中囤积了大量财货,"坞中珍藏有金二三万斤,银八九万斤,锦绮缯縠纨素奇玩,积如丘山"。

老董这下算是圆了做游侠时的梦想,他现在真没把一统江山这事当成自己的责任,目前他的任务就是给家里人安排妥当。

最后看看董卓生活中的气派。《后汉书·董卓列传》中记载:"卓遂僭拟车服,乘金华青盖,爪画两轓,时人号'竿摩车',言其服饰近天子也。"豪华座驾跟皇帝的差不多,穿戴的服饰都得显出一人之下万人之上的气派。

第四十一章 人设崩塌，魔王式枭雄

如此气派，董卓还不满意，他还想给自己弄点儿虚名。董卓想给自己加个尚父的名号。传说中发动"封神大战"的姜子牙就称尚父，而且其道号为"飞熊"。《三国演义》里给董卓的亲卫军取名飞熊军，十分应景。

《三国志·魏书·董二袁刘传》裴注引《献帝纪》记载：

> 卓既为太师，复欲称尚父，以问蔡邕。邕曰："昔武王受命，太公为师，辅佐周室，以伐无道，是以天下尊之，称为尚父。今公之功德诚为巍巍，宜须关东悉定，车驾东还，然后议之。"乃止。

董卓想当尚父的计划没有成功，因为蔡邕建议，等打回雒阳收复关东以后再称"尚父"不迟。

饮酒不醉尚为高，近色不乱乃英豪。无义之财君莫取，忍气饶人祸自消。以上4条，现在的董卓一点都做不到……

眼下的董卓失去了进取心，进入自我安慰的状态。

老董搬进郿坞后的心态，在《三国志·魏书·董二袁刘传》中说得很明白，"（董卓）自云：'事成，雄据天下，不成，守此足以毕老。'"

能搞定天下，就做；不成，就在这儿养老。可实际上，作为东汉最高指挥官，董太师没有重新抚平天下的志向，德不配位，这也是董卓的罪过之一。

董卓想隐退养老，还不忘给族人大肆封官。《后汉书·董卓列传》记载："以弟旻为左将军，封鄠侯，兄子璜为侍中、中军校尉，皆典兵事。于是宗族内外，并居列位。其子孙虽在髫龀，男皆封侯,女为邑君。"

《三国志·魏书·董二袁刘传》裴注引《英雄记》中重点突出了董卓的孙女董白的封官过程。"孙女名白,时尚未笄,封为渭阳君。于郿城东起坛,从广二丈余,高五六尺,使白乘轩金华青盖车,都尉、中郎将、刺史二千石在郿者,各令乘轩簪笔,为白导从,之坛上,使兄子璜为使者授印绶。"

董卓把全家都安排了官职,可眼下这个时局,他这么做不过是掩耳盗铃,自娱自乐罢了。

董卓既然如此自暴自弃,怕是也感觉到时局越发对自己不利。而他又拿不出走出困境的好办法,所以也顾不得许多了,既然想求稳养老,那也得做个最狠毒的养老枭雄。

二、魔王型枭雄

董魔王本来就没有约束好自己的部队,杀良冒功、抢夺百姓钱财的事情经常发生。现在已经没有退路的他,更要彰显自己的凶残,进而镇住场面。

郿坞没修好时,董卓曾去视察工期进度,长安的公卿自然要给董太师践行,而就在送行之时,董卓特意让公卿大臣们看了一场血腥的大戏。《后汉书·董卓列传》中记载了董卓这次残忍杀降、敲山震虎的凶残手段。

卓施帐幔饮设,诱降北地反者数百人,于坐中杀之。先断其舌,次斩手足,次凿其眼目,以镬煮之。未及得死,偃转杯案间。会者战栗,亡失匕箸,而卓饮食自若。

第四十一章 人设崩塌，魔王式枭雄

翻译过来就是：董卓当着群臣的面，将北地反叛的几百名降卒割了舌头、砍断手脚，再挖掉眼睛，之后又用大锅给煮了……

虽然之前和关东军作战的时候，董卓也残杀过俘虏，可眼下董卓是当着百官的面残忍处决降卒，他本人还吃喝自若，仿佛这事再正常不过了。就这画风，老董残暴的形象没得跑了……

有时董卓也拿高官大臣开刀，从而震慑群臣。老董通过残忍的恫吓敲打群臣，若是遇上敲打不好使的，就抓个典型杀了，借此告诉朝廷百官不要妄想反抗自己。比较倒霉的就是当年董卓的老上司，和他一起打关西之战的张温。老董说张温暗中勾结袁术，然后活活把他打死了。而且按《后汉书·董卓列传》记载："诸将有言语蹉跌，便戮于前。又稍诛关中旧族，陷以叛逆。"董卓对自己手下，现在也是说杀就杀，为了稳固关中统治，部分世族也遭了殃，董卓没少打击他们。

现在，老董不但留下了挟天子以令诸侯的骂名，给自家封官晋爵、任人唯亲这都算是小事了，如今他是真坐实了残暴魔王的形象喽。

天下大乱、民不聊生，董卓却准备享受自己的人生了，或许他心里有恨，恨那些挑起战争的世族大家，恨那些背叛自己的名士大臣，也恨那些对自己阳奉阴违的朝中公卿。可越是如此，花样繁多的失败越是接踵而至。最后，董魔王扭曲的心态中又加入了惨无人道的嗜血、狂躁情绪。

老董表面一味地享乐和威压朝廷，可心里如何会不清楚，眼下局势怕是无力回天了。人生蹉跎，故作强大罢了。

一个一人之下万人之上的人，失去了进取心，躲到自己的超级坞堡中享受人生，这实际上也是一种慢性自杀。董卓身边的人和事都在慢慢发生变化，只是他自己不知情，或者说装糊涂、混日子罢了。

董卓眼下没有离开长安，也没有亲自率军反攻关东的魄力，他选择靠铁血手段恫吓周围的人，靠着武力硬生生地钳制着朝廷，硬要朝廷按照现在的模样"苟活"。但这种魔王式的枭雄是不可能长久安稳养老的，悲惨的结局早已注定！

三、末日将近

董卓心灰意冷，使得朝廷中很多人大失所望。比如前文提到的董卓非常信任的蔡邕也打算东归，可见朝中支持董卓的人开始慢慢离散了。那些对董卓龟缩在关中享受生活有意见的人，便开始暗中策划"诛杀董卓"。

如今天下大乱，关东军打的旗号就是诛杀董卓，那杀了董卓是不是就天下太平了？历史证明，杀了董卓天下也没有太平，但当时很多人心里觉得至少得杀了试试才知道结果啊，所以想除掉老董的人越来越多。

早前董卓就被伍孚刺杀过，裴松之认为伍孚很可能就是伍琼，也就是之前董卓信任的那个城门校尉。伍孚虽然失败了，但自此董卓心里也不踏实，别看他天天把自己搞得很威武，让群臣很惧怕，但实际上他整天提心吊胆的，以至于出门时都会内衬一件贴身宝甲，这装备就是在被刺杀时保命用的。

虽然眼下刺杀董卓的事情并没有再发生，但暗地里谋划干掉董卓的人越来越多。比如郑泰、何颙、荀攸，只是他们谋事不机密，被董卓发觉了，跑的跑，死的死，被抓的被抓。但有一位同

第四十一章 人设崩塌，魔王式枭雄

志做得就很隐蔽，切入点选得也好。

那就是王允，一位一直帮助董卓打理朝政的重臣，做过尚书仆射协助马日䃅管理尚书台，后来董卓干脆就让王允管着尚书台。现在我们评价王允，当时帮董卓是"忍辱负重"，后来是"寻机除贼"，高明的手段叫作"连环计"，最牛的撒手锏是他的义女"世间第一美人貂蝉"。

要说王允在董卓刚掌权时就想除掉董卓显然不现实，"忍辱负重"的说法姑且听之吧。但当董卓西归长安，关东地盘尽失，他自己却不管不顾地享受生活时，王允怕是彻底对董卓失望了，他心里或许真的想让东汉朝廷好起来，所以决定除掉董卓，换取天下太平。

王允之前与郑泰等人也联络过，郑泰等人失败后，王允倒没有败露。他接过除董行动的接力棒，开始着手组织自己的"除董行动小队"。

王允先找了杨瓒、士孙瑞等人，但这些人都不掌禁卫兵马，想刺杀董卓难度很大。所以王允开始物色更合适的人选，最好能够在董卓身边。大家都知道，王允找到了吕布，究竟二人怎么商量的，咱们先埋个伏笔。

眼下，除了朝廷内部暗流涌动，社会上的反董情绪也已经被调动了起来。

前文提到的带有预言性质的《董逃歌》，也可以看作是为反董造势，再加上之前提到的儿歌"侯非侯，王非王，千乘万骑走北芒"，现在已经有两个与董卓有关的预言了。有些与董卓相关的预言倒也没什么。可关键是，预言若都是对董卓不利的，那董卓可就坐不住了。

新的预言还真来了。《后汉书·五行一》记载："献帝践祚之初，京都童谣曰：'千里草，何青青。十日卜，不得生。'""千里草"串起来就是个董字，"十日卜"串起来是个卓字。千里草貌似是无根之草……

《董逃歌》刚流行完，又来了《千里草》，这些流行童谣也预示着董魔王的好日子快到头了。当然，这些仍是"糖葫芦舆论宣传战"的一种手段，但也从侧面说明已经有很多人为"除董"制造声势了。

后来又出现了第四个没有"歌词"的"预言"，而这个直接关系到董卓命运、结果也真的应验了的"预言"，董卓却没把它当回事儿。

接下来咱们就详细说说董卓的末日。

第四十二章 董魔王的末日

前文说到朝廷中"除董"势力层出不穷,长安城中暗流涌动,民间预言接二连三,现在看来,"除董"已经不算什么新鲜事了。可粗枝大叶的董魔王,对自己掌控朝局的能力仍然信心满满,管它外界地动山摇,他就躲在郿坞里一边享受生活,一边遥控几十里外的长安朝廷。

现在老董压根儿就不担心朝中会有变故,他担心的是如何据守关中,让自己过上安稳日子,而这个问题的关键所在,是如何守好长安周边的东、西两条战线。

一、董卓军反攻关东,让"内鬼"有机可乘

先说西线战场。关东的东线战场打得热火朝天,当年的反董联盟成员之间正在互撕,老董相对放心。但长安的西线战场,董卓也是有敌人的,当年朝廷的死敌韩遂和马腾还占着凉州呢。按

照"只有永远的利益,没有永远的敌人"的原则,董卓选择与叛军冰释前嫌,坚决与马腾、韩遂和解。《后汉书·董卓列传》:"初,卓之入关,要韩遂、马腾共谋山东。遂、腾见天下方乱,亦欲倚卓起兵。"

经过友好协商,马腾、韩遂满意地投靠董卓,甚至打算一起出兵攻打关东——眼下西线无战事了。

再说东线战场。本想龟缩关中的董卓,因为留守雒阳的朱儁竖起反董大旗,只得重新部署东方战线。初平三年(192年)春,董卓派遣女婿牛辅屯军陕地,又派出李傕、郭汜、张济、贾诩反攻关东。

董卓的东征大军先干掉了朱儁,然后继续挥师东进,劫掠颍川、陈留郡,攻入豫、兖两州。在关东军内讧瓦解的当口,董卓军重新杀入兖州和豫州,大有反攻得手的可能。按史书的说法,董卓军这一路是连杀带抢,老百姓遭了大殃。《后汉书·董卓列传》记载:

> 初,卓以牛辅子婿,素所亲信,使以兵屯陕。辅分遣其校尉李傕、郭汜、张济将步骑数万,击破河南尹朱儁于中牟。因掠陈留、颍川诸县,杀略男女,所过无复遗类。

董卓的嫡系部队纷纷离开长安,最远都打回了兖州和豫州,老董看着眼下的局面,享受着纸醉金迷的幸福生活,心中大为快意。

若是谁跑到董卓面前,提醒他小心朝中有变,老董八成会大大咧咧地说道:"什么祸起萧墙!开玩笑,长安城俺都不咋去,都是王允替俺打理朝政,这几年来他尽心尽力,从来没出乱子。再说,当年王允为河南尹,若是他想阻止俺入主京城,俺会不费一兵一卒拿下雒阳?俺信得过王允。"

"啥?俺的嫡系部队都外出征战,长安地区会有变数,怕有人对俺不利?切,俺义子吕布是最骁勇的战将,他现在跟俺形影不离,有他护卫,谁奈何得了俺!"

经历过大风大浪的人,有时也会天真。比如董卓就幻想着,他的万岁坞有神佛护佑一般,绝不会被攻破。他还幻想满朝文武对他是真心真意地恭顺,都在等着董卓的东征大军收复关东呢。甚至有时候他还不忘夸夸王允的理政水平。

董卓又一次低估了人性的复杂,他偏偏就忘记了王允和吕布及留守长安的军官中有很多是并州人,他们都是老乡。

二、天下绝色貂蝉登场

《三国演义》中有一著名桥段"凤仪亭":董卓的义子吕布调戏董卓的小妾貂蝉,被抓了现行,暴怒的魔王拿起吕布的方天画戟丢了过去,吕布跑了。

这个要了董卓命的伏笔中,有真有假。

真的是,吕布确实勾搭了董卓的女人;而董卓也确实曾因琐事而恼火,用手戟(短柄投掷武器)丢过吕布,只是这两件事是分开发生的。所以,假的是,董卓并不知道此事,而且他的爱妾也不叫貂蝉。貂蝉这个名字是《三国演义》给这位侍婢专门设计的。

那吕布、董卓还有"貂蝉"之间到底是怎么回事呢?

《三国志·魏书·吕布（张邈）臧洪传》："（董）卓常使（吕）布守中阁，布与卓侍婢私通，恐事发觉，心不自安。"

董卓把义子吕布放在家里保护自己，晚上吕布得给董卓守卫门户。吕布高大威猛，但人品不好且极为好色。时间久了，董卓的一个侍婢给吕布飘去了一个飞眼。吕布心里痒痒的，终于在一个月黑风高夜，一激动与干爹的侍妾做了越线之事。

快活过后，私通这事便成了吕布的心病。董卓现在可是脾气火爆的大魔王啊，他曾亲口说过："我的狗也不能随便欺负。"自己的侍妾偷人这种事情他怎么可能忍得下呢？

话又说回来，既然没有王允设连环计，而且与吕布有私情的小妾也不叫貂蝉，那中国历史上四大美女中唯一一个虚构姓名的"貂蝉"的名字到底是怎么来的呢？

首先，貂蝉并不是一个人名，而是一件东西，而且是一件象征身份的东西。貂蝉是汉朝顶级宦官中常侍的头冠，自然也就等同于身份的象征。

貂蝉作为头冠，在战国的时候就有了，最初因战国赵武灵王曾让麾下将领将貂尾缝在头盔上而得名。

《艺文类聚·职官部四》记载：

> 或曰：风后为黄帝侍中，周时号常伯者，言其道德可常遵也，秦始皇复古，冠貂蝉，汉因而不改，此内官，侍帷幄，受顾问，拾遗于左右，出则负玺以从，秩二千石。

也就是说，到了秦朝也用貂蝉冠，除了把貂尾装饰到头冠上，同时还"附蝉"，就是用白玉或金箔等材料做成蝉的样子，装饰在头冠上。这个貂蝉冠既装饰有貂尾（成语狗尾续貂源于此意），也装饰了玉蝉（玉蝉在古代有高洁之意）。

到汉朝时，貂蝉冠就更明确了，《后汉书·舆服下》记载：

> 侍中、中常侍加黄金珰，附蝉为文，貂尾为饰，谓之"赵惠文冠"。

汉朝皇帝的侍中、中常侍就都戴貂蝉冠了。

如此说来，罗贯中给董卓侍妾取名貂蝉，确实费了一番心思，"貂蝉"是有一定寓意的。笔者也想在此演绎一段故事，说说这貂蝉……

那一日，董卓在郿坞大摆筵席，"董太师的夜宴"是汉官交际的日常项目，汉朝百官来董太师的郿坞赴宴好似家常便饭。郿坞宴客的大堂上早早就有不少杂役在安排座席、端送酒食。入夜后，轩敞的厅堂内灯火如昼，董卓坐在上位，其麾下的一众文武、朝中重臣、外驻将领统统在座。吕布作为董卓的义子加护卫，则如"门神"般持戟护卫在董卓身后。

酒席间董卓心情大好，端着酒杯环视众人，微笑着说道："眼下，李傕、郭汜、张济、贾诩等人反攻关东，在雒阳大破逆贼朱儁，大军已经深入豫州地界，不日定能克定豫州，消灭袁术！此次大胜，有赖于将士用命，朝中诸公团结一心，得益于朝臣、谋士苦心孤诣，归功于前线将领死战不退。"虽然眼下董卓没什么进取心，可这些年来身居高位，早练就了一套套鼓励下属的官话。

"诸位共饮此酒！"

众人内心各有所想，管他高兴也好，鄙夷也罢，面上装得那叫一个欣喜,就连文官为首的王允也环顾左右举杯示意。众人同饮一杯后,酒宴的气氛便热烈了起来。如胡轸这样好动的武将,就开始频频敬酒。待众人酒酣耳热之时,董卓冲着主簿田仪点了点头,田仪笑了笑说道:"今日大庆,太师特意安排家眷带领府中歌姬为诸位献舞,以助酒兴。"

田仪此言一出,一众将领、官员的眼睛绽放出异样的光彩,他们知道董太师府中尽是天下绝色。随着田仪的几下巴掌声,酒席两旁的乐师奏响了乐器。

以董卓爱妾"貂蝉"为首的一众舞姬在众人的欢呼声中迈着轻盈的舞步,若凌霄殿中的仙子一般走了出来。郿坞的大殿内灯火通明,在灯火映照下,大殿中央的这群舞姬更似仙女下凡。伴奏编钟的敲击声也随着舞姬的舞步越敲越快,这些舞姬身影流动,仙袂若悬,身姿优美地伴着节奏起舞,站定时若画中仙子,亭亭玉立,翻舞间又似灵动魅影,噬骨销魂。

一众将士和朝臣借着酒劲看得热血沸腾,呐喊声、喝彩声不断,吕布更是直勾勾地盯着"貂蝉",目光舍不得移开片刻。一曲歌舞刚刚落幕,不少武将就带着痞气起哄道:"这么有意境,不如让太师爱妾独舞一曲可好。"

跟着董卓拼杀多年的武将个个好似兵痞,就拿那郭汜来说,投奔董卓之前就是个杀人不眨眼的马匪。这些人平日里与董太师喝酒,难免有点儿像山大王宴客一般,乱哄哄的。有人带头起哄,其他将领便跟着七嘴八舌地叫好。"貂蝉"是董卓的侍婢,自然不敢自己做主,只得可怜巴巴地看向董卓。董卓兴致正高,便微微点头,"貂蝉"得了太师令便微微一笑,竟毫不怯场地也冲着那起哄的武将们点了点头,算是答应了。

第四十二章 董魔王的末日

随后,"貂蝉"嫣然一笑,对着身边的舞姬抬了抬手,那舞姬心领神会,竟替"貂蝉"取来两把悬了红丝绸的短剑。

只见"貂蝉"接过两把短剑顺势一弯腰,上身绕环,腰部扭动,双剑在手中舞出了一双剑花。众人呆呆地看着她的动作,回过味后才爆出一阵掌声。

忽听一声幽然的编钟声响起,"貂蝉"踩着鼓点,抬脚展步,剑花泛起。她下腰横扫,双剑如莲花盛开护在腰间,红丝带翩翩飞舞。

"貂蝉"伴着乐曲,手中的宝剑剑花飞舞,如白蛇吐信,卷风而行,舞步轻盈更是英姿飒爽,在场宾客大多看得神情恍惚,如痴如醉。一舞将毕,貂蝉右脚尖点地,后倾一跃,衣袂飘起,双剑在空中再度旋转,纷飞的红丝绑带一卷一舒,恰在伴奏结束时,双足缓缓落地,动作一气呵成,行云流水。

殿中文武看得恍若隔世……片刻的安静后,才有人回过味儿来带头喊道:"好啊!"大堂内响起了地动山摇般的欢呼声!护卫在董卓身边的吕布更是三魂找不到了七魄。

有人借酒劲壮着胆子呼喊道:"太师爱妾舞姿惊为天人,百官大饱眼福,请太师赏赐些什么才好。"

此言一出,不少人又跟着起哄,大堂内一下子成了菜市场。董卓麾下不讲规矩这事也怨不得别人,董卓本是游侠出身,难免有些草莽气息。

董卓见"貂蝉"争气,心中大为快意,对着台下一摊手,示意"貂蝉"说话。众人七嘴八舌,想着"貂蝉"能要什么,钱财、丝帛、首饰?

只见"貂蝉"微微一笑,将目光投到了大殿角落里的一个置物架上，那架子上摆着不少头冠、饰带之类的东西。貂蝉径直走向置物架，取下了一项闲置的中常侍佩戴的貂蝉冠，缓缓地将其戴在了头上，接着她在众人惊讶的眼神中款款走到了董太师身旁，一下依偎到董卓怀里，这才望着席间众人高声道："妾，无奢求，只想头戴此冠侍奉在董太师左右。"

听话听音，"貂蝉"明显有所指。那些跟随董卓冲杀战阵的武将一时回不过味儿来，可王允、蔡邕、马日䃅等朝中重臣如何不知道那"貂蝉"话中的意思。貂蝉冠乃侍中与中常侍所戴，能让中常侍侍候左右的人只有皇帝，更何况自打袁氏兄弟诛灭宦官，如今哪有真正意义的中常侍？就连汉献帝也不好再任命中常侍。如今"貂蝉"此言一出，大有大逆不道之嫌。

王允等人敛去了面上的笑容，将目光直勾勾地投向了董卓，他们在等董卓的一个态度。

董卓怕是要让王允失望了，他借着酒劲霸气地说道："一项头冠而已，爱妾喜欢戴着便是。旁人戴不得，侍候我董卓的人有何不可！"

董卓此言一出，不管大厅内如何喧嚣，王允的耳边竟什么也听不见了，他只是碎碎地念着："太师……真的想让中常侍侍候自己吗？"

这个故事乃笔者杜撰，博诸位一笑，但貂蝉这个名字的寓意大抵如此，罗贯中取得也颇为应景。

貂蝉和吕布的事情，其实王允并不知情，但他知道另外一件事情。

《资治通鉴·汉纪五十二》中记载了董卓的暴脾气：

第四十二章 董魔王的末日

> 中郎将吕布，便弓马，膂力过人，卓自以遇人无礼，行止常以布自卫，甚爱信之，誓为父子。然卓性刚褊，尝小失卓意，卓拔手戟掷布，布拳捷避之。

董卓曾因为琐事恼怒，用手戟丢吕布，吕布跑了，"大棒躲、小棒受"的道理吕布还是蛮懂的。

事情过去了，董卓没当回事儿，可吕布却记在心里。王允知道吕布对这件事情耿耿于怀，他要利用这点离间吕布与董卓。

《资治通鉴·汉纪五十二》记录了王允拉拢吕布的过程。

> 王允素善待布，布见允，自陈卓几见杀之状，允因以诛卓之谋告布，使为内应。布曰："如父子何？"曰："君自姓吕，本非骨肉。今忧死不暇，何谓父子？掷戟之时，岂有父子情耶！"布遂许之。

王允平时跟吕布关系不错（毕竟都是并州人，收买也方便些），吕布有一次当着王允的面把"董干爹用飞戟甩自己"的事情给说了。王允便借机拉拢吕布进入"除董小分队"，吕布矜持了一下。

"董卓待我如儿子，我怎么下得去手。"

"你姓吕，他姓董，也不是真父子，当初他用飞戟甩你的时候，想过你们是父子吗？"

王允这一挑拨，吕布又想起了自己和"貂蝉"偷情的事情，两件事情合起来一琢磨，最终同意了刺杀董卓。

所以真实的历史中，王允未必知道吕布和"貂蝉"偷情这事，但这件事情的确加速了吕布叛变董卓的进程。

王允撺掇，貂蝉策应，吕布动摇，董卓却还被蒙在鼓里。接下来，最后一个发生在董卓身上的"无声"预言出现了。

吕布与王允暗中达成同盟后，雒阳竟又出现了第四个预言。王允和吕布的密谋终究还是走漏了风声，长安街头出现一个道士，此人肩上披着布匹，布上写着"吕"字，穿街走巷叫卖："布啊！布啊！"

布上写吕字，自然是吕布，有人前来买布，道士竟不答话。有人将这件事情告诉了董卓，董卓完全没有当回事儿。

《后汉书·董卓列传》及《后汉书·董卓列传》李贤注引《英雄记》都记录了这个匪夷所思的故事：

有人书"吕"字于布上，负而行于市，歌曰："布乎！"有告卓者，卓不悟。

有道士书布为"吕"字，将以示卓，卓不知其为吕布也。

这个道士仿佛是想暗示董卓，吕布有反心，可又不肯直接跟董卓明说。此人究竟是谁，或者说是谁的人，为什么要帮助董卓，都湮没在历史中了。不过不管怎么说，董卓最终都没有悟透这个暗示。

终于，一个千载难逢的机会落到了王允和吕布的头上。在董卓大军外出之际，恰逢汉献帝大病痊愈，按理说朝臣们要到宫中拜见皇帝，权当慰问。而董卓也打算从郿坞去看望陛下。这对于除董小队来说是个执行计划的好机会。

第四十二章 董魔王的末日

此前卖布的道士没能警醒董卓，而此时上天竟又给了董卓两次警示。

董卓换上朝服，坐上自己超级豪华的马车就要赶往长安皇城。《后汉书·董卓列传》记载："卓朝服升车，既而马惊堕泥，还入更衣。其少妻止之，卓不从，遂行。"

临行前董卓座驾的马匹突然受惊，董卓竟然从车上摔到了泥坑中，朝服都脏了。如此模样入宫太影响形象，董卓便要换衣服。侍候董卓的小妾见此情形便劝阻董卓："出门得看皇历，今天情况不对，太师就别入长安城了。"

"妇人之见，陛下大病初愈我当太师的能不去？"

董卓在卫队的护卫下迎着晨晖，奔驰在自己差人修筑的郿坞与长安之间的驰道上。当车队到达长安皇宫后，董卓的卫队自然不能都跟着进宫，他也只是带着吕布、田仪等人缓缓驶进宫城，可到了北掖门前，董卓座驾的马匹竟再一次踟蹰不前。

《三国志·魏书·董二袁刘传》裴注引《英雄记》记载："卓当入会，陈列步骑，自营至宫，朝服导引行其中。马踬不前，卓心怪欲止，布劝使行，乃衷甲而入。"董卓望着反应异常的马匹，又盯着皇城的北掖门看了半晌，琢磨今天出门或许真的该看看皇历？

董卓有些失落地说道："算了，今天就不入宫面圣了。"

"义父乃百官师长，今日百官入朝，太师怎可不到呢？义父大可放心，有奉先在，义父何惧之有？"吕布坚定地劝董卓入宫面圣！

董卓凝视着吕布，微微点了点头。"也罢，有奉先在，孤何惧之有？入宫吧……"

王允和吕布自然早有准备，王允用的还是当年宦官曹节、袁绍和桥瑁惯用的手段——"伪诏"。《资治通鉴·汉纪五十二》记载："王允使士孙瑞自书诏以授布。"他让士孙瑞伪造了一封汉献帝的诏命拿给吕布，让吕布用假诏命处死董卓，只要董卓死了，假诏命就是真诏命了。

　　《后汉书·董卓列传》记载："令骑都尉李肃与布同心勇士十余人，伪著卫士服于北掖门内以待卓。"

　　吕布则集合了心腹十余人乔装打扮成宫中内卫，待董卓车驾进入北掖门后伏杀！英雄也好、枭雄也罢，这都不是董卓该有的死法。

　　董卓坐着马车刚进宫门，伪装成宫内禁卫的吕布小弟李肃便用戟突刺董卓，董卓内衬的宝甲竟没被刺破，但他还是被顶下了车驾，伤了胳膊。

　　董卓见中计了，赶紧大喊："吕布何在！"

　　没想到，吕布的答话居然不是"奉先在此，义父莫慌"，而是"奉先奉旨，诛杀董卓"。

　　如此情形，躺在地上的董卓怕是绝望了，他连站起来的机会都没有。

　　董卓对自己的结局或许有过多种设想，但这种结局他肯定是万万没想到的。

　　董卓最后的遗言只是："庸狗，敢如是邪！"

　　田仪等人赶紧扑到董卓身上护主，吕布管你是谁，田仪等人也相继被杀。

　　《资治通鉴·汉纪五十二》中详细记录了董卓的最后时刻。

第四十二章　董魔王的末日

> 卓入门，肃以戟刺之；卓衷甲，不入，伤臂，堕车，顾大呼曰："吕布何在！"布曰："有诏讨贼臣！"卓大骂曰："庸狗，敢如是邪！"布应声持矛刺卓，趣兵斩之。……布即出怀中诏版以令吏士曰："诏讨卓耳，余皆不问。"吏士皆正立不动，大称万岁。

驰骋东汉朝野几十年的董卓就这样死了，在嫡系部队反攻关东的时候，突然被自己的义子刺杀了。大家或许对董卓的这个结局很失望，这不该是一个枭雄的死法，枭雄应该经过一场场与敌人的血战，最后被敌人齐心协力戮杀于阵前。那时，魔王好歹也会来几句"不可能，这不可能"或者"我的江山，我的财宝啊"之类的感叹，然后再缓缓倒下。

可惜现实往往简单到不真实，董卓只来得及骂道："我养的狗，焉敢如此！"

董卓死前或许飞快回忆了自己的一生：驰骋凉州的豪侠不该是这个死法；凉州幕府的将星、为国守卫关中的将领、主政一方的都尉郡守不该是这个死法；守卫国门的州刺史、挥师平叛的"镇西大汉前将军"不该是这个死法；甚至拥立新帝的董相国也不该是这个死法。但国家分崩离析，需要人站出来负责的时候，那个罪魁祸首的董太师就该是这么个死法……

东汉与董卓之间的故事其实从董卓凭借"天火"击退凉州叛军，又依靠"天水"顺利撤军开始就变得很魔幻了。雒阳在董氏太皇太后死后连绵不断地下了3个月的雨，直到董卓入京换了皇帝之后才停，"侯非侯，王非王，千乘万骑走北芒"的童谣被应验，接下来又有《董逃歌》《千里草》的传唱，还有道士暗示董卓，最后董卓少妻的直觉、马匹的反常，仿佛都想说明什么。但这些都没能改变董卓的命运。接下来，董卓的身后事还有什么魔幻的波折呢？

第四十三章 郿坞

董卓终于死了，除了董卓的嫡系，所有的世族和百姓终于可以长吁一口气，"噩梦终于结束了"。

一、身首异处、脐脂燃灯、挫骨扬灰、水浸棺椁是终结

吕布割了董卓的头颅，这颗首级留着有大用。吕布不用再纠结和董卓的恩怨，事情做了就是做了，这个背主的骂名是跑不了了。董卓死后，吕布有没有去郿坞救赎"貂蝉"姑娘，就不得而知了。我猜吕布这厮不会在这个当口上演"单骑走郿坞，刀下救貂蝉"的戏码。

董卓死了，皇甫嵩接到命令，朝廷让他率军赶赴郿坞剿灭董家余孽。皇甫嵩也终于不用周旋在董家和袁家之间了，他率军火速赶往郿坞诛灭了董家满门。郿坞的防御体系虽然很完备，但厚墙高垒却挡不住"董太师已死，为朝廷诛杀董家余孽者皆可免

罪"的口号。所以董家人大多是被坞堡中的守军杀死的。董卓的90岁老母,想求皇甫嵩饶自己一命,可皇甫嵩并没有同意,董家满门被杀。

董卓死了,那些没有被董卓清算的袁氏门生终于现身了,他们把董家人的尸体聚在一起,在被董卓杀死的袁家人的墓地旁,付之一炬。

董卓死了,被暴尸于长安街头,守尸体的官吏在董卓的肚脐上点起了灯火,肥胖的董魔王死后,还被人给"点了天灯"。袁氏门生后来又把董卓和其家人的骨灰撒在了道路上。

董卓死了,长安百姓拍手称快,卖首饰、衣服也要换些酒肉庆祝,除了仇恨董卓的盘剥,他们或许更愿意单纯地认为"董魔王死了,乱世就该结束了"。可他们想错了,董魔王虽然死了,但安稳的日子却变得更加遥遥无期,苦难与死亡将接踵而至。

董卓死了,蔡邕有叹惜之音,王允听得很清楚,义正词严地责骂了蔡大儒。然后将蔡邕下狱,蔡邕恳求王允:"愿以黥首、刖足为刑,请让我写完汉史。"替蔡邕求情的人很多,而《三国志·魏书·董二袁刘传》裴注谢承《后汉书》的记录道出了王允的心声:"昔武帝不杀司马迁,使作谤书,流于后世。方今国祚中衰,戎马在郊,不可令佞臣执笔在幼主左右,后令吾徒并受谤议。"关键的总在最后,"后令吾徒并受谤议"。如果让蔡邕执笔,或许王允真的会受到谤议,那现在董卓的形象又会是什么样子呢?蔡邕被杀,接下来自然是一场朝廷上的大清洗,董卓的嫡系和亲信没有留下什么有价值的名单,只知道"诸阿附卓者皆下狱死"。

董卓死了,当凉州集团军返回长安安葬董卓时,"大风暴雨震卓墓，水流入藏，漂其棺椁"①。董卓死后又一次被上天诅咒，这个结局或许更符合"天怒人怨"的描绘。

二、魔王身后事

董卓死后，原本以凉州和并州势力为主要架构的董卓集团分崩离析。并州人谋反，双方自然彻底决裂。搞清楚状况的凉州远征军，把军中的并州军士都给处死了，这种带有复仇性质的行为，也标志着董卓势力的彻底瓦解。

董卓死后，女婿牛辅打退了并州集团主导的朝廷讨伐军。但想尽快稳固势力的牛辅，却突然杀掉了集团中的另一位董家将领董越。估计牛辅太着急，立足未稳就稀里糊涂地死于营啸事件。

董卓死后，继承人又死了，凉州人为主的东征军一下子蒙了，纷纷要求散伙，只有贾诩说："应该给太师报仇，打回长安。"凉州军听了贾诩的建议，调头西进，一路杀进了长安城，长安也毁了。

董卓死后，东汉更加动荡，关东混战，关西大乱。直到几十年后才有三路军阀从战争中脱颖而出，分别建立了自己的国家，也就是我们熟知的三国故事。东汉再也没有机会选皇帝了，因为那时东汉亡了。

至此，让我们回顾一下董卓与东汉这几十年的爱恨情仇。或许你会发现，中平六年（189年）八月二十八日董卓入京这一事件尤为重要，从这一天开始，东汉的朝局与董卓的人生都发生了巨变。

---

① 《三国志·魏书·董二袁刘传》。

于东汉朝廷而言,这一天世族精英杀尽了宫中的宦官,此后朝中既无外戚也无宦官势力,世族本应从此成为东汉朝廷的唯一势力,门阀政治或许也会从此拉开序幕。于国而言,无论好坏,这都将是一个新时代的开始。而于董卓而言,这一天是他人生的分水岭,他趁着外戚、宦官、世族恶斗之际,火中取栗,重提"董侯、史侯之争",废世族、外戚所立的汉少帝,将董家的"董侯"扶上皇位,此后他便从一位军队领袖转职成了帝国执政者。而董卓自己的命运也自此改变,他从一位中流砥柱的大将军沦为了人人得而诛之的董魔王。

在董卓入京之前,忙碌一生本已到了退休年龄的董卓,在各种史料中其实并无过多恶行。而这一天之后,他的所作所为都成了史家笔下的魔鬼行径,而他身边的文臣武将也近墨者黑,成为口诛笔伐的对象。

在此之前,董卓对东汉有过很多功绩,尽管史料不全,我们也能在只言片语中窥见一二。年轻的他驰骋凉州平定叛乱,特别是在关中阻击先零羌叛军,协助张奂、段颎"清定三州",这是大功一件。他在任并州刺史期间北御鲜卑,与鲜卑共主檀石槐算得上正面交锋,那时的他可谓是大汉王朝的边疆宿将。在黄巾之乱后的凉州、关中平叛战役中,他有勇有谋,独挡西州,更是成了东汉王朝的中流砥柱,保住了西方疆土,功不可没。

可就在董卓入京为乱、窃取政权之后,一切都变了,曾经的功劳都变成了他跋扈的资本,曾经的英雄也变成了狂躁的枭雄。他为防止世族重新拥立汉少帝,选择毒杀废帝,犯下忤逆弑君的重罪。在与世族的交锋中,他又无法收拢世族人心,叛乱日趋扩大,东汉江河日下。缺乏世族底蕴和在中央朝廷执政经验的他放弃了雒阳,退守关中,又让那些支持他平定世族叛乱的朝臣黯然神伤。关东军阀混战,他却在关西修筑郿坞,妄想独善其身,再无进取之心,对于大汉太师的称谓更是德不配位。那时,心灰意冷的他早已忘却了最初走出凉州时的样子,成了龟缩郿坞、贪图享乐的乱臣贼子。而当绝大多数人对董卓失望透顶之时,他却去了一趟长安,并死在了那里。

董卓的崛起改变了东汉的时局,因为董卓夺权成功,天下混战的局面提前爆发,这才是董卓的罪过之源,而董卓早年的许多功绩,也随着他挟天子以令诸侯而被忽略。也许,于华夏文明的进程而言,董卓曾在对的位置,但他却不是对的那个人。

三、探访郿坞

当董魔王被挫骨扬灰 800 多年后,关中平原的百姓们早就遗忘了东汉末年的血雨腥风。

在大宋文人眼中,20 多岁的苏轼和苏辙两兄弟,那真是当世的麟子凤雏,前途不可限量。苏轼时任大理评事签署凤翔府判官,苏辙则陪着哥哥游历关中,当年的董卓封地郿县如今正在凤翔府治下。

苏家兄弟二人游历凤翔府多日,历遍各处景致,更是和诗 8 首,并为《凤翔八观》。二人仍感意犹未尽,现正在郿县境内,便决定再去探一探这郿坞古迹。

苏家兄弟自然知道,唐时成书的《元和郡县志》记载了"董卓坞在县东北十六里"。苏大判官和苏辙寻得郿县县衙的几个小吏,在他们的陪同下,要去那故基尚存的万岁坞遗址。

离开郿县向东北行进了十几里路,一片四四方方的断壁残垣便映入了众人眼帘。

兄弟二人裹着轻裘,带着小厮,踏上了地基宽厚坚实的夯土城垣。苏辙站在哥哥身边,不住地指点那断壁残垣的郿坞,好似在盘算当年董卓究竟动用多少民壮才建成了这"东汉第一坞堡"。

苏轼则爬上了一段更高的城垣,他极目远眺西方,好似一眼望穿了几个世纪的光景,远远地瞧见了那马挂双鞭、疾驰在凉州大地上的董从事。

良久,苏轼开腔道:"子由,你我兄弟二人,已经和诗8首,今日来到这董卓的万岁坞,可否再和诗一首?"

"有何不可,就以郿坞为题,还是哥哥先请。"

此时苏轼的目光仍聚向西北。"这首郿坞,子由先来吧。"

苏辙以为哥哥是感叹起了大宋与西夏、辽国的战争,正感慨时局呢。思索片刻后,他望着四四方方的郿坞遗迹,朗声道:

> 董公平昔甚纵横,
> 晚岁藏金欲避兵。
> 当日英雄智相似,
> 燕南赵北亦为京。①

苏辙一首《郿坞》作完,苏轼才缓缓地将目光从西边收了回来。

"诗是好诗,只是董公是一代枭雄,如何叫'当日英雄智相

---

① 《苏辙集·诗五十二首》。

第四十三章 郿　坞

似'？子由你拿董公揶揄当今朝廷怕是不妥吧。"

见心思被哥哥猜中，苏辙莞尔道："兄长，这燕南赵北的燕云十六州可还在我大宋手中？"

"说董卓就说董卓便是。"

"那兄长请吧。"

苏轼抖了抖轻裘上的灰尘，一边用手拍打着郿坞的断壁墙基，一边念白道：

衣中甲厚行何惧，
坞里金多退足凭。
毕竟英雄谁得似，
脐脂自照不须灯。[1]

苏辙听罢，赶紧追问："毕竟英雄谁得似，脐脂自照不须灯。兄长这是讽刺董卓，还是不肯给董卓盖棺定论？"

苏轼笑了笑，便在几个小厮的搀扶下，跳下了城垣。站定后，苏轼刚说出一个"董"字，忽然风起，众人便再听不清苏轼说了些什么。

---

[1]《苏轼诗集·古今体诗四十八首》。

大事年表

时间	事件	董卓的人生轨迹	东汉朝局变化
汉桓帝永寿元年（155年）	秋，"凉州三明"之一的张奂击溃南匈奴叛军。	董卓"游侠"凉州。	凉州地区羌人叛乱再起，且规模逐渐扩大。
汉桓帝延熹二年（159年）	十二月，凉州烧当、烧何、当煎、勒姐等八种羌被"凉州三明"之一段颎击败。	董卓可能在此期间被陇西郡守征辟出仕，担任郡兵马掾。	
汉桓帝延熹四年（161年）	冬季，先零、沈氏羌等叛军攻打凉州、并州，护羌校尉段颎因罪被征回京。 十一月，"凉州三明"之一皇甫规进击羌军，叛军归降十余万人。	董卓从陇西郡被拔擢到凉州刺史府，担任刺史府从事。继续参与凉州地区平叛战争。	
汉桓帝延熹五年至延熹八年（162年至165年）	五年，皇甫规因朝中政敌诬告被免职召回京城。 六年，朝迁重新任命段颎为护羌校尉。 八年春季到秋季，段颎率领的汉军持续战斗，最终击溃了西羌叛军。	董卓在凉州刺史府任职，应先后追随皇甫规和段颎参与平定叛乱。	东汉朝廷内部各派系互相掣肘，凉州战局愈发糜烂，逐渐演变成羌人大规模叛乱。

(续表)

时间	事件	董卓的人生轨迹	东汉朝局变化
汉桓帝延熹九年（166年）	因张奂从度辽将军任上被诏征为朝廷大司农,鲜卑召集南匈奴和乌桓起兵反叛。 七月,鲜卑再次攻入边塞,引诱东羌部落共同盟誓叛乱。张奂被任命为护匈奴中郎将,督察幽、并、凉三州和度辽将军、护乌桓校尉两营的军事,兼负责考核三州刺史和所有郡守的政绩。	董卓从凉州被朝廷选拔入京担任羽林郎。	段颎率军在凉州战场与羌人部族作战;张奂率军在幽州、并州战场与鲜卑、乌桓等叛军作战。 东汉朝廷内部,宦官势力与清流党人的矛盾日益严重,汉桓帝分别处置了清流党人和宦党,又因司隶校尉李膺在大赦后处死了张成父子,发动了针对清流党人的"党锢之祸"。
汉桓帝延熹十年（167年）	夏,四月,先零羌叛军入关中,攻破驻扎在关中的扶风雍营和京兆虎牙营。 冬,十月,董卓与尹端在关中反击先零羌叛军,大破之。 十二月,汉桓帝驾崩。	董卓被提拔至张奂军中担任军司马,并在关中狙击先零羌叛军,大获全胜,得到了朝廷的巨额封赏并转任郎中。	段颎在凉州彻底击败西羌,张奂在并州基本平定了鲜卑、匈奴和乌桓。董卓驻守关中大败先零羌叛军。三州清定。
汉灵帝建宁元年（168年）	春,汉灵帝刘宏即位。 九月辛亥,皇宫政变,宦官势力擒杀大将军窦武、太傅陈蕃等人。	董卓外放,任并州雁门郡广武县县令。	辛亥政变后宦官彻底击败清流党人,并趁机发动第二次党锢之祸,清流党人暂时退出东汉政治舞台。 因汉灵帝年少,外戚、世族与宦官逐渐做大,把持了朝政。
汉灵帝建宁三年（170年）	冬,凉州刺史孟佗派遣从事任涉率领敦煌郡兵500人,会同戊己校尉、西域长史,动员焉耆王国、龟兹王国、车师前王国、车师后王国军队共3万余人,前往讨伐疏勒王国,无功而返。	董卓应被拔擢为蜀郡北部都尉。	凉州局势趋于平稳,汉军又与西域多国联军讨伐西域疏勒国,但以失败告终,汉朝对西域控制力大为减弱。

(续表)

时间	事件	董卓的人生轨迹	东汉朝局变化
汉灵帝建宁五年至熹平五年（172年至176年）	建宁五年秋，有人在朱雀门上写："天下大乱，曹节、王甫幽杀太后，公卿皆尸禄，无忠言者。"段颎接任司隶校尉抓捕太学生等1000余人，并投靠宦官阵营。 建宁五年冬，汉桓帝弟弟、渤海王刘悝被宦官势力诬告谋反，全家被杀，国除。	董卓可能在此期间转任西域戊己校尉，后因过被免，应于熹平五年十月前被段颎推荐至司徒袁隗，后又转任并州刺史。	宦官势力铲除与汉灵帝宋皇后有姻亲关系的渤海王一族。 汉灵帝加固"三互法"并扩大党锢范围，遏制世族势力发展，并严控党锢政策。
汉灵帝熹平六年至光和二年（177年至179年）	熹平六年，汉灵帝采纳护乌桓校尉夏育的建议，发三路大军北伐鲜卑，汉军战败。 光和元年，宋皇后被众多嫔妃与宦官诬告，幽禁而死，其父亲、兄弟被诛杀。 光和二年，京兆尹杨彪检举中常侍王甫至司隶校尉阳球处。阳球向汉灵帝汇报后，抓捕并处死了以王甫为中心的多位宦官、宦党及太尉段颎。 同年，曹节等宦官势力反扑，阳球等人以谋反罪被处杀。	董卓在并州刺史任上，防御北方鲜卑，在朝廷汉军北伐鲜卑失败的情况下，未让鲜卑攻入并州腹地。	灵帝下诏，命三公分别举奏苛刻酷虐和贪污的地方官员，并派出巡察使巡察州郡；启用宣陵孝子政策；成立侍中寺、鸿都门学等机构，试图增强皇室实力。
汉灵帝光和三年至光和四年（180年至181年）	光和三年十二月，立贵人何氏为皇后。何皇后哥哥何进从颍川太守进为侍中。 光和四年冬，鲜卑犯幽州与并州。鲜卑族首领檀石槐去世，其儿子和连继任首领。和连在进攻北地时，被北地人射杀。此后鲜卑各族争夺首领地位，逐渐瓦解。	董卓应在檀石槐死后，转任河东郡守。	何氏因生皇子刘辩，并有宦官支持而得以登上后位。何进也因此逐步走向权力中心。 鲜卑因首领檀石槐领导有方而崛起，但始终没能攻入中原腹地，檀石槐死后鲜卑势力大为削弱。

（续表）

时间	事件	董卓的人生轨迹	东汉朝局变化
汉灵帝中平元年（184年）	二月，黄巾起义爆发。董卓接替卢植指挥冀州战事不利被免职。 十月，皇甫嵩接手冀州战事，先后击败张梁、张宝，平定黄巾之乱。 冬，凉州北地郡先零羌及枹罕、河关群盗反，共立湟中义从胡北宫伯玉、李文侯为将军，杀护羌校尉泠征。汉末凉州叛乱自此开始。	董卓从河东郡守任上被紧急任命为东中郎将，持节组织冀州战事。他从广宗撤围北攻下曲阳的张宝，在下曲阳被张角、张宝击败，因此被免职。	黄巾之乱爆发后，东汉各州均在不同程度上受到波及，帝国内部稳定受到严重冲击。凉州叛乱发生后，凉州本地平叛不利，叛乱日趋扩大。
汉灵帝中平二年（185年）	春，凉州叛军攻入关中，左车骑将军皇甫嵩、中郎将董卓率军抵御。 八月，皇甫嵩被免职，司空张温为车骑将军指挥关中平叛，董卓被提拔为破虏将军。 十一月，董卓与右扶风鲍鸿等合兵大破凉州叛军。叛军逃回凉州金城郡榆中城。 张温派遣荡寇将军周慎率军攻打榆中城，周慎战败，汉军被凉州叛军击溃，退出凉州。	在关中会战期间，董卓由中郎将升迁为破虏将军，后在关中击溃凉州叛军，且在凉州之战汉军大败的情况下全军而还，屯军于关中扶风，被封为封斄乡侯，食邑千户。此后董卓在关中与凉州叛军对峙，逐渐成为关西平叛汉军部队的总指挥。	东汉凉州叛乱波及关中，凉州叛军与十余万汉军在关中长期对峙。司徒崔烈见东汉战事不断，征发的天下役赋已经用尽，建议朝廷放弃凉州。朝廷已无力承担军费，汉灵帝"卖官鬻爵"，大肆收取官员上任的"助军"和"修宫"钱。凉州平叛功败垂成，叛军与汉军再次进入长期对峙局面。
汉灵帝中平三年至中平五年（186年至188年）	中平三年十二月，张温被征召还京，董卓成为关中汉军指挥官。 中平四年春，凉州叛军内讧，韩遂杀北宫伯玉等人，吞并了他们的部队，指挥十余万大军包围陇西郡。凉州刺史耿鄙率领六郡兵马救援陇西。 陇西郡守李相如叛汉，凉州刺史府别驾叛汉，凉州刺史府军司马马腾阵前倒戈，耿鄙败亡，凉州沦陷。凉州叛军推举王国为首领，再次率军进攻关中。 中平五年十一月，王国率凉州叛军包围陈仓。诏复拜皇甫嵩为左将军，督前将军董卓作战。	董卓自中平三年年底率军驻守关中，防御凉州叛军，直至中平五年十一月叛军大举进攻陈仓，双方爆发了陈仓之战。	凉州之乱愈演愈烈，叛军彻底击败凉州汉军，发兵进攻董卓驻守的关中地区。在此期间，关东各州叛乱四起，朝廷四处平叛，并将三州改为州牧制，东汉王朝已是千疮百孔，大厦将倾。

大事年表 575

（续表）

时间	事件	董卓的人生轨迹	东汉朝局变化
汉灵帝中平六年（189年）	二月，陈仓之战结束，汉军击退凉州叛军，皇甫嵩率军追击，董卓并未率军跟进。	陈仓之战后，朝廷调董卓入京，担任九卿之一的少府，董卓上书拒绝。	陈仓之战结束，凉州叛军从此衰弱，再无力进攻关中。
		后改任董卓为并州牧，要求其将麾下军队交付皇甫嵩。董卓上书接受任命但请求带走自己的军队。随后董卓率五千军队赶赴司隶河东郡屯守。	
	四月，汉灵帝令何进、袁绍西进凉州，何进以袁绍被派往徐州、兖州为由，拖延行期。同月，汉灵帝驾崩，上军校尉蹇硕在宫中设计伏杀何进失败，随后蹇硕败亡。汉少帝刘辩继位。	董卓自认是董氏外戚，所以支持刘协登基。蹇硕伏杀何进失败，刘辩登基后，董卓并没有赶赴并州上任，也没有退回关中，而是继续留在河东郡观望时局。	何氏与袁氏支持"史侯"刘辩继承皇位，董氏与蹇硕支持"董侯"刘协继承皇位。汉灵帝驾崩后，蹇硕败亡，何氏控制了大局，刘辩登基称帝，刘协被封为渤海王。
	五月，何进发兵包围骠骑将军董重府邸，董重自杀。何进与三公共奏：董太皇太后属于藩国的王后，不得留在京师，请迁宫回到河间。		何氏继续清除朝中董氏势力，杀骠骑将军董重，驱逐董太皇太后。
	六月，董太皇太后突然身亡，从此民间不再支持何氏。		董太皇太后死后，何氏失去民心。
	七月，袁绍要求何进共诛宦官，但事情进展不顺，何进与何太后等何家人产生矛盾。何进和袁绍下令，让王匡、桥瑁、丁原、董卓的四路军队表态诛杀宦官。	屯守在河东郡的并州牧董卓接到何进要求其表态诛杀宦官并西退至关中上林苑的命令后，打出诛杀宦官的旗号，率军东进，向雒阳开拔。	因袁氏要求何进尽快铲除宦官，何进命令麾下王匡率泰山兵入京，东郡太守桥瑁屯兵城皋，原并州刺史、现任武猛都尉丁原引并州军入京，并要求并州牧董卓退军至关中上林苑。四支军队都要表态诛杀宦官。

(续表)

时间	事件	董卓的人生轨迹	东汉朝局变化
汉灵帝中平六年（189年）	八月,何太后与宦官向何进妥协,宦官纷纷出宫面见何进,何进采取折中策略,同意宦官出宫后可以回到自己封地。 袁绍见何进不肯诛杀宦官,便伪造何进命令抓捕宦官在各郡的亲属。 宦官见势不妙纷纷返回宫中,寻求庇护。	董卓上书朝廷,言辞激烈,既不肯后退至关中,也不肯渡河回并州,声称一定要入京诛杀宦官,且要率军到尚书台索取军饷。随后军队抵达雒阳城外。	雒阳城外出现了丁原引来的并州军,王匡率领的少量强弩手,以及前将军、并州牧董卓率领的三千兵马。而宫中宦官已经彻底放弃对何进的幻想,准备拼死一搏。袁氏兄弟也着手在宫中铺排虎贲将士。
	八月二十五日,何进入宫被张让为首的宦官团体杀死。袁氏兄弟得到消息后发动宫中虎贲军等士卒开始攻占雒阳南宫。	种劭以犒劳迎接董卓的名义,要求董卓撤出雒阳地区,董卓退军二十里至雒阳城外夕阳亭等待消息。	因何进被杀,袁氏兄弟会同何进旧部杀尽宦官,中常侍张让等又在小平津渡口自杀,自此宦官势力退出东汉历史舞台。
	八月二十七日,袁氏兄弟与何进旧部攻破雒阳北宫,诛杀宦官。部分宦官挟持汉少帝刘辩与陈留王刘协出宫,北逃至小平津渡口,被卢植与王允下属闵贡追上,被迫自杀。	董卓的弟弟董旻与何进旧部在宫中混战之际,突然杀死何进的弟弟车骑将军何苗。	世族代表本应控制朝廷之际,作为西州军人领袖的董卓突然入京并控制了雒阳,成了新的帝国执政者。
	八月二十八日,董卓率军在邙山率先接到了返回雒阳的汉少帝与陈留王,并率军入京。	董卓入雒阳城后,策反并州军吕布诛杀丁原,收拢并州军,自此掌控雒阳城,控制了东汉朝廷。	
	八月二十九日至九月一日,董卓与世族代表袁绍谈判,并通知太傅袁隗,废汉少帝刘辩,重新立"董侯"刘协为帝,袁隗同意。 刘协于九月一日登基称帝。		
	九月至十二月,董卓为党人平反,启用遗属,拔擢名士,实施新政。	董卓成为东汉相国。	

（续表）

时间	事件	董卓的人生轨迹	东汉朝局变化
汉献帝初平元年（190年）	二月，因山东反董势力出现，董卓毒杀废帝刘辩。 东郡太守桥瑁发布讨董檄文，反董联盟形成，袁绍任盟主。 三月，董卓命朝廷迁都长安。 袁氏兄弟处死朝廷的议和使者。 董卓发起河内之战击溃王匡，徐荣在汴水之战中击败曹操。大部反董关东军屯兵酸枣，按兵不动。 孙坚从长沙北伐，杀荆州刺史王叡夺取荆州北部，杀南阳太守张咨夺取南阳郡，与袁术会师，袁术自封孙坚为豫州刺史、破虏将军。 朝廷任命刘表为荆州刺史，刘表单骑入荆州，夺回荆州控制权后，割据自保。	董卓启用的豫州刺史孔伷、兖州刺史刘岱、冀州牧韩馥、陈留太守张邈，以及战争中新任命的荆州刺史刘表，纷纷背叛。董卓在与关东军作战中胜多败少。	董卓为安抚袁氏，将袁绍封侯并任命为渤海太守，任命袁术为大汉后将军，任命曹操为骁骑校尉。三人接受任命后分别组织军队筹备反董战争。 桥瑁发布反董檄文后，豫州刺史孔伷、兖州刺史刘岱、冀州牧韩馥等背叛董卓，加入反董联军。
汉献帝初平二年（191年）	梁东之战爆发，击败孙坚。徐荣随后孙坚与董卓方胡轸、吕布爆发了阳人之战，击败董卓军，并一路北伐攻入雒阳。 董卓撤出雒阳，并于四月返回长安。 反董联盟瓦解，军阀纷纷割据，互相吞噬，关东混战不止。	袁术和孙坚主导的军队攻入雒阳。董卓见关东军发生内讧，返回长安，并加封自己为太师，留朱儁镇守雒阳地区。	反董战争中，除曹操、孙坚与袁术表现突出，其他大部分成员按兵不动，以做未来割据的准备。
汉献帝初平三年（192年）	春，朱儁举兵讨伐董卓，董卓派出李傕、郭汜、贾诩等率领嫡系部队东进关东，击败朱儁，随即攻入豫州、兖州地界。 四月，汉献帝大病初愈，董卓从郿坞赶赴长安觐见，于北掖门内被吕布等人刺杀。凉州军放弃进攻关东，回师攻破长安。	董卓回到长安后，对天下事心灰意冷，只顾享受人生。不希望龟缩在长安看着天下大乱的朝臣们最终刺杀了董卓。	朝廷迁往关中后，关东各州陷入军阀混战的局面，各路军阀都在扩张领地，战乱不断。董卓死后，凉州远征军返回关中，关中也陷入混战局面。

参考文献

1. ［晋］陈寿撰，［南朝宋］裴松之注：《三国志》，北京：中华书局，1982年。
2. ［南朝宋］范晔撰，［唐］李贤等注：《后汉书》，北京：中华书局，1965年。
3. ［宋］司马光编著，［元］胡三省音注：《资治通鉴》，北京：中华书局，1956年。
4. ［晋］袁宏撰：《后汉纪》，北京：中华书局，2002年。
5. ［春秋］左丘明撰：《左传》，上海：上海文化出版社，2016年。
6. ［南朝］陶弘景撰：《古今刀剑录》，引自《四库全书》，上海：上海古籍出版社，1989年。
7. ［北宋］郭茂倩编：《乐府诗集》，北京：人民文学出版社，2010年。
8. ［明］黄道周著断：《广名将传》，北京：书目文献出版社，1986年。
9. ［北宋］张预撰：《十七史百将传》，海口：海南国际新闻出版中心，1995年。
10. ［唐］杜佑撰：《通典》，北京：中华书局，2016年。
11. ［西汉］刘向编订：《战国策》，北京：中华书局，2016年。
12. ［元］马端临编著：《文献通考》，北京：中华书局，2011年。
13. ［东晋］常璩撰：《华阳国志》，北京：国家图书馆出版社，2018年。
14. ［北宋］乐史撰：《太平寰宇记》，北京：中华书局，2008年。
15. ［东汉］班固撰，［唐］颜师古注：《汉书》，北京：中华书局，2000年。
16. ［清］张廷玉等编撰：《明史》，北京：中华书局，2000年。

17. ［东晋］王嘉撰：《拾遗记》，北京：中华书局，2019年。
18. ［北宋］李昉、扈蒙、徐铉等撰：《太平广记》，北京：中华书局，2020年。
19. ［北宋］李昉、李穆、徐铉等撰：《太平御览》，北京：中华书局，2006年。
20. ［唐］李百药撰：《北齐书》，北京：中华书局：2000年。
21. ［清］严可均编撰：《全上古三代秦汉三国六朝文》，北京：中华书局，1965年。
22. ［唐］李吉甫撰：《元和郡县志》，北京：中华书局，1983年。
23. ［唐］王勃撰：《王子安集》，北京：中国书店，2018年。
24. ［明］张宇初等编撰：《正统道藏》，天津：天津古籍出版社，1987年。
25. ［明］张溥编选：《汉魏六朝百三家集》，上海：上海古籍出版社，1994年。
26. ［清］丁耀亢撰：《天史》，济南：齐鲁书社，2009年。
27. ［唐］魏征主编：《隋书》，北京：中华书局，2019年。
28. ［唐］欧阳询等编纂：《艺文类聚》，上海：上海古籍出版社，1982年。
29. ［北宋］苏辙：《苏辙集》，北京：中华书局。2004年。
30. ［北宋］苏轼：《苏轼诗集》，北京：中华书局。1982年。
31. 胡平生、张德芳：《敦煌悬泉汉简释粹》，上海：上海古籍出版社，2001年。
32. 侯旭东：《从朝宿之舍到商铺——汉代郡国邸与六朝邸店考论》，《清华大学学报：哲学社会科学版》，2011年第5期。